39,80

Gerhard Steiner
Lernen

Gerhard Steiner

Lernen

Zwanzig Szenarien
aus dem Alltag

Verlag Hans Huber
Bern Stuttgart Toronto

CIP-Titelaufnahme der Deutschen Bibliothek

Steiner, Gerhard:
Lernen : 20 Szenarien aus d. Alltag / Gerhard Steiner. – 1. Aufl.
– Bern ; Stuttgart ; Toronto : Huber, 1988
ISBN 3-456-81559-X

1. Auflage 1988
© 1988 Verlag Hans Huber, Bern
Gesamtherstellung bei Kösel, Kempten
Printed in Germany

Inhalt

Vorwort 7

Einleitung: Was dieses Buch will und was es *nicht* will 8

1. Angst vor weißen Schürzen – Klassisches Konditionieren 13

2. Ein gelernter Herzinfarkt? – Das Problem der Extinktion 26

3. Les clous de l'exposition – Lernen nach Versuch und Irrtum? . . 34

4. Ein unordentliches Kind wird ordentlich – Signale für neue
   Gewohnheiten 48

5. So bleibt Michael ein Störefried – Vom operanten
   Konditionieren und den Tücken der Verstärkung 54

6. Wie Rita die Freude am Zeichnen verlernt –
   Von Verstärkungen und Verstärkungen 70

7. Warten und verzichten lernen – Das Lernen von Plänen zur
   eigenen Impuls- und Verhaltenskontrolle 81

8. Prosoziales Verhalten lernen – Sozial-kognitive Aufbauprozesse
   und das Erlernen von sozialen Wertsystemen 101

9. Keine Angst vor Examen – Mehr als nur Desensibilisierung . . . 111

10. Vorgesetzte lernen den Umgang mit Streß – Kognitives
    Verhaltenstraining und Aufbau handlungsleitender Kognitionen   128

11. Gelernte Hilflosigkeit bei einem Oberstufenschüler – Nicht-
    Kontingenzen und Ursachenzuschreibungen 144

12. Jonglieren lernen – Erwerb einer »Jongliergrammatik« 157

13. Lernen aus Text – Über den Aufbau mentaler Modelle 175

14. Vokabeln lernen! – Mechanisches Lernen und das Elaborieren
    von semantischen Netzwerken 207

15. Theodor Fontanes »John Maynard« – Über globale und
spezifische Lern- und Gedächtnishilfen 228

16. Rechnen lernen: Aufbau numerischer Netzwerke –
Ansätze aus Piagets genetischer Erkenntnistheorie 247

17. Wie anschaulich ist anschauliches Lernen, zum Beispiel in
Geometrie? – Begriffliche und figurale Komponenten des
Lernens 267

18. Stadtgeographie für einen Taxifahrer – Über den Aufbau von
»kognitiven Karten« 285

19. Streichholzaufgaben – Der gestaltpsychologische Ansatz:
einsichtiges Lernen 304

20. Schachspielen lernen – Der Aufbau von komplexen Operations-
und Zielsystemen 320

Bibliographie 342

Namenverzeichnis 353

Sachverzeichnis 355

Ausführliches Inhaltsverzeichnis 359

Vorwort

In diesem Buch geht es um das, was Hänschens Chance ist: das Lernen!»Was Hänschen nicht lernt...« Allerdings mißtraut man heute zunehmend dem Sprichwort und lenkt den Blick auf ein lebenslanges Lernen. Diesem Blick folgen auch die Kapitel dieses Buches, zumindest teilweise: Zum einen greifen sie Situationen aus dem Lebensalltag heraus, und zum andern zeigen sie, daß das Lernen nicht Halt macht beim Kind oder beim Heranwachsenden, wenngleich die Mehrzahl der dargestellten Fälle von Lernprozeßen bei jungen und sehr jungen Menschen handelt.

20 Szenarien aus dem Alltag bilden das Ausgangsmaterial für lernpsychologische Analysen, die ich vor kurzem in einer Reihe von Gastvorlesungen an der Universität von Padua vorgetragen habe. Es ging mir dabei darum zu zeigen, wie sich die Theorien des Lernens – vom Konditionieren elementarster Verhaltensweisen bis zum Aufbau von komplexen Denksystemen – auf den Lernalltag anwenden lassen.

Manches an Form und Inhalt des vorliegenden Manuskripts geht auf Anstöße und kritische Kommentare von verschiedenster Seite zurück. Allen, die direkt oder indirekt etwas dazu beigetragen haben, sei an dieser Stelle herzlich gedankt: meinen Kollegen Professoren Cesare Cornoldi (Padua), Hans Aebli (Bern), Hans Zeier (Zürich), Fredi Büchel (Genf) sowie Viktor Hobi und Walter Perrig (Basel); ferner Herrn Marco Obrist, dem Leiter des Uni-Sports Basel, für seine Anregungen zum Jonglier-Kapitel und Herrn Paul Müller-Breil, dem Redaktor der Schweizerischen Schachzeitung, für seine kompetenten Kommentare zum letzten Kapitel. Ganz besonders herzlich danke ich meiner Frau, Heidi, die sich in verschiedene Leserrollen hinein versetzt und sich sowohl aus wissenschaftlicher als auch aus anwenderorientierter Sicht mit dem Text auseinandergesetzt hat, und meiner Institutssekretärin, Frau Irène Gonce, für die viele Kleinarbeit im Zusammenhang mit der Fertigstellung des Manuskripts.

Basel, im Herbst 1987

Einleitung: Was dieses Buch will, und was es *nicht* will

Der Reihe von Büchern, die das Lernen zum Gegenstand haben, ein weiteres hinzuzufügen, bedarf einer Rechtfertigung: Es soll im folgenden versucht werden, das Lernen nicht im Labor, sondern in einigen typischen Alltagssituationen zu betrachten und zu analysieren, m.a.W., dem Leser die theoretischen Erkenntnisse der lernpsychologischen Forschung dieses Jahrhunderts anhand konkreter, nachvollziehbarer Alltagsfälle exemplarisch zu erläutern, ihm dabei zu ermöglichen, ein entsprechendes Begriffsvokabular aufzubauen und das erworbene Wissen analytisch auf die entsprechenden Alltagssituationen, d.h. auf die eigenen Erziehungs-, Lehr- und Instruktions- oder Führungsaufgaben, anzuwenden. In diesem Sinne will das Buch die labororientierte Darstellung der Theorien des Lernens (z.b. Bower & Hilgard 1983) umsetzen und so in einer gewissen Weise weiterführen.

Das lernpsychologische Ausleuchten von Alltagssituationen macht dem Leser rasch bewußt, wie außerordentlich komplex die alltäglichen Lernprozesse sind, und daß es kaum möglich ist, Lernen mit Hilfe einer einzigen Lerntheorie zu erklären. Dennoch ergibt sich für eine Reihe von Fällen eine gewisse Konvergenz der Interpretationen in Richtung einer kognitiven Sicht des Lernens.

20 Alltagsfälle sind es, die wir in diesem Buch analysieren. Für die Auswahl war die Absicht leitend, die Lernpsychologie einigermaßen vollständig und bis in die jüngste Zeit hinein theoretisch begründet darzustellen. So folgen die einzelnen Fälle zunächst durchaus deutlich erkennbar einer historischen Linie, wenn Kapitel 1 bis 6 die klassischen Lerntheorien ins Zentrum stellen. In Kapitel 1 ist die Rede von einer klassisch konditionierten Angst, in Kapitel 2 vom Löschen einer solchen und verschiedenen damit verbundenen Reaktionen. Kapitel 3 ist eine Auseinandersetzung mit der behavioristischen Theorie des Lernens durch Versuch und Irrtum, wobei zum ersten Mal deutlich wird, daß die betreffenden Lernprozesse heute nicht mehr nur der behavioristischen Tradition folgend erklärt werden müssen, sondern kognitive Erklärungsmöglichkeiten bzw. ein kybernetisches Modell zur Verfügung stehen. Kapitel 4 setzt sich mit dem Verlernen unerwünschter und dem Erlernen erwünschter Gewohnheiten eines Kindes auseinander. Auch hier kommt zum Ausdruck, daß die behavioristischen Erklärungsansätze zwar vieles sehr plausibel erklären können, daß heute aber die Sicht der entsprechenden Lernprozesse etwas modifiziert wird.

In diesem Sinne sind auch die Kapitel 6 und 7 zu verstehen, deren Ziel es ist, das Phänomen der Verstärkung unter ganz verschiedenen, u.a. auch kognitiven Aspekten zu beleuchten. Damit wird eine Zielsetzung dieses Buches deutlich: Zum einen soll ein gutes Stück weit der historische Weg der Lerntheorien beschritten werden; immer aber soll der Blick auf die neueren Interpretationsmöglichkeiten offen gehalten werden – nicht in der Absicht, die alten Theorien für nichtig zu erklären, sondern im Gegenteil, in der Absicht, ihnen den gebührenden Platz, auch innerhalb der moderneren kognitiven Ansätze einer Lerntheorie, zuzuweisen.

In einer weiteren Gruppe von Kapiteln (7 bis 11) kommt dies deutlich zum Ausdruck: Es wird dort an fünf verschiedenen Fällen gezeigt, wie neue Verhaltensweisen aufgebaut werden, die man nicht ohne weiteres auf der Grundlage von Reiz-Reaktions-Verknüpfungen erklären kann, wo vielmehr der Blick auf den Aufbau von umfaßenden Verhaltensplänen gerichtet werden muß, von Plänen oder Denksystemen also, die das Verhalten zu steuern vermögen. Die meisten dieser Fälle schließen noch stärker als die vorangegangenen Beispiele Aspekte des Lernens in einem sozialen Umfeld ein: Das Kind muß warten oder verzichten lernen. Es muß lernen, sein Verhalten selber, allein, zu steuern und sich damit in eine größere Gemeinschaft einzufügen. Dazu muß es Verhaltenspläne aufbauen. Ganz ähnlich müssen verhaltenssteuernde Denksysteme aufgebaut werden, wenn es um das Erlernen von helfendem, sog. prosozialem Verhalten geht. Vielleicht am deutlichsten kommt dies beim Umgang von Vorgesetzten mit ihrem beruflichen Streß zum Ausdruck, wo der Aufbau von verhaltensleitenden kognitiven Systemen den Aufbau einer Repräsentation der gesamten aktuellen sozialen Situation sowie den Umgang mit den eigenen Emotionen einschließt.

Eine besondere Stellung nehmen die Kapitel 9 und 11 in dieser Gruppe ein: Hier geht es beidemale um das Bewältigen persönlicher Probleme: im einen Fall einer Examensangst, im andern einer Erfolglosigkeit oder Hilflosigkeit angesichts schwieriger schulischer Aufgaben. Die Bewältigungsstrategien, die es in beiden Fällen (wie übrigens auch im Umgang mit beruflichem Streß) zu erwerben gilt, lassen sich nicht oder höchstens ansatzweise in Begriffen einer behavioristischen Lerntheorie, also aufgrund von einfachen Verstärkungsmechanismen, erklären. Hier sind kognitive Erklärungsmodelle nicht nur hilfreich, sondern unumgänglich.

Kapitel 12, das dem Erlernen des Jonglierens gilt, zeigt, wie man das Erlernen solcher motorischer Fertigkeiten, die man in der behavioristischen Tradition als Gewohnheiten bezeichnen würde, letztlich nur mit Modellen der neueren kognitiven Theorien des Lernens angemessen erklären kann. Kapitel 12 leitet zur dritten Gruppe von Kapiteln über (Kapitel 13 bis 20), in der von sog. höheren Lernprozessen, vor allem vom Erwerb von Wissen in verschiedenen Formen, die Rede ist.

Mit jedem Kapitel wird deutlicher, worauf die hier dargestellte Psychologie des Lernens zielt: auf den Aufbau von dynamischen Systemen des Denkens, die trotz großer inhaltlicher Verschiedenheit wesentliche Gemeinsamkeiten im Hinblick auf die Aufbauprozesse aufweisen. Es geht vor allem um ein Verknüpfen von Elementen zu Elementen höherer Ordnung, um ein Verdichten von Information auf eine Größe, die für den menschlichen Geist leicht zu handhaben ist, d.h. ein Format, das dem menschlichen Informationsverarbeitungssystem bzw. dem Gedächtnis und seinen allfälligen Kapazitätsbeschränkungen entgegenkommt. Es geht beim Aufbau dieser Denksysteme, die verschiedene Namen tragen können (semantische, numerische oder räumliche Netzwerke, Denk- oder Operationssysteme), um die Konstruktion von hierarchisch organisierten Systemen, die im Prozeß des Lernens erweitert, modifiziert oder differenziert, verdichtet und fast beliebig wieder ausgefaltet, und im Gebrauch durchschritten und nach bestimmter Information abgesucht werden können.

Dies alles gilt, ob ein Lerner nun Wissen aus geschriebenem Text und beigefügten Illustrationen erwerben will, ob er Fremdsprachenvokabeln oder ein Gedicht auswendig lernen möchte, ob er rechnen lernen oder ein Geometrieproblem lösen lernen oder ob er gar etwas so Komplexes wie das Schachspielen erlernen will.

Historisch gesehen mag Kapitel 19, in dem vom Lösen eigenwilliger Streichholzprobleme die Rede ist, als ein Fremdkörper in der letzten Gruppe von Kapiteln erscheinen. Die Gestaltpsychologen, deren »lerntheoretische« Interpretation für das Lösenlernen solcher Probleme in diesem Kapitel vorgestellt wird, waren aber die bedeutendsten Wegbereiter der modernen kognitiven Psychologie, so daß sie mit ihren Überlegungen hier sehr wohl am richtigen Platz sind.

Während zahlreiche elementare Lernprozesse, wie wir sie in den ersten Kapiteln darstellen, relativ leicht (als Konditionierungsprozesse) ablaufen, von außen, d.h. von Eltern, Lehrern usw. weitgehend gelenkt werden können und mit einer relativ großen Sicherheit auch die erwarteten Wirkungen erreichen, ist es charakteristisch für die sog. höheren Lernprozesse, daß sie Anstrengung erfordern, einer ganzen Reihe von Kriterien genügen müssen, auf einer differenzierten Beurteilung der Situation beruhen, außerordentlich komplex sein können, eher heuristische als algorithmische Methoden implizieren und eine gewiße Unsicherheit bezüglich ihrer Wirkungen mit sich bringen, die sich manchmal in einer Pluralität von Lösungen niederschlägt. Während elementare Lernprozesse weitgehend mit Hilfe von Reiz-Reaktions-Verbindungen erklärt werden, kann als Charakteristikum der höheren Lernprozesse das Faktum erwähnt werden, daß sie ein Stiften von Bedeutungen, ein Sinnvollmachen der zu lernenden Inhalte erfordern. Wenn also ein Ziel dieses Buches in einem Satz formuliert werden soll, so ist es die Tatsache, daß hier versucht wird, ein Verständnis für die Komplexität von Lernprozessen anhand von Alltagssituationen in Begriffen der soeben genannten Charakteristika von elementaren und höheren Lernprozessen zu entwickeln.

Der Absicht entsprechend, die Lernpsychologie aus einer kognitiven Sicht, aber dennoch zumindest zu Beginn einer historischen Linie folgend, darzustellen, ist auch die Auswahl der Themen für die Fälle der einzelnen Kapitel erfolgt: Es sollten mehr oder weniger typische Alltagsfälle sein, nicht die einzig möglichen freilich, aber solche, die jedermann einigermaßen nachvollziehen kann. Fünf der 20 Fälle entstammen dem Feld alltäglicher Familien- oder Erziehungssituationen (Kapitel 1, 4, 6, 7 und 8), ebenso viele dem Bereich des schulischen Lernens (5, 14, 15, 16 und 17); vier Fälle könnte man dem Erwerb persönlicher Kompetenzen zuordnen (im Sinne einer Verbesserung des »self-management«, sozusagen im Dienste der eigenen psychischen Gesundheit; Kapitel 2, 9, 10 und 11); bei vier weiteren geht es um den Erwerb individueller Fähigkeiten im Sinne einer Erhöhung beruflicher oder allgemeiner intellektueller Kompetenz (13, 18, 19 und 20), und zwei weitere schließlich betreffen den Erwerb motorischer Fertigkeiten (3 und 12).

Dem Buch liegen einige didaktische Ideen zugrunde, die das Lernen aus einem Prosatext erleichtern sollen, so wie es dann auch in Kapitel 13 thematisiert ist: In der Einleitung zu jedem Kapitel wird versucht, etwas vom Inhalt vorwegzunehmen, soviel, daß einiges an Vorwissen aktiviert werden kann; denn ein bescheidenes Vorwissen ist in jedem Fall vorhanden, selbst wenn man sich erst gerade anschickt, in ein völlig neues Gebiet »einzusteigen«. Auch die wichtigsten Begriffe werden vorausgeschickt; dabei wird nicht erwartet, daß der Leser sie schon kennt oder sie gar versteht; vielmehr soll er beizeiten erfahren, worauf er achten kann, was gleichsam die Zielterminologie ist, die er kennen lernen und mit Bedeutung versehen wird. Das ist es, was Ausubel als vorstrukturierende Lesehilfen (engl. advance organizers) bezeichnet. Eine weitere Lernhilfe kann es sein, sich aufgrund der Kapitelüberschriften wie auch mancher Zwischentitel (vgl. Ausführliches Inhaltsverzeichnis S. 359) die entsprechenden Situationen bildhaft vorzustellen, um die es geht, und sich im voraus schon Fragen dazu zu stellen.

Am Schluß jedes Kapitels gibt es einen Abschnitt »Memo«, eine Zusammenfassung der wichtigsten lernpsychologischen Fakten des Kapitels. Dieses »Memo« verfolgt das Ziel, den Inhalt in kondensierter Form noch einmal anzubieten. Das soll ein besseres Behalten ermöglichen; es soll aber auch einen Vergleich mit möglicherweise erstellten eigenen Zusammenfassungen gestatten, was eine für den Lernprozeß sehr hilfreiche Art von Rückmeldung darstellt.

Daß sich einige Themen im ganzen Buch wiederholen, soll den Leser nicht irritieren. Es wurde absichtlich und systematisch ein Repetitionsnetz über die 20 Kapitel gelegt, das ein gezieltes Wiederholen gewisser Inhalte zum besseren Behalten bezweckt. Ich bin der Ansicht, daß Lernen, auch der Wissenserwerb aus Prosatext, ohne Wiederholung nicht auskommt, ja, daß Wiederholen alles andere als eine altmodische Art des Lernens ist – zumal dann, wenn die Inhalte in leicht modifizierter Art und Weise wiederkehren.

Zugegeben, die »Memos« sind manchmal lang, und es besteht oft das Bedürfnis, auch die Memo-Inhalte noch zu komprimieren. Vielleicht versucht der Leser dies im Anschluß an die Lektüre der Kapitel 13 und 14! In verschiedenen Kapiteln werden Überlegungen angestellt, wie die Rahmenbedingungen für ein günstiges oder sogar optimales Lernen aussehen sollten. Wir kommen in der Tat nicht darum herum, nach dieser Art von Optimierung der Lernbedingungen und damit auch nach den Lehr- oder Vermittlungsprozessen zu fragen. Bei solchen Gelegenheiten wird die pädagogische oder die didaktische Relevanz von Aussagen über das Lernen evident. Es ist aber nicht der Hauptzweck dieses Buches, auf die Optimierung der Rahmenbedingungen und die vermittelnden Prozesse zu fokussieren; vielmehr liegt das Hauptinteresse auf den Lernprozessen selber, wie der Titel es sagt.

Demnach kann und will das Buch kein praktischer Ratgeber für geplagte Mütter, Lehrer oder Manager sein, wenn diese auch bei genauem Hinsehen manche Idee für die Bewältigung ihrer jeweiligen Aufgaben als lehrende, sich selbst instruierende, erziehende oder sonstwie mit Lehr-Lern-Prozessen konfrontierte Menschen ableiten können.

Hin und wieder erscheint das Lernen in einem ausgesprochen entwicklungspsychologischen Zusammenhang. In der Tat ist auch dies unvermeidlich. Zum einen hängt Lernen in bestimmten Situationen vom Entwicklungsstand eines Individuums ab; zum andern wird das, was man als Entwicklung bezeichnet, durch Lernprozesse zumindest *mit*bewirkt. Von daher ist es zu verstehen, daß Entwicklung manchmal als Summe der bewältigten Lernprozesse angesehen wird. Bei einer solchen vereinfachten Charakterisierung der Entwicklung fehlen allerdings Aspekte wie derjenige der organischen Reifung. Auch wenn entwicklungspsychologische Überlegungen hier durchaus relevant sind, geht es im vorliegenden Buch nicht darum, eine Entwicklungspsychologie vorzulegen.

Es wird im weitern auch keineswegs der Anspruch erhoben, daß zugleich eine vertiefte Motivations- oder eine umfassende Kognitionspsychologie vorgelegt würde, wenngleich beide Bereiche zur Sprache kommen, ja kommen müssen, und vieles, was im Zusammenhang mit den höheren Lernprozessen steht, Teil einer modernen Kognitionstheorie ist. Die neuesten Erkenntnisse aus diesen beiden Forschungsbereichen können hier nicht präsentiert werden; sie müssen direkt aus den entsprechenden Quellen geschöpft werden.

1. Angst vor weißen Schürzen – Klassisches Konditionieren

1.1 Einleitung

In diesem Kapitel verfolgen und analysieren wir die Lerngeschichte eines kleinen Kindes, das auf weiße Schürzen mit Angst reagiert. Wir erfahren hier, wie ursprünglich neutrale Umweltreize eine verhaltensauslösende Wirkung bekommen können und was es heißt,»auf weiße Schürzen konditioniert« zu sein. Die Schlüsselbegriffe dieses Kapitels sind der *unbedingte (unkonditionierte) Reiz*, die *unbedingte (unkonditionierte) Reaktion*, der *neutrale Reiz*, der *bedingte (konditionierte) Reiz* und die *bedingte (konditionierte) Reaktion*. Wichtig sind auch die Begriffe der *Reizgeneralisierung* und der *Reizsubstitution*.

Mit dem Thema des *Klassischen Konditionierens* begeben wir uns an die Anfänge der lerntheoretischen Forschung im ersten Viertel des 20. Jahrhunderts. Die entsprechenden Theorien können auch heute noch bestimmte Verhaltensweisen erklären, stoßen mit ihren Erklärungsmöglichkeiten aber auch an Grenzen.

1.2 Klassisches Konditionieren – Pawlows Entdeckung

Der russische Neurophysiologe Iwan P. Pawlow (1849-1936) wußte, daß seine Hunde jedesmal, wenn er ihnen Futter (Fleischpulver) gab, Speichel absonderten. Nachdem er die Futterabgabe mehrere Male mit einem zeitlich um etwa eine halbe Sekunde vorausgeschickten Glockenton gepaart hatte, hatten die Hunde gelernt, den Speichel auf diesen Glockenton *allein*, d.h. ohne unmittelbar nachfolgendes Futter, abzusondern. Das ist der Grundmechanismus des klassischen Konditionierens; mit andern Worten: Eine sehr *elementare Reaktion*, hier der angeborene *Reflex der Speichelabsonderung*, der durch einen bestimmten Reiz ausgelöst wird, wird später unter bestimmten Bedingungen durch einen ursprünglich *neutralen Reiz*, in Pawlows Untersuchungen durch einen Glockenton, ausgelöst.

Sehen wir uns nun eine entsprechende Situation außerhalb des Labors im Alltag an!

1.3 Klassisches Konditionieren von Emotionen

Die Situation

Eine junge Mutter sitzt mit ihrem knapp anderthalbjährigen Kind im Wartezimmer des Augenarztes. Nachdem letztes Mal die verstopften Tränenkanäle gespült werden mußten, steht heute lediglich eine Nachkontrolle an. Das Kind ist viel unruhiger als sonst, aber die Mutter lenkt es mit Geschichtenerzählen geschickt ab. Wie nun die Arztgehilfin eintritt, beginnt das Kind wie am Messer zu schreien und zu strampeln. Das ist seine Reaktion auf die neue *Reizsituation*, die mit dem Eintreten der Arztgehilfin, die das Kind zuvor nicht kannte, eingetreten ist. Die Reaktion ist völlig eindeutig; sie ist der Ausdruck für eine *starke Emotion*, für *Angst*, für *Furcht* vor etwas, vielleicht auch für einen *Widerwillen* gegen etwas. Eine charakteristische Reizsituation löst eine ebenso charakteristische Reaktion aus. Verfolgen wir die Lerngeschichte dieser Reaktion!

Angstreaktionen als elementare Verhaltensweisen

Angst gehört zu den grundlegenden, schon früh zu beobachtenden Emotionen. Sie differenziert sich im Alter zwischen 3 und 6 Monaten zusammen mit dem *Zorn* und dem *Widerwillen* aus einer gemeinsamen Frühform, nämlich einem *Unbehagen* oder einer *Unlust* (engl. *distress*) heraus, die ihrerseits eine erste Differenzierung eines *allgemeinen Erregungszustandes* darstellt (nach Allport 1970, 97 bzw. Bridges 1932). Wir können sagen, daß diese Reaktion zu den ursprünglichen und natürlichen Verhaltensmöglichkeiten gehört; sie ist Bestandteil eines zumindest in seinem Grundbestand angeborenen Verhaltensrepertoires.

Daß es sich um eine höchst *elementare, natürliche Verhaltensweise* handelt, ist für die klassische Konditionierung von großer Bedeutung, denn diese erfolgt nur dort, wo bereits ausgebildete *elementare Verhaltensformen* (z.B. Reflexe wie der oben erwähnte Reflex der Speichelabsonderung) vorhanden sind, die durch *neue* Reize ausgelöst werden können.

Zunächst wenden wir uns der einfachen Frage zu: Welcher Reiz hat eigentlich das Weinen und Schreien des Kindes ausgelöst? – Wir müssen bekennen: Ganz genau können wir das gar nicht sagen! Wir wissen nur, daß sich mit dem Erscheinen der Arztgehilfin die *gesamte Reizsituation* verändert hat, und zwar in vielfältiger Weise. Die Person ist ein visuell wahrnehmbarer komplexer *Reiz* (engl. *stimulus*): eine menschliche Gestalt in weißer Schürze, mit einem Kopf von bestimmtem Aussehen, mit einem ganz bestimmten Körperbewegungs- und möglicherweise einem ganz bestimmten Annäherungsmuster. Sie ist aber auch, wenn sie spricht, eine Quelle für akustische Reize.

14

Auswahl von Stimuluselementen in komplexen Alltagssituationen

Die aktuelle Reizsituation in der Arztpraxis ist gegenüber derjenigen in Pawlows Labor eine viel komplexere! Durch welche *Teile* dieser Reizsituation nun eine Reaktion wie die Angstreaktion des Kindes ausgelöst wurde, ist in der Tat schwer zu sagen. Mit diesem Problem mußten sich die Lerntheoretiker der ersten Hälfte unseres Jahrhunderts schon auseinandersetzen. Sie hatten erkannt, daß in Alltagssituationen nur ausnahmsweise *einfache Einzelreize* auftraten, von denen man mit einiger Sicherheit annehmen konnte, daß sie eine bestimmte Reaktion auslösten. Der Lerntheoretiker Edwin R. Guthrie (1886-1959) war sich der Komplexität der Reizsituation im Alltag durchaus bewußt und hat von der »Aktivität des Organismus bei der Stimulusauswahl« gesprochen und sogar wörtlich formuliert:»Das, was der Organismus erfaßt, wird zum Signal für das, was getan wird« (1959, 186). Das heißt nichts anderes, als daß nicht eine ganze Reizsituation eine Reaktion auslöst, sondern nur das, was aus ihr »erfaßt« wird; das aber wirkt dann als *Signal* und löst eine entsprechende Reaktion aus.

Schon 1931 hat ein anderer amerikanischer Lerntheoretiker, Edward L. Thorndike (1874-1949), Lerngesetze und -prinzipien formuliert, von denen eines das *unterschiedliche Hervortreten von Stimuluselementen* betraf. Er hat es das Prinzip der *Prävalenz von Elementen* genannt (siehe Bower & Hilgard 1983, I, 49-50). Dieses Prinzip besagt, daß ein Lerner selektiv auf besondere, d.h. herausragende oder auffallende Elemente der Reizsituation reagieren kann. Die auffallenden Teile der Reizsituation bieten sich dem Organismus gleichsam zum Erfassen an. Hier müssen wir einen bedeutenden Unterschied zwischen den Aussagen von Thorndike und Guthrie beachten: Während nach Thorndikes Ansicht sich die auffallenden Elemente einem passiven Organismus anbieten oder gar aufdrängen, spricht Guthrie ausdrücklich von der *Aktivität des Organismus* im Hinblick auf das, was von einer Reizsituation erfaßt werden soll. Guthrie weist also dem aktiven Organismus eine besondere Bedeutung gegenüber den Merkmalen der entsprechenden Reizsituation zu. Er sagt allerdings nichts Genaueres über diese Prozesse der Auslese von Reizmerkmalen; auch kommt er nicht darauf zu sprechen, daß allenfalls identische Teile von Reizsituationen für verschiedene Individuen völlig verschiedene Bedeutungen haben können und aus diesem Grund auch völlig unterschiedliche Reaktionen auslösen! Aufgrund der Pawlowschen Konditionierungstheorie oder der frühen behavioristischen Lerntheorien (wie denjenigen von Thorndike oder Guthrie) sind wir nicht in der Lage, präzise Vorhersagen über die Auswahl von Stimuluselementen (Teilen von Reizsituationen) zu machen; dazu sind Theorien notwendig, die etwas über die Aufmerksamkeitssteuerung zur Auswahl von Teilen von Reizen aussagen können, und das sind die *neueren Theorien der Kognitionspsychologie* (vgl. etwa Neisser 1976, 1979 oder Wimmer & Perner 1979), auf die wir uns in den folgenden Kapiteln noch oft stützen werden.

15

Die ursprüngliche Konditionierung des Kindes

Mit Sicherheit hat das Kind beim vorausgegangenen Spülen der Tränenkanäle einen bedeutenden *Schmerz* verspürt. Dieser war ein *Reiz* für das Kind, auf den es mit natürlichen Verhaltensweisen reagiert hat, vor allem mit denen, die ihm damals zu Gebote standen: mit einer abwehrenden Körperbewegung (Zusammenzucken, Strampeln) und vor allem mit *Schreien*. So zu reagieren, mußte das Kind *nicht lernen*; diese Reaktionen gehören wohl zu den elementaren, in gewissem Sinne das Überleben sichernden Verhaltensweisen. Viele weitere Reaktionen, jedenfalls von außen beobachtbare, waren in dieser Situation nicht möglich, weil der Arzt nämlich die Mutter gebeten hatte, das Kind auf dem Arm zu halten und seinen Kopf zu fixieren. Die Tatsache, daß sich das Kind nicht bewegen konnte, stellte nun ihrerseits eine *Reizkonfiguration* in Form von visuellen, taktilen, aber auch inneren Reizen dar. Das Faktum ferner, daß es sich nicht wehren konnte, also keine *Verhaltensalternativen* hatte, führte zweifellos zu einer *erhöhten Erregung* des gesamten Organismus. Beim ersten Mal erfolgte eine Angstreaktion unmittelbar auf den Schmerz, den das Spülen verursachte. Im Wiederholungsfalle, d.h. heute beim erneuten Arztbesuch, *antizipiert* das Kind – aufgrund der oben beschriebenen Reizsituation – den Schmerz und löst damit die Angstreaktion aus.

Sehen wir uns noch einmal die ursprüngliche Situation an, so erkennen wir etwas Wichtiges: Das Kind nimmt zwar zweifellos den Schmerz wahr (zuerst taktil, dann eher innerlich, organisch), erkennt aber höchst wahrscheinlich die eigentliche Ursache, nämlich die Spülflüssigkeit bzw. die Spülnadel als auslösenden Reiz nicht. Selbst wenn es die Nadel rein optisch wahrnehmen würde, wüßte es nicht, was dies für ein Instrument ist und daß dieses eigentlich die schmerzhaften Konsequenzen nach sich zieht. Hingegen sieht und spürt es sehr wohl die *umgebende Situation*: Es sieht und hört den behandelnden Arzt, dessen Gesicht und Teile seiner weißen Schürze. Durch eben diese besondere, hoch geschlossene Schürze unterscheidet sich der Arzt von vielen andern Menschen, denen das Kind schon begegnet ist und die es kennt. Der Schmerz als Reiz wird nun mit dem für das Kind offensichtlichen Verursacher, d.h. mit dem Arzt und dessen auffallenden Merkmalen gepaart. Innerhalb der gesamten Reizsituation verbindet sich die weiße Schürze als *gleichzeitig und am gleichen Ort* auftretender Teilstimulus mit dem Schmerz und löst von jetzt an, auch ohne daß dieser Schmerz unmittelbar eintritt, die entsprechenden Reaktionen aus. Weiße Schürzen lösen nun, wem immer sie auch gehören, Angstreaktionen aus.

UCS – UCR – CS – CR

Halten wir folgendes fest: Am Anfang steht ein körperlicher Reiz, ein Schmerz. Dieser Schmerz ist der *unbedingte* oder *unkonditionierte Reiz* (in der englischen Literatur oft als UCS abgekürzt, für *unconditioned stimulus*).

Dieser löst eine ebenso *unbedingte* oder *unkonditionierte Reaktion* aus (UCR, für *unconditioned response*), eben die Angst des Kleinkindes. Angst ist eine elementare Reaktion – nicht nur beim Menschen, sondern bei allen höheren Lebewesen. Später löst ein anderer, ursprünglich *neutraler Reiz* die Angstreaktion des Kindes aus. Dieser Reiz, der dann als Auslöser fungiert (wir haben angenommen, es sei die weiße Schürze), wird als *bedingter* oder *konditionierter Reiz* bezeichnet (CS, für *conditioned stimulus*), und die Angstreaktion des Kindes als die *bedingte* oder *konditionierte Reaktion* (CR, für *conditioned response*).

Was den bedingten oder konditionierten Reiz (oder besser: die konditonierte Reiz*konfiguration*) in unserer Alltagssituation betrifft, müssen wir annehmen, daß neben dem Arzt und seiner weißen Schürze auch die Mutter irgendwie dazugehört, die sich nicht so wie sonst verhält, sowie weitere Gegebenheiten (z.B. Merkmale der Arztpraxis), die wir im einzelnen gar nicht bestimmen können. Das alles macht die zunächst *neutrale* Stimuluskonfiguration aus, die sich dann aber aufgrund des gemeinsamen Auftretens mit dem erlebten Schmerz für das Kind mit diesem *verbindet*, später stellvertretend für diesen steht und zum auslösenden bedingten oder konditionierten Reiz (CS) für die Angstreaktion wird.

Daß es nicht die weiße Schürze *allein* ist, die später die Angst auslöst, sondern auch spezifische Teile der Umwelt mit dazu gehören, ist daran zu erkennen, daß das Kind *keine* Angstreaktionen zeigt, wenn die Mutter einmal eine weiße Schürze trägt, etwa beim Baden des Kindes.

Dieser Prozeß, in dem das Kind ein elementares Verhalten, eben die Angstreaktion, auf einen *neuen* auslösenden Reiz hin zu zeigen lernt, ist die *klassische Konditionierung*. Wir haben hier – in zweifellos etwas vereinfachender Weise – angenommen, daß die weiße Schürze die entscheidende Stimuluskomponente für die Auslösung der Angstreaktion geworden sei.

Ein wesentlicher Unterschied zu den Untersuchungen von Pawlow (1928), die wir eingangs erwähnt haben, liegt nebst der Komplexität der Situation darin, daß beim kleinen Kind kein Reflex, sondern eine andere elementare Reaktion, die Emotion der *Angst* (samt den damit verbundenen entsprechenden Ausdrucksweisen), ausgelöst wird.

1.4 Ein klassisches Experiment zur Konditionierung von Emotionen: der kleine Albert

Solche emotionale Reaktionen, wie wir sie bei unserem Kind gesehen haben, und die Art, wie sie ausgelöst werden, haben schon in der frühen lernpsychologischen Forschung das experimentelle Interesse von Forschern geweckt, so auch bei Watson & Rayner (1920) mit ihrem durch ihre Untersuchung bekannt

gewordenen »kleinen Albert«. Das ist ein so berühmtes Stück Psychologiege-
schichte und in verschiedener Hinsicht ein so eindrücklicher experimenteller
Beleg für unser erstes Alltagsbeispiel, daß ich es dem Leser nicht vorenthalten
will:

Watson & Rayner (1920) ging es um die Erforschung des Entstehens bzw.
Auftretens von Ausdrucksweisen für nicht erlernte (d.h. angeborene) Emotionen wie Furcht (Angst), Wut oder Liebe, die sie für die grundlegendsten
hielten. Neid oder Schuld waren für sie Beispiele von elaborierten Emotionen,
die sie nicht untersuchen wollten. Sie gingen davon aus, daß Emotionen durch
relativ einfache physikalische Maßnahmen bei Kleinkindern ausgelöst werden
können: Wut, indem man ihre Bewegungsfreiheit drastisch einengte (so daß
sie z.b. ein Spielzeug nicht erreichen oder ergreifen konnten) und Furcht,
indem man sie lautem Lärm aussetzte.

Watson & Rayner wollten auf die folgenden drei Fragen eine Antwort
finden: (1) Kann ein Säugling oder ein Kleinkind lernen, mit andern Worten,
kann es konditioniert werden, ein Tier zu fürchten, das gleichzeitig mit einem
lauten, furchterregenden Lärm erscheint? (2) Läßt sich eine solche Furcht
auch auf andere Tiere oder sogar auf unbelebte Objekte übertragen? (3) Wie
lange hält eine derart gelernte (konditionierte) Furcht an?

Der kleine Albert, den die Autoren für das Experiment auswählten, war ein
9 Monante altes, gesundes und ausgeglichenes und sicher kein übermäßig
sensibles Kind. (Er war übrigens nicht Watson & Rayners Sohn, wie hin und
wieder in der Literatur zu lesen steht; vgl. Harris 1979.) Er hatte vor Tieren
wie einer Ratte, einem Kaninchen, einem Hund oder einem Äffchen keine
Angst, auch nicht vor Watte, vor menschlichen Masken und nicht einmal vor
einer brennenden Zeitung. Auf starken Lärm aber reagierte er ganz deutlich
mit Anzeichen von Furcht bzw. Angst.

Während zwei Monaten hatte man Alberts natürliche Verhaltensweisen
beobachtet und erst danach angefangen, ihn zu konditionieren. Er reagierte
zunächst erfreut auf eine Ratte; sie hatte als *Reiz* keinerlei negative Wirkungen
auf sein Verhalten; sie war ein *neutraler Stimulus*. Ebenso klar, aber negativ,
waren seine Reaktionen auf starken Lärm. Schlug man unmittelbar hinter ihm
mit einem Hammer unerwartet auf eine Eisenstange, so reagierte er mit großer
Angst: Er fiel aus seiner Sitzlage hintenüber, bedeckte mit den Händen das
Gesicht, gleichsam um sich zu schützen und begann zu weinen. Der Lärm war
ein Reiz, der eine Körperreaktion, das Hintenüberfallen, vor allem aber eine
emotionale Reaktion, Angst bzw. Furcht vor diesem Lärm, dessen Quelle er ja
nicht sehen konnte, auslöste. Diese Reaktion kann man als eine natürliche,
eine *unbedingte oder unkonditionierte Reaktion* (UCR) ansehen.

Wenn nun Albert mit der Ratte, diesem noch völlig *neutralen Reiz* spielte,
ließ man, sobald er das Tier berührte, den schrillen Lärm auf der Eisenstange
ertönen. Man paarte also den *neutralen* mit dem *unbedingten Reiz* (UCS).
Dieses gleichzeitige Darbieten der beiden Reize, insgesamt sieben Mal in zwei

Sitzungen im Abstand von einer Woche, hatte zur Folge, daß die Furchtreaktion ausgelöst werden konnte, wenn nur die Ratte allein, also der ursprünglich *neutrale Reiz* präsentiert wurde, mit andern Worten, wenn man dem kleinen Albert die Ratte zum Spielen gab. Der neutrale Reiz hatte die Wirkung des unkonditionierten oder unbedingten Reizes übernommen, nämlich Angst auszulösen. Die Ratte war jetzt der *konditionierte* oder *bedingte Reiz* (CS), die Furchtreaktion die *konditionierte* oder *bedingte Reaktion* (CR).

Vergleich mit unserer Alltagssituation

Vergleicht man unser Alltagsbeispiel mit Watson & Rayners Albert, kann man sich die folgende Frage stellen: Warum brauchte es sieben Paarungen von Ratte und Lärm, bis der kleine Albert auf die Ratte konditioniert war, d.h. auf sie allein mit Furcht reagierte, und warum kam die Konditionierung des kleinen Kindes beim Arzt beim ersten Mal schon zustande, *in einem einzigen Lerndurchgang* (englisch: *one trial learning*)? Solche Verbindungen zwischen Reizen und Reaktionen kommen in einem einzigen Versuch zustande, wenn der *bedingte* Reiz (nehmen wir an, es sei tatsächlich die weiße Schürze gewesen) mit einem sehr starken *unbedingten* Reiz (Schmerz) verbunden wird. War das aber nicht beide Male (beim Augenarzt und beim kleinen Albert) so? Vom Effekt her betrachtet, müssen wir annehmen, daß der Schmerz, den das Kind beim Augenarzt erlebt hat, bedeutend stärker, vielleicht auch existenzbedrohender war als der Lärm, den Albert zu hören bekam. Im weitern ist zu vermuten, daß die Erregung des Kindes beim Augenarzt schon ein relativ hohes Niveau erreicht hatte und der Schmerz aus diesem Grunde sehr intensiv verarbeitet wurde, was zu diesem *one-trial-learning-Effekt* führte, während das Erregungsniveau des kleinen Albert in der experimentellen Situation deutlich niedriger war.

Was die hier geschilderten beiden Kleinkinder in gleicher Weise gelernt haben, ist die Adaptation an jeweils neue Reize – an die weiße Schürze bzw. an die Ratte. Diese machen ein *Vorwegnehmen* von etwas möglich, was demnächst eintreffen wird: ein Schmerz bzw. ein ohrenbetäubender Lärm. Mit andern Worten, die Kinder haben etwas über *Zusammenhänge* in ihrer Umwelt gelernt und reagieren nun entsprechend.

1.5 Erweiterungen der auslösenden Reizsituation

Reizsubstitution und Konditionierung höherer Ordnung

In bezug auf unseren kleinen Anderthalbjährigen kann man für die Zukunft außer seinen Angstreaktionen auf weiße Schürzen noch etwas anderes erwarten: Es ist durchaus möglich, daß er bei einem weiteren Arztbesuch schon zu schreien und zu strampeln beginnt, wenn er das Haus erkennt, in dem sich die Arztpraxis befindet, oder wenn er ins Treppenhaus des betreffenden Hauses kommt. Möglicherweise genügt es schon, wenn die Mutter sagt, daß sie jetzt noch einmal zum Arzt gehen müßten, wenn sie das bevorstehende Ereignis also *verbal* benennt.

Was hat sich da ereignet? Die weiße Schürze als Reiz hat sich mit dem Wartezimmer (dieses ebenfalls als Reiz), mit dem Treppenhaus, mit dem ganzen Haus und sogar mit dem Weg dorthin verbunden. Schließlich genügt sogar das Stichwort »Arzt« als Auslöser! Mit andern Worten: *Eine* Reizsituation ist mit einer andern verbunden oder durch eine andere abgelöst worden. (Meistens bedarf eine derartige Ablösung mehrerer Durchgänge oder Paarungen.) Solche *Reizsubstitutionen* waren in der Tat schon in Pawlows Labor beobachtet worden. Seine Hunde hatten nämlich neben der ursprünglichen Konditionierung auch Zusammenhänge anderer Art zwischen bestimmten Gegebenheiten der Umwelt gelernt und entsprechend reagiert: Nach der Konditionierung sonderten sie bekanntlich Speichel ab. Ein paar Durchgänge später genügte es schon, daß sie die Schritte des sich nähernden Experimentators hörten!

Das Phänomen der Reizsubstitution ist sicher jedem Leser bekannt: Schon eine bebilderte, und selbst eine nicht bebilderte Speisekarte genügt, um uns das Wasser im Mund zusammenlaufen zu lassen, noch lange bevor das Essen wirklich vor uns steht. Allerdings ist es nötig, daß wir hungrig sind. Wenn wir gesättigt sind, fällt die Reaktion auf den substituierten Reiz wesentlich schwächer aus, wenn sie überhaupt eintritt! Darin unterscheiden wir uns wenig von Pawlows Hunden!

Das Phänomen der *fortgesetzten Substitution von Reizen* läßt sich in Lernprozessen auch gezielt einsetzen; man spricht dann von einer *Konditionierung höherer Ordnung*: Als Reize, die zur Auslösung von ursprünglich unkonditionierten Reaktionen *substituiert* werden, können auch Wörter, Handzeichen oder gedruckte Symbole verwendet werden. Einige wichtige kennen wir in Form von Verkehrssignalen, auf die vor allem die Autofahrer konditioniert sind, oder von allgemein verständlichen Äußerungen oder Notschreien wie »Achtung!« oder »Halt!«, die bekannte Reaktionen (Flucht- oder Schutzreaktionen) auslösen.

Reizgeneralisierung

Gelernt werden also, wie wir gesehen haben, keine neuen Verhaltensweisen, sondern nur *neue auslösende Reize*. Sobald irgendwelche neutrale Reize mit unbedingten Reizen gepaart werden, erhöht sich die *Erregung* eines Organismus; er erwartet gleichsam in höherem Maße das Wiederauftreten unbedingter Reize (Futter, Lärm, Schmerz u.a.m.) und entsprechender unbedingter Reaktionen (Speichelfluß, Angst).

Stellt man in Rechnung, daß die Erregung des Organismus in solchen Situationen tatsächlich zunimmt, so verwundert es eigentlich nicht, daß eine konditionierte Reaktion auch von Reizen ausgelöst werden kann, die dem ursprünglichen Reiz oder Signal nur *ähnlich* sind. Es ist also sehr wohl denkbar, daß unser anderthalbjähriges Kind an einem andern Ort genau so reagiert, wenn dort nur gewisse Gegebenheiten eine Ähnlichkeit mit der konditionierten Reizsituation aufweisen – Ähnlichkeiten vielleicht nur gerade in bezug auf die räumlichen Gegebenheiten in einem Amt, einem Pflegeheim oder einem Spital, in dem es gerade nur zu Besuch weilt. Die entsprechenden Reaktionen beruhen dann auf einer *Reizgeneralisierung*.

Auch von Watson & Rayners kleinem Albert weiß man, daß er nicht nur auf die Ratte, sondern auch – auf der Grundlage von Reizgeneralisierung – auf ein Kaninchen, einen kurzhaarigen Hund und ein Seehundfell mit Anzeichen von Furcht reagierte. Bot man ihm allerdings diese Reize in einem *größeren* Raum, so waren seine Furchtreaktionen schwächer. Dafür gibt es mindestens zwei Erklärungen: Entweder spielte der Kontext, d.h. die jeweiligen Stimuli in diesem größeren Raum, eine abschwächende Rolle. Wenn dies der Fall gewesen ist, so deutet dies darauf hin, daß nicht der Reiz, sondern der *Reiz in einer spezifischen Umgebung* das auslösende Moment für die betreffende Reaktion ist. Dies könnte die Theorie des klassischen Konditionierens aber kaum angemessen erklären. Dafür wären *kognitionspsychologische* Interpretationen nötig, die davon ausgehen, daß es nicht ein Reiz ist, der eine Reaktion auslöst, sondern daß es immer die *Interpretation* des Reizes als eines *Informationsträgers* ist, der die betreffende Reaktion im Gefolge hat. Oder aber, und das wäre die zweite Erklärung, die konditionierte Reaktion nahm im großen Raum an Stärke ab, weil der unkonditionierte Reiz, der Lärm, der ja ursprünglich mit dem konditionierten Reiz hatte gepaart werden müssen, nie mehr aufgetreten war und sich die Reaktion deswegen abschwächte.

1.6 Extinktion oder Löschung einer konditionierten Reaktion

Wenn nach der Konditionierung einer Reaktion auf einen konditionierten Reiz konsequent *keine* Darbietung des unkonditionierten Reizes mehr folgt, so *schwächt* sich die bedingte Reaktion *ab*; sie tritt bei weitergeführter Präsentation des konditionierten Stimulus immer seltener und schließlich gar nicht mehr auf. Das ist das Phänomen der *Extinktion*, d.h. des Löschens einer bedingten Reaktion. (Wir kommen in Kapitel 2 ausführlich darauf zurück!)

Im Hinblick auf unseren Kleinen beim Arzt stellt sich die Frage, ob man seine Angstreaktion mit Hilfe einer Extinktion löschen könnte. Denken wir daran, daß er sie anläßlich einer *einzigen* Gelegenheit gelernt hat und daß die

Verbindung von UCS und UCR sehr stark ist. Eine allfällige Extinktion der Angstreaktion dürfte mehrere Durchgänge, d.h. mehrere Begegnungen mit weißen Schürzen erfordern, wenn möglich in komplexen Reizsituation und immer, *ohne* daß ein Schmerz (der UCS) auftritt. So könnte sich eine Löschung zumindest theoretisch einstellen. Sehr leicht dürfte dies allerdings nicht zu bewerkstelligen sein! Die Zahl der Extinktionsdurchgänge, die nötig wären, um ein Verschwinden der Angstreaktion zu erreichen, wäre dann das *Maß für die Stärke der konditionierten Reaktion.*

Bezüglich der Extinktion beim kleinen Albert war es so, daß man ihn in Abständen immer wieder auf den »CS Ratte« neu konditionieren mußte, indem man die Ratte wieder mit dem Lärm paarte, um die CR wieder sicher zu bekommen. Allerdings kommt es vor, daß bei der Präsentation des konditionierten Reizes nach einer längeren übungsfreien Pause (während der auch der Lärm nie präsentiert wird) die konditionierte Reaktion in erheblicher Stärke wieder auftritt. Man spricht dann von einer *spontanen Erholung* oder, wenn die konditionierte Reaktion ein Reflex war, von einem *Reflexrest.* Angesichts dieser spontanen Erholungen nimmt man an, daß bei der Extinktion einer konditionierten Reaktion diese nicht ausgelöscht wird (wie der deutsche Ausdruck für Extinktion es nahelegt) oder einfach »verloren« geht, sondern daß sie aufgrund einer *aktiven Hemmung* (mit entsprechenden hirnphysiologischen Korrelaten) ausbleibt (vgl. dazu Pawlow 1972 oder entsprechende Erklärungen z.B. in Bower & Hilgard 1983, I, 88ff.).

1.7 Über die Bedeutung der subjektiven Interpretation von Reizen

Die Extinktion, von der oben die Rede war, ist allerdings nicht die einzige Möglichkeit, dem Kind die Angst zu nehmen. (Vom Umgang mit Angst wird in den Kapiteln 9 und 10 noch einmal die Rede sein.) Viele Mütter wissen, wie sie sich in solchen Fällen zu verhalten haben: Sie reden dem Kind zu, sie bereiten es auf den Arztbesuch vor. Dadurch regulieren sie einerseits den Erregungsgrad beim Kind; andererseits nehmen sie Einfluß darauf, wie das Kind die ehedem so gefährliche Situation erneut wahrnimmt. Die Reizgegebenheiten werden somit nicht mehr in derselben Weise wahrgenommen und verarbeitet wie beim ersten Arztbesuch. Vor allem sind es nicht mehr die objektiven (physikalischen) Reizgegebenheiten, die eine Angstreaktion auslösen, sondern es ist jetzt die *subjektive Interpretation* der Situation durch das Kind selber, die zu einer Reaktion führt. Zweifellos wird immer noch etwas von der Angst in der Reaktion mitschwingen, vielleicht ein starkes Unbehagen und entsprechende Ausdrucksformen, aber im ganzen wird sich die Reaktion von der ursprünglichen deutlich unterscheiden. Der Arzt und vor allem die

Mutter als Komponenten der gesamten Reizsituation haben also mit ihrem Verhalten und vor allem mit ihren *sprachlichen Mitteln* einen Einfluß darauf, wie das Kind die Situation *interpretiert* und wie es in der Folge reagiert.

1.8 Weitere Lernprozesse

Das Verbalisieren innerer Zustände . . .

Der Einsatz verbaler Mittel ist ein ganz besonderer Punkt, auf den nicht erst moderne, der Kognitionspsychologie verpflichtete Forscher hingewiesen haben, sondern u.a. auch schon Skinner (vgl. auch Bower & Hilgard 1983, I, 284ff.). Wenn allerdings das kleine Kind durch sprachliche Maßnahmen beeinflußt werden soll, muß es wissen, wovon die Mutter spricht, wenn sie etwa sagt:»Heute tut es nicht weh.« Sie bezieht sich mit ihrer Aussage nämlich auf einen *inneren Zustand* des Kindes: den damals erfahrenen Schmerz. Daß das Kind die Mutter überhaupt versteht, beruht auf der Voraussetzung, daß es gelernt hat, seine inneren Zustände verbal zu bezeichnen oder zumindest zu verstehen, was mit dem gemeint ist, was die Mutter sagt. Solches kann das Kind in der Tat im Vorfeld eines Besuches beim Augenarzt und bei ihm selber lernen: Die Mutter tröstet das Kind mit Worten; sie geht mit ihm vielleicht auch etwas feiner um: Sie preßt seinen Kopf nicht mehr so stark an ihren Körper; sie liebkost, streichelt oder bläst, je nachdem, was nötig ist, und vor allem spricht sie ihm zu:»Heile, heile, Segen! Drei Tage Regen, drei Tage Schnee, tut dem Konrad nimmer weh!« Damit wird dem Kind bestätigt, daß etwas»weh tut«, und es lernt dabei, daß dieses innere Empfinden als»tut weh« oder als»Schmerz« bezeichnet wird.

In entsprechender Weise lernt das Kind auch, in derselben Situation seine Angst als»Angst« zu bezeichnen. Aussagen wie»Du mußt heute keine Angst haben«, beziehen sich gleichsam auf den Reaktionsanteil (»tut nicht weh!« hat sich auf den Reizanteil bezogen!) und läßt das Kind erkennen, daß dieses beklemmende Gefühl eben»Angst« genannt wird. Wenn man die relativ hohe Präzision bedenkt, mit der man offen beobachtbares Verhalten beschreiben kann, wird einem klar, ein wie wenig differenziertes Vokabular uns zur präzisen Beschreibung *innerer Zustände* wie Emotionen eigentlich zur Verfügung steht. Es gibt nur relativ wenige Möglichkeiten, bestimmte Emotionen (im Zusammenhang mit Schmerz) in verschiedenen Abstufungen zu beschreiben; und überdies können wir für einen Schmerz nur eine ungefähre Lokalisierungen angeben. Trotzdem ist es ein wichtiger Lernschritt für ein Kind, wenn es in Fällen wie dem unsern lernt, seine inneren Zustände verbal zu bezeichnen. (Daß es sich dabei um einen Lernprozeß handelt, der sich weit ins Erwachsenenalter hinein erstrecken kann, wird uns auch Kapitel 10 deutlich machen, in dem über den Umgang von Erwachsenen mit Gefühlen und inneren Zuständen gesprochen wird.)

... und eine weitere Form des Konditionierens: das instrumentelle Konditionieren

Welchen Sinn hat eigentlich die Wein- und Schrei-Reaktion des Kindes beim Arzt? Zweifellos geht es dem Kind darum, seine aktuelle und nicht gerade komfortable Situation zu verändern. Und damit kommen wir zu einer weiteren Art des Lernens, die an dieser Stelle nur kurz erörtert werden soll: Das Kind nimmt beim zweiten Arztbesuch, wie wir oben gesehen haben, den Schmerz vorweg und reagiert entsprechend. Wichtig ist zu sehen, daß es damit seiner Umwelt unmißverständlich ein *Signal* für eine von ihr gewünschte Reaktion gibt. Das kleine Kind hat gelernt, daß man mit solchen Signalen die Umwelt beeinflussen, ja in einer gewissen Weise geradezu *kontrollieren* kann: Es schreit, wenn es Hunger oder Durst hat, wenn es den verlorenen Bauklotz wieder haben will, und in vielen andern Situationen. Die Reaktion der Umwelt auf solche Signale ist meist so, daß für das Kind eine *verbesserte*, eine *angenehmere Situation* entsteht. Lernpsychologisch formuliert, ist das vergrößerte Wohlbefinden eine *Verstärkung* oder *Bekräftigung* (englisch: *reinforcement*) des geäußerten Verhaltens, und dies in unserem Fall bezeichnenderweise nicht nur für das Kind, sondern auch für die Pflegeperson, die reagiert, weil sie die ungemütliche Situation in eine angenehmere verwandeln will und schließlich das Wohlbefinden des Kindes als ihr eigenes Wohlbefinden miterlebt. Verstärkungen dieser Art führen dazu, daß ein Verhalten immer wieder gezeigt wird – im wesentlichen umso häufiger, je deutlicher die Verstärkung ist und je rascher sie eintritt. Das ist, was Thorndike die *instrumentelle Konditionierung* (ein Lernen am Erfolg) genannt hat. Davon wird später noch die Rede sein.

1.9 Memo

1. Bei der klassischen Konditionierung wird das Auslösen von elementaren, natürlichen (angeborenen oder sehr früh erworbenen) Reaktionen oder Verhaltensweisen auf neue Reize gelernt. Es werden, um es sehr kurz zu sagen, keine neuen Verhaltensweisen, wohl aber neue Reize gelernt.
2. Dem klassischen Konditionieren liegt (1) ein natürlicher Reiz (z.B. ein Schmerz) zugrunde, der zuverlässig eine Reaktion (das Schreien) auslöst. (2) Es braucht einen ursprünglich neutralen Reiz, der die betreffende Reaktion nicht schon auslöst. (3) Der neutrale Reiz übernimmt aufgrund systematischer Darbietung (zusammen mit dem natürlichen Reiz) die auslösende Funktion für die betreffende Reaktion.
3. Reaktionen können durch Reize ausgelöst werden, die dem bedingten Reiz ähnlich sind. Die Auslösung erfolgt dann aufgrund einer Reizgeneralisierung.

4. Auslösende Reize können durch (meist wiederholte) gepaarte Darbietung mit andern Reizen durch diese ersetzt werden. Dieses Verfahren führt zu einer Reizsubstitution. Werden Reaktionen mit Hilfe von substituierten Reizen ausgelöst, spricht man von einem Konditionieren höherer Ordnung.

5. Die Entdeckung des klassischen Konditionierens geht auf Pawlow (1849–1936) zurück.

6. Die Untersuchung mit dem »kleinen Albert« von Watson & Rayner (1920) hat experimentell belegt, daß auch Emotionen klassisch konditioniert werden können.

7. Reflexe werden durch Reize von bestimmter physikalischer Beschaffenheit ausgelöst. Andere natürliche, elementare Reaktionen (z.B. emotionale Reaktionen) werden nicht aufgrund der physikalischen Eigenschaften des Reizes, sondern aufgrund einer entsprechenden subjektiven Interpretation durch das Individuum ausgelöst. Identische Reize können daher zu verschiedenen Zeitpunkten durch dasselbe Individuum oder zum gleichen Zeitpunkt durch verschiedene Individuen unterschiedlich interpretiert werden und so zu unterschiedlichen Reaktionen führen.

8. Information über die physiologischen Grundlagen des klassischen Konditionierens finden sich in Pawlow (1972) sowie u.a. in Bower & Hilgard 1983, I, 82–110.

9. Eine weitere Art des Konditionierens ist das instrumentelle Konditionieren: Bei dieser Art kann ein Signal (ein Reiz) ein Verhalten auslösen, das zu einer befriedigenden Situation führt. Dadurch wird die Verbindung zwischen dem Signal und dem betreffenden Verhalten verstärkt, d.h. die Wahrscheinlichkeit, daß auf das Signal dasselbe Verhalten wieder auftritt, nimmt zu.

2. Ein gelernter Herzinfarkt? – Das Problem der Extinktion

2.1 Einleitung

Der Leser wird sich fragen, was ein Herzinfarkt mit Lernen zu tun habe. Tatsächlich ist der Zusammenhang nicht augenfällig, aber, wie wir sehen werden, läßt sich ein Bezug zwischen gelernten Verhaltensweisen und diesem medizinischen Befund nicht ganz von der Hand weisen! In einem gewissen Sinne ist der Fall in diesem zweiten Kapitel die Fortsetzung des ersten, wobei es hier allerdings nicht so sehr um das *Lernen* als vielmehr um das *Verlernen* bestimmter Verhaltensweisen geht. Konditionierte Verhaltensweisen sind vielschichtig: Sie haben beobachtbare, aber auch nicht beobachtbare Komponenten (z.b. physiologische), was Konsequenzen für ein Löschen solcher Verhaltensweisen haben kann. Zentral ist in diesem Kapitel der Begriff der *Extinktion*.

2.2 Die Ausgangslage

Wohl kaum jemand hat sich lerntheoretische Gedanken über den Fall gemacht, von dem vor etwa 5 Jahren in der Zeitung zu lesen war: In der Strafanstalt L. war Aufseher Meier von einem Häftling angegriffen und schließlich mit dem Wasserkessel, den er bei sich trug, niedergeschlagen worden.

Bedrohliche Situationen können jedermann in fast allen Lebensbereichen begegnen. Eine natürliche Reaktion auf eine *Reizsituation*, die eine Bedrohung darstellt, ist die *Flucht*, meist verbunden mit Gefühlen der *Angst*, oder das *Ausweichen*, wo eine eigentliche Flucht nicht notwendig ist. Ist eine Flucht aus räumlichen Gründen oder wegen plötzlicher Handlungsunfähigkeit nicht möglich, so dürfte die Reaktion entsprechend der Stärke der Bedrohung eine stärkere oder schwächere Form von *Angst* samt den damit einhergehenden Ausdrucksformen sein. Und damit rücken wir durchaus in die Nähe der Situation beim Augenarzt im vorangegangenen Kapitel.

2.3 Die Lernsituation – mit einem kognitionspsychologischen Seitenblick

Im Moment des Angriffs wollte Aufseher Meier fliehen und Hilfe holen. So jedenfalls glaubt er sich zu erinnern. Dann ging aber alles so schnell, daß er gar nicht mehr dazu kam. Wir können nicht genau ausmachen, welches die *Reizkonfiguration* war, die das *Fluchtverhalten* des Strafanstaltsaufsehers ausgelöst hat. Sicher ist, daß die Person des Inhaftierten ein Teil davon war: seine Gestalt, sein Gesichtsausdruck, seine aggressiven Bewegungsmuster oder vielleicht auch Drohungen, die er an den Aufseher gerichtet hatte. Ursprünglich war der Häftling ein durchaus neutraler Reiz. Er wurde aber zur Bedrohung und steht jetzt als konditionierter Reiz für einen unkonditionierten Reiz, den wir als »jegliche Bedrohung« bezeichnen können und der die natürliche Reaktionen des Fliehens oder, wenn dies nicht möglich ist, der Angst auslöst.

Aber es gehört noch etwas dazu: das *Wissen* des Aufsehers darum, daß dieser Inhaftierte ein Gewalttäter ist und daß er – vielleicht – irgendwann wieder einmal gewalttätig werden kann. Ohne jetzt auf dieses Wissen, das übrigens völlig unvollständig oder sogar falsch sein kann, einzugehen, stellen wir hier erneut fest, daß es nicht der *Reiz als eine physikalische Gegebenheit* (etwa ein visuell oder akustisch wahrnehmbares Muster) ist, der ein entsprechendes Verhalten (Flucht, Angst) auslöst, sondern daß noch weitere, gar nicht unmittelbar beobachtbare Informationen mit im Spiel sind, die einen Einfluß auf die Art und Weise haben, *wie* eine Situation, hier ein aggressiver Partner, wahrgenommen und wie dann darauf reagiert wird. Mit andern Worten, der Reiz als Informationsträger wird *interpretiert*. Das ist der kognitionspsychologische Ansatz für eine Erklärung dieser Lernsituation. Bleiben wir aber vorläufig mit unseren weiteren Überlegungen innerhalb des theoretischen Rahmens der *Konditionierung*, von der wir im ersten Kapitel ausgegangen sind!

Reizsubstitution und Reizgeneralisierung

Nach all dem, was uns die Analyse des ersten Falls an Einsichten gebracht hat, können wir uns leicht vorstellen, daß jede weitere Begegnung mit demselben Häftling dieselben oder zumindest sehr ähnliche Reaktionen beim Aufseher auslöst. Der Häftling ist zu einem Stimulus geworden, der mit hoher Wahrscheinlichkeit, wenn nicht Sicherheit, zu Flucht- und Angstreaktionen führt. Wenn wir die Flucht- und Angstreaktionen als elementare, natürliche Verhaltensweisen (zur Überlebenssicherung) ansehen, können wir sagen, daß sie die unkonditionierten Reaktionen (UCR) auf entsprechende bedrohliche Reize darstellen. Aufgrund der ursprünglich komplexen Reizsituation (das ganze hat sich in einem bestimmten Korridor, vor einer bestimmten Zelle, in einer bestimmten Situation, zu einer bestimmten Tageszeit usw. ereignet) lösen nun auch andere Reize als der Häftling selber bei Aufseher Meier deutliche Angstsymptome aus: Schon wenn er den Korridor betritt, verspürt er Angst; erst recht, wenn er vor der betreffenden Türe steht, auch wenn er weiß, daß inzwischen ein anderer Insasse dort untergebracht ist. Ja, selbst der Schlüssel-

27

bund, den er damals in der Hand gehalten hatte, vermag bei ihm eine Angst auszulösen. Das ist das Phänomen der *Reizsubstitution*, das uns vom ersten Fall her schon bekannt ist.

Auch wenn eine weitere Begegnung mit dem gleichen Häftling momentan ausgeschlossen ist, weil man ihn verlegt hat, gibt es also genügend Reize, die eine Reaktion auslösen können, die der ursprünglichen (Fluchtversuch, Angst) in verschiedener Hinsicht sehr stark gleicht.

Die Fülle der auslösenden Reize ist aber noch größer: Aufgrund der *Reizgeneralisierung* nämlich können ähnliche Reize, d.h. praktisch *jeder* andere Häftling, *jede* andere Zellentüre, als auslösende Signale (Reize) wirken.

2.4 Extinktion ist ein vielschichtiger Prozeß

Was die Reaktionen des Aufsehers einige Zeit nach dem Vorfall betrifft, ist es wahrscheinlich, daß auf solche, der *Reizgeneralisierung* unterliegende, konditionierte Reize (CS) keine Fluchtreaktion mehr erfolgt. Nach einigen Tagen wird wohl auch keine bedeutende Angstreaktion, also z.B. kein Erbleichen mehr, auftreten; jedenfalls werden solche Phänomene von außen kaum mehr zu beobachten sein. Damit ist aber nicht gesagt, daß die erwünschte *Extinktion*, das *Löschen der Angstreaktionen* nun erfolgt sei. Man darf nämlich nicht übersehen, daß Angstreaktionen von einer Fülle von physiologischen Reaktionen begleitet sein können: beispielsweise von Puls- und Blutdruckveränderungen, von Verengungen der Blutgefäße, was zum Erbleichen führt, von Einnässen oder von spontanem Durchfall, von einer Veränderung der Atemfrequenz und des galvanischen Hautwiderstandes und von anderem mehr. Mit andern Worten, die konditionierte Reaktion, die von Aufseher Meier (wie übrigens auch vom kleinen Kind im ersten Kapitel) in einer einzigen Konfrontation *gelernt* worden ist, erweist sich als außerordentlich komplex und vielschichtig; und genau das hat bestimmte Konsequenzen, auf die wir unser Interesse im folgenden richten wollen.

Natürlich wäre es erstrebenswert, daß der Aufseher seine Angstreaktion, *verlernen* könnte. Wollte man eine Extinktion oder Löschung dieser Reaktionen buchstabengetreu nach der klassischen Konditionierungstheorie vornehmen, so müßte man die *konditionierten Stimuli* präsentieren und dafür sorgen, daß die unkonditionierte Reaktion, nämlich die Angst, nicht mehr ausgelöst wird. Nun ist zwar mit der Verlegung des betreffenden Häftlings dafür gesorgt, daß der ursprüngliche Reiz gar nicht mehr da ist, sich die Reaktion daher gar nicht wiederholen kann. Allerdings wissen wir, daß auch substituierte Reize (die Zellentüre, der Wasserkessel oder der Schlüsselbund) wirken können. Zum Glück lernt Herr Meier aber rasch, daß diese Objekte harmlos sind und er sich vor ihnen nicht zu fürchten braucht. Man könnte also annehmen, daß die Angstreaktion auf diese Weise tatsächlich gelöscht würde.

Nun kann aber aufgrund der *Reizgeneralisierung* jeder andere Häftling oder jede andere, der ursprünglichen Situation ähnliche Reizgegebenheit Flucht- bzw. Angstreaktion auslösen. Man wird also bei einer Extinktion dieser Reaktionen sehr sorgfältig vorgehen müssen. Beispielsweise wird man Aufseher Meier eher zu anstaltsgewohnten und angepaßten Insassen schicken; man wird ihn auch nicht allein auf Tour gehen lassen, sondern anfänglich mit einem Kollegen zusammen. Zum einen wird sich dann die Verbindung von generalisierten Reizen und Angstreaktionen bei jeder Gelegenheit, bei der nichts passiert, *abschwächen (das ist Extinkition)*, und zum andern kann er anhand seines ihn begleitenden Aufsehers erleben, daß und wie dieser seine Aufgaben bewältigt und so gleichsam von ihm als einem Modell lernen. (Auf das *Lernen am Modell* werden wir später ausführlich eingehen.) Daß die beiden auch über ihre Arbeit, über ihre *Erwartungen* und vielleicht Befürchtungen in der jeweiligen Situation und über anderes im Zusammenhang mit dem Aufsichtsdienst in der Strafanstalt reden können, führt dazu, daß der Vorfall, den Aufseher Meier erlebt hat und der zweifellos noch seine Nachwirkungen hat, *geistig verarbeitet* werden kann. Das heißt ganz konkret, daß sich Herr Meier bewußt wird, daß sich die Situation für ihn wieder verändert hat und auch er seiner Arbeit wieder wie früher nachgehen kann. Vor allem bleibt die damalige Reizsituation nicht als objektive Reizgegebenheit wirksam, sondern nach Maßgabe ihrer Deutung oder Interpretation durch Aufseher Meier selber.

Blickwechsel von der Reizsituation auf die Reaktion

Wenn wir uns nun den Prozeß des *Verlernens* der betreffenden Reaktion bei Aufseher Meier genauer ansehen, so erkennen wir, daß das Problem eigentlich gar nicht so sehr beim Reizmaterial und dessen geistiger Verarbeitung liegt, sondern vielmehr bei der konditionierten *Reaktion* (CR)! Diese besteht nämlich aus mehreren einzelnen *Komponenten*, von denen wir nicht wissen, ob sie bei einer Extinktion auch wirklich alle gelöscht worden sind, oder ob sie *der Extinktion einfach standgehalten* haben, ohne daß dies jemand von außen hätte erkennen können.

Was die prozeßbezogenen Details von konditionierten Reaktionen (CR) betrifft, weiß man, daß die unkonditionierten Reaktionen (UCR) den konditionierten (CR) zwar sehr stark gleichen, daß sie mit ihnen aber *nicht identisch* zu sein brauchen. Betrachtet man etwa den *Lidschlagreflex* als Reaktion auf einen Luftstoß (also ein *unkonditioniertes* Schließen des Augenlides) gegenüber einem *konditionierten* Blinzeln auf einen Summton hin, so kann man zeigen, daß das unkonditionierte Schließen des Auges rascher erfolgt und nur kurz dauert, während das konditionierte etwas später einsetzt, aber länger dauert: 0,05 bis 0,1 Sekunden gegenüber 0,25 bis 0,5 Sekunden.

Selbst bei Pawlows Hunden, bei denen die UCR die Speichelabsonderung war, umfaßte die CR außer der Speichelabsonderung weitere Reaktionsmerkmale, die mit der Speichelabsonderung direkt gar nichts zu tun hatten; und bei Schafen, die man auf das Zurückziehen des Beines auf einen Elektroschock hin konditioniert hatte (Liddell 1934), stellte man außer der CR des Zurückziehens Veränderungen der Atmung, der Herzfrequenz und der allgemeinen Aktivität fest (gegenüber der Situation mit unkonditionierten Reaktionen, UCR).

Für einen menschlichen Organismus besteht nun bezüglich einer Extinktion eine Gefahr darin, daß beobachtbare spezifische Reaktionen wie Flucht, Ausweichen oder offener Ausdruck von Angst zwar verschwinden, und jedermann den Eindruck erhält, die problematischen Verhaltensweisen seien nun extingiert, daß aber andere Komponenten der konditionierten Reaktion der Extinktion nicht zugänglich waren und munter, ohne Wissen der Beteiligten, weiterbestehen. Darauf bezieht sich die folgende Aussage: »Die Tatsache, daß es so schwierig ist, konditionierte Reaktionen zu löschen, macht das Individuum, wenn es älter wird, zu einem regelrechten Antiquariat... Es ist mit vielen Reaktionen belastet, die nichts mehr nützen, ja manchmal sogar seinem Leben schaden. Dies trifft besonders für den kardiovaskulären Bereich zu, und gerade diese konditionierten Reaktionen sind am widerstandsfähigsten. Eine Person kann auf eine alte Niederlage oder eine längst nicht mehr existierende Situation reagieren, und sie ist sich gewöhnlich nicht bewußt, wie die Erhöhung ihrer Herzfrequenz oder ihres Blutdrucks zustande kommt. Das Ergebnis kann ein chronischer Hochdruck sein, der wiederum die Erklärung für manches Herzversagen ist« (Gantt 1966, 62). Mit dieser Aussage wird nun klar, welches der Zusammenhang zwischen unseren lerntheoretischen Überlegungen und einem möglichen Herzversagen sein kann!

Aufgrund der Lebensgeschichte von Aufseher Meier kann man mit Sicherheit sagen, daß mit ihm niemand eine gezielte Extinktion seiner Angstreaktionen vorgenommen hat. Man hat es bestenfalls mit einem Gespräch über den Vorfall bewenden lassen. Man weiß mit ebensolcher Sicherheit, daß er die emotionalen Reaktionen auf viele der oben genannten konditionierten Stimuli nie verlernt, sondern sie im Gegenteil – im wahrsten Sinne des Wortes – immer wieder »geübt« hat. Konkret heißt das, daß manch ein Stimulus seiner Arbeitssituation bei ihm immer wieder verborgene Ängste und Unsicherheiten ausgelöst hat. Wie aus seinen späteren Aussagen mit einiger Sicherheit erschlossen werden kann, hat er den *Umgang mit seinem berufsspezifischen Streß* nach dem Vorfall nicht wesentlich verbessern können.

Verschiedene Ebenen für konditionierte Reaktionen

Konditionierte Reaktionen laufen auf verschiedenen Ebenen ab: sicher auf Verhaltens- und auf physiologischer, vielleicht auch auf motivationaler und kognitiver Ebene. Es scheinen also in jedem Fall *Mehrfachreaktionen* zu sein, ohne daß man explizit darauf hinweist. Solche Mehrfachreaktionen, die sich in konditionierten Reaktionen manifestieren, die nach Komponenten aufteilbar sind, hat Gantt (1966) mit seinem Begriff der *Schizokinese* (d.h. etwas, was sich getrennt bewegt) in Verbindung gebracht. Damit ist die Tatsache gemeint, daß erworbene *Komponenten* einer konditionierten Reaktion auch dann noch lange physiologisch ein Eigenleben führen können (mit allen möglichen Belastungen für den Organismus), wenn von andern Reaktionskomponenten auf einen konditionierten Reiz schon lange nichts mehr zu erkennen ist. Wenn die Extinktion eine *Hemmung* eines einmal gelernten Verhaltens ist (und das ist die Interpretation von Pawlow; vgl. Bower & Hilgard 1983, I, 93ff.), so muß man aufgrund der vorliegenden Erkenntnisse annehmen, daß diese Hemmung *normalerweise* (und nicht nur *ausnahmsweise*) eine bruchstückhafte und unvollständige ist (Gantt 1962, 63) und immer mit entsprechenden nicht gelöschten Reaktionsanteilen gerechnet werden muß.

Daß solches nicht theoretische Konstruktionen, sondern typische, *lerntheoretisch* erfaßbare Phänomene sind, soll das folgende Beispiel aus der Forschungsliteratur (Edwards & Acker 1962) illustrieren:»Man hat hospitalisierten Kriegsveteranen der US Army und Navy, die im 2. Weltkrieg aktiv gewesen waren, eine Serie von 20 verschiedenen akustischen Reizen präsentiert und gleichzeitig ihre psycho-galvanische Hautreaktion (PGR) gemessen. Zwischen den Angehörigen der Army und der Navy gab es auf ein bestimmtes Signal einen signifikanten Unterschied in den Hautreaktionen, nämlich auf rasch aufeinanderfolgende Gongschläge (Tempo etwa 100 Schläge pro Minute). Dies war während des Krieges auf den US Schiffen das Signal für ›Alle Mann in Gefechtsposition!‹ Mehr als 15 Jahre nach dem Krieg löste dieses Signal bei den Navy-Veteranen eine starke emotionale Reaktion aus, während es auf die ehemaligen Army-Angehörigen keinen Effekt hatte« (Edwards & Acker 1962, 462).

Die aus einer ursprünglichen CR übrigbleibenden belastenden emotionalen Komponenten, können zu einer Beeinträchtigung eines Organismus führen, zu einer allgemeinen Körperreaktion (mit psychischen Korrelaten), was nichts anderes ist, als was die heutige Forschung als *Streßkomponente* bezeichnet. Gerade aus der Streßforschung weiß man, wie schwierig es oft ist, die störenden oder das Funktionieren des Organismus beeinträchtigenden, auch physiologischen Reaktionen auszumachen, um dann ein Programm zum Umgang (*coping*) mit dem Streß zu entwerfen.

Das Abbauen oder, lerntheoretisch formuliert, das Extingieren von Furchtreaktionen kann (und wird praktisch) auch dadurch erreicht, daß mit unausweichlich gegebenen Reizen oder Reizsituationen wie z.b. der Zellentüre oder aber einem ganzen, vorgeschriebenen Arbeitsablauf (z.b. Essen bringen) neue, mit früheren Reaktionen (eben Furchtreaktionen) inkompatible Reaktionen verknüpft und in der Folge aufgrund von Verstärkungen beibehalten werden. Solches wäre, wie oben schon erwähnt, dadurch zu bewerkstelligen, daß Aufseher Meier mit einem Kollegen zusammen auf Tour geht, aber beispielsweise nur gerade die Tür öffnet, nicht aber das Essen übergibt, so daß sich mit dem wiederholten Türöffnen (als Reizsituation) eine neue, beruhigende Reaktion einspielen kann.

Das ist Edwin R. Guthries Ansicht von Extinktion (er war einer der führenden amerikanischen behavioristischen Lerntheoretiker): die Einführung einer *Interferenz* oder einer retroaktiven, d.h. auf eine frühere Aktivität wirkende Hemmung der ursprünglichen, nun nicht mehr erwünschten Reaktion oder Tätigkeit. Die zuletzt gelernte Reaktion soll dann *verstärkt* und für die weitere Tätigkeit erhalten werden. *Verstärkung* würde hier bedeuten, daß Aufseher Meier selber ein allmählich besseres Gefühl hat oder auch daß ihm sein Begleiter bestätigt, wie gut und reibungslos die Arbeit nun wieder läuft, bis sich Herr Meier dies auch selber zur eigenen Bekräftigung *sagen* kann. Die Konditionierung benützt bei diesem Verfahren das *Prinzip des Letztereignisses* (*recency effect*). Wir kommen in Kapitel 4 noch einmal darauf zu sprechen.

Um für Aufseher Meier einen erträglichen Arbeitskontext aufzubauen, könnte man also entweder Pawlow folgen und versuchen, die Furchtreaktionen klassisch zu extingieren, oder aber Guthrie, und neue Reaktionen, die die alten ersetzen oder verdrängen und mit ihnen nicht kompatibel sind, mit den alten Stimuli zu verbinden suchen. Praktisch unterscheiden sich die beiden Vorgehensweisen in unserem Falle aber kaum voneinander! Aus Guthries Theorie läßt sich das sogenannte *Desensibilisierungsverfahren* ableiten, das uns im Zusammenhang mit der Bewältigung von Examensangst noch beschäftigen wird. (Kapitel 9 wird das Problem der Angstbewältigung in einem anderen als dem konditionierungstheoretischen Rahmen weiterführen.)

Aufseher Meier hätte nach dem Vorfall auch einer andern Art von Behandlung unterzogen werden können: einem *Biofeedbacktraining*, bei dem er hätte lernen können, gewisse seiner physiologischen Reaktionen (wie beispielsweise seinen Puls) selber zu kontrollieren (für die Details vgl. die einschlägigen Textstellen dazu z.B. in Bower & Hilgard 1983, II, 373-384). Damit wäre es ihm unter Umständen möglich geworden, in kritischen Situationen, d.h in solchen, vor denen er sich fürchtete, einige seiner physiologischen Reaktionen in einem gewißen Maße unter Kontrolle zu bringen. Das sind freilich Spekulationen, aber solche, die sich durchaus im Rahmen der Lerntheorie halten, wie wir sie bis jetzt erörtert haben.

2.5. Memo

1. Der Begriff der Extinktion oder Löschung bezeichnet – zunächst allgemein formuliert – die Tatsache, daß sich eine Reaktion oder ein Verhalten bei fehlender Verstärkung abschwächt oder verschwindet.
   Beim klassischen Konditionieren spielt (etwa im Falle von Pawlows Hunden) das dargebotene Futter die Rolle der Verstärkung. Wird nur noch der Glockenton dargeboten, schwächt sich die Reaktion der Speichelabsonderung ab.
2. Die Angst des Aufsehers kann – wenn auch nicht leicht – dadurch gelöscht werden, daß beim Auftreten von substituierten Reizen (z.B. andern Häftlingen) keine Bedrohung mehr auftritt.
3. Konditionierte Verhaltensweisen und deren Löschung sind mehrschichtige Prozesse. Sie beinhalten zumindest Verhaltens- und physiologische Anteile. Es ist nicht sicher, daß eine Extinktion alle diese Anteile abschwächt oder zum Verschwinden bringt.
4. Extinktion kann mit Pawlow als eine Hemmung gelernter Reaktionen oder Verhaltensweisen angesehen werden. Es ist anzunehmen, daß diese Hemmungen normalerweise unvollständig bleiben.
5. Der Herzinfarkt, von dem in diesem Kapitel die Rede war, kann insofern mit Lernprozessen in einen Zusammenhang gebracht werden, als physiologische Komponenten der gelernten (konditionierten) Angst nicht gelöscht wurden und unerkannt eine ungünstige Wirkung auf das Kreislaufsystem ausübten.

3. Les clous de l'exposition! – Lernen nach Versuch und Irrtum?

3.1 Einleitung

In diesem dritten Kapitel ist davon die Rede, wie jemand ein feinmotorisches Problem zu lösen lernt, nämlich zwei ineinander verhängte Nägel (französisch *clous*) zu entwirren. Hier wird die Theorie des *Lernens nach Versuch und Irrtum* des behavioristischen Lerntheoretikers Edward L. Thorndike (1874–1949) vorgestellt. Dieser Theorie wird aber eine kognitive Interpretation gegenübergestellt. Für das Erlernen des vorliegenden Problems ist es entscheidend, wie der Problemlöser seine einzelnen Lernschritte kodiert. Der Leser wird die Erklärungsmöglichkeiten der beiden Ansätze, des behavioristisch-lerntheoretischen und des kognitionspsychologischen, miteinander vergleichen können.

Schlüsselbegriffe werden sein: *Lernen durch Versuch und Irrtum* bzw. *durch Auswahl und Verbindung, Effekt-* oder *Erfolgsgesetz, Verstärkung, Reiz-Reaktions-Verbindungen, propriozeptive Reize*; dann aber auch *Handlungs-* oder *Verhaltensplan, TOTE-Einheit, enaktive, ikonische* und *symbolische Repräsentationen*.

Abb. 1   Die »clous de l'exposition«: die Nägel der Pariser Weltausstellung von 1937. »Clou« ist im doppelten Sinne des Wortes zu verstehen als »Nagel« und als »Höhepunkt« oder, wie man vielleicht heute sagen würde, als »Hit«!

Das Entwirren der Nägel nach Versuch und Irrtum schließt weder ein blindes Herumprobieren mit einem Material noch ausschließlich motorische Aktivitäten ein. Das Problemlösenlernen folgt systematischen Linien, und die dabei eingesetzten Prozesse sind von motorischer, visueller und zumindest teilweise verbaler Art.

Wer erwartet, das vorliegende Kapitel sei, dem Spielcharakter des Materials entsprechend, ein leichtes, wird bald merken, daß dies keineswegs der Fall ist. Der Leser muß sich im Gegenteil auf eine nicht immer ganz einfache Analyse von komplexen Lernprozessen gefaßt machen!

3.2 Versuch und Irrtum

Wer die beiden ineinander verhängten Nägel (Abb. 1) zum ersten Mal in der Hand hält, glaubt nicht, daß man sie überhaupt auseinanderbringen kann. Je überzeugender die Aufforderung, desto zuversichtlicher wird er es dann aber doch probieren. Er hält vielleicht den einen Nagel und schüttelt den andern; er wirft beide in der Hand etwas hoch, um mit leichten Bewegungen einen Effekt zu bewirken; dann hält er die beiden Nägel an den Köpfen und beginnt, sie gegeneinander zu verschieben (Abb. 2):»Sackgasse! Aber etwas ist dran!«

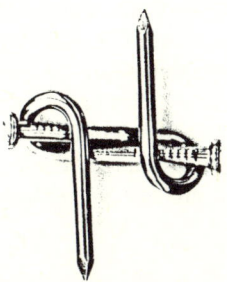

Abb. 2 So lassen sich die Nägel *nicht* auseinanderschieben! Die Köpfe versperren den Weg.

Er hält sie nun an den Spitzen und beginnt wieder, sie zu bewegen. Für fast jeden, der es so versucht und nicht gleich zum Erfolg gelangt, kommt der Moment, wo er am liebsten etwas Kraft anwenden würde:»Mit etwas mehr Spiel müßte es doch gehen!«

Man ist versucht, ein solches Ausprobieren als einen typischen Fall von *Lernen durch Versuch und Irrtum* (engl. *trial-and-error learning*) anzusehen. Tatsächlich gleicht das Verhalten (und dies nicht nur bei Kindern!) oft einem mehr oder weniger blinden Ausprobieren. Dabei kann es vorkommen, daß die Nägel unversehens, *zufällig*, so zu liegen kommen, daß sie sich auseinander- ziehen lassen oder daß sie geradezu von selbst auseinandergleiten (Abb. 3). Die Sache ist geglückt – aber noch nicht *gelernt*!

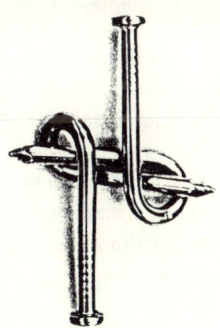

Abb. 3 Endphase der zufällig geglückten Lösung!

35

Das Ergebnis ist in der Tat ein *Zufallsresultat*, und die letzte Lage der Nägel hat sich dem Gedächtnis nicht so fest eingeprägt, daß sie auch rekonstruiert und die Lösung wiederholt werden könnte. Aber die Versuchsperson strahlt; sie freut sich über den unverhofften *Erfolg*. Eines hat sie gelernt: *daß es tatsächlich geht!*

Analysieren wir die Situation in Begriffen der bisher dargestellten Lernpsychologie auf ihre Komponenten hin, so können wir die Nägel als die *gegebene Reizsituation* betrachten. Sie löst allerlei Reaktionen aus: vom feinen Verschieben der Nägel bis zum Versuch, sie gewaltsam auseinanderzubiegen. Diese Reaktionen werden aus einer Fülle von verfügbaren Bewegungen aus dem *feinmotorischen* Verhaltensrepertoire ausgewählt. Es findet demnach eine *Selektion von Reaktionen* statt. Die unverhoffte Lösung ist eine zweifellos *angenehme neue Situation*, charakterisiert durch eine Entspannung gegenüber der Lern- bzw. Problemlösephase, und für die Versuchsperson *verstärkend*. Mit hoher Wahrscheinlichkeit probiert sie es daraufhin noch einmal.

Thorndikes klassische Versuche

Lernen durch Versuch und Irrtum ist von *Thorndikes Katzen im Problemkäfig* her bekannt. Der Käfig mit den Hebeln und Schnüren ist die Reizsituation, und die Katzen reagieren entsprechend ihrem Verhaltensrepertoire, bis sie nach anfänglich langem Ausprobieren zufällig den richtigen Hebel drücken oder lösen, sich dadurch aus dem Käfig befreien und damit zum Futter kommen können. Die Katze verbindet die Reizsituation mit einer Fülle von Reaktionen, von denen eine dann zum Erfolg bzw. zur *Verstärkung durch Futter* führt. Nach Thorndike wird *die* Reaktion mit immer größerer Wahrscheinlichkeit ausgewählt, die zum Öffnen des Problemkäfigs führt. Es muß also eine der letzten Reaktionen unmittelbar vor der Befreiung sein, die als die entscheidende erkannt wird (vgl. dazu auch Bower & Hilgard 1983, I, 43ff.).

Unterschiede zur Situation von Thorndikes Katzen

Die Situation dessen, der sich um das Entwirren der Nägel bemüht, unterscheidet sich in einigen Punkten von der Situation der Katze. Die Katze weist einen ganz bestimmten *Antriebszustand* auf: Sie ist nämlich *hungrig*. Überdies sieht sie das Futter vor dem Käfig, was ein starker *Anreiz* (engl. *incentive*) für sie ist. Der Mensch in der Aufgabensituation weist weder einen vergleichbaren *organischen Mangelzustand* und damit auch *keinen entsprechenden Antriebszustand* auf, noch gibt es für ihn einen mit dem Futter vergleichbaren Anreiz. Für manchen besteht allerdings ein *Anreiz* darin, das knifflige Problem zu lösen.

Kein blindes, sondern ein subtiles und gezieltes Ausprobieren

Während bei der Katze (wie Thorndike es sieht) die entscheidende Reaktion nach relativ vielen Wiederholungen des ganzen Ablaufs allmählich *ausgewählt* wird, sieht dieser Auswahlprozeß beim Menschen schon vom zweiten Durchgang an etwas anders aus. Er wird die Zahl der Versuchshandlungen sofort *einschränken*: Er wird auf die gewaltsame Methode gänzlich verzichten; er wird die beiden Nägel nicht mehr an deren Köpfen halten, denn das hat in eine Sackgasse geführt! Vielmehr wird er versuchen, kritische Phasen zu erkennen, sich vor allem an die Schlußphase des Probierens genau zu erinnern und seine Bewegungen der Struktur der Nägel besser anzupassen. Eine Art des Ausprobierens wird zwar immer noch die Methode sein, jedoch wird diese gezielt auf einem motorisch feinen Niveau angewendet werden und unter Beizug von andern als bloß motorischen Prozessen ablaufen.

3.3 Die behavioristische Interpretation

Das Problem der Verstärkung – Thorndikes Effektgesetz

Was hier gelernt werden muß, ist folgendes: Ausgehend von einer *gut kodierbaren Reizsituation*, beispielsweise der Startsituation, wird eine Bewegung gefunden, eine Reaktion also, die – nach einigem Probieren – ein kleines Stück weiter führt. Oft hat man dabei so etwas wie »ein gutes Gefühl«. Die ausgeführte Bewegung endet in einem neuen Zustand, der nun seinerseits eine Reizsituation darstellt, von der aus eine weitere Bewegung, eine weitere Reaktion also, ausgeht. Im Laufe des weiteren Probierens, kann es vorkommen, daß eine durch ein subtiles Probier- oder Suchverfahren gefundene, offensichtlich entscheidende Reaktion mit einer bestimmten vorangegangenen Reizsituation *verbunden* wird. Auf solche Verbindungen muß sich das Interesse des Problemlösers richten; sie muß er lernen. Einzelne dieser Verbindungen lösen nicht nur ein Wohlbehagen oder ein Gefühl der Sicherheit, sondern das feste Wissen aus, daß es von jetzt an richtig läuft. Bei andern Verbindungen ist der Lernende weniger sicher; sie lösen eher ein Unbehagen aus, und oft kehrt er zu einem vorangegangenen Punkt zurück und beginnt nochmals auf andere Weise.

Verbindungen sind umso stärker, je deutlicher ihre Notwendigkeit für ein Vorwärtsschreiten in Richtung auf die Problemlösung hin erkannt wird und je stärker belohnend oder befreiend sie im Verlauf des Ausprobierens erlebt werden – je besser das Gefühl, das man dabei erlebt! Mit andern Worten: Der Erfolg stärkt jeweils die Verbindung; er erhöht ihre Auftretenswahrscheinlichkeit.

Das »gute Gefühl«, das Gefühl der Sicherheit oder das feste Wissen um die nun gesicherte Fortsetzung, aber auch ein ungutes Gefühl, ein Unbehagen, sind die Formen der *Verstärkung*, die im Lernprozeß von Bedeutung sind.

Thorndike hat mit seiner *Verbindungslehre* eine theoretische Erklärung für solches Lernen zu geben versucht, und wir verstehen aufgrund unseres Beispiels sehr gut, warum er später anstatt von Lernen durch Versuch und Irrtum lieber von einem *Lernen durch Auswahl und Verbindung* gesprochen hat (vgl. Bower & Hilgard 1983, I: 43).

Er hat (im ersten Viertel unseres Jahrhunderts) die entscheidenden Verbindungen ausgewählter Reaktionen auf entsprechende Reize mit Hilfe des *Effektgesetzes* (des Gesetzes der Auswirkung) oder, wie er es auch nannte, des *Erfolgsgesetzes* erklärt:»Von mehreren Reaktionen in derselben Situation werden diejenigen, die von einer Befriedigung begleitet sind oder unmittelbar gefolgt werden, stärker mit der (Reiz-) Situation verbunden...« und».. . diejenigen Reaktionen, die von Unbehagen begleitet oder unmittelbar gefolgt werden, werden in ihrer Verbindung mit der (Reiz-)Situation geschwächt...« (Thorndike 1911, 244; vgl. Memo in Kapitel 1, Punkt 9); dies in augenfälliger Parallele zu den Selektionsmechanismen, die Charles Darwin in seinem damals bestbekannten Werk»Die Entstehung der Arten« (1859, dt. 1976) vertreten hat.

Thorndikes Effektgesetz hat das zu jener Zeit gängige *Gesetz der Bildung von Gewohnheiten durch Wiederholen* sehr wesentlich ergänzt. Jenes Gesetz, das ursprünglich auch von Thorndike angenommen worden war, besagte ganz einfach, daß der *Gebrauch* einer Verknüpfung, deren Wiederholung also, sie stärke, der Nichtgebrauch sie dagegen schwäche. Später hat er jedoch geschrieben:»Doch Übung ohne jedes Streben, mit gleicher Befriedigung bei Erfolg und Mißerfolg, kann keinen Lernfortschritt erbringen. Das Nervensystem wendet sich ab von jenen Situationen, in denen die Übung eine unangenehme Auswirkung hat. Würde man das Gesetz der Auswirkung (*sein* Effektgesetz, d.Ref.) nicht als endgültig anerkennen, würde man etwa meinen, daß die Entstehung von Gewohnheiten allein auf der angeblichen Wirkung der reinen Wiederholung beruht, dann ergäbe sich daraus fast mit Sicherheit zweierlei: Die theoretische Folge wäre, daß man mit dem Gesetz der Gewohnheit (Gesetz der Wiederholung, d.Ref.) nur wenig am menschlichen Verhalten erklären könnte. Die praktische Folge wäre eine Bevorzugung von unproduktiven und äußerst unökonomischen Formen des Einpaukens als Lernmethode« (Thorndike 1913, 22).

Diese auf menschliches Lernen passende Aussage hat Thorndike in Parallele zu seinen Erkenntnissen aus Tierversuchen formuliert. Und er verteidigt seine These, oft nicht ohne Seitenhiebe auf das, was wir heute eine *kognitive Theorie des Lernens* nennen. Er war ein Mann seiner Zeit, auch wenn er gedanklich nachgewiesenermaßen oft schon viel weiter war. Er schreibt: »Zunächst einmal ist der Mensch ein assoziativer Mechanismus, der so funktioniert, daß Störungen in den Lebensvorgängen der Neuronen vermieden werden. Wenn wir anfangen, imaginäre Kräfte und Vermögen zu fabrizieren, wenn wir uns durch unklare und leere Begriffe das Denken ersparen wollen (er dachte hier an mentalistische Begriffe wie *Vorstellungen*, *Überzeugungen* u.a.m., d. Ref.) oder wenn wir uns in die Bewunderung der außerordentlichen Vielseitigkeit und Schöpferkraft der höheren Formen des Lernens verlieren, dann werden wir niemals den menschlichen Fortschritt oder die Handhabung der menschlichen Erziehung verstehen können« (Thorndike 1913, 23).

Kritische Anmerkungen

Bevor wir die Verstärkungsthematik in Thorndikes Interpretation verlassen, sei noch auf ein theoretisches Problem bei diesem Lerntheoretiker hingewiesen: Mit der richtigen Verknüpfung von feinen Bewegungsabläufen, die sich mit dem Lernen allmählich einstellen, nimmt die Versuchsperson ihren Erfolg von einem bestimmten Moment an vorweg. Vielleicht bemerkt sie sogar: »Genau so!« und ist in der nächsten Sekunde tatsächlich am Ziel. Der angenehme Endzustand wird von der Versuchsperson *antizipiert*. Was heißt das? Die Versuchsperson *stellt sich* wohl den geglückten Endzustand *vor*. Eine *Vorstellung* vermittelt also die Verstärkung. Diese *antizipierende Aktivität* hat Thorndike wohl gesehen, aber es war zu seiner Zeit nicht opportun, von derart mentalen Phänomenen wie den Vorstellungen zu sprechen, wollten die Behavioristen doch nur das von außen beobachtbare Verhalten (engl. *behavior*!) als Gegenstand psychologischer Betrachtung und Forschung anerkennen.

Clark L. Hull (1884–1952), der Systematiker unter den (amerikanischen) behavioristischen Lerntheoretikern, hat 1943 für die oben erwähnten vorwegnehmenden Reaktionen den Begriff der *partiell antizipierenden Zielreaktionen* eingeführt und damit – gleichsam durch die Hintertür und ohne es entsprechend zu nennen – dieses bei den Behavioristen geradezu verpönte Phänomen der *Vorstellung*, denn darum handelt es sich wohl bei diesen Vorwegnahmen, wieder eingeführt (vgl. dazu auch Bower & Hilgard 1983, I, 156f.).

Immerhin hat Thorndike es für richtig gehalten, und das sei hier hervorgehoben, den gesamten Verstärkungsprozeß als einen höchst komplizierten Prozeß zu betrachten, bei dem es nicht einfach um Lust oder Unlust, also um einen simplen Hedonismus geht (vgl. Bower & Hilgard 1983, I, 26f.)

3.4 Eine kognitive Interpretation für das Lernen, wie man die Nägel entwirrt

Die informative Funktion der Verstärkung

Das Erreichen des Ziels, hier des Auseinanderschiebens der Nägel, ist Sache eines Problemlöse-Lernprozesses. Dabei spielt Verstärkung sowohl hinsichtlich des Findens der Lösung als auch im Hinblick auf die Verfeinerung der Bewegungssequenz eine Rolle. Aber, und das ist das Entscheidende, Verstärkung hat nicht einfach eine *selektive* Funktion hinsichtlich einzelner Bewegungssegmente, wie Thorndike dies für das selektive Lernen (vor allem seiner Katzen) gesehen hat; Verstärkung hat vielmehr eine *informative Funktion*, die den Lernenden leitet, *was* er *wie* zu tun hat. Mit andern Worten: Das oben erwähnte »gute« oder »ungute Gefühl« in der einen oder andern Situation enthält *Information*, gibt also Auskunft oder *Rückmeldung* (engl. *feedback*) über die Veränderung der Situation.

Eine Lernsituation ist durch verschiedene *Informationsquellen* gekennzeichnet: die jeweils auslösenden Stimuli, d.h. die jeweiligen Zustände im Verlauf der Problemlösung, sowie die verschiedenen Rückmeldungen, die in den Reaktionen und den zu ihnen gehörenden *Verstärkungen* (*reinforcements*) enthalten sind (vgl. auch Adams 1984). Was das im einzelnen heißt, soll aus dem folgenden hervorgehen.

Wahrnehmungsrückmeldungen und Korrekturen

Das Problemlösenlernen im Falle unseres Nagelbeispiels umfasst einerseits *Bewegungen* und andererseits *kontrollierende Wahrnehmungen*, die zu Rückmeldungen über die erfolgten Bewegungen und zu deren Korrektur bzw. zu deren modifizierter Wiederholung führen. Wie man am konkreten Beispiel leicht erkennen kann, ist es für die Lösung der Aufgabe entscheidend, die Nägel in eine Position zu bringen, von der aus man sie leicht auseinanderschieben kann (vgl. Abb. 4d). Allerdings ist dies nur möglich, wenn man sie durch verschiedene Drehungen (Abb. 4b und 4c) in eine entsprechende, »wegbereitende« Position gebracht hat. Irgendeinmal wird die entscheidende Rotationsbewegung aus der Arbeitsebene heraus, in der zuvor gedreht worden ist, erfolgen (ausgehend von einem Zustand, der irgendwo zwischen 4b und 4c liegt), an die sich noch eine letzte Rotation, mehr oder weniger rechtwinklig zur vorangegangenen, anschließt, deren Fortsetzung dann diejenige Schiebebewegung ist, die das Problem der Lösung zuführt.

Das gleichsam dichteste Probierverhalten dürfte wohl rund um diese entscheidenden Drehungen liegen, die vom Zustand in Abb. 4b zu demjenigen in Abb. 4c führen. Für den Problemlöser geht es darum, den *kritischen Augenblick* im kontinuierlichen Bewegungsablauf zu erwischen, in dem die

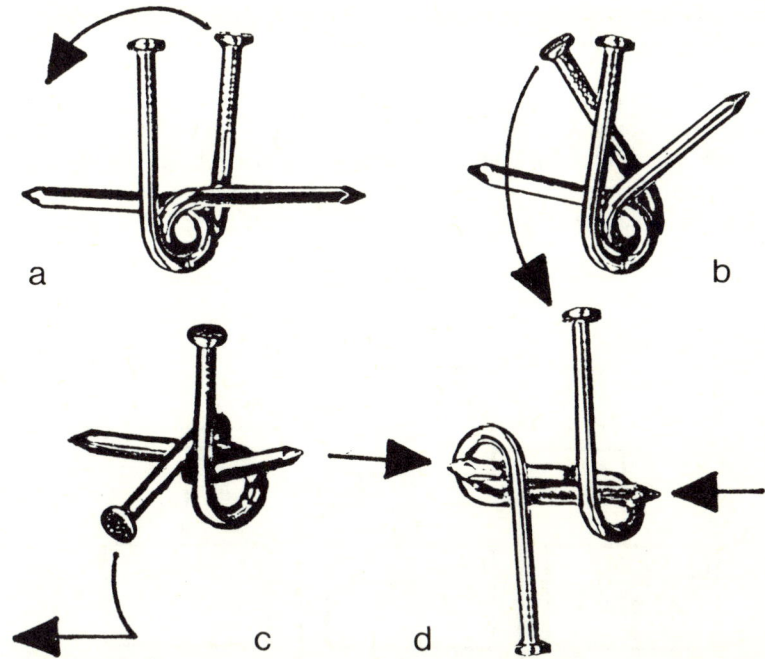

Abb. 4 Situationen aus dem Problemlösungsprozeß der Nagelaufgabe. Die Pfeile geben jeweils die nächste Bewegung des Nagelkopfes an. Damit sind allerdings die feinen Hand- bzw. Fingerbewegungen, die der Problemlöser auszuführen hat, nicht spezifiziert.

4a Die Ausgangsposition
4b Zustand, nachdem der rechte Nagel so in der Arbeitsebene nach links gedreht worden ist, daß sein Kopf hinter den linken zu liegen kommt. Entscheidend ist nun, daß diese Drehbewegung sanft weitergeführt wird.
4c Zustand unmittelbar nach der Rotation des nun links liegenden Nagelkopfes aus der Arbeitsebene heraus dem senkrecht stehenden, ursprünglich linken Nagel entlang nach vorne und unten.
4d Zustand unmittelbar vor der Lösung

Lösung »greifbar« wird. Dieser liegt dort, wo die Drehbewegung nicht mehr von rechts nach links (von Abb. 4a zu 4b) führt, sondern von dort in komplexer, nur schwer beschreibbarer Weise durch den Raum auf den Problemlöser selber zugeht. Für diese Drehungen gibt es innerhalb eines gewissen Bewegungsbereiches zweifellos individuelle Varianten; entscheidend ist, daß sie aus der anfänglich benutzten Arbeitsebene hinaus durch den Raum führen.

*Miller, Galanter und Pribrams Verhaltenspläne und die TOTE-
Handlungseinheiten*

Miller, Galanter & Pribram (1960, 1974) haben ein Modell vorgelegt, das
solche Bewegungen, wie wir sie in Abb. 4a-d verfolgen können, in ihrem
Zusammenhang erklären kann. Sie sagen, daß das Handeln des Problemlösers
von seinem Wissen und von daraus abgeleiteten *Plänen* bestimmt wird. Sie
stellen dies schematisch wie in Abb. 5 dar. Das entscheidende Moment ist die
fortlaufende

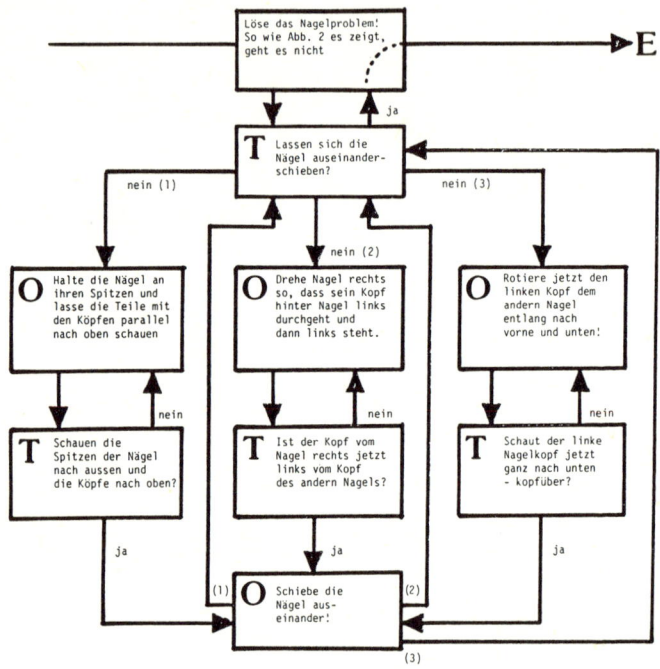

Abb. 5   Schematischer Handlungsplan mit den TOTE-Einheiten für die Lösung des gestellten
Nagelproblems (nach Miller, Galanter & Pribram 1960, 1974). T steht jeweils für Test, O für
Operation; E bedeutet Exit, d.h. Lösung. Das Schema gibt die Organisation des Problemlöseverlaufs in groben Zügen wieder. Es wird von der Annahme ausgegangen, daß der Lernende die
Erfahrung gemacht hat, die in Abb. 2 dargestellt ist. Im übrigen treten die für das Problemlösenlernen wichtigen Kodierungen in den einzelnen Lernschritten in diesem Diagramm nicht in
Erscheinung (vgl. dazu insbesondere Abschnitt 3.5).

*Wiederholung von Test- und Operationsphasen auf verschiedenen Niveaus
der Handlungsorganisation,* d.h. zunächst auf dem Niveau derjenigen Bewegungen, die die richtige Drehung vorbereiten: Bevor große Bewegungen
ausgeführt werden können, braucht es möglicherweise eine Reihe von kleineren, vorbereitenden Bewegungen. So werden Drehungen und schließlich

42

Translationen (Schiebungen) möglich. Dabei wird jede Bewegung beobachtet und auf ihre Tauglichkeit für eine Fortsetzung hin geprüft. Oder mit Miller, Galanter & Pribram (1960, 1974): Jeder *Testphase* (T) folgt eine *Operationsphase* (O), der sich ihrerseits eine neue Testphase (T) anschließt, bis die *Lösung* bzw. der *Abschluß* (E für *exit*) vorliegt. Die *Grundeinheit* des Ablaufs ist also eine Test – Operation – Test – Abfolge, der entweder eine weitere Operation oder der Abschluß folgt. Man nennt diese Handlungseinheit daher TOTE-Einheit. Dabei handelt es sich um eine Organisationsstruktur, die noch nichts über die einzelnen Inhalte und deren Repräsentation im Gedächtnis des Lernenden aussagt. Wir müssen also danach fragen, wie der Lernende die einzelnen Schritte seines Lernprozesses innerlich verfügbar hält und wie er sie später, wenn er erneut das Problem zu lösen versucht, abrufen und einsetzen kann.

3.5 Das Problem der Kodierung des richtigen Bewegungsablaufs

Wer selber mit dem Material umgeht, erlebt die Schwierigkeit, sich bestimmte Positionen der beiden Nägel und bestimmte Positionsveränderungen zu merken. Ein visuelles Kodieren ist wegen der Ähnlichkeit der Positionen zu Beginn des Lernens tatsächlich nicht gerade einfach, und für ein sehr differenziertes verbales Kodieren fehlen uns präzise Termini. Offenbar haben dies auch die behavioristischen Lerntheoretiker erkannt bzw. in der einen oder andern Weise gespürt. Jedenfalls legen zwei von ihnen, John B. Watson (1878–1958; der »Vater des Behaviorismus«) und Edwin R. Guthrie (1886–1959), vermehrt Gewicht auf das, was sich *im motorischen Bewegungsablauf selber* ereignet. Nach Watsons Ansicht sind es nicht etwa die visuellen Reize, die eine weitere Bewegungsreaktion auslösen, sondern die vorangegangenen kinästhetischen oder *propriozeptiven* Reize, diese komplexen Muskel- oder Bewegungsempfindungen also, die die *nachfolgenden* Reaktionen bzw. Bewegungen auslösen. Nach Guthrie (vgl. Bower & Hilgard 1983, I, 118) sind die *bewegungsverursachten Reize* die eigentlich konditionierten Ergebnisse, die den Ablauf von Bewegungsabfolgen determinieren!

Nun ist keineswegs von der Hand zu weisen, daß Bewegungskodierungen beim Lernen des Nägelentwirrens eines Rolle spielen. Es gibt Lerner, die genau realisieren, daß ihre entscheidenden Bewegungen Drehungen der rechten Hand oder aber nur leichte Bewegungen des rechten Daumens und Zeigefingers sind. Kinder scheinen die entscheidenden Bewegungen nach einer ersten Phase des Probieren einfach »So!« auszuführen, ohne daß sie genauer angeben könnten, wie sie eigentlich vorgehen. Sie können ihre Bewegungen aber recht genau wiederholen. Mit andern Worten, sie müssen über eine Repräsentation in ihrem Gedächtnis verfügen, die ihnen die Rekonstruktion des ganzen Lösungsprozesses gestattet. Das ist genau das, was J.S.

Bruner (1964, Bruner et al. 1971, s. auch Steiner 1973) eine *enaktive Repräsentation* nennt, eine auf handlungsbezogenen Kodierungen beruhende Repräsentation. (Die meisten Menschen haben vom Schuhebinden eine solche *enaktive* Repräsentation.) Allerdings können Kinder, die das Nagelproblem lösen können, sagen, wie es *nicht* sein soll. Sie haben also, auch wenn sie die Nägel nicht selber in der Hand halten, ein »Bild« davon, wie es richtig und wie es falsch ist. Sie haben, zumindest von bestimmten Ausschnitten aus dem Probelmlöseablauf, eine *ikonische Repräsentation*, um wiederum Bruners Begriff zu verwenden, ein »Bild« davon, wie es aussehen *muß*. Damit ist nicht gesagt, daß sie die entscheidende Nagelkonfigurationen auch zeichnen könnten; sie können aufgrund ihrer Repräsentation aber wiedererkennen, ob es sich um eine angemessene handelt oder nicht. Ihre Repräsentation besteht also nicht ausschließlich aus motorischen Kodierungen, ist also nicht ausschließlich eine *enaktive Repräsentation*.

Ein *Bilden von Bewegungsketten* (engl. *chaining*) aufgrund von propriozeptiven (*response produced*) Reizen, wie die behavioristischen Lerntheoretiker es postulieren, ist demnach zumindest nicht vollständig. Die Erklärung muß durch bildhafte, *ikonische Repräsentationen* ergänzt werden, die Information darüber enthalten, wie die motorischen Abläufe weitergeführt, korrigiert oder modifiziert werden müssen, damit die Problemlösung gelingt. Die bildhaften Repräsentationen ermöglichen eine visuell-wahrnehmungsmäßige Steuerung der feinmotorischen Aktivitäten, wobei sie aufgrund eines Vergleichs der inneren Repräsentation mit der aktuellen Situation immer wieder Rückmeldungen über die fortschreitende Annäherung an die »ideale« Bewegungsabfolge geben.

Eine Frage bleibt immer noch offen: Wie nämlich lernt ein Problemlöser die richtige Gesamtabfolge der Bewegungen bis zur Entwirrung der beiden Nägel? Ruft etwa doch eine Bewegung der nächsten, wie die Behavioristen es vorgeschlagen haben? Wenn wir an das denken, was wir über die Informationshaltigkeit der Verstärkungen oben schon gesagt haben, dann können wir diesen Ansatz für unzureichend erklären. Es ist mehr im Lernen des korrekten Ablaufs impliziert als nur das Verbinden von bewegungsinduzierten Reizen mit neuen Bewegungsreaktionen, die ihrerseits wieder bewegungsinduzierte Reize darstellen. Lösen also gewisse charakteristische Bilder, visuelle Muster, die Fortsetzung des Bewegungsablaufs aus? Es ist denkbar, daß solche Muster, wie sie in den Abb. 4b und 4c dargestellt sind, ganze Teile der Bewegungssequenz auslösen. Es ist aber – aufgrund von spontanen Aussagen von Problemlösern - wahrscheinlich, daß verbale Kodierungen typischer Abläufe für die kontinuierliche Abfolge von Bewegungen verantwortlich sind. Solche verbale Kodierungen sind Bruners *symbolische Repräsentationen*. (»Symbolisch« heißt für Bruner in den meisten Fällen »in natürlicher Sprache«.) Eine solche symbolische Repräsentation kann vollständige Sätze enthalten, kann aber auch sehr rudimentär bleiben. Wichtig ist nur, daß derjenige, der diese symbolische Repräsentation gebrauchen will, sie versteht und angemessen einsetzen kann. Sie muß nicht mitteilbar sein. So kann beispielsweise ein Lernender ohne weiteres vor sich her sagen:»Hintendran drehen, dann gegen mich!« Kein Aussenstehender wird mit dieser geäußerten Repräsentation etwas anfangen können; aber Repräsentationen sind immer individuell oder, wie es in der neueren Literatur oft heißt, *idiosynkratisch*. Wer das Nagelproblem lösen lernen will, d.h. wer die Nägel immer wieder zur Hand nehmen und sie entwirren können will, muß lernen, den Lösungsablauf zuerst enaktiv und ikonisch, und mit zunehmender Fertigkeit auch symbolisch zu repräsentieren. Diese Repräsentationen sind gleichsam der Komplementärteil zur Lernorganisation, wie sie in TOTE-Einheiten strukturell zum Ausdruck kommen. Die kognitive Interpretation des Lösenlernens des Nagelproblems besteht demnach in einer Koordination der Lernorganisation im Sinne von Miller, Galanter und Pribram einerseits und der Repräsentation der Problemlöseschrite im Sinne von Bruner andererseits.

Eine eigenartige Reversibilität im Verhalten vieler Problemlöser

Aufgrund des bisher Gesagten verstehen wir jetzt auch besser, warum viele Leute, die die Nägel auseinanderzubringen versuchen, gewisse Bewegungssegmente mehrmals wiederholen, sie zum Teil vorwärts und rückwärts durchspielen. Zum einen fügen sie immer wieder neue Testphasen in ihren Lernprozeß ein, denen dann Operationsphasen folgen. Die Testphasen verschaffen die nötige Feedback-Information zur Weiterführung oder Korrektur eines Bewegungssegments oder eines umfaßenderen Ausschnitts des ganzen Ablaufs. Testphasen führen einerseits zum Aufbau verschiedener Repräsentationen: von enaktiver, ikonischer oder symbolicher Art. Sie bedürfen aber andererseits dieser Repräsentationen, wenn in ihnen ein Ist-Soll-Vergleich durchgeführt werden soll. Ein Durchspielen von Bewegungssegmenten in verschiedenen Richtungen ermöglicht sowohl ein gezieltes Einsetzen von Test- und Operationsphasen als auch den Aufbau und die Verwendung von Kodierungen oder Repräsentationen. Im weitern trägt die *Reversibilität* gewißer Bewegungssegmente auch zur Integration derselben, zu ihrer Verankerung sozusagen, im größeren Zusammenhang der gesamten Bewegungssequenz bei.

Noch einmal anders formuliert: Man darf annehmen, daß die Bewegungen (vorwärts und rückwärts) nicht nur ein motorisches Spiel sind, sondern daß sie vor allem von sehr viel *visueller Kontrolle* (*monitoring*) sowie von verschiedenen Verbalisierungen begleitet sind. Was die *visuelle Kontrolle* anbelangt, dürfte sie in den von Miller, Galanter & Pribram (1960) postulierten *Testphasen* (T) die Hauptrolle spielen und die Grundlage für die Rückmeldungen liefern, wobei es, wie viele Problemlöser berichten, darum geht festzustellen, ob es »so« richtig ist oder nicht. Das heißt, es kann nicht mit genügend hoher Genauigkeit *beschrieben* werden, wie ein Zustand aussehen muß, hingegen kann er als Muster *wiedererkannt* werden. Was die *Verbalisierungen* betrifft, macht Thorndike (!) schon darauf aufmerksam, daß ein Wiederholen von Bewegungen durch die Versuchsperson zusätzlich noch verbal verstärkt werden kann, z.b. durch »Ja, genauso ist es richtig!« oder »Voilà!!«. Es geht bei diesen Thorndikeschen Verstärkungen – und dies weist erneut auf den informativen Charakter von Verstärkungen hin – in der Tat um ein Wiedererkennen, das demjenigen ähnlich ist, das wohl jedermann vom Rechtschreiben eines Wortes her (z.b. *Rhythmus*) kennt, bei dem man nach der korrekten Form sucht (»Rythmus« oder »Rhytmus« oder...?), indem man das Wort wiederholt aufschreibt, dadurch ein Muster generiert, das der Schreiber *wiedererkennen* kann und ihn so zum Auffinden der richtigen Form führt.

Der Problemlöser im Nagelbeispiel produziert ganz ähnlich *für sich selber* Möglichkeiten des Wiedererkennens (Testphase: »Ist es das?«), deren Ergebnis jeweils zur Weiterführung oder zur Modifikation des Bewegungsablaufs führt. Im Falle, wo eine Nagelkonfiguration nicht wiedererkannt werden kann, findet ein Vorwärts- oder Rückwärtsbewegen der Nägel statt, bis eine wiedererkennbare Konfiguration gewonnen ist. Freilich müssen wir nicht annehmen, daß nur statische Konfigurationen kodiert und wiedererkannt würden; auch charakteristische Bewegungen wie etwa die Drehung, die der Rotation aus der Arbeitsebene heraus unmittelbar vorangeht, können kodiert und wiedererkannt werden. Wie schon oben gesagt, haben zu Beginn des Lernprozesses wohl *hier* Watsons *propriozeptive* und Guthries *bewegungsverursachte* Anteile (Reize) ihren Platz neben visuellen Kodierungen. Später werden die kritischen Punkte mehr oder weniger ausführlich verbal kodiert.

Das Fokussieren auf bestimmte, zunächst *versuchsweise* Bewegungen, das *Korrigieren* und *Modifizieren* des Ablaufs und das *Antizipieren* möglicher oder unmöglicher Fortsetzungen in den Bewegungssequenzen kann man freilich *nicht* mehr als ein Lernen durch Versuch und Irrtum (trial and error) bezeichnen: Ungezählte bewußte *Wahrnehmungsrückmeldungen (feedbacks)* und *Bewegungskorrekturen* im Sinne von TOTE-Einheiten nähern den Bewegungsablauf der *Struktur des Problems* (und des Materials) an. Anders formuliert: Die Verhaltensabläufe sind in ein *System von Wahrnehmungskontrollen* (*visual monitoring*) mit *Rückmeldeschlaufen* (*feedback loops*) integriert (TOTE-Einheiten). Im weitern müssen die Prozesse des Verbindens von feinmotorischen Abläufen nicht als unidirektional betrachtet werden; aus der Umkehrbarkeit von Bewegungen in bestimmten Abschnitten des Problemlösens resultieren *antizipierende* und *retrospektive* Prozesse, die der Integration von einzelnen Bewegungssegmenten in die gesamte Bewegungssequenz dienen, und das ist es, was ein *Verstehen des Ablaufs als ganzen* ausmacht.

3.6 Memo

1. Die Untersuchungen zum Lernen nach Versuch und Irrtum gehen auf Thorndike (1874–1949) zurück. Er hat später von einem Lernen durch Auswahl und Verbindung gesprochen (Verbindungslehre).

2. Bedeutende behavioristische Lerntheoretiker außer Thorndike sind Watson (der »Vater des Behaviorismus«), Guthrie und Hull (der Systematiker unter ihnen).

3. Thorndikes Effekt- oder Erfolgsgesetz besagt, daß Reiz-Reaktions-Verbindungen gelernt werden, wenn sie mit einem angenehmen Endzustand verbunden sind oder ihnen ein solcher folgt. Die Verbindung wird geschwächt, wenn mit ihr ein unangenehmer Endzustand verbunden ist oder ihr ein solcher folgt.

4. Angenehme oder auch unangenehme Zustände im Zusammenhang mit Reiz-Reaktions-Verbindungen sind Verstärkungen (engl. reinforcements).

5. Beim Entwirren der Nägel führen Wahrnehmungskontrollen zu Verstärkungen; sie haben nicht in erster Linie den Effekt, daß sie Reiz-Reaktions-Verbindungen stärken; vielmehr haben sie informativen Charakter: Sie geben Rückmeldung.

6. Die Handlungen und die Wahrnehmungskontrollen, die beim Erlernen des vorliegenden Problemlösens ablaufen, folgen bestimmten Handlungsplänen und sind – nach dem Ansatz von Miller, Galanter und Pribram – in TOTE-Einheiten organisiert.

7. TOTE-Einheiten sind Bausteine von Verhaltensplänen, die durch Handlungs- oder Operationsphasen und Testphasen gekennzeichnet sind. Auf Testphasen folgen Operationsphasen und zwar solange, bis das Verhaltensziel erreicht ist – oder nicht weiter verfolgt wird.

8. Beim Lernen, wie das Nagelproblem zu lösen ist, werden Zustände und Bewegungssegmente kodiert und zuerst enaktiv, dann ikonisch und später verbal repräsentiert. Die Repräsentationen sind komplementär zur strukturellen Organisation in TOTE-Einheiten.

9. Die propriozeptiven Reize, die den behavioristischen Lerntheoretikern (vor allem Watson) für die Erklärung des fließenden Ablaufs einer Bewegungssequenz dienen, führen zur Annahme einer linearen Reiz-Reaktions-Kette als Basis für eine Bewegungssequenz. Diese Erklärung ist nicht hinreichend. Visuelle Kontrollprozesse wie auch handlungsleitende verbale Repräsentationen verlangen eine hierarchische Organisation. Nach der kognitiven Theorie von Miller, Galanter und Pribram gewährleisten Verhaltenspläne und TOTE-Einheiten eine solche Organisation.

4. Ein unordentliches Kind wird ordentlich – Signale für neue Gewohnheiten

4.1 Einleitung

Die Betrachtung der Lernprozesse, um die es in diesem Kapitel geht, steht ganz in der bisher dargestellten behavioristischen Tradition: Wir fragen uns, welche Reize bestimmte unerwünschte Reaktionen auslösen, wodurch die entsprechenden Gewohnheiten (Reiz-Reaktions-Verbindungen) verstärkt werden und weshalb unter bestimmten Rahmenbedingungen keine erwünschten Reaktionen bekräftigt werden. Dann aber geht es darum zu zeigen, wie *erwünschte Verhaltensweisen* mit Hilfe neuer *Signale* aufgebaut werden, wie sie aufrechterhalten und zu *neuen Gewohnheiten* gemacht werden können. Dabei werden wir die *unterschiedlichen theoretischen Interpretationen der Verstärkung* durch Thorndike und Guthrie kennenlernen.

Der Begriff des *Signals* steht gleichbedeutend mit dem des auslösenden Reizes; weitere wichtige Begriffe sind die der *Toleranzmethode* und der *inkompatiblen Reaktionen*.

Eine lerntheoretisch transparente Anekdote zum Schluß des Kapitels kann den Anstoß dazu bilden, zum Nichtraucher zu werden!

4.2 Gewohnheiten, Signale und verstärkende Ergebnisse

Die Situation

Die 10jährige Tochter kommt nach Hause, wirft Mantel und Mütze zu Boden und geht ihrer Wege, d.h. je nachdem in die Küche zum Kühlschrank oder ins Zimmer. Mit diesem Verhalten ärgert sie die Mutter seit langem, wie diese einem Psychologen gegenüber klagt (vgl. Guthrie 1935; Bower & Hilgard 1983, I, 133).

Analyse der Situation

Die Situation sieht einfach aus, ist in Wirklichkeit aber – zumindest für eine lernpsychologische Analyse – recht komplex! Es handelt sich offensichtlich um eine schon lange bestehende *Gewohnheit* (engl. *habit*), bei deren Aufbau und Aufrechterhaltung auch die jetzt klagende Mutter eine bestimmte Rolle gespielt hat und noch immer spielt. Wir können uns fragen, welche Gewohnheiten bzw. welche Reiz-Reaktions-Verbindungen das *unerwünschte* Verhalten eigentlich ausmachen, welches die Reizsituationen und die einzelnen Reaktionen sind und vielleicht auch, welche *Verstärker* bei der Etablierung dieser Verbindungen eine entscheidende Rolle gespielt haben mögen. Im weitern können wir nach den Möglichkeiten des *Aufbrechens solcher Gewohnheiten* bzw. des Lernens eines *erwünschten* Verhaltens fragen.

Das Zu-Boden-Werfen der Kleidungsstücke können wir als eine Reaktion betrachten und nach der Reizsituation oder dem Signal fragen, das mit dieser Reaktion verbunden ist. Man hat Mühe, einen plausiblen äußeren Reiz zu finden, der ein Zu-Boden-Werfen von Kleidungsstücken als Reaktion zur Folge hat. Es wäre denkbar, daß – jedenfalls ganz zu Beginn – ein bereits voller Kleiderhaken zu dieser Reaktion führt. Das Hinwerfen der Kleider wäre dann eine *bequeme* Art, die permanente Aufgabe, Ordnung zu halten, zu erledigen. Das Hinwerfen der Kleider ist freilich ein Ausweichen: Das Kind weicht nicht nur dem Ordnungmachen aus, sondern auch der unangenehmen Aufgabe, zuerst einige Kleider auf andere Haken zu hängen, damit die eigenen Platz haben. Die »Patentlösung« (Kleider einfach hinwerfen) ist angenehm, und ein *angenehmes Endergebnis* erhöht (nach *Thorndikes Effektgesetz*) die Wahrscheinlichkeit eines Wiederauftretens der so etablierten Verbindung, d.h. in unserem Falle der Verbindung des Reizes »voller Kleiderhaken« mit der Reaktion »Kleider zu Boden werfen«. Die *Reizgeneralisierung* mag ohne weiteres dazu beitragen, daß auch ein fast voller Kleiderhaken oder ganz einfach ein nicht freier Haken die Reaktion auslöst, dies wohl vor allem dann, wenn das Gesamtergebnis *angenehm* ist, und das scheint jeweils der Fall gewesen zu sein, denn die Kleider waren beim nächsten Vorbeigehen fein säuberlich am Kleiderhaken aufgehängt – allerdings nicht vom Kind, sondern von der Mutter! So könnte man sich den geradezu beispielhaften Aufbau einer derartigen Gewohnheit vorstellen, jedenfalls hat die Mutter die wiederholten Situationen in diesem Sinne dem Psychologen dargestellt.

Den Beteuerungen der Mutter zufolge hat diese aber immer und immer wieder darauf bestanden, daß die Tochter die Kleider korrekt aufhängte. Damit rückt nicht nur eine neue Reaktion, das Aufhängen der Kleidungsstücke, sondern vor allem eine *neue Reizsituation* in den Blickpunkt: das Insistieren der Mutter. Es ist denkbar, daß im Gefolge der jeweiligen Schelte zwar die Kleider von der Tochter selber aufgehängt worden sind, daß das Ergebnis aber nicht sonderlich angenehm war: Verstimmung auf beiden Seiten. Und gerade diese negative Tatsache mag – nach Thorndikes Effektgesetz – dafür verantwortlich sein, daß die neue Reizsituation, das Schelten oder Zetern oder auch einfach das Befehlen der Mutter, und die neue Reaktion, das Aufhängen des Mantels und der Mütze *keine* robuste, bleibende Verbindung eingegangen sind. Andererseits hat es für die Mutter offenbar gar keine andere Möglichkeit gegeben, als mit Schelten das ordentliche Aufhängen der Kleider auszulösen.

4.3 Neue wirksame Signale und verschiedene Interpretationen der Verstärkung

Offensichtlich lösen die vorhandenen Reize wie der volle Kleiderständer (oder auch andere, uns nicht bekannte Reize!) das *unerwünschte Verhalten* aus, oder aber ein sehr *ungünstiger Reiz* wie das Schelten löst das *erwünschte Verhalten* aus. Wie meistens außerhalb des Labors ist auch hier die Reizsituation komplex, und es muß dafür gesorgt werden, daß der entscheidende Reiz oder das entscheidende Signal, das zu einer Verhaltensveränderung führen könnte, leicht wahrgenommen werden kann. Mit andern Worten, es muß zunächst ein einladender, leerer Kleiderhaken sichtbar gemacht werden. Wenn Guthrie der Mutter vorschlägt, statt das Kind zu schelten, es mit Mantel und Hut noch einmal vor die Türe zu schicken und es erneut hereinkommen zu lassen, so genügt dies *nur*, wenn dann auch *verhaltenssteuernde Reize* wie eben der leere Haken dargeboten werden. (Vielleicht muß auch die Mutter ganz einfach lernen, am Kleiderständer mehr Ordnung vorzuleben!!) Freilich hat auch das erneute Hinausschicken *anstelle des Scheltens* einen ganz bedeutenden Signalcharakter: Das Hinausschicken ist der neue Reiz für eine Reaktion, nämlich für eine Aktivität, die inskünftig dem ordentlichen Aufhängen der Kleider vorausgeht. Das Noch-einmal-nach-Hause-Kommen wird dem ordentlichen Kleideraufhängen einfach als Teil vorangestellt. Und die Mutter wird nun selber – nebst dem leeren Haken – zu einem Stimulus, der in diesem Kontext die Erinnerung (als innere Reaktion) daran auslöst, daß man hinausgeschickt wird, wenn man das »Geschäft des Kleideraufhängens« nicht ordentlich vornimmt.

Der Lernprozeß, d.h. die Etablierung der *neuen Verbindung* bzw. des erwünschten Verhaltens, das zur Gewohnheit werden soll, kann dadurch *verstärkt* werden, daß die Mutter ihre Tochter für die Ordentlichkeit belohnt, d.h. sie anlächelt (was eine *soziale Verstärkung* wäre) oder ihr freundlich etwas zu trinken anbietet (*konsumatorische Verstärkung*). Dies entspricht einem Vorgehen nach *Thorndikes Effektgesetz*.

Guthrie würde eine solche Belohnung freilich auch befürworten; er würde deren Wirkung aber *theoretisch völlig anders interpretieren*: Für ihn hätte die Belohnung, das Lächeln als *soziale* oder das Getränk als *konsumatorische* Verstärkung, *keine festigende Wirkung* im Sinne des Effektgesetzes. Jegliche Art von Verstärkung wäre aber ein *neuer Reiz*, der zu einer Reaktion führt: Die Reaktion auf das Lächeln der Mutter als eines verstärkenden Reizes wäre vielleicht das Zurücklächeln der Tochter; die Reaktion auf das Angebot eines Getränks wäre das Trinken. Und genau das ist nach Guthries Ansicht entscheidend. Mit einer letzten Reaktion würde die vorletzte, nämlich das erwünschte Versorgen der Kleider *nicht gestört*, d.h. *diese Gewohnheit bliebe unverändert erhalten*. Ist es nicht gerade das, was die Mutter so gerne hätte? Mit andern Worten: Die Mutter oder eventuell auch der leere Haken (oder auch beide zusammen als Gesamtreizsituation) wären der Reiz, der sich mit der entsprechenden, erwünschten Reaktion verbindet; und dieselbe Reizsituation und die entsprechende Reaktion würde in der Folge durch die völlig andere Aktivität, die mit der Belohnung entsteht (z.b. Trinken als Reaktion auf das Anbieten eines Getränks), von jeglicher Beeinträchtigung verschont – und genau deswegen würde das soeben Gelernte *nicht verlernt*. Belohnung verstärkt nach Guthrie also eine Verbindung *nicht*, sondern schützt sie vor Interferenz, vor Verlernen! Das ist Guthries interesssante Ansicht vom Wirken einer Verstärkung.

4.4 Die Toleranzmethode

Zweifellos will die Mutter erreichen, daß ihre Tochter auch *in ihrer Abwesenheit* die Kleider ordentlich aufhängt. Dies ist durch eine *Reizsubstitution*, wie wir sie schon kennen (vgl. Kapitel 1 und 2), bzw. durch ein *Modifizieren des auslösenden Reizes* zu bewirken: Statt daß die Mutter die Tochter persönlich in Empfang nimmt, ruft sie ihr aus der Küche zu. Ein akustischer Reiz steht als Ersatz (Substitut) bzw. Modifikation für den umfassenderen visuellen *und* akustischen Reiz»Mutter«. Die Mutter muß dabei sorgfältig in relativ kleinen Schritten der Reizmodifikation und -substitution vorgehen. Man nennt das die *Toleranzmethode*. Diese kann auch im Hinblick auf den andern verhaltensbestimmenden Reiz angewendet werden, von dem schon die Rede war, den Kleiderhaken, an den man zuerst ein leichtes, überhaupt nicht störendes (am besten dem Kind selber gehörendes) Halstuch hängt und möglicherweise später erst ein Kleidungsstück, das umgehängt werden muß. Für eine möglichst permanente Aufrechterhaltung der ordentlichen Reaktion empfiehlt Guthrie eine möglichst vielfältige Reizsituation, die als ganze mit der neu etablierten, erwünschten Verhaltensweise verknüpft werden kann. Wichtig ist dabei vor allem die *Kontiguität* (die räumliche und zeitliche Berührung) von Reizsituation und Reaktion. Je mehr Reize nämlich mit der betreffenden Reaktion verbunden werden, desto kleiner die Chance, daß ablenkende, für das Verhalten irrelevante Reize und unerwünschte Reaktionstendenzen auftreten. Ein *striktes Vorgehen ohne Ausnahme* schließlich sichert den bleibenden Aufbau der erwünschten Gewohnheit. Weshalb die Striktheit von großer Bedeutung ist, wird uns der Fall Michael in Kapitel 5 deutlich machen.

Grundsätzlich können verschiedene Signale dazu führen, daß das Kind seine Kleider richtig versorgt; wir haben in unserem Beispiel zwei mögliche aus einer viel größeren Fülle herausgehoben: einen leeren Haken und eine freundliche Mutter!

4.5 Alte Gewohnheiten aufbrechen

Im wesentlichen ging es darum, die *richtigen Signale* zu finden, die das *erwünschte* Verhalten auszulösen vermochten. Nun können aber unter Umständen die Signale gar *nicht beliebig* gewählt werden, und man muß versuchen, das neue Verhalten an bestehende, allenfalls etwas modifizierte Signale zu binden, und zwar in der Weise, daß die alte Reaktion bzw. die alte Gewohnheit gar nicht mehr ausgeführt werden *kann*, d.h. mit der neuen Reaktion *inkompatibel* ist. Wenn wir die Mutter in unserem Beispiel als Reiz ins Auge fassen, erkennen wir, daß sie nicht mehr die *scheltende* Mutter ist, sondern die, die bei unordentlichem Verhalten die freundliche Aufforderung erläßt, noch einmal vorne anzufangen. Diese Mutter – als modifiziertes Signal – leitet *neue* Bewegungen, *neue* Reaktionen und damit *neue* künftige Gewohnheiten ein, die die alten ablösen oder ersetzen: Neu sind das Hinausgehen und Wiederhereinkommen, eine längere Abfolge von Handlungen also (von Reizen und Reaktionen), die uns hier lediglich in ihren wesentlichen Zügen beschäftigt, die aber – und das ist entscheidend – mit einem Hinwerfen der Kleider inkompatibel ist und schließlich in das gewünschte, neue Verhalten ausmündet. Vieles von dieser Handlungsabfolge wird bei der nächsten Gelegenheit nur noch als *Erinnerung* aktiviert, möglicherweise als *Vorstellung* (z.B. vom Hinausgehenmüssen), die nun ihrerseits als innerer Reiz (nebst der Mutter und dem freien Kleiderhaken) wirksam werden kann. Guthrie würde als Behaviorist freilich nicht von *Vorstellungen* als auslösenden Reizen sprechen, da eine solche mentalistische Terminologie nicht den behavioristischen Gepflogenheiten entspricht.

Es sind also Signale und neue Handlungen, die die alten Handlungen, hier die *unerwünschten Gewohnheiten* aufbrechen und den Aufbau neuer, *erwünschter Gewohnheiten* auslösen. Guthrie gibt ein amüsantes Beispiel zu diesem Thema:»Jahrelang eingeübte Trink- und Rauchgewohnheiten stellen Handlungssysteme dar, die von Tausenden von Signalen in Gang gesetzt werden können . . . Einem Besucher erklärte ich einmal, daß der Apfel, den ich eben gerade gegessen hatte, eine glänzende Methode zur Vermeidung des Rauchens sei. Nun wies mich der Besucher darauf hin, daß ich gerade in diesem Augenblick rauchte. Die Gewohnheit des Zigarettenanzündens war so fest mit der Beendigung des Essens verbunden, daß ich automatisch mit dem Rauchen begonnen hatte« (Guthrie 1935, 139).

Die neue Reaktion, das Apfelessen, hatte die alte Gewohnheit, das Rauchen, zwar in einem bestimmten Moment durchaus aufgebrochen und verdrängt; der alte Reiz aber, das Beenden der Mahlzeit bzw. die letzte entscheidende Bewegung wie das Weglegen des abgegessenen Apfels (es hätte auch das Ablegen des Bestecks, das Wegschieben des Tellers, das Abwischen des

Mundes mit der Serviette oder das Zusammenlegen derselben sein können!) hatte als Reiz die nächste Reaktion, den Griff nach der Zigarettenschachtel und den Streichhölzern, doch wieder ausgelöst. Um das Rauchen zu stoppen, müßte eine *Gegenkonditionierung* wirksam werden, mit andern Worten: andere, mit dem Abschluß des Essens verbundene Reize müßten Reaktionen auslösen, die mit dem Rauchen unvereinbar wären: den Griff nach der Tageszeitung oder auch eine Reaktion wie das Zusammenstellen der Teller! Oder die Zigaretten müßten – wenn es überhaupt welche zuhause hat – außer Reichweite liegen!

4.6 Memo

1. Erwünschte Gewohnheiten können als Reaktionen auf neue Signale ausgelöst und verstärkt werden.
2. Können die Signale nicht beliebig gewählt werden, so ist dafür zu sorgen, daß die alten Signale neue Reaktionen auslösen, die zum einen erwünscht und zum andern mit den unerwünschten unvereinbar (inkompatibel), d.h. nicht gleichzeitig ausführbar sind.
3. Man spricht von einer Gegenkonditionierung, wenn alternative, erwünschte Reaktionen oder Gewohnheiten aufgebaut werden, indem entweder neue Reize bereitgestellt werden, die solche Reaktionen auslösen, oder indem neue Reaktionen ausgelöst werden, die mit den alten unvereinbar sind (vgl. Punkt 2.).
4. Neue Gewohnheiten werden verstärkt. Thorndike erklärt die Wirkung der Verstärkung damit, daß ein angenehmer Endzustand die Auftretenswahrscheinlichkeit einer entsprechenden Reiz-Reaktions-Verbindung erhöht (Effektgesetz). Guthrie dagegen erklärt die Wirkung der Verstärkung damit, daß sie selber einen neuen Reiz darstellt, der eine weitere Reaktion auslöst, die ihrerseits mit der gelernten, erwünschten Reaktion nicht interferiert, d.h. sie nicht beeinträchtigt, so daß sie erhalten bleibt.
5. Manchmal muß eine erwünschte Gewohnheit mit Hilfe von sorgfältiger, systematischer Reizsubstitution aufgebaut werden. Man nennt diese Methode die Toleranzmethode.
6. Wer das Rauchen aufgeben will, sorgt dafür, daß er keine Zigaretten zuhause hat, so daß kein Reiz eine Raucherreaktion auslösen kann. Oder er muß lernen, auf die auslösenden Reize mit Verhaltensweisen zu reagieren, die ganz konkret mit dem Raucherverhalten (Zigaretten ergreifen und anzünden) unvereinbar sind.

5. So bleibt Michael ein Störefried – Vom operanten Konditionieren und den Tücken mit der Verstärkung

5.1 Einleitung

Dieses Kapitel führt uns in eine besonders komplexe Lernsituation: in eine Schulstunde. Hier soll der Blick für die Vielfalt von Lernprozessen geschärft werden, die im Unterricht ablaufen. Es werden mehrere Alternativen dafür durchgedacht, wie das unerwünschte Verhalten eines Schülers, das einmal aufgebaut und gefestigt worden ist, korrigiert werden kann. Die Überlegungen dieses Kapitels führen insofern über diejenigen des vorangegangenen hinaus, als hier in die Theorie des *operanten Konditionierens* eingeführt wird, in den lerntheoretischen Ansatz von B.F. Skinner also. Das zentrale Interesse wird den *Mechanismen des Verstärkens* gelten. Neben dem Begriff des operanten Konditionierens werden der *diskriminerende Reiz*, der *variable Intervallverstärkungsplan*, *aversive Reize* oder *Strafen*, das *Gegenkonditionieren* und das *Lernen am Modell* Schlüsselbegriffe dieses Kapitels sein.

5.2 Blitzlichter aus dem Unterricht

»Hör' auf zu schwatzen, Michael!« mahnt die Lehrerin im Englischunterricht. Der Erfolg ist mäßig. – »Michael, wie oft muß ich dir noch sagen, du sollst deine Nachbarn mit deinem Schwatzen nicht stören?« – Da mit Bleistift geschrieben wird, müssen die Schreibwerkzeuge ab und zu nachgespitzt werden. Grund genug für Michael, das Hinunterfallenlassen seiner Bleistiftspitzer-Weltkugel zu proben. Wie gewünscht, springt sie auf und entleert ihren Inhalt auf den Boden. »Donnerwetter, Michael! Muß das sein? Hol' Schaufel und Wischer und bring' das in Ordnung!« – Schlurfend entfernt sich Michael und kommt nach einer Weile wieder ohne Werkzeuge zurück. »Nicht einmal die einfachsten Dinge kann man dich heißen . . .« – Die Aufmerksamkeit der Schüler und Schülerinnen ist schon längst nicht mehr bei der Grammatik, die an einigen Beispielen hätte geübt werden sollen; die Störung ist perfekt. Noch 20 Minuten bis zur Pause, lange 20 Minuten für Schüler und Lehrerin! Nun wird mündlich abgefragt, Vokabeln! »Genießen?" fragt die Lehrerin. Die Schüler erheben ihre Hände. »To enjoy!« schießt die Antwort eines Schülers hervor. »Nippen?«ist die nächste Frage. Und so läuft es wie am Schnürchen, bis auch Michael einmal die Hand hoch hält. Um seinen Eifer hervorzuheben, knipst er mit den Fingern, fuchtelt mit der Hand in der Luft herum und unterstreicht jede Bewegung mit herausgepreßten Stöhnlauten. Die Lehrerin, ihrer pädagogischen Aufgabe und ihrer Förderpflicht für schwächere Schüler schlagartig bewußt:»Michael!«–»Äh, was war schon wieder das Wort?«–Gelächter!–»Jetzt paß' doch endlich einmal auf! Kauen!«–»Kauen, ach ja..! Äh…!«–»Paß nächstes Mal besser auf, sonst kannst du es nicht am nächsten Mittwoch! Kauen?«–»To chew!«–»Schlecken?«...

Natürlich enthält diese Unterrichtssequenz eine ganze Reihe von Abläufen, von Reiz-Reaktions-Verbindungen, die sich aufgrund ganz bestimmter, in unserem Fall recht leicht zu beschreibender Umstände gebildet haben und die sich in sehr ähnlicher Weise täglich wiederholen und – *verfestigen*. Es sind in unserem Fall weniger die Reize und Reaktionen, deren Verbindung von Bedeutung ist, sondern die *Reaktionen und die Verstärkungen*, die zueinander in einem ganz bestimmten Verhältnis stehen; vor allem der *Mechanismus der Verhaltensverstärkung* rückt hier in den Mittelpunkt und spielt in allen Teilsequenzen dieses Lektionsausschnittes eine zentrale Rolle.

5.3 Operantes Konditionieren – Verstärkungen im Blickfeld des Interesses

Spontanes Verhalten, das verstärkt wird

Die *Reaktion*, daß Michael heute in der Englischstunde schwatzt, kann durch einen uns nicht bekannten *Reiz*, vielleicht eine Erinnerung an das gestrige Europacup-Fußballspiel, ausgelöst worden sein. Wie der amerikanische Psychologe und Lerntheoretiker Burrhus F. Skinner (geb. 1904), wohl der Hauptvertreter des sogenannten Neobehaviorismus', betont, ist es im Prinzip nicht nötig, für jede Reaktion einen auslösenden Reiz anzunehmen. Wir können in unserem Beispiel davon ausgehen, daß Michael völlig *spontan* schwatzt. In Skinners Terminologie handelt es sich bei solchen Reaktionen um ein *operantes* Verhalten. Kennzeichnend dafür ist, daß die Lehrerin darauf reagiert.

Versuchen wir, uns die Bedeutung dieser Reaktion für Michael klar zu machen: Er hat zweifellos erkannt, daß ihn die Lehrerin wegen seines häufigen Dreinschwatzens nicht sehr schätzt; dennoch wendet sie sich ihm zu. Das hat er natürlich auch gemerkt! Würde man zählen, wie oft, oder messen, wie lange sie sich ihm zuwendet, würde man über das Ausmaß staunen: öfter bzw. länger als *den* Schülern, die Gutes leisten und die sie wirklich gut mag! Wenn Michael *soziale Zuwendung* nötig hat, weil er von verschiedener Seite (sei es von zu Hause oder von seinen Klassenkameraden, die er stört) zu wenig bekommt, so hat selbst das Schelten seiner Englischlehrerin für ihn einen hinreichend starken *positiven* Wert, der so hoch ist, daß er immer wieder stört und damit die Lehrerin zu einem entsprechenden Reagieren bringt. Die Reaktion der Lehrerin ist für Michael also ein Reiz, der faktisch nichts anderes als eine *Verstärkung* darstellt. Die Lehrerin *verstärkt* ausgerechnet das *unerwünschte Verhalten* ihres Schülers, obwohl sie ganz sicher das Gegenteil beabsichtigt! Tücke der Verstärkung!! Lernpsychologisch betrachtet liegt hier also eine *operante Konditionierung* vor, die Verstärkung eines spontanen (operanten) Verhaltens. Der Begriff »operant« weist darauf hin, daß das Individuum (oder ein Organismus) eine *Operation* vollzieht, mit dem Ziel, den *verstärkenden Reiz* zu bekommen.

Die Lehrerin als diskriminierender Reiz

Michael scheint allerdings schon eine Stufe weiter zu sein. Für ihn hat sich das spontane Schwatzen bereits mit der Zuwendung der Lehrerin bzw. mit dem Reiz »Lehrerin« so verbunden, daß sie, wenn sie auftritt (und die Gelegenheit günstig ist) als *Auslöser* für sein störendes Verhalten wirkt. In Skinners Begriffen formuliert: Sie ist Michael zum *diskriminierenden Reiz* geworden, d.h. zu einem Reiz, der mit seinem Auftreten ankündigt, daß bei entsprechender Reaktion – für Michael das Stören – eine Verstärkung eintritt. Michael *provoziert* die Zuwendung der Lehrerin. Er läßt Gegenstände fallen, stört absichtlich mit geplanten Maßnahmen. Von einem bestimmten Moment an ist wohl nicht (mehr!) die soziale Zuwendung das verstärkende Moment, sondern die Freude daran, wie die Lehrerin hochgeht, oder anders gesagt, daß er die Lehrerin *unter Kontrolle* gebracht hat. Denn sie reagiert auf ungefähr alles, was von ihm kommt. Hier spielt freilich das Moment der *Reizgeneralisierung* für die Lehrerin eine Rolle: Sie reagiert nicht nur auf sein Schwatzen, sondern auch auf jede andere seiner Aktivitäten, auf jeden andern Reiz, den er aussendet! Die Freude, die Michael über die (mit der Zeit auch als hilflos erkannte) Lehrerin hat, ist Verstärker genug, mit seinem munteren Treiben weiterzufahren. Möglicherweise erntet er überdies auch bei einzelnen Klassenkameraden Applaus für sein Können, was den bestehenden Verstärkungseffekt noch erhöht.

Das also sind die Gründe (wenn auch noch nicht alle!), weshalb Michael sein störendes Verhalten nicht ändert; und leider festigt es die Lehrerin durch ihr eigenes Verhalten!!

Aus der Sicht der Lehrerin

Man kann Michaels störendes Verhalten als das Ergebnis einer mangelnen Selbstkontrolle interpretieren; aber die Skinnersche Interpretation in Begriffen des *operanten Konditionierens* ist hier sicher die näherliegende! Betrachten wir die Situation nun noch aus der Sicht der Lehrerin! Für sie ist das Schwatzen von Michael ein *auslösender Reiz*, auf den sie *reagiert*, wohl glaubt, reagieren zu *müssen*, um Ruhe und Ordnung in der Klasse aufrechtzuerhalten, damit alle Schüler einen optimalen äußeren Rahmen für das Lernen haben; denn dafür ist sie nicht nur verantwortlich, dafür wird sie auch bezahlt. Die Lehrerin reagiert *verbal*; soviel läßt sich jedenfalls von außen mit Sicherheit feststellen. Sie reagiert aber ebenso sicher auch *emotional* und, damit verbunden, *physiologisch*: Auf die Dauer ärgert sie sich, sowohl über den betreffenden Schüler als auch – sicher mit der Zeit – über ihre eigene Unfähigkeit, solch unerwünschtes Verhalten von Schülern in den Griff zu bekommen. Warum hat sich denn bei ihr diese Verbindung von *Reiz* (Michael oder andere Schüler schwatzen oder treiben Unfug) und *Reaktion* (sie greift verbal ein) derart verfestigt, wo doch das Ergebnis so niederschmetternd ist, und wir wissen, daß (u.a. aufgrund des *Effektgesetzes von Thorndike*) ein *unangenehmes Endresultat* eine Verbindung doch eher *schwächen* sollte? Das verstärkende Faktum muß man darin sehen, daß die Lehrerin mit fortgesetztem Reagieren in solchen und ähnlichen Situationen den beruhigenden Eindruck erhält, der ihr auferlegten Pflicht, nämlich für Ruhe und Ordnung zu sorgen, Genüge zu tun. Da dies ein relativ *überdauerndes Motiv* ist (zu Recht, wie ich meine), tritt die Reaktion so lange auf, als keine Alternativmöglichkeit der Pflichterfüllung erkannt wird.

5.4 Versuche einer Extinktion des unerwünschten Verhaltens

Was würde sich ereignen, wenn die Lehrerin *nicht* auf Michaels Störaktionen reagieren würde – mit keinem Ton, mit keinem Blick? Wenn sie sich so verhalten würde, als hätte Michael nichts gesagt und nichts getan? Wenn das Verhalten von Michael nicht die geringste Reaktion von Seiten der Lehrerin zur Folge hätte? Das Ergebnis wäre für Michael negativ: weder soziale Zuwendung noch die Freude, die Lehrerin »im Griff« zu haben, noch Applaus von Seiten gewisser Kameraden. Wahrlich eine uninteressante Bilanz. Wozu eigentlich noch weitermachen? Hin und wieder ein Versuch vielleicht; aber auch dann: beharrlich keine Reaktion von Seiten der Lehrerin! Für Michael keine Chance auf Erfolg. Wir wissen, daß negative Begleiterscheinungen oder unbefriedigende Endzustände eine Verbindung zwischen Reiz und Reaktion bzw. bei operantem Verhalten die betreffende spontane Reaktion schwächen (vgl. Thorndikes Effektgesetz). Wir könnten die Situation auch kognitiv interpretieren und sagen: *Unerfüllte Erwartungen* ermuntern nicht zur Wiederholung eines Verhaltens. Der verstärkende Reiz für Michael, nämlich die Wut der Lehrerin oder ihre Unsicherheit oder ihr »Gehorsam« hinsichtlich seiner Signale, fehlt und löst folglich auch das Gefühl der Stärke oder die Freude bei ihm nicht aus. Michael würde höchst wahrscheinlich mit seinen Störmanövern aufhören, und wir hätten eine mustergültige *Extinktion* vor uns. Sie beinhaltet zugleich die *Alternative* bezüglich der Pflichterfüllung der

Lehrerin, von der oben die Rede war: nämlich aus Pflicht *nichts* zu tun, d.h. *nicht* zu reagieren. Um mit Guthrie zu argumentieren: Der verstärkende Reiz, der früher jeweils von der Lehrerin ausging und dabei das Störverhalten aufrecht erhalten hatte, fehlt nun und führt für Michael nicht zu einer letzten Verbindung mit einem erfolgreichen Verhalten (zu einer Freude). Sein Störverhalten kann sich nun beliebig mit andern Reaktionen verbinden; es kann auch vergessen werden (vgl. die entsprechenden Ausführungen in Kapitel 4).

Viele Lehrkräfte und auch Eltern müssen erfahren, daß sie mit Extinktionsverfahren nicht sonderlich erfolgreich sind. Nach dem Beispiel mit dem unordentlichen Kind (Kapitel 4) verwundert dies auch nicht, denn wir wissen, daß die unerwünschte Reaktion durch eine erwünschte ersetzt werden muß; im Fall von Michael hat aber keinerlei Gegenkonditionierung stattgefunden. Wir wollen nun das aktuelle Verhalten von Michael in der Schule und die Verstärkung, die er dafür erhält, mit einem weiteren Aspekt des *Skinnerschen operanten Konditionierens* in einen Zusammenhang bringen (vgl. dazu auch Bower & Hilgard 1983, I, 261ff.).

5.5 Verstärkungspläne und ihre spezifischen Effekte

Über die Verstärkung von zufälligen Kontingenzen

Wir verdanken Skinner eine große Zahl von wesentlichen Erkenntnissen über die Effekte von Verstärkungen. Zwar hat er seine Untersuchungen an Tieren (meist Tauben oder Ratten) durchgeführt. Einige Gesetzmäßigkeiten lassen sich aber, wie wir im Falle von Michael sehen werden, auch auf den Menschen und auf menschliches Lernen übertragen. Die bekanntesten Fälle aus dem weiteren Alltag sind wohl die, bei denen eine Reaktion mit einem erfreulichen Ereignis zusammenfällt und wo dieses Ereignis als Verstärker für die vorangegangene Reaktion bzw. das vorangegangene Verhalten wirkt. Ein Skirennfahrer zieht am Start ganz bewußt zuerst den linken, dann den rechten Handschuh an und gewinnt. Von nun an wird er immer zuerst den linken Handschuh anziehen! Viele Verhaltensweisen, die man als Ausdruck eines Aberglaubens ansehen muß, sind, lernpsychologisch gesehen, von dieser Art. Manche erweitern sich zu Ritualen. Sie sind durch zufälliges Zusammenfallen (Kontingenz) von Verhalten und verstärkendem (angenehmem) Ergebnis *operant konditioniert* worden. Es ist erstaunlich, wie hartnäckig sich solche Verhaltensweisen halten können, selbst wenn lange Zeit keine entsprechende Verstärkung mehr eintritt. (Im Prinzip sind auch Glücksspielautomaten auf diese Weise programmiert, was dazu führt, daß die Spieler auch längere »Durststrecken«, wo es nicht mehr »klingelt«, durchhalten!)

Wieviel Verstärkung braucht der Mensch?

Wir stehen hier vor der Frage nach der notwendigen *Dichte von Verstärkungen*: Wie oft muß eine spontane Reaktion (ein *operantes* Verhalten), das aufrecht erhalten werden soll, verstärkt werden? Skinner hat für die Lernversuche mit seinen Tieren sogenannte *Verstärkungspläne* oder *Verstärkungsprogramme* entwickelt. Man könnte hier einwenden, der Alltag lasse sich nicht so leicht mit den Skinnerschen Laborsituationen gleichsetzen. Wir werden aber sehen, daß gerade der Alltag solche Verstärkungspläne anbietet, nur sind sie nicht so systematisch wie diejenigen, die im Labor eingesetzt werden; das Erstaunliche ist dabei bloß, daß auch unsystematische Verstärkungspläne – oder gerade diese! – eine nachhaltige Wirkung haben können.

Die erste systematische Planung von Verstärkungen hat Skinner der Not gehorchend vorgenommen: Er hatte schlicht und einfach zu wenig Futterhappen, so daß er nur jede zweite korrekte Reaktion verstärken konnte. Er hat auch schon zu Beginn seiner Arbeit mit Tieren entdeckt, daß *weniger Verstärkung*, sogenannt *intermittierende* (gelegentliche, partielle) Verstärkung unter Umständen zu besseren Lernergebnissen führte. Die bedeutende Erkenntnis in diesem Zusammenhang bezog sich aber nicht nur auf das *Lernen* bestimmter Verhaltensweisen mit Hilfe von intermittierender Verstärkung, sondern vor allem auf die *Widerstandsfähigkeit* dieses so gelernten Verhaltens *bei versuchter Extinktion*. Wenn intermittierende Verstärkung angewendet worden war, konnte ein viel größerer *Extinktionswiderstand* beobachtet werden, d.h. die intermittierend verstärkten Tiere zeigten gegenüber den kontinuierlich verstärkten in der Extinktionsphase, während der überhaupt keine Verstärkung mehr erfolgte, wesentlich mehr verbliebene konditionierte Verhaltensweisen.

Intervallpläne versus und Quoten- oder Proportionalpläne

Verschiedene Verstärkungspläne (oder -programme) führen zu verschiedenen Ergebnissen. Skinner unterscheidet zwischen *Intervallplänen* und *Proportional-* oder *Quotenplänen*; für bestimmte Vorhaben schlägt er *Kombinationen* dieser beiden Pläne vor.

Quoten- oder Propositionalpläne

Quoten- oder Proportionalverstärkungspläne richten sich nach der Anzahl gezeigter erwünschter Verhaltensweisen: So kann jede zweite, jede fünfte oder jede hundertste richtige Reaktion mit einer Futterpille verstärkt werden. Kosten die Reaktionen keine große Anstrengung (wie beispielsweise das Picken von Tauben auf bestimmte Zielgegenstände), so kann etwa auch nur jede tausendste verstärkt werden. Beginnt man einem Tier ein Verhalten beizubringen, so wählt man zunächst eher niedrige Verhältniszahlen wie 1 : 2 oder 1 : 5, d.h. jede zweite oder jede fünfte korrekte Reaktion wird verstärkt.

Feste oder variable Pläne

Quotenpläne können als *feste* oder aber als *variable* Pläne angewendet werden. Während im ersten Fall z.B. jede 20. Reaktion verstärkt wird, kommt im variablen Programm lediglich *im Durchschnitt* jede 20. dran, d.h. es wird einmal schon die 12., dann aber erst die 28. verstärkt.

Die beiden Arten von Quotenplänen unterscheiden sich bezüglich ihres Effekts: Bei *festem* Quotenplan ist die Reaktionsrate unmittelbar nach einer Verstärkung schwach; man spricht von einer Nullphase. Sie nimmt aber allmählich mit Annäherung an die festgelegte Quotenzahl zu. Der lernende Organismus antizipiert gleichsam die bald fällige Belohnung. Man darf nicht vergessen, daß die Tiere Hunger haben, weil ihnen vor den Konditionierungs-experimenten Nahrung entzogen worden ist bzw. weil sie jeweils *vor* der ordentlichen Fütterung trainiert werden.

Die Schwankungen in der Reaktionsdichte oder -regelmäßigkeit mit dem festen Quotenplan werden mit dem variablen Quotenplan aufgehoben; es kommt hier manchmal zu eigentlichen Reaktionsspurts; die Tiere scheinen zu merken, daß sie mit vielen (und rasch aufeinander folgenden) Reaktionen schneller zu Futter kommen. Mit Quotenprogrammen wird vor allem eine bestimmte erwünschte *Art* der Reaktion verstärkt (z.B. lernen Tiere eine bestimmte Bewegung), während die zeitliche Komponente (abgesehen von den erwähnten Reaktionsspurts) auf diese Weise nicht gelernt werden kann, denn das Tier gibt sein Tempo selber an.

Intervallpläne

Mit der *Intervallverstärkung* kann auch eine zeitliche Komponente mitkondi-tioniert werden. Intervallprogramme werden mit der Uhr gesteuert; es wird festgelegt, innerhalb welchen Intervalls von der letzten Verstärkung an wieder verstärkt werden soll, ob beispielsweise innerhalb der nächsten 30 Sekunden oder erst der nächsten 10 Minuten. Daß die Größe des Zeitintervalls bei festem (oder fixiertem) Intervallplan eine Wirkung hat, konnte schon früh gezeigt werden: Tiere, die in 2-Minuten-Intervallen verstärkt wurden, zeigten pro Zeiteinheit etwa doppelt soviele richtige Reaktionen im Vergleich mit Tieren, die in einem 4-Minuten-Intervall ihre Futterpillen bekamen. *Kurze Verstär-kungsintervalle* führten zu *mehr* Reaktionen.

Ähnlich wie bei einem festen Quotenplan gibt es auch bei einem festen Intervallplan wenig Reaktionen nach einer Verstärkung, immer mehr aber, je näher der Verstärkungszeitpunkt rückt. Der Organismus lernt in einem gewissen Maße, die Zeit zu diskriminieren. Der unterschiedliche Reaktionshäufigkeitseffekt beim festen Intervallplan läßt sich wiederum (wie schon beim festen Quotenplan) eliminieren: durch einen *variablen* Intervallplan. Man hat festgestellt, daß *variable Intervallpläne*, die unter anderem hin und wieder schon nach kurzer Zeit eine Verstärkung bringen, zu einem erstaunlich *regelmäßigen* und *stabilen* Verhalten führen; ebenso auffallend ist, daß die so trainierten Verhaltensweisen außerordentlich *resistent sind gegenüber einer Extinktion*. Der Organismus hat sich sozusagen daran gewöhnt, daß *irgendwann* mit Sicherheit wieder eine Belohnung herausschaut, daß man nur lange genug dafür arbeiten muß! Skinner berichtet erstaunliche Zahlen: So soll es bei Tauben vorgekommen sein, daß sie im Extinktionsverfahren nach einer vorangegangenen *variablen Intervallverstärkung* noch 10000 mal (!) auf eine bestimmte Zielscheibe in der Skinner-Box (einem von Skinner speziell entwickelten Trainingskäfig) pickten, was einer halben Stunde ununterbrochenen Pickens entsprechen würde. (Entsprechende Ausführungen über experimentelle Arbeiten, auch mit Proportionalverstärkungsplänen findet der Leser z.B. in Bower & Hilgard 1983, I, 162ff.)

Verstärkungspläne im Alltag und in unserer Schulsituation

Alltägliches Lernen erfolgt, wie wir oben schon angedeutet haben, im allgemeinen in einer Art, die *variablen Intervallplänen* entspricht: Die Verstärkungen kommen mit Sicherheit hin und wieder, manchmal dicht hintereinander, manchmal auch erst nach langer Zeit. Entsprechend stabil und resistent gegenüber Extinktion sind auch die gelernten Verhaltensweisen: So füllt jemand jede Woche seinen Lottoschein aus, auch wenn er nur einmal mit einem (wenn auch noch so bescheidenen) Gewinn verstärkt worden ist; sein Verhalten wird durch Nicht-Verstärkungen (keine Gewinne) nicht gelöscht. Ganz ähnlich ist es mit ganz andern Verhaltensweisen, etwa mit Erfahrungen mit bestimmten Bevölkerungsgruppen, über die sich Meinungen und Vorurteile gebildet haben: Ein Erlebnis hat zum Aufbau des Vorurteils geführt. Lange *gute* oder *neutrale* Erfahrungen mit Vertretern derselben Bevölkerungsgruppe genügen nicht, wenn aufgrund *gelegentlicher*, eben in variablen Intervallen auftretender, *negativer* Erlebnisse das urspüngliche Urteil wieder bekräftigt wird.

Die oben erörterten Befunde, die experimentell alle sehr gut belegt sind, lassen sich nun auch auf die Schulsituation mit Michael übertragen. Wir können nämlich ausgerechnet *dann* die »besten« Resultate erwarten (d.h. ein Aufrechterhalten des unerwünschten Verhaltens), wenn die Lehrerin in *variablen Intervallen* verstärkt; und das ist der Fall, wenn sie inkonsequent einfach *ab und zu* tadelnd eingreift oder wenn sie bei einem Versuch, das Verhalten konsequent zu übersehen (Fall der Extinktion), doch immer wieder von Zeit zu

Zeit aus der Haut fährt und Michael anwettert. In einer fortgeschrittenen Phase hat ein solches Lehrerverhalten größten Erfolg bei Michael, er bleibt ein Störefried, und – das ist die harte Konsequenz aus Skinners Befunden – eine *Extinktion wird immer schwieriger*, da des spezifischen Verstärkungsplanes wegen das Verhalten gegenüber Löschungsversuchen immer resistenter wird.

5.6 Aversive Reize: Strafen

Wie würde denn ein Kraftakt wirken, d.h. eine lautstarke Maßnahme, z.b. ein Abkanzeln von Michael schon bei der ersten Störung, begleitet von der Erklärung, daß er aufgefordert sei, so mitzumachen, daß alle von dem, was er sage und tue, profitieren könnten. Damit ist die Reaktion der Lehrerin ein *aversiver Reiz* oder ein *negatives Signal* für Michael, eine *Strafe*, die möglicherweise die Reaktion (seine Störung) schwächt, zumal sie eine Erklärung, eine *Information enthaltende Rückmeldung* enthält und nicht ausschließlich eine unangenehme Begegnung mit der Lehrerin darstellt.

Die Situation muß für Michael allerdings *sehr* unangenehm, ähnlich einem elektrischen Schlag beim unvorsichtigen Umgehen mit Steckern, Kabeln und Steckdosen, und womöglich mit weiteren *aversiven Reizen* verbunden sein, z.b. einem deutlich mißfallenden Blick, der eine weitere derart rüde Reaktion der Lehrerin in einer ähnlichen Situation *erahnen* (antizipieren) läßt.

Junge Lehrer (wie auch Eltern) setzen die Möglichkeit der *Strafe* sehr oft zu wenig gekonnt ein. Es soll hier mit aller Deutlichkeit gesagt werden, daß Strafe nicht mit Körperstrafe gleichzusetzen ist. Primär geht es um das Setzen eines Signals, eines *aversiven Stimulus*, der zu einem Zustand führt, der *unangenehm* genug ist, daß eine Reaktion in ihrer Ausprägung geschwächt und in ihrer Auftretenshäufigkeit reduziert wird.

An dieser Stelle können wir uns auf die Interpretation von Bower & Hilgard (1983) berufen, die Skinners (1938) frühe Ansicht von Strafe diskutieren: »Skinners Ansichten über die Strafe haben im Lauf der Jahre Änderungen erfahren. In einigen frühen Untersuchungen (Skinner 1938, 154) mit nur milder Strafe (der Hebel schnellte nach oben gegen die Pfote der Ratte, wenn er niedergedrückt wurde) kam er zum Schluß, daß Bestrafung ein relativ unwirksames Mittel zur Erzeugung irgendeiner dauernden Verhaltensänderung sei. Die Behauptung ging dahin, daß Strafe zwar gewisse Verhaltensweisen unterdrücken könne, solange sie in Kraft sei, daß diese vorübergehend unterdrückten Reaktionen sich aber nach Absetzung der Strafe schnell wieder 'erholten' und während einer anschließenden Löschungsphase beinahe gleich häufig wie nichtbestrafte Reaktionen wiederholt wurden. Diese Auffassung wurde oft zitiert und ging in verschiedene Argumente zur Liberalisierung praktischer Verfahren der Verhaltensmodifikation ein. Es wurde gefordert, nur positive Verstärkungen anzuwenden, da Bestrafung unwirksam sei und höchstens schlechte Nebenwirkungen habe. Nun liegt aber diese Deutung aus heutiger Sicht ziemlich schief. Nach derselben Logik könnte man auch behaupten, daß positive Verstärkung unwirksam sei, da die Reaktion ja gelöscht wird, wenn die Verstärkung entzogen wird. Spätere Untersuchungen von Azrin und Holz (1966) haben gezeigt, wie wirkungsvoll Strafe tatsächlich bei der Unterdrückung von appetitivem (d.h. aktivem, z.B. Futter anstrebendem) Verhalten sein kann, wie die Wirkung sich gesetzmäßig mit gewissen Parametern der Strafsituation ändert und auch, wie das fragliche Verhalten wieder einsetzt, wenn die Strafe abgesetzt und stattdessen wieder ein Verstärkungsplan aufgenommen wird« (272–273).

Die erwähnten Autoren Azrin & Holz (1966) fassen ihre ausführlichen Forschungsergebnisse folgendermaßen zusammen:

»(1) Der Strafstimulus sollte so appliziert werden, daß kein unerlaubtes Ausweichen möglich ist.

(2) Der Strafstimulus sollte so intensiv wie möglich sein.

(3) Die Häufigkeit der Bestrafung sollte so hoch wie möglich sein.

(4) Der Strafstimulus sollte unmittelbar auf die fragliche Reaktion folgen.

(5) Der Strafstimulus sollte nicht mit graduell ansteigender, sondern von Anfang an mit maximaler Intensität angewendet werden.

(6) Ausgedehnte Bestrafungsphasen sollten vermieden werden, insbesondere bei niedrigen Strafintensitäten, da sich das fragliche Verhalten sonst »erholen« könnte. Werden milde Strafintensitäten angewendet, so soll dies also nur während einer kurzen Zeitdauer geschehen.

(7) Große Sorgfalt muß darauf verwendet werden, zu vermeiden, daß die Verabreichung des Strafstimulus nicht differentiell mit der Verstärkung assoziiert wird, da die Bestrafung sonst verstärkende Eigenschaften erwerben könnte.

(8) Die Verabreichung des Strafstimulus sollte zu einem Signal gemacht werden, daß eine Löschungsphase im Gange ist.

(9) Die Motivation zur Ausführung der fraglichen Reaktion sollte reduziert werden.

(10) Die Häufigkeit positiver Bekräftigungen für die bestrafte Reaktion sollte ebenfalls reduziert werden.

(11) Es sollte eine Alternativreaktion zur Verfügung stehen, welche dieselbe oder eine größere Verstärkung als die bestrafte Reaktion nach sich zieht. So wird die Bestrafung kriminellen Verhaltens wirksamer ausfallen, wenn nicht-kriminelles Verhalten zu denselben Vorteilen wie das kriminelle führen kann.

(12) Steht keine alternative Reaktion zur Verfügung, so sollte der Zugang zu einer anderen Situation eröffnet werden, wo dieselbe Verstärkung ohne Bestrafung erreicht werden kann.

(13) Ist es nicht möglich, auf die fragliche Reaktion hin den Strafstimulus selber zu applizieren, gibt es eine andere wirksame Strafmethode: Ein auf die Strafe konditionierter Stimulus kann dieselbe aversive Wirkung wie der aversive Stimulus selbst ausüben.

(14) Als Strafe kann auch eine Reduktion der positiven Verstärkung verwendet werden, wenn physische Bestrafung aus praktischen, juristischen oder moralischen Gründen nicht möglich ist. Bestrafung durch Entzug positiver Verstärkung kann in Form einer zeitweilig reduzierten Verstärkungsfrequenz (*time-out*; darunter versteht man ein Ausscheiden des betreffenden Individuums aus einer Situation, z.b. nicht mehr mitmachen dürfen während einer bestimmten Zeit; d. Ref.) oder einer Abnahme der konditionierten Verstärkung (*response cost*) erfolgen. Beide Methoden setzen ein hohes ursprüngliches Verstärkungsniveau voraus, da sonst kein Entzug von Verstärkung möglich ist. Soll nicht-physische Bestrafung erfolgen, muß daher eine ausgedehnte Verstärkungsgeschichte vorausgehen« (1966, 426–427, cit. in Bower & Hilgard 1983, I, 272–273).

Aus diesen Punkten von Azrin & Holz (1966) läßt sich ersehen, daß die Lehrerin mit einer massiven aversiven Maßnahme die Möglichkeit hätte, Michaels störendes Verhalten zu beenden. Wir kommen am Schluß dieses Kapitels noch auf eine Alternative zu sprechen und werden das Thema »Strafe« in den Kapiteln 7 und 8 noch einmal aufgreifen.

5.7 Verstärkungen am richtigen und am falschen Ort

Eine zweite Lernsequenz innerhalb derselben Englischstunde, die sich in ähnlicher Weise analysieren läßt, hat sich beim Abfragen der Vokabeln gezeigt. Michael kann nicht viel. Ab und zu aber weiß er ein Wort, und mit viel Zusatzgeräusch und Bewegungen versucht er, sich bemerkbar zu machen. Freilich ist dieses Verhalten insofern unangemessen, als es Ansprüche gegenüber den zuverlässig mitdenkenden Schülern stellt, deren Erfüllung problematisch ist. »Man muß die Schwachen fördern«, hat die Lehrerin noch aus ihrer Ausbildungszeit im Kopf; dies kann man ja nur, wenn man sie auch an die Reihe nimmt, und was liegt schon näher, als den Michael sogleich dranzunehmen, denn erstens fördert man dabei einen schwachen Schüler, zweitens verstärkt man durch den Erfolg seine Leistungsfähigkeit (allerdings diktiert der Schüler selber, *wann* das zu geschehen hat), und drittens hält man ihn zufrieden, und er stört vor allem nicht wie üblich, sondern sagt einmal etwas Vernünftiges.

Zu dieser Argumentation gibt es jedoch einiges zu bedenken: Zum ersten erfordert die Förderung schwacher Schüler spezielle Maßnahmen beim *Ler-*

nen, in unserem Fall beim *Kodieren* der Wortpaare (wie z.B. nippen – to sip) und nicht erst beim *Abrufen* derselben (vgl. dazu auch Kapitel 14). Daß – zweitens – bei einer richtigen Antwort diese verstärkt werden kann, ist grundsätzlich richtig. Im vorliegenden Falle aber liegt keine Verbesserung der Leistungsfähigkeit vor, weil der Schüler selber definiert, wo er Gutes leistet, denn er hält seine Hand ja nur dann hoch, wenn *er* glaubt, etwas zu wissen. Der faktische Mißerfolg im geschilderten Unterrichtsbeispiel hat keinen Leistungszuwachs gebracht und auch kein vorhandenes Wissen bestätigt. Drittens: Das einzige, was wirklich verstärkt worden ist, ist Michaels auffälliges Sich-Melden. Die Lehrerin ist mit ihrer Aufmerksamkeit auf Michael eingeschwenkt, obwohl sich vermutlich ein Dutzend andere Schüler ruhig zu Worte gemeldet hatten. Leider wurde keiner von diesen verstärkt, was lernpsychologisch eigentlich bedenklich ist! Da hat Michael als diskriminierender Reiz die Lehrerin *kontrolliert*. Er hat darin, wenn auch nicht in der Antwort, eindeutig Erfolg gehabt, und er wird diese bewährte Methode wieder anwenden. Bemerkenswert ist, wie die Lehrerin mit Pflichtgefühl unerwünschtes Verhalten bekräftigt, dagegen keine einzige richtige Antwort wirklich verstärkt, und wäre es nur durch ein Nicken oder durch eine Bemerkung wie »Gut!«.

Extinktion könnte die Methode der Wahl sein, wenn man Michael das auffällige Aufstrecken abgewöhnen möchte: *Nichts* tun, übergehen und überhören und einen Schüler an die Reihe nehmen, der sich ruhig meldet. Also: *keine* Reaktion der Lehrerin auf das noch so aufdringliche Signal von Michael! Damit fehlt für ihn der auslösende diskriminierende Reiz für eine Befriedigung, die er auch im Falle des Nichtwissens hätte, und dieses *negative Resultat* senkt die Auftretenswahrscheinlichkeit der betreffenden Reaktion (nämlich des ungestümen Hochstreckens der Hand), jedenfalls wenn es konsequent herbeigeführt wird. Freilich wären Verstärkungen, richtig angewendet, auch für Michael und sein Verhalten wichtig. Die Lehrerin sollte, in Fällen, wo er Gutes leistet oder sich kooperativ verhält, auch ihn sachlich – nicht überschwenglich – verstärken.

5.8 Unerwünschtes Verhalten durch Alternativen ersetzen

Natürlich gibt es hartnäckige Fälle: Michael könnte realisieren, daß ihn die Lehrerin geflissentlich übersieht und sich dadurch Belohnung verschaffen, daß er sein Wissen durch laute Zwischenrufe an die Frau bringt. Das hat außer seiner Befriedigung, das Richtige gewußt zu haben, auch einen Überraschungseffekt, den man nicht ignorieren kann, und im weiteren ärgert er sowohl die Lehrerin als auch die Mitschüler. Extinktion funktioniert hier freilich nicht; das Verhalten ist zu aufdringlich. Wir kennen aber bereits eine weitere Möglichkeit, eine üble Gewohnheit zu durchbrechen: Wir müssen dafür sorgen, daß ein neues Verhalten mit dem auslösenden Reiz verbunden wird, das mit dem alten Verhalten möglichst inkompatibel ist. Das ist die aus Kapitel 4 schon bekannte Gegenkonditionierung. Eine brauchbare neue Reaktion könnte sein, Michael – auf stille Anweisung der Lehrerin – die Wörter auf ein Blatt Papier schreiben zu lassen. Die Lösungen könnten dann, wenn die andern Schüler die Antworten genannt haben, mit denen von Michael verglichen werden. Es kann hier nicht darum gehen, Rezepte zur Behandlung schwieriger Schüler zu geben; vielmehr geht es darum, Situationen lerntheoretisch zu analysieren, d.h. hier: konkrete Maßnahmen aufzuzeigen und weiterführend die theoretische Grundlage exemplarisch anzuwenden. Man erkennt dabei, daß Klassenführung und *Unterrichtsmanagement* zweifellos ungemein viel mit Lerntheorie zu tun haben.

Grundsätzlich wissen wir, daß erwünschtes Verhalten durch Verstärkung in seiner Auftretenshäufigkeit gefördert werden kann und daß unerwünschtes Verhalten grundsätzlich einfach nicht verstärkt d.h. nicht beachtet werden darf. Das gilt freilich für häusliche erzieherische Situationen ebensosehr wie für schulische. Lehrern, Eltern und andern im Bereich der Erziehung Tätigen fällt es eigenartigerweise oft sehr schwer, einfach *nicht zu reagieren*, dies wohl deshalb, weil das Erreichen von Zielen normalerweise mit Aktionen, also mit einem *Tun*, und nicht mit einem *nicht-Tun* verbunden ist!!

5.9 Lerneffekte durch Beobachten und Nachahmen

Ein weiterer Aspekt des störenden Verhaltens von Michael, den wir hier kurz erörtern wollen, ist der, daß es einen Einfluß auf die Klasse haben kann, und zwar insofern, als beispielsweise andere Schüler auch mit Störungen aufzuwarten beginnen, Michael also in seinen Aktivitäten *nachahmen* könnten. Ob Michael als Modell nachgeahmt wird, hängt von verschiedenen Faktoren ab. Zum einen muß er ein von seinen Klassenkameraden *anerkanntes Modell* sein, sonst wird er nicht nachgeahmt. Zum zweiten muß er mit seinen Aktivitäten *wahrgenommen* werden, was in einem großen Klassenzimmer nur dann der Fall ist, wenn die Signale, die er durch sein Verhalten aussendet, stark genug sind und nicht nur von der ohnehin schon sensibilisierten Lehrerin wahrgenommen werden. Und drittens muß das Ergebnis ein *positives* sein, sonst ist es nicht von genügendem Gewicht. Wenn die Lehrerin keine Anstalten macht, auf Michaels Verhalten einzugehen, ist es nicht nur für ihn nicht lohnend; auch mögliche Beobachter erfahren dadurch keine *stellvertretende Verstärkung*, denn sie beobachten ja, wie *erfolglos* Michael ist!

Ein zwar unerwünschter, aber nachahmenswerter Effekt entsteht wiederum nur, wenn die Lehrerin nicht die Extinktion, sondern die Reaktion wählt. Für

Michael ist das befriedigend und stellvertretend vielleicht auch für andere potentielle Störefriede. Dann werden diese nach und nach auch mit kleineren und größeren Störaktionen einsetzen, bis die Klasse schließlich nicht mehr zu führen ist.

Modelleffekte gibt es in dieser Lektion noch mehr – auch durchaus günstige im Hinblick auf eine Verhaltensveränderung bei Michael: Die Lehrerin könnte beim Abfragen Schüler an die Reihe nehmen und verstärken, die sich offensichtlich kooperativ verhalten. Das kann Michael allmählich direkt zur Beobachtung sowohl dieses anderen Verhaltens als auch der daraus resultierenden Anerkennung (das ist wiederum die *stellvertretende Verstärkung*) und zu einem *Imitieren* dieses Verhaltens führen (dazu Bandura 1979).

5.10 Die Vielfalt von Lernprozessen in *einer* Lektion

Wenn wir auf die Unterrichtssequenz zurückblicken, die wir in diesem Kapitel analysiert haben, stellen wir mit Erstaunen fest, welche lernpsychologische Vielfalt darin enthalten ist: *Operante Konditionierung*, wenn wir daran denken, wie Michael gelernt hat, ein Störefried zu bleiben, und wie er die Lehrerin unter die Kontrolle der von ihm ausgesandten Reize bringen konnte (vgl. Bower & Hilgard 1983, I, zum Stichwort *Stimuluskontrolle*); *Extinktion* durch absichtliches Weglassen jeglicher Verstärkungen; dann das *Gegenkonditionieren*, d.h. das Ersetzen einer unerwünschten Reaktion, durch eine neue Reaktion auf einen alten Reiz und deren Verstärkung; ferner das Lernen einer *Orientierungsreaktion* auf das auffallendste Verhalten, das alle andern einfach dominiert hat (von allerlei Reizen begleitetes Sich-Melden von Michael); die Möglichkeit des *Lernens durch Beobachtung*, des *Nachahmungslernens* aufgrund der Wirkung *stellvertretender Verstärkung* (Belohnung oder Anerkennung bei andern Schülern versus Nichtbeachtung) und schließlich die *Strafe* und ihre Effekte.

Eine weitere Möglichkeit haben wir bis jetzt aufgespart: Die Lehrerin muß sich nicht auf eine *Extinktion* oder eine *Gegenkonditionierung* beschränken. Sie kann Michael, nachdem sie ihn während der Stunde sehr genau beobachtet hat, in der Pause ganz beiläufig darauf aufmerksam machen, daß sie das permanente Geschwätz nicht schätze und daß sie, wie er wohl gemerkt habe, auf seine Art des Sich-Meldens nicht einsteige; sie erwarte diesbezüglich eine sofortige Änderung seines Verhaltens. Wenn Michael ein heller Schüler ist, *versteht* er sogleich. Es handelt sich hierbei lerntheoretisch um eine *Rückmeldung*, die den Charakter einer sanften Strafe annimmt. Die Äußerungen der Lehrerin stellen (1) eine durchaus unangenehme Endsituation dar; (2) sie sind aber nicht nur berechtigt, sondern auch informativ; (3) es handelt sich aber nicht um eine Strafe im Sinne der Konditionierungstheorie (starker aversiver Reiz); die Aussagen der Lehrerin stellen vielmehr eine Reizsituation dar, die erst aufgrund ihrer *Interpretation* durch Michael selber wirkt. Erneut erkennen wir auch hier, daß eine *kognitive Interpretation* der Verstärkung (Äußerungen der Lehrerin als eine Reizsituation) ein Lernen erklären kann.

Wenn man, um noch einmal auf einen bereits erörterten Punkt zurückzukommen, das Einführen eines *Alternativverhaltens* als Möglichkeit ins Auge faßt (und das ist eine gute Lösung!), so wird deutlich, daß es beim Unterrichtsmanagement um mindestens zwei Bereiche geht: (1) um eine *perfekte stoffliche Vorbereitung* (Inhalte), über die hier nichts zu sagen ist, und (2) um eine *Managementplanung*. Die gute inhaltliche Vorbereitung gibt dem Lehrer die nötige Sicherheit und intellektuelle Überlegenheit, aber auch die Ressourcen (d.h. Kraft und Nerven) für den zweiten Punkt: die Organisation und Sicherstellung des Ablaufs mit der Notwendigkeit ständiger Reaktionen, Rückmeldungen und Anpassungen. In diesem Zusammenhang muß sich ein Lehrer auch immer wieder fragen, welche Reaktionen seine Verhaltensweisen, die für den Schüler ja Reizsituationen darstellen, bei diesen Schülern auslösen.

5.11 Memo

1. Von operantem Konditionieren spricht man, wenn das Auftreten spontaner (meist erwünschter) Verhaltensweisen systematisch durch verstärkende Reize gefördert wird. Das Individuum bringt diese Verhaltensweisen hervor, damit es die verstärkenden Reize (z.B. Zuwendung) erhält.
2. Die Theorie des operanten Konditionierens geht auf B.F. Skinner (geb. 1904) zurück.
3. Im Gegensatz zum klassischen Konditionieren (vgl. Memo 1, Punkt 1) werden beim operanten Konditionieren neue Verhaltensweisen gelernt.
4. Ein diskriminativer Reiz (z.B. die Lehrerin) zeigt an, daß bei entsprechender Reaktion oder entsprechendem Verhalten (z.B. Stören) eine bestimmte Verstärkung eintritt.
5. Unerwünschtes Verhalten kann auf verschiedene Weise verändert werden:
   − mittels Extinktion
   − mittels Strafe
   − aufgrund einer Gegenkonditionierung
   − aufgrund der kognitiven Interpretation einer Verstärkung
   − durch Beobachtungslernen oder Lernen am Modell
   − durch konsequentes Verstärken eines erwünschten Alternativverhaltens.
6. Beim operanten Konditionieren werden verschiedene Verstärkungspläne unterschieden: Quoten- und Intervallpläne, jeweils in fester oder in variabler Form. Quotenpläne verstärken richtiges Verhalten gemäß einem bestimmten Verhältnisansatz, Intervallpläne dagegen gemäß festgelegter

Zeitintervalle. Variable Intervallverstärkung (die Art, wie die Lehrerin faktisch verstärkt hat) führt zu sehr extinktionsresistentem Verhalten.

7. Strafen (wie hier in Kapitel 5 behandelt) ist das Verabreichen eines aversiven, d.h. unlustbetonten Reizes auf eine Reaktion hin. Solche aversive Reize werden vom Individuum als unangenehm bewertet und gemieden. Aversive Reize senken die Reaktionswahrscheinlichkeit oder führen zur Hemmung oder Löschung einer Reaktion.

8. Werden anstelle von unerwünschten Verhaltensweisen mit Hilfe von neuen Signalen oder aber mit Hilfe von neuen Reaktionen, die mit den alten inkompatibel sind, alternative, erwünschte Verhaltensweisen ausgebildet, so spricht man von Gegenkonditionierung (vgl. Memo in Kapitel 4, Punkt 3).

9. Lernen am Modell ist stellvertretendes Lernen des Verhaltens eines beobachteten Modells aufgrund des befriedigenden Ausgangs für das Modell. Die Verstärkung, die das Modell erfährt, wirkt auf den am Modell Lernenden als stellvertretende Verstärkung. Voraussetzung ist u.a., daß das Modell anerkannt wird und daß das Verhalten wahrgenommen und kodiert werden kann.

6. Wie Rita die Freude am Zeichnen verlernt – Von Verstärkungen und Verstärkungen

6.1 Einleitung

In diesem 6. Kapitel befassen wir uns noch einmal mit dem Phänomen der Verstärkung, nämlich mit verstärkenden Reizen verschiedener Art. Zunächst betrachten wir die mittelfristige Wirkung von Verstärkungen auf die Entwicklung der zeichnerischen Begabung eines Kindes und auf die Motivation für diese herausfordernde Aktivität. Unser Blick wird sich in diesem Zusammenhang auf die Lern-, insbesondere die »Verstärkungsgeschichte« dieses Kindes richten und, damit verbunden, auf so entscheidende Verhaltensweisen wie sein Taten- und Erkundungsdrang oder seine Neugier (im völlig unverdächtigen Sinne des Wortes!).

Nun werden wir in diesem Kapitel eine überraschende *Einschränkung der Verstärkungsgesetze*, wie wir sie bisher betrachtet haben, kennen lernen: Es gibt Verstärkungen, die gewisse Verhaltensweisen nicht nur nicht bekräftigen, sondern die sie in auffallender Weise hemmen oder gar löschen. Dies gilt allerdings nur für eine spezifische Art von Aktivitäten; die Verstärkungsgesetze behalten im wesentlichen ihre Gültigkeit.

Die Schlüsselbegriffe dieses Kapitels werden sein: das Begriffspaar der *intrinsischen* gegenüber der *extrinsischen Verstärkung bzw. Motivation*, die *»over-justification« einer Aktivität*, d.h. die Rechtfertigung bzw. die Motivierung einer Aktivität von außen, die gar nicht nötig ist, weil die Aktivität aus sich selber – *intrinsisch* – genügend motivierend wirkt.

6.2 Vom Aufbau günstiger Rahmenbedingungen und der Entfaltung einer zeichnerischen Begabung

Rita, heute 7jährig, ist eine außerordentlich begabte Zeichnerin. Zeichnen ist schon lange eine ihrer allerliebsten Tätigkeiten. Die Eltern haben ihr immer wieder das nötige Material zur Verfügung gestellt: alte Tapetenbücher als Zeichenpapier sowie die nötigen Farb- und anderen Stifte. Rita darf ihre Zeichnungen an den Wänden ihres Zimmers aufhängen; sie findet es deshalb auch so schön. Hin und wieder verändert sie den Wandschmuck, läßt aber zwei oder drei der Blätter beharrlich am gleichen Ort hängen, weil ihr diese besonders gut gefallen. Überzählige Zeichnungen werden sorgsam in eine

Mappe gelegt; verschenkt hat sie bis heute noch keine! Die Themen ihrer Zeichnungen entstammen alle ihrem Alltag, auch dem der Familie sowie dem ihrer Puppen und Stofftiere.

Das Beobachten von Modellen, spontane Eigenaktivität und aufbauende Rückmeldungen

Es ist freilich außerordentlich schwierig, Ritas Lerngeschichte nach rückwärts zu verfolgen, aber man kann sich einige der entscheidenden Schritte sehr gut vorstellen. Wenden wir uns nun zunächst den Rahmenbedingungen zu, die nötig waren, damit sich die zeichnerische Begabung dieses Kindes entwickeln konnte! Was nun folgt, sind Interpolationen über das Verhalten des Kindes und seiner Umwelt, ausgehend von spärlichen biographischen Angaben.

Man kann mit Sicherheit davon ausgehen, daß die *familiäre Umwelt* des Kindes die nötigen Voraussetzungen für die Freude am Zeichnen und die Entwicklung der nötigen handwerklichen Fähigkeiten geschaffen hat: die Instrumente, das Material, sowie genügend Platz, Ruhe und soziale Geborgenheit für die entsprechenden Aktivitäten. Dann brauchte es aber vor allem Erlebnisse, die mit Hilfe des Stiftes festgehalten werden konnten. Zu diesen Erlebnissen gehörten für Rita sicher diejenigen im Kindergarten, im familiären und auch im weiteren Alltag samt all den lebendigen *Modellen*, den Kindern und Erwachsenen also, mit ihren Aktivitäten und den entsprechenden greifbaren Resultaten – darunter auch Zeichnungen oder andere gestalterische Produkte, zum Beispiel von Geschwistern, Nachbarskindern oder dem Mann im 2. Stock.

Das Vorhandensein von Modellen genügt allerdings noch nicht. Wache Eltern haben die Aufmerksamkeit des Kindes auf solche spezifische Aktivitäten wie das Zeichnen – und überhaupt auf die visuell wahrnehmbare Welt – hingelenkt und waren, als die Initiative vom Kind aus kam, reaktiv genug, auf seine Beobachtungen, Hinweise und Äußerungen einzugehen.

Hier liegen, noch bevor das Kind mit Zeichnen beginnt, ungezählte, von Außenstehenden und selbst von den unmittelbar Beteiligten *kaum beachtete Lernprozesse* von allergrößter Bedeutung. Ein Beispiel: Das Kind entdeckt in einem Bilderbuch eine wunderschöne Zeichnung, von Dornröschen und dessen Vater, und rennt damit zur Mutter. Mit ihrer Reaktion entscheidet sich nun sehr vieles; sie freut sich über die Entdeckung des Kindes, reagiert also positiv. Das genügt als Verstärkung. Das Kind wird wieder einmal mit einem Bild kommen, das es für schön hält oder von dem es sich angesprochen fühlt, etwas dazu erzählen oder fragen und dafür eine Verstärkung erhalten, wohl in der Form, daß die Mutter noch ein Stück weitererzählt oder weiter zuhört und auf jeden Fall, selbst unter Zeitdruck, *positiv* reagiert.

Damit wird *spontanes Verhalten* des Kindes in der Art von Skinners *operantem Konditionieren* verstärkt (vgl. die Ausführungen dazu in Kapitel 5), und die Wahrscheinlickeit, daß es wieder auftritt, wird dadurch erhöht. Entsprechendes spielt sich natürlich auch dann ab, wenn das Kind mit seinen ersten spontanen Zeichenversuchen zur Mutter kommt.

Wir sagten, daß sich mit der Reaktion der Mutter vieles entscheide. Wenn wir diese Lernsituation als stellvertretend für tausend andere im Alltag eines kleinen Kindes betrachten, erkennen wir ihre Bedeutung.

Entscheidend ist also der *Reaktionsstil* der Mutter, mit andern Worten, die sich aufsummierenden Einzelreaktionen, die *immer* oder wenigsten *normalerweise* in einer typischen Art (wie der beschriebenen) geäußert werden. Die Mutter hätte auch einen ganz andern Reaktionsstil haben und damit auch ganz anders reagieren können: Sie hätte das Kind schelten können, weil es, ohne zu fragen, ein Buch aus dem Schaft genommen hat; sie hätte es ohne weiteren Kommentar zurückschicken können mit dem Auftrag, das Buch sofort wieder zu versorgen; sie hätte auch bemerken können, sie habe jetzt keine Zeit. Oder sie hätte es beschimpfen können, ob es denn nicht sehe, daß sie es mit Kochen eilig habe.

Jede dieser Reaktionen wäre, mehr oder weniger ausgeprägt, eine *negative Stellungnahme* zur spontanen Aktivität des Kindes gewesen, ein mehr oder weniger *aversiver Reiz*, und hätte, wenn das der Stil der Mutter wäre, wahrscheinlich sehr bald dazu geführt, daß es in allernächster Zeit kaum mehr strahlend mit einem schönen Bild, einem interessanten Gegenstand, auch einer Idee (!) oder einer Frage oder zu gegebener Zeit eben mit einer Zeichnung dahergekommen wäre!

Aversive Reize sind lernpsychologisch, wie wir wissen, Bestrafungen. Sie senken die Wahrscheinlichkeit des Auftretens der betreffenden Reaktionen oder Aktivitäten. Eine kognitive Interpretation wäre die, daß das Kind die Reaktionen der Mutter *antizipiert*, ihren *Reaktionsstil* kennen lernt und im Bewußtsein der *Konsequenzen* seiner spontanen Aktivitäten sich anders zu verhalten beginnt, nämlich aufhört, der Mutter seine Entdeckungen kundzutun, oder schon gar nicht mehr auf Entdeckungen ausgeht.

Man erkennt, um welch entscheidende Verhaltensweisen es hier geht: um nichts weniger als darum, ob die gesunde *Neugierde* eines Kindes und der spontane *Entdeckungs- oder Explorationsdrang* aufrechterhalten oder im Keime erstickt wird. Bei Rita sind diese Merkmale erhalten geblieben, ja sogar offensichtlich gefördert worden.

Kinder wie Rita, die so begabte Zeichner sind, haben mit Sicherheit schon früh aufgrund günstiger Lernprozesse eine positive Beziehung zu zeichnerischen Darstellungen und zur *Aktivität des Zeichnens* aufgebaut. Es besteht kaum ein Zweifel, daß ihre ersten Versuche, mit Farben oder Zeichenstiften umzugehen, auf *positive Reaktionen (Verstärkungen)* bei den Eltern oder Geschwistern gestoßen sind, selbst wenn es einmal Farbflecken auf Tisch oder Kleidern gab oder wenn wegen noch ungeschickter Handhabung Bleistift- und Farbstiftspitzen brachen und immer wieder nachgespitzt werden mußten.

Es sei noch einmal daran erinnert, daß es sich wohl nicht ausschließlich um *spontane* zeichnerische Aktivitäten gehandelt hat, die verstärkt worden sind, sondern daß viele Anstöße und Fertigkeiten von Modellen (älteren Geschwistern usw.) kamen und durch *Beobachten und Nachahmen* gelernt worden sind.

6.3 Der Aufbau einer *intrinsischen Motivation* für das Zeichnen

Die Fülle wiederholter positiver Verstärkungen, in unserem speziellen Fall wohl aber zusätzlich hin und wieder eine technische Hilfestellung wie besseres Material oder eine helfende Bemerkung, also eine verbale *Rückmeldung (feedback)* schaffen die Voraussetzungen dafür, daß das Kind immer wieder für sich allein und ohne jeden Anstoß von außen, zu seinen Zeichenstiften greift. Die Verstärkung, die sein Tun aufrecht erhält, ist die Summe all jener vielen kleinen, meist verbalen Ermunterungen und positiven Anstöße, die es früher erhalten hat. Diese Art von Verstärkungen brauchen später nicht jedesmal wiederholt zu werden, denn sie können als sichere Erinnerungen bzw. als jederzeit abrufbare innere Reize, als *Antizipationen* aktiviert werden. Die verinnerlichten gesammelten Verstärkungen des früheren Tuns sind zu einer *relativ überdauernden Motivation*, zu einer *intrinsischen*, d.h. einer *in der Sache bzw. der Aktivität selber* liegenden Motivation für aktuelles und künftiges Zeichnen und Gestalten geworden, das mit der Zeit keiner *äußeren* Verstärkung mehr bedarf. Das handwerklich-technische Können und die genannte intrinsische Motivation, beide mit ihrer freilich im Detail unterschiedlichen, aber Hand in Hand verlaufenen Lerngeschichte, machen das aus, was man bei Rita in der Alltagssprache ihre *zeichnerische Begabung* nennt.

Merkmale einer intrinsisch motivierten Aktivität

Es sind zwei Gruppen von Merkmalen, die das Zeichnen von Rita, um beim konkreten Beispiel zu bleiben, charakterisieren: (1) die starke *Attraktivität* dieser Tätigkeit für Rita und (2) die *Unabgeschlossenheit* (engl. *open-endedness*) der Aufgabe, die das Kind jeweils in Angriff nimmt. Wir werden sehen, daß die beiden Merkmalsgruppen nicht ganz frei von Überschneidungen sind.

Die Attraktivität der Aktivität

Die *Attraktivität* des Zeichnens als Aktivität bzw. das *Interesse* an dieser Tätigkeit geht wahrscheinlich von den folgenden Gegebenheiten aus: Zum einen stimmt im zeichnerischen Tun offensichtlich die Aufgabenstruktur mit den eigenen Fähigkeiten überein. Jedenfalls erkennt das Kind beim Zeichnen gerade nur so große Diskrepanzen, daß es sie als *Herausforderung* (vgl. Heckhausens »optimale Passung«; Heckhausen 1969) empfindet und akzeptiert. Die Aufgabe ist in jedem Fall lösbar; der Erfolg im eigenen Tun ist aus der Sache selber »vorprogrammiert«.

Zum zweiten erkennt das zeichnende Kind zu jedem Zeitpunkt die *Kontrollierbarkeit* seiner Aktivität: Es zeichnet allein, verfügt allein über seine Geräte, bittet *dann* um Hilfe, wenn es *ihm* nötig erscheint. Und im Zuammenhang damit erlebt es ein *Gefühl der Kompetenz*. Die Aktivität ist aus sich selbst heraus befriedigend, ja mehr als das: Sie macht als solche *Freude*.

Csikszentmihalyi (1978) weist für solche Aktivitäten noch auf andere Merkmale hin: auf eine gewiße *Einengung des Wahrnehmungsfeldes* mit einer *erhöhten Konzentration*, auf ein *Gefühl der Kontrolle*, die zu einer *Begeisterung* und im Extremfall zu einem »Sich-selbst-Vergessen« führt (»...loss of self-awareness that sometimes results in a feeling of transcendence...«, 1978, 213) und zu einem *Verschmelzen* mit der Aktivität selber und der Umwelt. Er spricht dann von einem »Flow«-Erlebnis. Ob Rita ein derartiges »höheres« Gefühl der Entrücktheit beim Zeichnen entwickelt hat, wissen wir nicht. Der Leser mag sich aber selber an Erlebnisse erinnern, die durchaus Züge dieser Beschreibung aufweisen. Man findet sie vor allem in den Bereichen der Ästhetik, körperlich-sinnlicher Empfindungen, des Sports (Skifahren im Tiefschnee!) oder in meditativen Ritualen.

Die Unabgeschlossenheit der Aktivität

Das zweite Merkmal, die *open-endedness*, läßt sich ebenfalls etwas detaillierter darstellen: Zum einen impliziert sie die Möglichkeit für das Kind, die Aktivität dann zu beenden, wenn ihm dies angemessen erscheint. Es selber verfügt also über die *Stop-Regel*. Freilich kann man dies auch als einen Aspekt der *Kontrollierbarkeit* interpretieren. Im weitern ist die Aktivität nicht im vornherein durch irgendwelche *Algorithmen* (feste Regeln, feste Abfolge von Arbeitsschritten) determiniert; sie ist im Gegenteil *heuristisch* in dem Sinne, als die Arbeitsschritte erst noch, der jeweiligen Thematik angepaßt, gefunden werden müssen. Im weitern wird die Aufmerksamkeit auf das fokussiert, was für das Fortschreiten der Arbeit ad hoc (!) entscheidend ist.

In der Tat können wir alle diese Merkmale in mehr oder weniger deutlicher Ausprägung bei Ritas Zeichenaktivitäten wiederfinden, und es geht jetzt darum zu zeigen, welche Veränderungen die Situation erfahren hat, daß Rita die Freude und das Interesse am Zeichnen verlorengegangen ist.

6.4 Der systematische Verlust der intrinsischen Motivation

Die beobachtbaren Ereignisse

In der ersten Schulklasse fiel Rita durch ihre lebendigen Zeichnungen und deren technische Qualität auf. Die Zeichnungen wurden vorgezeigt, verglichen, und Rita erhielt manche Auszeichnung dafür. Das Zeichnen der Schüler wurde insofern gefördert, als immer dann, wenn eine Arbeit fertig oder die Lehrerin am Korrigieren war, gezeichnet werden durfte. Aufgrund dieser Möglichkeiten wurde oft gezeichnet. Das Eigenartige an der Sache war bloß, daß Rita immer weniger gern zeichnete, und zuhause, zum Erstaunen, aber auch zur Besorgnis der Eltern, die Zeichenstifte kaum mehr zur Hand nahm. Anfänglich versuchte die Mutter, Rita zu ermuntern und etwas anzustoßen, nicht ganz ohne Erfolg, und der Vater stellte für jede schöne Zeichnung einen Preis oder sonst etwas Besonderes in Aussicht. Nach wenigen Wochen aber erlosch bei Rita die Freude am Zeichnen, und in dieser Zeit nahm auch keine neue Aktivität diesen Platz ein.

Erklärung des Verlusts

Ganz entscheidend für den Verlust des Interesses und der Freude am Zeichnen (der intrinsischen Motivation für das Zeichnen) sind drei Punkte: (1) das *Schwinden der Attraktivität*, (2) der *Verlust der Unabgeschlossenheit* (der *open-endedness*) des zeichnerischen Tuns, und (3) die Erkenntnis der *Instrumentalität* des Zeichnens, d.h. das Wissen, daß das Zeichnen dem Erreichen eines der Aktivität fremden Ziels dient (z.B. dem Füllen »leerer« Zeiten).

Was das Zeichen für Rita schon immer so anziehend gemacht hat, war die Möglichkeit, in diesem und durch dieses Tun seine Erlebnisse darzustellen – spontan, entsprechend den eigenen Bedürfnissen und Möglichkeiten. Dadurch, daß in der Schule oft gezeichnet werden *mußte*, ging diese Möglichkeit völlig verloren. Von einem Aufgehen in der eigenen Aktivtität, einer hohen Konzentration auf dieses ausdrucksvolle, vielfältige Tun (Csikszentmihalyis »Flow«, 1975) konnte kaum mehr die Rede sein. Von der ursprünglichen Attraktivität blieb nicht mehr viel übrig!

Ähnliches kann in bezug auf die *Unabgeschlossenheit* der Tätigkeit gesagt werden: Dadurch, daß die Lehrerin das Zeichnen als Lückenfülleraktivität oft mit einer Thematik verband, der Inhalt also nicht frei wählbar war, und auch an der Gestaltungsfreiheit gehörige Abstriche vornahm, waren auch arbeitsbezogene Vorgaben gemacht: Es mußten bestimmte Aufbau- oder kompositorische Schritte getan, bestimmte Materialien verwendet werden und ähnliches. Und vor allem verfügte Rita nicht mehr selber über die *Stopregel*: Sie mußte mit Zeichnen beginnen und aufhören, wann die Lehrerin es sagte. Damit hing zusammen, daß die *Kontrollierbarkeit* der eigenen Aktivität durch zeitliche, aber auch thematische Einschränkungen weitgehend abhanden kam, was ein Gefühl der *Fremdkontrolle* oder *Fremdbestimmtheit* aufkommen ließ.

Wie Lepper & Greene (1975) gezeigt haben, entwickeln schon relativ kleine Kinder ein gutes Gespür dafür, ob man sie eine Aktivität ausüben läßt, weil sie als solche interessant und befriedigend ist, oder ob jemand versucht, sie mit Hilfe dieser Aktivität zu *manipulieren* (z.B. zu einer wenig geliebten Arbeit zu bringen).

In bezug auf das Zeichnen geht damit das Gefühl der *Unterforderung* einher: Zeichnen fordert nicht mehr heraus; es fehlt die *optimale Passung* (s. oben; Heckhausen 1969). Es ist auch nicht erstaunlich, wenn die *Freude* an einer Aktivität unter solchen Umständen einem *Widerwillen*, verbunden mit entsprechenden Äußerungen weicht.

Der instrumentelle Charakter des Zeichnens und die extrinsische Motivation

Was aber besonders schwer wiegt, ist die Erkenntnis für Rita, daß sie aus einem ganz bestimmten Grund oder zu einem ganz bestimmten *Zweck* zeichnet. Das Zeichnen geschieht nicht mehr um der begeisternden Tätigkeit willen; es erhält vielmehr einen ganz deutlichen *instrumentellen* oder *funktionalen* Charakter. Dazu haben zum einen die offenbar allzu häufigen Preisverleihungen in der Schule beigetragen, zum andern aber dürften sich die vom Vater angesichts der enttäuschenden Entwicklung (zwar in bester Absicht!) in Aussicht gestellten, attraktiven Belohnungen ausgewirkt haben. Materielle Belohnungen (bei rein verbalen Verstärkungen ist der Effekt nicht derart eklatant!) können zwar duchaus positive Verstärker sein. Sie führen aber in unserem Zusammenhang dazu, daß die betreffende Tätigkeit einem Ziel bzw. einem Zweck zugeschrieben (in der Fachterminologie: *attribuiert*) wird, der mit der Aktivität selber nichts zu tun hat. Das führt dazu, daß die betreffende Tätigkeit nur solange ausgeführt wird, als eine entsprechende Belohnung in Aussicht gestellt wird oder als sie aufgrund der Anwesenheit einer bestimmten Person erwartet werden kann. Die Aktivität ist nicht mehr spontan, nicht mehr intrinsich motiviert! Die Motivation ist eine *extrinische* geworden. Der Wert des Zeichnens für Rita lag also vom Moment an, da materielle (extrinische) Verstärkungen in Aussicht gestellt wurden oder antizipiert werden konnten, *nicht mehr im Tun selber*. Es wurde gezeichnet, weil andere dazu anstießen oder es etwas dafür gab. Dadurch wurde die Aktivität als ganze in ihrem Wert (weshalb man sich ihr zuwendet!) »überbegründet« (engl. *overjustified*), wie Lepper et al. (1973) es nennen (vgl. auch Lepper & Greene 1975, 1978).

Differenzierung hinsichtlich externaler Verstärker

Materielle, externale Verstärker führen unter ganz bestimmten Bedingungen dazu, daß ein Verhalten geschwächt wird, sobald der *instrumentelle Zusammenhang* erkannt bzw. gelernt ist. McGraw (1978) hat nachgewiesen, daß *externale Verstärker* nur bei *attraktiven*, nicht aber bei mühseligen, für den Lernenden gewissermaßen *aversiven* Tätigkeiten (bei solchen also, die man ausführen *muß*, z.B. Vokabeln lernen) einen schädlichen Effekt haben. Seine Aussagen differenzieren aber noch weiter: Der zerstörende Effekt ist nur bei solchen attraktiven Aufgaben feststellbar, die *heuristischen* Charakter haben, d.h. bei denen der Ablauf nicht (durch Algorithmen) fest vorgegeben ist (vgl. oben). Diese Charakterisierung trifft, wie wir oben schon gezeigt haben, auf das Zeichnen von Rita genau zu; deshalb dürfen wir uns über das fatale Ergebnis nicht wundern!

Lepper und seine Mitarbeiter (z.B. Lepper & Greene 1978) weisen darauf hin, daß es beim Phänomen der *over-justification* eigentlich um den Effekt von materiellen, extrinsischen Belohnungen geht; sie machen aber deutlich, daß *jegliche bedeutende extrinsische Einengungen* denselben Einfluß auf ein ursprünglich intrinsisch motiviertes Verhalten hat. Zu diesen Einengungen gehört nebst künstlich geschaffenem Zeitdruck in einer Arbeitssituation besonders bei Kindern jegliche Art von *übermäßiger Kontrolle* durch die Erzieher, selbst wenn sie – sogenannt – gut gemeint ist!

Verstärkungsgesetze noch immer gültig

Mit dem Beispiel dieses Kapitels haben wir eine frappierende *Einschränkung* der bisher bekannten Verstärkungsgesetze vor uns (etwa von Thorndikes Effektgesetz), und es stellt sich generell die Frage, auf welche Verstärkungsgesetze man sich da noch verlassen kann. Jedenfalls scheint zuzutreffen, was Thorndike meinte, als er bemerkte, Verstärkung sei ein komplizierter Prozeß, bei dem es nicht nur einfach um ein Vermitteln von Lust oder Unlust gehe (Hilgard & Bower 1983, I; vgl. auch Kapitel 3).

Lepper & Greene (1978) zeigen, daß viele Verhaltensweisen, vor allem solche, die sich nicht intrinsisch motivieren lassen, auch solche, wie wir sie in vorangegangenen Kapiteln kennengelernt haben, durch extrinische Verstärkungen durchaus gefördert werden können (vgl. auch die soeben referierten, differenzierten Befunde von McGraw 1978), daß die zerstörerischen Verstärkungswirkungen auf Fälle intrinsisch motivierter Aktivitäten und Verhaltensweisen beschränkt sind.

Warnung: Aussagen dieses Kapitels angemessen gewichten und Mißverständ-nisse vermeiden!

Mit den vorangegangenen Äußerungen soll weder behauptet werden, daß jeder Zeichenunterricht die intrinsische Motivation für das Zeichnen zerstöre, noch daß jede Art von Preisverleihung als Verstärkung für brilliante Leistungen schädlich und damit verwerflich sei.

Es gibt Zeichenunterricht, der sehr wohl die Rahmenbedingungen für einen Aufbau oder ein Beibehalten der intrinsischen Motivation für das Zeichnen gewährleistet; mancher Zeichenlehrer ist sich seiner anspruchsvollen Aufgabe diesbezüglich voll bewußt. Im vorliegenden Kapitel sollte auf Maßnahmen aufmerksam gemacht werden, die bezüglch dieser Rahmenbedingungen einen höchst ungünstigen Effekt hatten.

Preisverleihungen zu besonderen Anlässen oder am Ende des Schuljahres können durchaus eine verstärkende Wirkung für einzelne Schüler, nicht zuletzt aber auch für viele Schüler als *stellvertretende Verstärkung* im Rahmen eines *Lernens am Modell* haben. Es wird dabei auch nicht *jede* Aktivität, sondern gleichsam die kumulierte Leistung hervorgehoben und *extrinsisch* verstärkt. Die intrinsische Motivation für die betreffende Aktivität, die aufrecht erhalten werden soll, wird dadurch nicht tangiert. Solches gilt es im Zusammenhang mit der Thematik dieses Kapitels unbedingt im Auge zu behalten!

6.5 Auch Verstärkungen wirken gemäß ihrer Interpretation durch den Lerner

Verstärkungen werden, wenn sie lerntheoretisch als Reizsituationen betrachtet werden, *kognitiv verarbeitet*, genauso wie jede verhaltensauslösende Reizsituation kognitiv verarbeitet bzw. interpretiert wird. Die Wirkung beider Reizarten erfolgt nach Maßgabe dieser Interpretation. Wenn allerdings, wie in unserem Zusammenhang, auf verstärkende Reize reagiert werden soll, müssen die dazu notwendigen Rahmenbedingungen günstig sein, d.h. es muß beim Lernenden eine angemessene *Orientierungsreaktion* ausgelöst werden. Er muß sich dem Reiz zuwenden, und im weitern muß vorausgesetzt werden können, daß einerseits der Reiz stark genug und andererseits die Empfänglichkeit beim verarbeitenden Organismus überhaupt vorhanden ist. Diese letztere hängt nicht bloß von dessen *aktuellem Zustand* ab (Müdigkeit, Erregungsgrad), sondern auch von dessen Entwicklungsstand. Kleinkinder können mangels eines genügend hohen *sachstrukturellen Entwicklungsstandes* (Aebli 1969) unter Umständen gewisse Verstärker (wie z.B. Geld) gar nicht als Verstärker interpretieren – wohl oft auch zu ihrem Glück! In unserem Fall wäre es allerdings auch denkbar gewesen, zumal dann, wenn Rita etwas älter gewesen wäre, daß sie den instrumentellen Charakter der Verstärkung zur Kenntnis genommen und akzeptiert, d.h. für ihre Zeichnungen gern einen Zustupf zum Taschengeld entgegengenommen hätte, um sich damit einen Wunsch zu erfüllen. Entscheidend dafür, ob sie gern weitergezeichnet hätte oder nicht, wäre dann gleichsam der *Nettowert* aus intrinsischer und extrinsischer Verstärkung geworden.

Auch im Falle von Verstärkungen, die mit *Antizipationen* oder *Erwartungen* eines Individuums zusammenhängen, kann es vorkommen, daß eine entsprechende Wirkung nicht oder nur in beschränktem Ausmaß eintritt. Ein Angestellter beispielsweise, der für seinen glänzenden Einsatz im Betrieb eine Verstärkung in Form einer Lohnaufbesserung *erwartet*, kann mit einem Blumenbouquet samt Diplom nicht sehr verstärkt werden. Er wird sich für seine Anstrengungen schlecht belohnt vorkommen.

Sind allerdings im sozialen Kontext einer Firma Diplome und Blumensträusse samt entsprechendem Applaus der ganzen Belegschaft die Bekräftigungsformen, die zur Firmenkultur gehören, so bilden sich entsprechende *Erwartungen* aus, die mit den entsprechenden Verstärkungen auch erfüllt werden. Das wiederum wirkt sich auf das Arbeitsverhalten aus. Solches ist bei Firmen wie beispielsweise McDonald's der Fall (s. Peters & Waterman 1981) oder auch bei Unternehmungen wie den Weight Watchers!

6.6 Memo

1. Mittel- und längerfristige Konsequenzen von Verstärkungen beziehen sich auf die Motivation für die Ausübung von Aktivitäten, haben aber auch einen bedeutenden Einfluß auf so wichtige Verhaltensaspekte wie Unternehmungs- und Erkenntnisdrang und Neugier.
2. Aktivitäten können intrinsisch oder extrinsisch motiviert sein. Intrinsisch motivierte sind gekennzeichnet durch ihre Attraktivität, ihre Kontrollierbarkeit und ihre Unabgeschlossenheit, was ein Aktivsein ohne fest vorgezeichnete Regeln oder Verhaltensabfolgen impliziert.
3. Der Verlust der intrinsischen Motivation hängt mit extrinsischen Verstärkungen zusammen. Er läßt sich aber auch in andern Begriffen fassen: Die Attraktivität einer Aktivität (z.B. des Zeichnens) schwindet; die Unabgeschlossenheit geht verloren, und es wird erkannt, daß die Aktivität zum Instrument für etwas anderes geworden ist. Die Aktivität gerät unter Fremdkontrolle und ist damit nur noch extrinsisch motivierbar.
4. Der Begriff der »over-justification« von Lepper & Greene (1978) bedeutet eine ungünstige (oft schädliche) extrinsische Verstärkung (z.B. Geld als Belohnung) für eine Aktivität, die aus sich selber, intrinsisch, motivierend

wirkt, aus diesem Grund ausgeübt wird und keiner zusätzlichen Rechtfertigung (over-justification) bedarf.

5. Verstärkende Reize wirken immer nach Maßgabe ihrer Interpretation durch das lernende Individuum. Das kann bedeuten, daß eine Verstärkung unter Umständen wirkungslos bleibt, wenn sie nicht den Erwartungen des Empfängers entspricht.

7. Warten und Verzichten lernen – Das Lernen von Plänen zur eigenen Impuls- und Verhaltenskontrolle

7.1 Einleitung

In diesem Kapitel wenden wir uns dem Erlernen einer Fähigkeit zu, die sowohl für das individuelle als auch für das soziale Leben kaum als zu wichtig veranschlagt werden kann: der Fähigkeit, auf etwas zu verzichten oder zumindest darauf solange zu warten, bis der Zeitpunkt (für alle Beteiligten) angemessen scheint.

Der Leser kann dieses Kapitel zunächst als ein lerntheoretisches Repetitorium in Angriff nehmen. Verschiedene Themen werden aber systematisch weitergeführt, insbesondere das Strafen und das Lernen durch Beobachten, d.h. das Lernen am Modell. Das wesentliche Thema dieses Kapitels ist aber das Lernen oder besser: der Aufbau von Plänen, von Denksystemen also, die eine Kontrolle eigener Impulse und Handlungen gewährleisten. Wir haben bis jetzt gesehen, daß bestimmte Verhaltensweisen mit Hilfe von Verstärkung von außen gelernt werden können. Wir erwarten aber, daß Impulse und Handlungen von unseren Mitmenschen – auch schon von kleinen Kindern – ohne äußere Steuerung, also von innen, kontrolliert werden. Daß dies nicht leicht ist, zeigt unser »Fall Roland«. Er wird ausführlich nach verschiedenen behavioristischen wie kognitionspsychologischen Gesichtspunkten des Lernens analysiert.

Die Schlüsselbegriffe werden außer den aus den früheren Kapiteln geläufigen lerntheoretischen die folgenden sein: *Entzug positiver Verstärkung als Strafe, Modellwirkung von Strafen, physische und psychologische Disziplinierungsmaßnahmen; impuls- und verhaltenssteuernde Pläne, handlungsleitende kognitive Strukturen* (gleichbedeutend mit handlungsleitenden Denksystemen), *Veränderung der Reizsituation, Auslösen von Alternativverhalten, Aufschieben von Belohnungen, verbale Verhaltenssteuerung, Verstärkung der Eigenaktivität, ziel- und belohnungsorientierte Pläne* sowie *Korrelationen zwischen spezifischen Verhaltensweisen der Kinder und solchen ihrer Eltern* – hier freilich immer in bezug auf die zu erlernende Fähigkeit der Kontrolle eigener Impulse und Verhaltensweisen. Dieser Katalog von Begriffen zeigt an, daß die folgenden Seiten angefüllt sind mit einer Fülle von Überlegungen, die das bisher Erörterte erheblich weiterführen.

Das 7. Kapitel ist für dieses Buch insofern typisch, als es uns vor Augen zu stellen sucht, wie außerordentlich komplex alltägliche Lernsituationen sind und wie sorgfältig die Rahmenbedingungen hergerichtet werden müssen, damit fruchtbare Lernprozesse, die dann in ihrer Ganzheit einen Teil der Entwicklung eines Individuums bestimmen, ausgelöst werden können.

7.2 Von angenehmen Endzuständen und ihrem verstärkenden Effekt

Eine junge Mutter macht im Einkaufszentrum ihre Einkäufe. Es ist drückend heiß. Sie zieht ihren 3jährigen Roland, der sich mit wenig Begeisterung am Einkaufswagen festhält, von Regal zu Regal mit. Beim Getränkeregal meint der Kleine plötzlich:»Ich habe Durst!« Die Mutter überhört die Mitteilung und legt weitere Lebensmittel in den Wagen.»Ich will trinken«, meldet sich der Kleine erneut, »ich habe Durst!« Die Mutter nimmt eine kleine Packung Orangensaft vom Regal und legt sie in den Einkaufswagen.»Ich will Orangensaft trinken, ich habe Durst«, jammert der Kleine weiter. Die Mutter zieht den Wagen zum Fleisch- und Wurststand weiter, wo sie der vielen Leute wegen warten muß.»Ich will jetzt trinken, ich will den Orangensaft!« läßt sich der Kleine schon viel lauter als zuvor vernehmen.»Jetzt nicht!« bestimmt die Mutter, worauf der Kleine seinem Durst mit lautem Geschrei und Stampfen Nachdruck verleiht:»Orangensaft, ich will trinken!« Einige der Umstehenden drehen sich nach dem kleinen Schreihals um. Die Mutter schüttelt ihn:»Sei jetzt endlich ruhig«, worauf das Geschrei nur noch lauter wird, durchmischt von Brocken, die wohl nur noch die Mutter versteht. Verunsichert durch die vorwurfsvollen Blicke der Umstehenden, sticht sie das Trinkröhrchen in die dafür vorgesehene Öffnung in der Saftpackung und reicht sie dem Kleinen, der etwas verstört daran zu saugen beginnt.

Manch ähnliches Ereignis wickelt sich gleich dramatisch ab, andere etwas verhaltener. Das Resultat ist eindeutig: Die Mutter hat das Geschrei erfolgreich durch das Trinken abgelöst. Für den Kleinen hat sich eine im gesamten trotz vieler unfreundlicher Blicke *angenehme Endsituation* ergeben: Er hat seinen Orangensaft und kann sein Bedürfnis, den Flüssigkeitsbedarf zu regulieren, befriedigen. Er hat dabei *gelernt*, daß man nur lange und laut genug schreien muß, bis man bekommt, was man haben will, jedenfalls im Einkaufszentrum, wo viele Leute das Geschrei mitbekommen und die Mutter vielleicht relativ rasch nachgiebig reagiert. Der Orangensaft als Verstärker in *Kontingenz* mit dem lauten Schreien wird seine Wirkung nicht verfehlen und das wiederholte Auftreten des Schreiens zu ähnlichem Zweck fördern. Dabei wurde der Erfolg etappenweise vorbereitet: Die erste Reaktion hat die Mutter (bewußt oder unbewußt) *überhört*. Der Kleine hat dann wohl aufgrund des geweckten starken Antriebs bzw. Bedürfnisses nachgedoppelt. Und diese Reaktion wurde dadurch verstärkt, daß die Mutter eine Packung Saft vom

Schaft genommen und in den Einkaufswagen gelegt hat. Damit gelangte das *Zielobjekt* in Griffnähe, oder man kann sagen: Der *Anreiz* (engl. *incentive*) wurde sichtbar, wie das Futter für Thorndikes Katzen (vgl. Kapitel 3). Jetzt mußte nur noch der *Zeitpunkt* der Bedürfnisbefriedigung näherrücken! Mit der *Wartezeit* am Fleischstand geschah aber das Gegenteil. Roland kann noch nicht warten, deshalb meldete er sich erneut, und die Frustration, d.h. die Blockierung des Weges zum Ziel hin, wurde manifest, als auch die Mutter dazu beitrug:»Jetzt nicht!«Für Roland wären freilich verschiedene Möglichkeiten offen gewesen, auf diese Frustration zu reagieren; er hat die *verbale Aggression* gewählt, wohl nicht zuletzt als Reaktion auf die *mütterliche Aggression*. Dieses Schütteln, eine *aversive Aktivität*, eine Bestrafung also, hat ihren Zweck verfehlt, sofern dieser das Beenden des Schreiens hätte sein sollen. Insgesamt ging dem Erfolg des Kleinen also eine ganze Serie von unterscheidbaren Reiz- und Reaktionssituationen bzw. *positive Verstärkungen* und *aversive Maßnahmen* voraus. Über diese letztgenannten wird später noch einiges zu sagen sein.

Manche Mutter reagiert so, wie es unser Beispiel gezeigt hat. Die Lösung ist für sie einfach, wirksam und führt sie aus der peinlichen Situation heraus, von Dutzenden von Augenpaaren gemustert zu werden. Mit andern Worten: Die Mutter»flieht«vor den aversiven Reaktionen der Umstehenden ins Nachgeben, wobei die Aversion in erster Linie in einer *Interpretation* der»bösen« Blicke durch die Mutter selber besteht.

Kurzfristig führt die Reaktion der Mutter auf das Schreien ihres 3jährigen zum Erfolg, nicht aber *mittel- und langfristig*. Der Kleine wird wieder einmal Durst haben, wird wieder einmal nicht warten können, und der ganze Ablauf wird sich wiederholen, wobei es sich ein anderes Mal um einen Eisstengel als auslösenden Reiz handeln kann, den er um jeden Preis und gerade jetzt haben möchte. Dann wird er sich an das Mittel des Schreiens und Stampfens erinnern, das letztes Mal so erfolgreich war, und interessierte Umstehende wird es immer haben... Auch die Mutter wird ihr»Fluchtverhalten«wiederholen, denn für sie war das Ergebnis befriedigend: Der Kleine gab Ruhe, und die Leute gingen zur Tagesordnung über. Die *Verstärkung* bestand im *Beenden der unangenehmen Situation*, war also genau das, was die behavioristische Lerntheorie eine *negative Verstärkung* nennt. Diese ist nicht mit Strafe oder Bestrafung zu verwechseln; vielmehr heißt sie so, weil durch sie etwas Negatives, Unangenehmes *entfernt* wird.

Wir sind bis jetzt einer behavioristisch-lernpsychologischen Darstellung gefolgt und wollen dies im folgenden Abschnitt noch etwas weiterführen, bevor wir anschließend eine kognitivistische Interpretation für die wesentlichen Prozesse des Lernens der eigenen Impuls- und Verhaltenskontrolle vorlegen.

7.3 Von der lernsteuernden Wirkung der Mutter – eine Betrachtung alternativer Möglichkeiten

Nicht alle Mütter reagieren so wie beschrieben. Unser Beispiel soll nun dazu dienen, einige alternative Verhaltensmöglichkeiten *durchzudenken*, vor allem die Wirkung von *Extinktionsversuchen* und von *Strafmaßnahmen*. Im Hinblick auf das Kind geht es darum, die Rahmenbedingungen zu finden, die das *Wartenlernen* ermöglichen und fördern, letztlich also das Lernen, mit einer *Frustration* fertig zu werden oder – etwas umfassender – das eigene Verhalten (einschließlich eigener Bedürfnisse und daraus entspringender Impulse) *kontrollieren* zu lernen. Bis jetzt haben wir gesehen, wie ein *unerwünschtes Verhalten* des Kindes durch ein scheinbar erfolgreiches Verhalten der Mutter verstärkt wird. Das Kind lernt dabei freilich das Warten auf etwas Begehrtes nicht und damit auch nicht, sein Verhalten zu kontrollieren.

Die Möglichkeit der Extinktion

Wenn die Mutter die erste Reaktion ihres Kindes bewußt überhört, einfach nicht zur Kenntnis genommen hat, so hat sie sich – lernpsychologisch gesehen – der *Extinktion* des unerwünschten Verhaltens ihres kleinen Roland bedienen wollen. Diesem Versuch wäre möglicherweise auch ein Erfolg beschieden gewesen, wenn sie ihn konsequent durchgezogen hätte. Das hat sie aber nicht getan. Vom Moment an, da die Getränkepackung im Einkaufswagen lag, der *auslösende Reiz* für den Kleinen *permanent vorhanden* und das Bedürfnis nach Flüssigkeit geweckt war, war mit einer erfolgreichen Extinktion (oder einem Beginn damit) nicht mehr zu rechnen. Die Mutter hätte also das unerwünschte Gejammer nicht dadurch verstärken dürfen, daß sie den Saft in den Wagen legte. Sie hätte einfach weitergehen sollen. Dadurch hätte sich die Reizkonfiguration in der Weise verändert, daß der Auslöser nicht mehr wirksam gewesen wäre. Die *Verhaltenskontrolle* des Kindes wäre damit zwar *nicht eingeübt* worden, weil die Maßnahme der Reizveränderung *nicht vom Kind aus* gekommen wäre; die Situation als ganze wäre aber entschärft worden. (Hier klingt eine erste Lösung an: Verhaltenskontrolle aufgrund einer vom betreffenden Individuum selber gesteuerten Reizänderung!)

Eine weitere Stelle im Ablauf des Geschehens für eine Extinktion wäre der Wutausbruch am Fleischstand gewesen. Wäre die Mutter zu jenem Zeitpunkt einfach samt Einkaufswagen weggegangen und hätte sie sich selber als *wutauslösender Reiz* einfach entfernt, statt das Kind zu schütteln, so wäre möglicherweise die entsprechende Reaktion des Kleinen ausgeblieben. Allerdings läßt sich nicht sagen, ob bei der gegebenen starken Erregung das Weggehen der Mutter nicht gerade als neuer Reiz für eine Schreireaktion gewirkt hätte, und wenn nicht als Ausdruck einer Aggression, so möglicherweise einer Angst. Man erkennt, daß ein Extinktionsvorhaben in dieser Situation ein fast aussichtsloses Verfahren ist.

Möglichkeiten der Bestrafung

Warum hat die *physische Bestrafung*, das Schütteln des Kleinen und das Schelten, keinen Erfolg gebracht? Ein sehr unangenehmes Ergebnis im Gefolge eines Verhaltens sollte doch das Verhalten hemmen, sollte die Häufigkeit seines Auftretens oder seine Erscheinungsstärke senken (vgl. dazu auch Kapitel 5). Wenn wir die Impulsivität der Reaktion des Kleinen ins Auge fassen, dann muß man vermuten, daß nur eine aversive Maßnahme von ganz erheblicher *Stärke* einen abschwächenden oder unterbrechenden Effekt gehabt hätte und daß jede schwache Maßnahme (und welche Mutter möchte in einer derart exponierten Situation mehr als eine schwache Maßnahme ergreifen?) eher als Auslöser für neue Reaktionen (Aggressionen oder Reaktionen auf zugefügten Schmerz) wirksam wird.

Vor allem aber ist der *Zeitpunkt* für eine strafende Maßnahme ungünstig: Es ist nämlich *wesentlich zu spät!* Das aktuelle Verhalten vor dem Fleischstand hat ja bereits seine Geschichte, und wenn *aversive Reize als Signale* wirksam sein sollten, dann zu einem Zeitpunkt, zu dem entscheidende Reiz-Reaktions-Verbindungen aufgebaut werden und zu dem überdies die *Reaktionen* noch *schwach* sind. Und das war eigentlich nur am Anfang der Fall.

Welche Form aber müßte eine Strafe oder allenfalls eine Vorstufe dazu, eine *Strafandrohung*, annehmen, die die frühesten Äußerungen von Durst eliminieren könnte? Da eine körperliche Strafe völlig unangemessen wäre, käme allenfalls eine *Androhung von Liebesentzug* oder von *Privilegienentzug* oder aber von *Isolation* in Frage:»Jetzt bist du sofort still, oder ich erzähle dir keine Geschichte heute abend« oder »Jetzt bist du sofort still, oder ich lasse dich vorne am Ausgang stehen; dann mußt du ganz allein warten.« Es sind viele Formulierungen für diese Inhalte denkbar.

Tatsächlich könnten beide Strafandrohungen eine Angstreaktion als Effekt haben, der nicht auf einer einfachen Konditionierung beruht, sondern einer bösen Erwartung des Kleinen entspringt: im einen Fall, ein Privileg, eine besonders hoch geschätzte Zuwendung, letztlich die Liebe der Mutter, zu verlieren, im andern Fall ganz allein unter so vielen fremden Leuten stehen zu müssen. Was in diesen Fällen angedroht wird, muß vom Kind allerdings *interpretiert* und *in seiner Konsequenz verstanden* werden, was u.a. ein noch nicht allzu hohes Erregungsniveau voraussetzt; das heißt, daß diese Art von Bestrafung nur zu einem *frühen Zeitpunkt* eines Ereignisablaufs eine hohe Wirkungschance hat. Die Interpretation muß auch das *Wissen* einschließen, daß die Mutter die Drohung auf jeden Fall wahr macht.

Die erwähnten Strafmaßnahmen können zu einem frühen Zeitpunkt das Verhalten des Kindes in gewiße Bahnen lenken. Die Furcht vor dem Liebesentzug oder vor der Isolation mag dazu beitragen, daß der Kleine sein Verhalten zu kontrollieren beginnt. Die Strafe in Form einer verbalen Androhung (einer aversiven Reaktion der Mutter) *hemmt* also eine kindliche Reaktion, die Teil einer größeren Verhaltenskette ist, die sich, sofern sie nicht gebremst wird, so entwickelt, wie es das Beispiel gezeigt hat. Wenn es darum geht, Bestrafung zum Aufbau von Reaktionshemmern einzusetzen, hat sich, wie zahlreiche Untersuchungen belegt haben (Walters & Demkoff 1963, Bandura & Walters 1963, 162 ff.), ein *früher Gebrauch* als wirksamer als ein später Einsatz erwiesen: In unserem Fall müßte das erste oder zweite Lamentieren »Ich habe Durst!«, das einen unerwünschten Anspruch oder ein nicht erwünschtes Bedürfnis signalisiert, mit einer Furchtreaktion (Liebesentzug) verknüpft werden. In bezug auf die Kontrolle des eigenen Verhaltens, oder konkret: auf das Wartenlernen, würde die Reizsituation, die durch jeden erneuten Anspruch, etwas trinken zu wollen, entsteht, mit dieser Furchtreaktion gekoppelt und daher wohl nicht zu einer Reaktion, sondern zu einem Warten führen. Die Verstärkung für das Kind ist in diesem Fall *negativer* Art, d.h., durch das Verzichten auf weiteres Drängen oder gar Weinen kommt die Assoziation mit der Furchtreaktion *nicht* zustande, was wiederum bedeutet, daß *etwas Unangenehmes ausbleibt* (z.b. unter Fremden warten zu müssen!), und genau das ist es, was den (sogenannt negativen) Verstärkungseffekt hat. Aufgrund dieses Verstärkungsmechanismus' kann das erwünschte Verhalten während der Wartezeit durch Hemmen bzw. Unterdrücken einer zu diesem Zeitpunkt unerwünschten Reaktion vielleicht erreicht werden.

Eine Strafmaßnahme wie oben geschildert ist ein *aversiver Reiz* von seiten der Mutter; aber dieser kann auf sehr unterschiedliche Art mit viel oder wenig spürbarer Aversion appliziert werden: auf geradezu bedrohliche, aggressive Art (in Gesichtsausdruck, begleitender Gestik und Stimmgestaltung), aber auch mit *viel wohlwollender Grundhaltung*, einschließlich einer deutlich *affektiven Zuwendung* im Sinne von »Ich finde das gar nicht lieb von dir!«; auch mit einer *Erklärung*, die auf die *möglichen Folgen* des Verhaltens aufmerksam macht, die aber einen angemessen *deutlichen* Ton gar nicht etwa auszuschließen braucht! Sehr häufig erfordert diese Art von Bestrafung, die keine materielle, sondern eine *psychologische* Maßnahme darstellt, keinen großen Aufwand, denn das Kind lernt relativ rasch, *auf feine Hinweisreize der Mutter* zu reagieren, die ihm signalisieren, daß jetzt unter gar keinen Umständen mit Nachgiebigkeit zu rechnen ist. Man sagt in solchen Fällen etwa einmal, daß Kinder eine »Antenne« hätten und genau spürten, ob sie es drauf ankommen lassen könnten oder nicht (dasselbe gilt auch in der Interaktion zwischen Erwachsenen); diese »Antenne« gewährleistet nichts anderes als die Wahrnehmung von *diskriminierenden Reizen*, die die Mutter hier bewußt oder (meist) unbewußt aussendet (vgl. dazu die Ausführungen zum operanten Konditionieren in Kapitel 5 oder das Kapitel über Skinner in Bower & Hilgard 1983, I). Die »Antenne« ist somit keine Sonderbegabung und nichts Spezielles, vielmehr sind die jeweiligen Erzieher selber die Verursacher der betreffenden, für sie durchaus zufriedenstellenden Reaktionen, was sie wiederum in ihrem Verhalten (einschließlich der diskriminativen Reize, die sie aussenden) bestärkt.

Nun kommt in unserem Beispiel noch eine weitere Strafmöglichkeit in Frage, die auf der Linie des Entzugs positiver Verstärkung liegt: Der Kleine schreit und weint; die Mutter läßt das Theater über sich ergehen, stellt aber beim Hinausgehen den Orangensaft wieder ins Regal zurück. Oder, um ein erneutes Ausbrechen einer Schreireaktion zu vermeiden, bezahlt sie den Saft, nimmt ihn mit, gibt ihn aber nach dem Einkaufen nicht zum Trinken frei: ein *materieller Entzug einer positiven Verstärkung*. Das ganze Schreien also umsonst! Die Mutter hat es freilich gehörig Nerven gekostet; sie hat kurzfristig gelitten, aber wahrscheinlich *langfristig* einiges erreicht. Der Entzug des gewünschten Objekts bzw. die Verunmöglichung der Bedürfnisbefriedigung bedeutet für den Kleinen ein derart unangenehmes, enttäuschendes Ende einer Verhaltenssequenz, daß das Verhalten selber stark geschwächt wird und wohl kaum ein weiteres Mal in der erlebten Weise auftreten wird.

Allerdings, und das kann man nicht deutlich genug sagen, spielt auch hierbei der *Kontext*, in den die Maßnahme eingebettet ist, eine entscheidende Rolle. Es gibt auch hier eine ganze Palette von Möglichkeiten: Die Mutter macht sich mit ihrem Kleinen auf den Heimweg und *erklärt* ihm in aller Ruhe und ganz beiläufig, warum er den Saft jetzt nicht bekommt (Klarmachen der Kontingenz!), daß sie sein Verhalten sehr unartig gefunden hätte und sie den Saft lieber aufbehalten wolle für einen Tag, an dem sie ihn mit Freude zusammen trinken wollten, wenn er nämlich etwas ganz fein gemacht hätte.

Die Mutter könnte den Kleinen auch ankeifen:»Du brauchst ja nicht zu glauben, du könntest mich im Laden mit deinem blöden Geschrei vor allen Leuten bloßstellen und bekämst dafür noch eine Belohnung...« Und eine geradezu sarkastische Variante wäre die, daß die Mutter den Saft vor den Augen des Kindes allein austrinkt. Auch solches soll schon vorgekommen sein!

Die schwächeren und stärkeren Formen des *Vorenthaltens einer positiven Verstärkung* haben unterschiedliche Effekte, die im Detail schlecht vorhersagbar sind, weil sie sehr stark mit der *früheren Sozialisierungs- und Lerngeschichte* eines Kindes zusammenhängen.

Über die mögliche Modellwirkung von Strafen
Nicht übersehen darf man, daß die Art und Weise, *wie* die Mutter (als Sozialisationsagent) die Strafe verabreicht, *Modellwirkung* haben kann, daß

durch ihr Verhalten nicht nur das unerwünschte Schreien und Weinen in Zukunft gehemmt wird, sondern auch sekundär Verhaltensweisen der affektiven Zuwendung, des Sich-Erklärens, aber auch aggressives Verhalten, wie das Ankeifen oder das Zuleidetun, gelernt bzw. zumindest als Stimuluskontext mit der Gesamtsituation assoziiert, also *mit*gelernt werden. Ein solches, oft *unbeabsichtigtes* (*inzidentelles*) Lernen fällt möglicherweise im Hinblick auf das Lernen der Kontrolle eigener Impulse und Verhaltensweisen stärker ins Gewicht als das in unserem Fall *beabsichtigte* Lernen, nämlich im Einkaufszentrum nicht zu schreien und warten zu lernen.

Die bisher erörterten Strafen kann man von ihrer Art her als *psychologische Disziplinierungsmaßnahmen* ansehen und sie den *physischen Disziplinierungsmaßnahmen* gegenüberstellen, den verschiedenen Formen von *Körperstrafen*. Die Mutter hätte ihren Kleinen auch mit einer Tracht Prügel disziplinieren können. Die Wirkungen von Körperstrafen sind komplex; der *Kontext*, die *Art und Weise*, wie sie angewendet werden, und schließlich ihre *Stärke* bestimmen ihren Effekt. Die Mutter hätte ihren Kleinen zweifellos zum Schweigen bzw. zum Warten gebracht, weil die Intensität einer solchen Strafe diejenige seines Wutausbruches übertroffen hätte. Es ist auch höchst wahrscheinlich, daß in einer späteren ähnlichen Reizsituation das unangenehme Ende vom Kleinen antizipiert würde, und das unangemessene Verhalten mit hoher Wahrscheinlichkeit ausbliebe, ja man kann in einem gewißen Ausmaß mit einer *Reizgeneralisierung* rechnen, so daß das elernte Hemmen einer in dieser sozialen Situation unerwünschten Verhaltensweise auch auf ähnliche Situationen übertragen wird.

Problematisch an der Anwendung von Körperstrafen (oder auch von extrem aggressivem Beschimpfen) ist zweierlei: Zum einen erkennt man aus dem bisher Gesagten recht deutlich, daß eine Strafe immer stärker sein muß als das Verhalten, das man mit ihrer Hilfe bremsen oder zum Verschwinden bringen will (vgl. auch Azrin & Holz 1966 in Kapitel 5). Und gerade das wirkt sich ungünstig aus: Je mehr nämlich die Maßnahmen, die getroffen werden, um ein Kind zum Gehorsam zu bringen, *Zwangscharakter* haben, desto eher sind sie kontraproduktiv und zwar insofern, als dieser »Gehorsam« sich nicht hält, wenn später der Erzieher nicht mehr da ist (vgl. dazu Sears et al. 1953, Rosenhan 1969, Lepper 1973).

Zum andern sind es, wie vorhin schon im Zusammenhang mit dem Entzug der positiven Verstärkung erwähnt, die *sekundären* Lerneffekte: Körperstrafe oder aggressive verbale Ausbrüche können, zumindest wenn sie die Regel sind, *modellhafte Wirkung* haben, d.h. sie werden als *die* Möglichkeiten zur Verhaltensregulierung oder -kontrolle wahrgenommen, *ohne jede weitere Alternative*. Sie erscheinen dann als die adäquaten Mittel, zu denen man greift, wenn in zwischenmenschlichen Situationen das Verhalten anderer kontrolliert oder korrigiert werden soll. Zwar wird das Kind diese Mittel vorläufig noch nicht gegenüber seiner Mutter anwenden, wohl aber, um das Verhalten von Altersgenossen oder auch jüngeren Geschwistern zu kontrollieren. Man hat zeigen können, daß Kinder, deren Mütter vorwiegend oder ausschließlich Disziplinierungsarten wie körperliche und verbale Aggression einsetzten, tatsächlich ihre Kameraden mit denselben Mitteln behandeln und sich so ihren Einfluß bei diesen sichern. Vor allem eines fällt bei solchen Kindern auf: daß sie andern Beeinflußungsmitteln, wie etwa *positiver Verstärkung, Erklärungs-* und *Überzeugungsversuchen* von seiten anderer Erzieher (der Großeltern, später der Lehrer oder selbst ihrer Kameraden), kaum zugänglich sind und solchen Maßnahmen widerstehen.

Im Blick auf das Erlernen der Kontrolle des eigenen Verhaltens erkennt man die bedeutenden Nachteile von physischen Disziplinierungsmaßnahmen im Bereich der sekundären Lerneffekte aufgrund der Modellwirkung des Disziplinierungsagenten: Es fehlen vor allem die *Modelle für alternative, nichtaggressive Möglichkeiten* im Umgang mit unerwünschten Verhaltensweisen in einem sozialen Kontext oder allgemeiner – beim Durchstehen von Frustrationen.

Im Hinblick auf Strafe, sei dies nun die Verabreichung von Schlägen oder seien es aggressive verbale Handlungen, ist noch ein weiteres zu bedenken: Wenn der Kleine am Fleischstand in seinem Wutanfall beispielsweise mit einer Tracht Prügel »in den Senkel« gestellt wird, so verbindet sich dieses höchst unangenehme Erlebnis gerade nur mit dieser *letzten Reizkonfiguration* aus einer langen Reihe von solchen und der damit verbundenen Reaktion, und das ist ja nicht das Ziel einer strafenden Maßnahme im Hinblick auf die gesamte Situation. Wie wir oben schon angedeutet haben, müßte ein Strafe, wenn sie überhaupt für sinnvoll gehalten würde, früher in dieser ganzen Verhaltenssequenz eingesetzt werden, damit es gar nicht zu derart extremen Reaktionen kommen kann. Dem *Zeitpunkt der Bestrafung* kommt also eine besondere Bedeutung zu, die man nicht außer acht lassen darf (vgl. dazu Johnston 1972).

7.4 Das Lernen von impuls- und verhaltenskontrollierenden Plänen

Teilfähigkeiten einer effizienten Impuls- bzw. Verhaltenskontrolle

Roland müßte angeleitet werden, (1) ein *unerwünschtes Verhalten*, das durch einen Umweltreiz ausgelöst worden ist, zu *hemmen*: Der Anblick ihm bekannter Getränke hat das Bedürfnis nach Trinken geweckt und zur entsprechenden ersten Aussage »Ich habe Durst!« geführt. Eine erste Komponente der

Selbstkontrolle (bezüglich eigener Impulse und Verhaltensweisen) wäre demnach das *Hemmenkönnen* dieser und ähnlicher Reaktionen.

(2) Roland muß also lernen, etwas *nicht* zu tun. Das ist dann leichter, wenn an Stelle des unerwünschten Verhaltens ein anderes tritt. Roland sollte demnach ein *Alternativverhalten* auslösen können, eines, das irgendwie zum Einkaufen paßt. Das bedeutet unter anderem, daß er lernen muß, daß es ganz bestimmte Handlungsabläufe mit einzelnen Schritten und *Zielen* gibt und daß das Einkaufen auch ein solcher Handlungsablauf ist; mit andern Worten, daß der Gang durch die vielen Regalreihen, das Warten da und dort, wo man sich nicht selber bedienen kann, dem Bezahlen und dem erlösenden Verlassen des Einkaufszentrums vorangeht.

Am einfachsten ist es allerdings, ein Alternativverhalten auszulösen, wenn die Reizsituation verändert wird; es wäre also für das Kind von großem Nutzen, wenn es lernte, die Reizsituation *selber zu verändern*, d.h. vom Regal mit den Getränken wegzugehen, um den auslösenden Reiz, den Saft nämlich, gar nicht mehr zu sehen.

(3) Im weitern muß er lernen, die sofortige Befriedigung eines Bedürfnisses oder eines Wunsches auf später aufzuschieben. Vielleicht ist das Stecken eines Zieles hilfreich, damit der Zeitpunkt einigermaßen definiert ist, wann dann die Belohnung kommt. Allerdings muß dafür gesorgt werden, daß sich beim Kinde nicht eine derart starke Zielvorstellung bildet, daß es in seiner Phantasie nicht mehr davon loskommt! Das Kind muß vor allem lernen, daß *es sich lohnt*, geduldig auf etwas zu warten, daß die Belohnung, der Genuß, die Freude der Mutter wie auch die eigene, dann größer sind und daß dann auch das Gefühl stärker ist, etwas fertiggebracht zu haben.

(4) Es soll auch von möglichen Vorbeugemaßnahmen die Rede sein, die das Lernen von impuls- und verhaltenskontrollierenden Plänen verstärken können.

Wenn Roland in unserer Beispielsituation warten lernen soll, so geht es um das *Erlernen von strukturierten Plänen*, die die Kontrolle des Ablaufs einer *Handlungssequenz mit einem bestimmten Ziel* sicherstellen. Wenn man die Zielsetzungen *aller* Beteiligten mit einbezieht (sie sind für Mutter und Kind unter Umständen gar nicht identisch: Sie will in Ruhe einkaufen, während das Kind nach Hause drängt), kann man auch von der Planung eines *Handlungssystems »Einkaufen«* sprechen.

Ein Blick voraus

Werfen wir einen Blick voraus: In den Kapiteln 13, 14 und 15 wird ein solches System unter gedächtnispsychologischen Gesichtspunkten betrachtet. Es wird verschiedene Namen erhalten, die zum Teil gleichbedeutend sind: So wird von *umfassenden kognitiven Strukturen*, von *Ablaufplänen* oder auch von

»scripts« gesprochen, d.h. von langzeitiger schematischer Speicherung von begrifflicher Information über mehr oder weniger stereotyp auftretende Situationen, Ereignisse oder Abläufe im Alltag. Auch soziales Wissen wird in dieser Form gespeichert, beispielsweise als eine organisierte und kohärente Ereignisabfolge, die in einer bestimmten Situation (aufgrund von auslösenden Reizen) antizipiert werden kann und aus der man auf die Erwartungen und Extrapolationen eines Individuums bezüglich der auftretenden Ereignisse in seiner sozialen Umwelt schließen kann. Ein solches *script* (z.B. das *script* »Einkaufen«) kann abgerufen und damit *handlungsleitend* werden (vgl. dazu Schank & Abelson 1975, Abelson 1976).

7.5 Die entscheidenden Lernbereiche für den Erwerb von Plänen der eigenen Impuls- und Verhaltenskontrolle

Im folgenden wollen wir uns den vier oben nur kurz eingeführten Lernbereichen ausführlicher zuwenden.

(1) Das Hemmen unerwünschter Handlungen und Impulse – Verzichten lernen!

Verbale Verhaltenssteuerung

Zahlreiche Untersuchungen (z.B. Mischel & Patterson 1978) belegen, daß Kinder Versuchungen, sich von einer Arbeit ablenken zu lassen, erfolgreich abwehren können, wenn sie über einen Plan verfügen, der ihnen sagt, wie sie sich verhalten sollen: Taucht ein verführerischer Stimulus auf (z.B. ein Maschinchen, das zu laufen beginnt), so sagen sie zu sich selber einfach (laut): »Nein! Dafür ist jetzt nicht Zeit.« Im Falle des Einkaufens, wo unerwünschte Ansprüche auf ein Getränk unterdrückt werden müßten, müßte sich Roland beispielsweie sagen: »Nein! Jetzt ist nicht Zeit zum Trinken, jetzt sind wir mitten im Einkaufen.« Damit würde der Versuchung eine Absage erteilt.

Man muß sich freilich fragen, *wie* dieser verbale Selbstinstruktionsplan gelernt wird. Es ist ja alles andere als selbstverständlich, daß ein Kind einen solchen Plan hat – und ihn auch einsetzt.

Die Modellwirkung der Mutter

Derartige Pläne werden kaum spontan entwickelt, sondern viel eher *am Modell* gelernt. Wir haben oben im Zusammenhang mit der Körperstrafe die Modellwirkung der Mutter (als Disziplinierungs- oder – genereller – als *Sozialierungsagent*) erkannt. Nun kann freilich von diesem *Modell* auch eine höchst *positive Wirkung* in bezug auf die zu lernende Fähigkeit ausgehen, unerwünschte Ansprüche und entsprechende Handlungen zu unterdrücken. Die Mutter müßte das entsprechende Verhalten *vormachen*:»Weißt du, wie gern ich jetzt einen Schluck Orangensaft trinken würde! Aber ich sage mir: *Nein! Jetzt wird nicht getrunken; jetzt bin ich am Einkaufen.* Ich freue mich aber schon, wenn wir fertig sind!«

In der konkreten Situation hätte die Mutter auf die Aussage von Roland»Ich habe Durst!« auch sagen können:»Ich auch. Aber ich sage mir: *Jetzt ist noch nicht Zeit zum Trinken; jetzt bin ich am Einkaufen!*« Damit wäre sie für Roland ein geradezu perfektes Modell, und im weitern nimmt sie einen Anreiz dadurch vorweg, daß sie bereits das Ziel steckt, auf das wir unter (3) zurückkommen werden.

Ansätze zur eigenen Verhaltenskontrolle verstärken

Es ist selbstverständlich, daß das Lernen von Plänen, die zur Hemmung von unerwünschten Verhaltensweisen führen, von der Mutter immer dann (operant) verstärkt wird, wenn Roland die leisesten Anzeichen eines Versuchs zum Verzicht (und damit zum Hemmen seiner unangemessenen Impulse und unerwünschten Handlungen) zeigt. Sie verwendet dafür soziale Verstärker, begleitet von affektiver Zuwendung, indem sie ihm sagt, daß sie das sehr angenehm finde und sie sich freue, wie gut er das schon könne!

An dieser Stelle ist eine für die Theorie des Lernens relevante Zwischenbemerkung angebracht: Wir verfolgen hier den Aufbau von *Plänen zur Selbstkontrolle*, das heißt nichts anderes als von Konstruktionen von Denksystemen oder – in der Fachterminologie – von *kognitiven Strukturen*, die das Handeln leiten werden. Es ist aber interessant zu sehen, daß *innerhalb* dieser komplexen Lern- oder Aufbauprozesse ganz elementare, aus der Lerntheorie vertraute Phänomene auftauchen, wie das operante Verstärken, von dem soeben die Rede war. Auch wenn es hier im ganzen gesehen um ein doch recht komplexes *kognitives Lernen* geht, finden wir immer wieder elementare Lernprozesse als integrale Bestandteile auf unteren Niveaus des Aufbaus. Mit andern Worten: Kognitive Lernprozesse, wie sie den Alltag kennzeichnen, schließen elementare Lernprozesse, wie die behavioristischen Lerntheoretiker sie herausgearbeitet haben, keineswegs aus.

(2) Fokussieren auf die Hauptaktivität: das reibungslose Einkaufen

Impulse und Handlungen zu hemmen bzw. zu verzichten ist die *erste* Teilfähigkeit, die Roland zum Aufbau einer Selbstkontrolle lernen muß. Wir haben oben schon angedeutet, daß das leichter ist, wenn an die Stelle der unerwünschten Reaktionen Alternativreaktionen treten. In unserem Beispiel sind dies all jene Verhaltensweisen, die der *Verkürzung der unumgänglichen Wartezeiten* dienen. Das ist aber nicht nur beim Einkaufen so, sondern bei allen mehr oder weniger stereotyp ablaufenden Tätigkeiten oder bei streng rituell geregelten Anlässen (Feierlichkeiten, Gottesdiensten usw.). Wichtig ist es aber auch immer wieder in unerwarteten Situationen, etwa wenn die Mutter vom Spielen ans Telefon gerufen wird und das Kind deswegen warten muß.

Lernen am Modell

Die Mutter macht Roland nun vor, wie man warten lernt. Sie baut zunächst aktiv einen Plan für das Einkaufen auf, der auch die Aktivitäten enthält, die die Wartezeiten füllen können. Sie redet gleichsam mit sich selber und gibt dem Kleinen auf diese Weise ihre Stationen, d.h. die Zwischenziele, bekannt: »Wir gehen jetzt zur Milch, zum Gemüse und zum Fleisch.« Oder sie sagt, wieviele Dinge sie einzukaufen habe bzw. wieviele es jeweils *noch* sind, bis man zur Kasse kommt. Das alles sind Maßnahmen, die die Aufmerksamkeit des Kleinen auf den gesamten Ablauf richten; es sind zwar noch keine eigentlichen Alternativreaktionen oder Tätigkeiten zur Überbrückung der Wartezeit, aber sie bereiten diese vor; sie machen in ihrer Gesamtheit einen Einkaufs*plan* aus, und die Mutter macht sowohl die Planung als auch die Ausführung vor! Sie wird auch schon andeuten, welche Rolle Roland in diesem Plan spielen kann.

Das Kind kann nun ungefähr vorwegnehmen und in der aktuellen Situation mitverfolgen, wie das Einkaufen ablaufen wird, und es kann – wenn auch nur annähernd – verfolgen, wie weit sie schon sind. Die Mutter tritt als Modell vor allem in eigentlichen Wartesituationen in Erscheinung: Die Art, wie *sie selber* das oft wirklich mühsame Warten, z.B. am Fleischstand oder an der Kasse meistert, ist im Hinblick auf den Modelleffekt entscheidend. Hier übertragen sich viele Reaktionen der Geduld, aber auch der Ungeduld und der Mißstimmung als *diskriminierende Reize* auf das Verhalten des Kindes.

Das Warten an der Kasse wird übrigens von geschäftstüchtigen Unternehmern meisterhaft genutzt: Sie stellen ein breites Spektrum an Reizen, d.h. an Ware, zur Verfügung, die zu Alternativreaktionen, nämlich zum oft völlig unangemessenen Einkaufen anregen. Als Alternativbeschäftigung für das Kind empfiehlt sich hier, es beim Einladen in den Verkaufswagen oder beim Umladen in die Einkaufstasche helfen zu lassen.

In diesem Abschnitt ist vom Fokussieren auf die Hauptaktivität die Rede. Aus früheren Überlegungen zum Verlernen unerwünschter Aktivitäten wissen wir, daß mit *neuen Reizen* neue Reaktionen ausgelöst werden können. Im Hinblick auf die Situation, die wir hier analysieren, heißt dies ganz einfach, daß der alte Reiz, der die Bedürfnisse bei Roland geweckt hat, der Saft also, beseitigt und eine neue Reizsituation geschaffen werden muß. Hier kann Roland wiederum vom Beispiel seiner Mutter lernen, wie man eine neue Reizsituation herstellt: ganz einfach, indem man weitergeht und sich neuen Regalen zuwendet. Freilich wird eine verbale Erklärung der Mutter sehr hilfreich sein. Sie könnte auch etwa lauten:»Wenn mich etwas sehr gelüstet, gehe ich einfach weiter!« Wir kommen unten auf die Möglichkeiten der verbalen Verhaltenssteuerung noch einmal zurück.

Eigenaktivität des Kindes

Da der Kleine zu Beginn wahrscheinlich noch nicht alle Stationen im Kopf behalten kann, die ihm die Mutter aus ihrem Einkaufsplan genannt hat, und er daher das Näherrücken des erlösenden Bezahlens nicht mit Sicherheit erkennen kann, wird er in Ermangelung anderer Möglichkeiten immer wieder fragen:»Geht es noch lange?« Dem kann die Mutter vorbeugen, indem sie ihren Roland aktiviert: Sie läßt ihn nicht untätig:»Du darfst mir heute die Milch holen .... und die Butter .... und den geriebenen Käse.« Das sind angemessene *Verhaltensalternativen* zum Warten, Verhaltensweisen im Gesamtablauf, die auch unmittelbar verstärkt werden können. Dieselbe Funktion können auch das Einladenhelfen in den Einkaufswagen und ähnliche Aktivitäten haben.

Mehr noch: Die Mutter kann Roland noch viel stärker in den Einkaufsplan (genauer: in den semantischen Kontext des Einkaufsplans) einbinden. Was früher im Tante-Emma-Laden selbstverständlich war, kann hier wieder hervorgeholt werden: Die Mutter benennt alles ganz korrekt, was sie vom Schaft nimmt. Sie fragt Roland auch:»Weißt du noch, wie dieses Gemüse, diese Frucht ... heißt?« Roland lernt auf diese Weise sehr früh schon, wie die Dinge heißen: Er elaboriert im wahrsten Sinne des Wortes seine Gemüse-, Früchte- und Teigwarenkenntnisse! Man mag einwenden, dafür habe eine geplagte Mutter nicht auch noch Zeit, das Einkaufen sei so schon streng genug. Der Leser mag die Kosten-Nutzen-Rechnung selber machen! Später können die bekannten Dinge von Roland *allein* vom Schaft geholt werden – Gelegenheit für Verstärkungen seiner Eigenaktivität!

Im weitern kann die Mutter die Einkaufsgüter in einen noch etwas weiteren Zusammenhang stellen:»Wir brauchen noch Mehl; wir wollten doch einen Kuchen backen. Und was fehlt uns dazu sonst noch?« Ja, es lassen sich schon früh Dinge erklären, die Roland erst allmählich versteht:»Ich kaufe immer einen großen Orangensaft, der kommt nämlich billiger als vier kleine.« Auf diese Weise weitet sich das *Bedeutungsnetz »Einkaufen«* bei Roland, auch wenn er noch nicht alles versteht und sich nicht alles aufs Mal einprägen kann. Er engagiert sich in vielfältiger Weise, knüpft Zusammenhänge, fragt nach Dingen, die noch »fehlen« und äußert vielleicht sogar einmal einen willkommenen Wunsch, auf den die Mutter eingehen kann. Das alles sind kognitive Grundlagen, die dazu beitragen, daß Roland Eigenaktivitäten entwickelt.

Verbale Verhaltenssteuerung

Weil der Kleine aber nicht beliebig vieles aus den Regalen nehmen kann und auch das Einladen nicht in jedem Fall die geeignete Beschäftigung ist, also gewisse Wartezeiten *immer* unvermeidlich bleiben, können auch hier verbale Aussagen eine verhaltenssteuernde Funktion übernehmen. Sie fokussieren unmittelbar auf die zu verrichtende Aktivität bzw. auf die Situation:»Ich kann schon helfen!« oder:»Ich kann warten.« oder:»Eins nach dem andern!« Die ersten beiden Bemerkungen sind von eher allgemeiner Art und beziehen sich auf das Kind selber, während die dritte auf die direkte Handlungssteuerung abzielt.

Daß die Modellwirkung der Mutter auch bezüglich der verbalen Selbststeuerung im Hinblick auf die zu leistende Arbeit eine ganz große Bedeutung hat, braucht hier nicht mehr ausgeführt zu werden. Hingegen kann nicht genug darauf hingewiesen werden, daß die Mutter alle neuen Fähigkeiten, hier die verbalen Äußerungen, bewußt verstärkt, durch Anerkennung, Zuneigung oder auch mit sozialen Vergleichen:»Schau, dieses Mädchen hilft auch seiner Mutter, wie gut ihr beide das schon könnt.«

Mischel & Patterson (1978) haben gezeigt, daß die Pläne für eine Fokussierung auf die zu leistende Arbeit weniger wirksam waren als diejenigen Pläne, mit deren Hilfe einer *Versuchung widerstanden* werden konnte. Es handelte sich in ihren Untersuchungen aber um relativ langweilige Aktivitäten (z.B. Quadratfelder mit bestimmten Zeichen kopieren). Im Gegensatz dazu geht es beim Einkaufen um Aktivitäten, die der Mutter die Arbeit erleichtern, die also einen unmittelbaren Wert haben. Aus diesem Grunde dürfen wir annehmen, daß auch den Aktivitätsplänen und den in ihnen enthaltenen Bedeutungs- oder semantischen Netzen (Wissensstrukturen) für das Einkaufen selber eine hohe verhaltenssteuernde Rolle zugewiesen werden kann.

(3) Die Rolle der in Aussicht stehenden Belohnung – Zielvorgaben und Zielvorstellungen

Das Stecken eines Zieles und wieder: die Mutter als Modell

Unsere Geschichte hätte auch einen andern Verlauf annehmen können: Die Mutter erkennt den Durst ihres Roland. Sie nimmt sich an der Nase, weil sie es unterlassen hat, ihm zuhause noch schnell vor dem Weggehen etwas zu trinken zu geben und ihn darauf vorzubereiten, daß Einkaufen Durst macht! Sie steckt dem Kleinen und sich selber aber ein Ziel:»Ganz am Schluß, wenn wir alles eingekauft haben, holen wir uns noch einen Saft vom Regal. Hilf mir dran denken! Wir trinken ihn dann, wenn wir bezahlt haben.«

Damit ist der Anreiz, das Ziel für eine Verhaltenssequenz festgelegt, ohne daß der Reiz, der das Trinkbedürfnis auslösen könnte, ein permanenter Begleiter ist. Der Anreiz ist definiert, nicht nur für das Kind, sondern *auch für die Mutter*, die für die Verhaltenskontrolle, genau: für das Warten auf die *aufgeschobene Belohnung*, zum *Modell* wird.

Man weiß, wiederum aus Untersuchungen wie denjenigen von Mischel & Patterson (1978), daß *zielorientierte oder belohnungsorientierte Pläne* dann einen Effekt haben, wenn sie die Aufmerksamkeit des Kindes auf die *positiven Konsequenzen* lenken. Das hat die Mutter mit ihrer Äußerung sehr deutlich getan. Sie hat damit gleichzeitig auch vorgemacht, wie der Kleine sein Verhalten *verbal* auf das Ziel hin steuern kann:»Ganz am Schluß, wenn wir alles eingekauft haben, dann . . .«

Die Verstärkung des erwünschten Verhaltens: eine kognitive Interpretation

Nach dem Bezahlen erfolgt dann die gemeinsame Belohnung für das gekonnte Warten bzw. für das angenehme gemeinsame Einkaufen: Jetzt darf man trinken! So ist es zu Beginn abgemacht worden. Die Mutter stellt die Belohnung in den gesamten Zusammenhang: Sie bekundet ihre Freude darüber, daß Roland so fein mitgemacht hat, so gut geholfen hat und tapfer geblieben ist mit seinem Durst; sie sagt ihm auch, daß sie das von einem so großen Buben auch erwarte und er sie nicht enttäuscht habe. Überdies lohne es sich, auch einmal zu warten, denn dann schmecke die Belohnung um so besser!

Experimentelle Befunde

Es ist schwierig, das Erlernen der Selbstkontrolle in seiner ganzen Komplexität empirisch oder experimentell zu überprüfen. Man hat einerseits die Fähigkeit bei Kindern beobachtet, für gute Leistungen verdiente Belohnungen *aufzuschieben*, d.h. anstelle einer sofortigen, aber relativ kleinen Belohnung wesentlich später erst eine größere Belohnung zu wählen. Das *Warten auf Belohnung* stand damit stellvertretend für die Kontrolle des eigenen Verhaltens (Mischel & Staub 1965, Mischel & Underwood 1974).

Andererseits hat man Kinder beobachtet, ob sie, allein im Experimentierraum gelassen, für verboten erklärte Handlungen begingen oder nicht (z.B. etwas nicht berühren, ein wenig betrügen), mit andern Worten, ob sie einer *Versuchung widerstehen* konnten oder nicht.

In zahlreichen Untersuchungen zum Aufschieben von Belohnungen sind immer wieder Zusammenhänge nachgewiesen worden, die zeigen, daß es sich beim Erlernen der Selbstkontrolle um eine sehr wesentliche *sozial-kognitive*

Fähigkeit handelt, die langfristig von großer Bedeutung ist und auch deutliche Generalisierungsmöglichkeiten impliziert: Hohe Fähigkeit, auf sofortige Belohnung zu verzichten, freiwillig eine Belohnung noch hinauszuschieben, geht einher (korreliert hoch) mit einem *kleineren Ausmaß an Aggressivität*, mit mehr *sozialer Verantwortung* und auch mit *höheren Leistungserwartungen an sich selber*. Daß die *Eltern* derjenigen Kinder, die eine hoch entwickelte Fähigkeit haben, Belohnungen aufzuschieben, nachweislich ihre Disziplinierungstechniken durch Erklärungen, vor allem von *möglichen Folgen aus unerwünschten Verhaltensweisen* begleiten, ferner die *erwünschten* Verhaltensweisen ihrer Kinder *regelmäßig verstärken* und ihre Rolle als *Modelle* ernst nehmen, beleuchtet noch einmal den Prozeß des Lernens der Selbstkontrolle als eines Lernens von umfassenderen Verhaltensplänen.

(4) Präventivmaßnahmen

Vor dem nächsten Einkaufen wird die Mutter, wie wir oben angedeutet haben, zuhause schon die Flüssigkeitsbedürfnisse des Kleinen einigermaßen befriedigen. Sie kann aber auch bereits deutlich machen, daß die Belohnung für das Helfen beim Einkaufen bereits im Kühlschrank bereitsteht. Es muß auch gar nicht immer etwas Essbares oder Trinkbares sein; es kann auch eine Geschichte oder ein Spiel sein, die in Aussicht gestellt werden. Wichtig ist, daß der Charakter einer *aufgeschobenen Belohnung*, die es zu erringen gilt, deutlich formuliert wird. Der Beitrag der Mutter ist es dann, Reaktionen während der Wartezeit zu steuern, d.h. teils durch Reize selber auszulösen (etwa wenn sie das Kind von irgendetwas ablenken muß), teils durch ein Entfernen oder Verändern von Reizen, die störende Reaktionen auslösen, und teils durch Verstärkungen, wenn es sich um erwünschte Reaktionen handelt.

So wie die Mutter die Bedürfnisse des Kindes (Hunger, Durst, Ruhe, Toilette etc.) schon vor dem Weggehen von zuhause überprüfen kann, so kann sie vorbeugend auch gewiße *Erwartungen* schon zuhause steuern:»Heute müssen wir wohl lange anstehen, weil wir spät dran sind«. Damit wird vorweg auf die schwierige Situation hingewiesen, eine entsprechende Erwartung aufgebaut und die *Diskrepanz zwischen Erwartung und dem tatsächlich Erlebten an Ort und Stelle* verkleinert. Ebenso kann die Mutter die erwünschten Aktivitäten des Kleinen beim Einkaufen daheim schon vorbereiten.»Ich bin froh, wenn du mir heute wieder die Milch und alle die Dinge aus der Kühltruhe, die wir brauchen, schön in den Wagen stellst.« Sie kann überdies auch ihrer persönlichen *Erwartung* an Roland Ausdruck verleihen, indem sie ihm deutlich macht, daß sie ganz stark mit seiner Hilfe rechnet und sich auch darauf verläßt.

7.6 Verhaltenskontrolle im Rahmen von umfassenden Verhaltensplänen

Kurze Zwischenbilanz

Von zentraler Bedeutung ist es demnach, daß das Kind die Zielsetzungen der Mutter u.a. aufgrund ihrer Erklärungen übernimmt und allmählich fähig wird, solche Ziele selber zu erkennen, zu akzeptieren (was ja gar nicht immer angenehm ist), sich zu stecken und zu beurteilen, ob es sie erreicht hat oder (noch) nicht. Damit ist angebahnt, daß das Kind sein Verhalten *allein* zu steuern lernt.

Zumindest zu Beginn hängt der Erfolg des Einsatzes von impuls- und verhaltenskontrollierenden Plänen davon ab, ob sie im voraus, demnach zuhause oder unterwegs zum Laden, in *genügend klarer*, wenn nötig auch in *elaborierter* Weise (dem Verständnis des Kindes angepaßt) vorbereitet worden sind. Einfache Pläne, z.B. solche, die das Wissen enthalten, wie man ablenkenden bzw. verführerischen Reizen verbal begegnet, kann das Kind wahrscheinlich leicht behalten. Komplexere Pläne, die mehrere Schritte enthalten, müssen von der Mutter wiederholt dargeboten werden, damit sie sich dem Kleinen einprägen können.

Verhaltenspläne als Gesamtrahmen

Präventive Maßnahmen, wie wir sie oben erörtert haben, *strukturieren* die bevorstehenden Aktivitäten *vor*. Damit wird mental die Einkaufsumwelt bereits in günstiger Weise verändert. Allzu große *Erwartungs-Realitäts-Diskrepanzen*, die zu Unlust führen könnten, bleiben dem Kind erspart. Der gesamte Ablauf des Geschehens, die Rollen, die die beiden Akteure, Mutter und Kind, spielen, werden in diesen Ablauf integriert. Berücksichtigt man noch die anderen beteiligten Variablen, das Personal, die anderen Kunden und das (vielleicht nicht vollständige) Warenangebot, das das Aufsuchen eines weiteren Geschäfts nötig macht, wird deutlich, daß das, was das Kind in dieser komplexen Situation erlernt, nämlich sein eigenes Verhalten zu kontrollieren, Erwünschtes zum richtigen Zeitpunkt zu tun und Unerwünschtes zu unterlassen, nicht bloß eine Verhaltenskette von Reaktionen ist, die jeweils durch einen von einer vorhergegangenen Reaktion produzierten Reiz ausgelöst wird. Vielmehr lernt es ein ganzes System von Plänen bzw. einen übergreifenden Plan (im Sinne von Miller, Galanter & Pribram 1960, 1973).

Dieses *handlungsleitende kognitive System* beinhaltet die Interpretationen von Reizsituationen in einem jeweiligen Kontext, ferner Erwartungen, d.h. Vorstellungen von Fixpunkten der Verhaltenssequenz (wie z.B. das Bezahlen als gemeinsames, durch Mutter und Kind festgelegtes *Ziel*), Interpretationen der

Verstärkungen (auch das Verstehen, warum sie nicht immer *sofort* erfolgen können) sowie ein vielfältiges Netz von Zusammenhängen zwischen den Elementen innerhalb dieses Systems. Identische Reaktionen in verschiedenen Verhaltensabläufen (wie etwa verbale Aussagen zu sich selber) können allmählich generalisiert, d.h. mit ganz unterschiedlichen Reizsituationen, beispielsweise in verschiedenen Einkaufslokalen, kognitiv verknüpft, also nicht nur durch identische Situationen (bzw. die entsprechenden diskriminierenden Stimuli) ausgelöst werden.

Das Lernen von Plänen zur Impuls- und Verhaltenskontrolle stellt sich als ein Aufbau bzw. später als eine Erweiterung handlungsleitender kognitiver Systeme dar. Sobald das Kind Jahre später zu *Metakognition* fähig ist, d.h. über sein eigenes Denken und Tun nachdenken und urteilen und sein Verhalten mit vor allem sozial vorgegebenen Sollwerten vergleichen kann, wird es sich auch entsprechende *Erfolge zuschreiben* (*attribuieren*) und ein Selbstwertgefühl bezüglich seiner Fähigkeit entwickeln, die eigenen Impulse und Handlungen kontrollieren zu können.

7.7 Memo

1. Neben der Präsentation von aversiven Reizen im Gefolge von unerwünschten Verhaltensweisen kann eine Strafe auch im Vorenthalten positiver Verstärkungen bestehen.
2. Das Erlernen einer Impuls- und Verhaltenskontrolle baut auf folgenden Teilfähigkeiten auf: (1) einem Hemmen unerwünschter Impulse (Bedürfnisse) und Handlungen, (2) dem Auslösen von Alternativverhalten und (3) dem Aufschieben von Belohnungen.
3. Das Hemmen von Impulsen und Handlungen kann durch verbale Selbstinstruktion erreicht werden. Die entsprechende Fähigkeit wird durch ein Lernen am Modell (Mutter!) erworben.
4. Alternativverhalten kann durch einen Wechsel der Reizsituation ausgelöst werden; es wird leichter erlernt, wenn es als Teil der Hauptaktivität (in unserem Fall: des Einkaufens) erkannt wird.
5. Das Aufschieben von Belohnungen steht in einem direkten Zusammenhang mit dem Formulieren eines Verhaltenszieles, aus dem die positiven Konsequenzen (aus dem Aufschieben der Belohnung) für das Kind ersichtlich werden. Solche Verhaltensziele sind wesentliche Komponenten von Plänen zur Verhaltenssteuerung und -kontrolle,
6. Entscheidend für das Erlernen und das spätere eigenständige Anwenden von verhaltenskontrollierenden Plänen ist (1) die kognitive Verarbeitung der situativen Gegebenheiten und der Zielsetzungen der Mutter in der Auseinandersetzung mit diesen Gegebenheiten, (2) die Beobachtung

dieser Auseinandersetzung und (3) die Verstärkung aller Versuche, die eigenen Impulse und Handlungen im Rahmen dieser Gegebenheiten zu kontrollieren.

7. Es bestehen bei untersuchten Kindern deutliche Korrelationen zwischen der Fähigkeit, Belohnungen aufzuschieben einerseits und geringer Aggressivität, mehr sozialer Verantwortung und höheren Leistungsanforderungen an sich selber andererseits.

8. Ebenso besteht eine hohe Korrelation zwischen der Fähigkeit der Kinder, Belohnungen aufzuschieben (als Form der Impuls- und Verhaltenskontrolle) und den folgenden erzieherischen Verhaltensweisen der Eltern: ihren Disziplinierungstechniken, die typischerweise Erklärungen über die möglichen Konsequenzen unerwünschten Verhaltens enthalten, der Tatsache, daß sie sehr regelmäßig das erwünschte Verhalten ihrer Kinder verstärken und daß sie ihre Rolle als Modell sehr ernst nehmen.

9. Präventivmaßnahmen haben vorstrukturierende Wirkung: Sie bereiten das Erlernen der verhaltenssteuernden Pläne vor und können die möglichen Diskrepanzen zwischen den Erwartungen bezüglich der Situation und der Wahrnehmung derselben verkleinern.

10. Der Aufbau von Plänen zur Impuls- und Verhaltenssteuerung ist ein sozial-kognitiver Lernprozeß. (Man spricht oft von den kognitiven als von den »höheren« Lernprozessen.) Auf dem Niveau der elementaren Verhaltensorganisation von Alltagslernsituationen finden sich elementare Lernprozesse, beispielsweise operante Konditionierungen, die deutlich machen, daß eine kognitive Lerntheorie die Phänomene der behavioristischen Lerntheorie nicht auszuschließen braucht.

8. Prosoziales Verhalten lernen – Sozial-kognitive Aufbauprozesse und das Erlernen von sozialen Wertsystemen

8.1 Einleitung

Ging es im letzten Kapitel um die individuelle Fähigkeit, das eigene Verhalten zu kontrollieren, so liegt das Interesse hier deutlich auf der sozialen Interaktion zwischen Menschen, genauer: auf dem *prosozialen Verhalten*, d.h. auf dem *Verhalten zugunsten anderer*. Auch hier muß ein handlungsleitendes kognitives System, ein Wertsystem, aufgebaut werden. Im folgenden soll deutlich werden, welche Rolle dabei dem *emotionalen Engagement* derer zukommt, die die entsprechenden Lernprozesse anstoßen und aufrecht erhalten. Das *Erlernen sozialer Wertsysteme* zieht sich über das ganze Leben eines Menschen hin; wir verfolgen hier gerade nur den Beginn.

Die Schlüsselbegriffe dieses Kapitels ergeben sich aus den zu erlernenden Verhaltensweisen: *Hemmen von aggressiven Verhaltensformen, Strafe durch Ausschluß, Orientierungsreaktionen auf die Emotionen anderer hin, Empathie lernen* im Zusammenhang mit »affektiven Erklärungen« und erneut das *Lernen aufgrund von Beobachtung und stellvertretender Verstärkung*, das *Lernen am Modell*.

8.2 Ein neuer Aspekt von Strafe: das »time out«

Einige kleine Kinder, alle im Alter von 2 bis 4 Jahren, spielen am Sandkasten im Park. Die Mütter sitzen in einiger Entfernung und reden miteinander. Die Kinder, die noch wenig Übung in kooperativen Aktivitäten haben, bauen meist jedes für sich Türme oder stechen mit ihren Förmchen Sandkuchen aus. Hin und wieder gibt es kleinere Auseinandersetzungen, die von den Müttern aber kaum beachtet werden. Einmal aber scheint sich ein schwerwiegender Zwischenfall ereignet zu haben: Wohl nicht ohne Gründe – wir kennen sie aber nicht – hat der kleine Peter Mariannchen in den Arm gebissen; man sieht die vollständigen Abdrücke von Peters Gebiß! Während Mariannes Mutter ihr Kind tröstet und den Arm etwas reibt, nimmt Peters Mutter ihren Buben zur Seite. »So kannst du nicht weiterspielen, du hast Mariannchen sehr weh getan und es zum Weinen gebracht; es ist gar nicht lieb von dir, so zu beißen.« Nach diesen Worten stellt sie Peter mit seinen wenigen Spielsachen etwas entfernt hinter die Sitzbänke: »Für heute bleibst du hier zum Spielen. Wenn du morgen ganz lieb mit den andern spielen willst, darfst du wieder zu ihnen gehen. Ich möchte, daß du auf dem Sandhaufen ein lieber Bub bist.« Die Mutter hat Peter strafhalber vom Spielen mit den andern ausgeschloßen; sie hat damit eine ganz *spezifische Form von Strafe* gewählt, die als *time out, Ausschluß*, bezeichnet wird (Johnston 1972).

Zugegeben, die geschilderte Situation ist etwas vereinfacht und dadurch idealisiert. Oft ist die Stimmung am Sandkasten nicht so entspannt, sondern eher gereizt, was für manche Mutter, die irgendwie eingreifen muß, kein so überlegtes Handeln gestattet. Verfolgen wir aber dennoch die in diesem Zusammenhang wesentlichen Lernprozesse!

8.3 Das Gewicht »affektiver Erklärungen«

Die Episode ist *kein* Beispiel für *prosoziales Verhalten*, ganz im Gegenteil! Sie schildert das *aggressive* Verhalten des kleinen Peter, läßt aber auch bestimmte Reaktionen seiner Mutter sehr schön erkennen. Und diese Reaktionen können in Begriffen des Lernens interpretiert werden. Die aggressive Verhaltensweise von Peter wird durch *Ausschluß* oder *Isolieren* des Kindes von der Gruppe bestraft (*time out*); zusätzlich begleitet die Mutter aber ihre Maßnahme mit eindringlichen *Erklärungen*.

Stellen wir dies in einen etwas erweiterten Rahmen! Prosoziales Verhalten (oft auch »altruistisches« genannt), von dem die Rede sein soll, heißt *helfen, trösten, retten, vor etwas bewahren, mit andern teilen* oder auch, *sich für jemand einsetzen* und *jemand verteidigen*. Eine Untersuchung aus dem Jahre 1979 (Zahn-Waxler, Radke-Yarrow & King 1979) hat interessante Befunde zutage gefördert über die Zusammenhänge zwischen *mütterlichem Erziehungsverhalten* und *prosozialem Verhalten* ihrer Kinder.

Die Tatsache, daß man schon bei sehr kleinen (ca. 20 Monate alten) Kindern prosoziales Verhalten beobachten konnte, hat sehr erstaunt, denn eigentlich hätte man erwarten müssen, daß ein helfendes Verhalten nur dann gezeigt wird, wenn der potentielle Helfer die Bedürfnisse oder gar die Not des Hilfebedürftigen erkannt hat, wenn er in einem gewißen Umfang also dessen Rolle hat übernehmen, sich in diesen hat hineinversetzen können. Derartige *Rollenübernahmefähigkeiten* entwickeln sich, wie man aus entwicklungspsychologischen Arbeiten weiß, erst wesentlich später, etwa während der Primarschulzeit (vgl. Flavell et al. 1969).

Bei den von Zahn-Waxler et al. (1979) untersuchten Kindern mag es sich um *Früh-* oder *Vorformen* von prosozialem Verhalten handeln. Wichtig ist in unserem Zusammenhang nur, genauer zu erfahren, welches die Rahmenbedingungen für das Erlernen solcher Formen des helfenden, tröstenden usw. Verhaltens sind.

Etwa in einem Drittel aller Fälle, in denen 2jährige Kinder andere in eine Unlustsituation gebracht hatten, so daß diese weinten und schrien, folgten spontan *Anstrengungen des Wiedergutmachens* wie das Anbieten von Spielsachen, Versuche zu trösten, direkt zu helfen oder jemand zu holen, der da helfen könnte – lauter Aktivitäten also, die man als *prosoziales Verhalten* ansprechen kann. Allerdings unterscheiden sich die einzelnen Kinder bezüglich ihrer Hilfeanstrengungen sehr deutlich voneinander, was die Untersucher dazu bewog, nach Zusammenhängen mit dem Erziehungsverhalten, vor allem der *Mütter*, zu suchen. Dies war ohne weiteres möglich, weil die Mütter in die Untersuchung mit einbezogen worden waren und man daher ihre Erziehungspraktiken recht genau kennengelernt hatte. Die höchsten Anteile an prosozialem Verhalten gingen einher mit *affektiven Erklärungen* der Mütter, also etwa der Erklärung aus dem vorangestellten Beispiel: ». . . Du hast Mariannchen sehr weh getan und es zum Weinen gebracht; es ist gar nicht lieb von dir, so zu beißen.« Zu den *affektiven Erklärungen* gehörte auch – in andern Fällen – ein *Verbieten* unter Beifügung von Erklärungen oder auch ein *Vorenthalten einer positiven Verstärkung* (eine Art von Liebesentzug; vgl. Kapitel 7). *Neutrale* Erklärungen, d.h. solche *ohne* eine *affektive* Betonung (ohne das Hervorheben der Emotionen beim betroffenen Kind und beim Aggressor), wie beispielsweise »Monika weint, weil du sie umgestoßen hast« hatten keinen Effekt hinsichtlich eines Lernens von prosozialem Verhalten (genauer: es bestand keine positive Korrelation zwischen dieser Art von Verhalten der Mütter und dem Verhalten der Kinder). Hingegen konnte wiederum ein deutlicher Zusammenhang nachgewiesen werden zwischen auffallend *niedrigen Anteilen* an prosozialem Verhalten beim Kind und mütterlichem Verhalten, das gekennzeichnet war durch eine Vielzahl von *nicht weiter begründeten Verboten* wie »Jetzt laß' das!« oder »So hör' doch endlich auf!«, die überdies oft mit Körperstrafen einhergingen.

Prosoziales Verhalten kann also schon bei 2jährigen beobachtet werden, vor allem bei Kindern von Müttern, die *nicht nur intellektuelle* (kognitive) Aufklärung über das Unbehagen der Geschädigten betreiben, sondern sich überdies *emotional* engagieren, den Schmerz oder die Traurigkeit des andern ebenso markieren wie die objektiven Fakten, und dem Kind mit Nachdruck klar machen, daß sie von ihm *rücksichtsvolles* (später *sozial verantwortungsvolles*) Verhalten erwarten (vgl. Maccoby 1980, 346f.). Ein Weg, prosoziales Verhalten zu erlernen, führt möglicherweise schon sehr früh über die *Korrektur von aggressivem Verhalten*. Mit andern Worten, wenn es gelingt, aggressives Verhalten mit Hilfe von günstigen Lernbedingungen abzufangen und alternative, nicht-aggressive Verhaltensweisen einzuführen, kann es gleichsam vom Gegenteil, nämlich von prosozialem Verhalten abgelöst werden.

8.4 Empathie lernen

Was wird dem Kind durch ein (im Sinne der vorangegangenen Ausführungen) *ideales* mütterliches Verhalten vermittelt, und was lernt das Kind dabei eigentlich? Einerseits sind es die *Verstärkungsmechanismen*, die wir aus den vorangegangenen Kapiteln kennen, die in unserem Fall aggressives Verhalten *nicht bekräftigen*, es für ein weiteres Auftreten abschwächen oder es ganz deutlich *hemmen* (Isolieren des Kindes als eine Art von *Entzug des Privilegs, mit andern zusammen sein zu dürfen; time out*). Freilich muß man auch hier sehen, daß nur die *letzten Glieder der Verhaltenskette* von der Verstärkung (bzw. der Bestrafung) betroffen sind und dadurch nicht sichergestellt werden kann, daß eine entsprechende *Reizsituation* (Mariannchen nimmt Peter wieder einmal ein Sandförmchen weg oder tritt wieder einmal auf einen seiner Sandkuchen) nicht wieder *Teile einer unerwünschten aggressiven Verhaltenssequenz* auslöst.

Offensichtlich hat schon bei 2jährigen das mütterliche *emotionale Engagement* eine Wirkung und zwar in zwei Richtungen: Dem kleinen Peter, um beim Beispiel zu bleiben, wird deutlich gemacht, daß er Mariannchen weh getan hat, daß es innerlich etwas erlebt, was *er* von außen nicht ohne weiteres sehen kann; daß die Spuren seiner Zähne auf Mariannchens Arm mit einem Schmerz verbunden sind. Peter lernt, daß es Schmerz gibt, daß damit ein *Gefühl* verbunden ist. Das Engagement der Mutter bedeutet ihm auch, daß es sich dabei nicht um etwas Nebensächliches handelt, sondern um etwas, was ihr wichtig ist, für sie einen *Wert* zum Ausdruck bringt. Peter fokussiert also auf etwas nicht direkt Beobachtbares, auf ein *Gefühl* bei einem andern Menschen. Diese Fokussierung ist eine *spezifische Art von Orientierungsreaktion*; sie ist aber mehr als das, nämlich (zumindest bei wiederholtem Erleben solcher Situationen) ein *stellvertretendes Erleben des Gefühls eines andern*, das beispielsweise in dessen Weinen seinen Ausdruck findet. Das ist es, was man *Empathie* nennt, »das unwillentliche, manchmal höchst eindringliche Erleben des emotionalen Zustandes eines andern Menschen« (Hoffman 1976). In wiefern Empathie bei kleinen Kindern schon ansatzweise als *Rollenübernahme* betrachtet werden kann, läßt sich nicht genau angeben. Für kleine Kinder ist zweifellos wichtig, daß für sie die *Anwesenheit* anderer Kinder mehr ist als eine bloße »räumliche Gegebenheit« (die einem tatsächlich dann und wann in die Quere kommt), daß sie die andern nämlich als sich verhaltende, reagierende Wesen zur Kenntnis nehmen; daß sie sie aber eben auch als Wesen erkennen, die Gefühle empfinden. Wesentlich ist, daß Peter zum einen die

Emotion des andern Kindes in einer deutlichen Weise miterleben lernt, daß er zum andern dieser Situation vor allem entnehmen lernt, daß mit der Emotion des andern sowohl Ursachen, nämlich er selber als Handelnder, als auch gewiße Konsequenzen verbunden sind: Die Mutter betrachtet sein Verhalten nicht als lieb; sie hat andere *Vorstellungen* und *Erwartungen*. Mit dem Ansprechen der affektiven Seite von Peters Verhalten verbinden sich implizit oder explizit *alternative, nicht-aggressive* Verhaltensweisen, zunächst wohl der *Wiedergutmachung*, dann aber auch des Umgangs mit andern in kritischen Situationen.

8.5 Der Aufbau von Erwartungen und Wertvorstellungen im sozialen Kontext

Der Lernprozeß, der durch diejenigen Mütter ausgelöst wird, die vor allem *affektive Erklärungen* abgeben, ist ein Prozeß des Verstehens der Situation, ein Prozeß der Bedeutungsverleihung, der zum *Aufbau eines kognitiven Systems von Vorstellungen und Erwartungen* führt, die ihrerseits den *Wertvorstellungen* der Mutter bezüglich sozialer Interaktionen entsprechen. Auch wenn dieses kognitive System beim Kleinkind noch sehr rudimentär ist, so ist es doch als Grundstock für ein umfaßendes System vorhanden und wirksam. Durch bloß neutrale Erklärungen der Mütter wird kein System von derartigen Erwartungen aufgebaut und schon gar nicht durch die Art von unbegründeten Befehlen (»Jetzt hör' doch endlich auf damit!«), wie man sie recht häufig zu hören bekommt.

Der Aufbau solcher Erwartungssysteme, aus denen sich später *handlungsleitende Kognitionen* entwickeln können, ist der elementare Beginn komplexen sozial-kognitiven Lernens. Man darf nicht vergessen, daß es nicht beim bloßen Aufbau dieses Systems bleibt, das das Kind erwirbt oder nicht; es sind vielmehr, weil es sich ja um einen Ausschnitt aus dem mütterlichen Wertsystem handelt, *Verhaltenskonsequenzen* von seiten der Mutter damit verbunden: Sie richtet ihre *Verstärkungen* nach diesem System, und der kleine Peter lernt, daß mit seinen (auch noch so rudimentären) Kognitionen (»Ich bin nicht so lieb, wie Mama es gern hat«) Verhaltensweisen der Mutter unmittelbar verknüpft sind, die verstärkenden (anerkennenden oder aber strafenden) Charakter für ihn selber haben.

8.6 Ein Blick auf eine alternative Erklärung

Es sei hier der Vollständigkeit halber erwähnt, daß es auch eine andere Interpretation sowohl der Entstehung der Empathie als auch der sich aus dieser entwickelnden prosozialen Verhaltensweisen gibt, die ohne kognitive Elemente auskommt, und sich ausschließlich auf Konditonierungsmechanismen stützt. Der Leser mag sich selber Gedanken über die Angemessenheit dieser Interpretation machen.

Empathie beginnt mit einer Primitivform: Sieht ein kleines Kind ein anderes fallen und hört es dieses weinen, so beginnt es ebenfalls zu weinen. Man erklärt diese frühe Form von Empathie mit dem klassischen Konditionierungsparadigma: Ein kleines Kind hat selber schon viele Male geweint, bei den verschiedensten Gelegenheiten. Gemeinsam war diesen Ereignissen, daß stets ein *Unlustgefühl*, ein Gefühl der Qual oder des Schmerzes oder etwas Ähnliches damit verbunden war. Weinen, eigenes oder fremdes, kann nun sehr leicht Gefühle der Unlust oder ähnliches und selbst Erinnerungen an frühere Geschehnisse von unangenehmer Art auslösen. Falls nun ein Kind, das ein anderes weinen hört, versucht, dieses Weinen zu beenden (etwa durch Zureden, aufstehen Helfen etc.), wird es sich wohl fühlen, weil ja dieses unangenehme Weinen durch seine Aktion aufhört. Es ist sozusagen Eigennutz, dafür zu sorgen, daß das Weinen des andern aufhört, und dadurch soll prosoziales (altruistisches) Verhalten entstehen.

Nach den Untersuchungen von Aronfreed (1969) mußten zwei Bedingungen erfüllt sein, damit es zu prosozialem Verhalten kam: Zum einen mußten die von ihm untersuchten Kinder (Zweitkläßler), von denen helfendes Verhalten erwartet wurde, selber und zur gleichen Zeit Unlust oder Schmerz erleben wie ihre Partner, und zum andern mußten die Partner schon sehr *deutliche Signale* des Schmerzes (oder einer andern Emotion) setzen, damit eine Aktion ausgelöst wurde. Nur zu wissen, *daß* jemand übel dran war, löste keine prosozialen Aktivitäten aus. Wenn die Mütter derjenigen Kinder, die relativ deutliche Formen eines frühen prosozialen Verhaltens zeigten, *affektive Erklärungen* abgaben, dann machten sie aus den vielleicht noch relativ schwachen emotionalen Ausdrucksweisen der geschädigten Kinder *deutlichere* Signale bzw. sie führten ihre eigenen Kinder dazu, in den möglicherweise subtilen emotionalen Ausdrucksformen *Signale* zu erkennen, die ein Mitfühlen, ein *stellvertretendes* Erleben der Gefühle dieses andern Kindes ermöglichten (*Empathie*). Damit war nach der vorangegangenen Interpretation der Reiz gegeben, der Empathiereaktionen und ein entsprechendes Verhalten beim Kind auslösen sollte. Damit ist die Alternativerklärung, die sich auf Konditionierungsmechanismen stützt, zu einer höchst kognitiven Interpretation geworden, denn durch das Ansprechen der affektiven Seite des Verhaltens (». . . es ist gar nicht lieb von dir . . .«) wird das bereits erwähnte kognitive System aufgebaut, das Vorstellungen und Verhaltenserwartungen enthält, die *verhaltenssteuernd* werden können.

8.7 Beobachtungslernen – Lernen am Modell

Freilich kann der als Emotion des Schmerzes verstandene Gesichtsausdruck als Reiz für eine Aktion dienen, die diese emotionale Situation verändert. Aber *welche* Reaktion soll denn ausgelöst werden, und wo soll das Kind die *angemessene* Reaktion lernen? Prosoziales Verhalten in seiner möglichen Vielfalt tritt wahrscheinlich weder aufgrund eines Signals allein (im oben erörterten Sinne), d.h. aufgrund der Fähigkeit zur Empathie, noch aufgrund des Vorhandenseins eines elementaren kognitiven Systems allein auf; denn Empathie und Erwartungen *fördern* zwar helfendes oder unterstützendes Verhalten, bringen aber die der Situation angemessenen oder gar nötigen Handlungssequenzen *inhaltlich* nicht hervor. Es sind wohl auch hier vor allem durch *Beobachtung und Nachahmung* erlernte Verhaltensmuster, die allmählich das Repertoire prosozialer Verhaltensweisen ausmachen, über das ein Kind oder ein Heranwachsender verfügt. Daß deutliche Reize zur Auslösung einer Empathie und zu einem Helfen auf der Basis von assoziativen Verbindungen nicht genügen, daß vielmehr komplexe Systeme von handlungsleitenden Kognitionen wirksam werden müssen, geht aus den erschreckenden Beispielen hervor, wo Zuschauer trotz stärkster Reize (brutale Bedrohung von Menschen durch andere) nicht geholfen haben (im Englischen ist dies der sog. *bystander effect*). (Man kann freilich hier mit stärker assoziierten Emotionen und entsprechenden Handlungs*hemmungen*, die ebenfalls konditioniert sind, argumentieren.) Eine vertraute Kenntnis, ein besseres Wissen über die Reaktionen vertrauter Mitmenschen, ein sicheres Interpretieren von Stimuli aus ihrer Mimik und Gestik, mit andern Worten: ein besser ausgebautes System von Kognitionen von der unmittelbaren sozialen Umgebung erleichtert das Auftreten von Empathie und das Abrufen prosozialer Verhaltensweisen, letzteres umso eher, je mehr *Gemeinsamkeit* (engl. *shared identity*) zwischen den Beteiligten besteht. Unter solchen Umständen ist es vielleicht richtig zu sagen, daß Empathie in altruistisches Verhalten *umschlägt* (Krebs 1975).

Empirische Befunde

Wie Untersuchungen von Yarrow, Scott & Waxler (1973) gezeigt haben, ist es möglich, Kindern prosoziales Verhalten durch *Nachahmen eines Modells* zu lehren. Die Autoren beobachteten selber zuerst den Betrieb in einem Kindergarten, mit dessen Kindern die Studie durchgeführt werden sollte, und nahmen dann diejenigen Kinder aus der Untersuchung heraus, die schon spontan am meisten prosoziales Verhalten zeigten. Die übrigen Kinder wurden ins Training aufgenommen. Man zeigte jedem von ihnen im Einzeltraining in zwei aufeinander folgenden Phasen zwei ähnliche Szenen, in denen jeweils ein Mensch, manchmal auch ein Tier, in einer unglücklichen oder qualvollen, jedenfalls unlustgeprägten Situation zu sehen war. Der Versuchsleiter übernahm die *Rolle des Modells*, von dem das Kind das prosoziale Verhalten lernen sollte, und begann beispielsweise so: »Ach, Großmutter, jetzt ist dir die ganze Nähschachtel zu Boden gefallen, und du kannst dich doch so schlecht bücken. Ich helfe dir, alles wieder einzusammeln, damit du es wieder einordnen kannst. Schau, ich lege dir alles hier auf den Tischrand. Jetzt ist ja die Ordnung schon bald wieder hergestellt.«

Der Versuchsleiter geht in seinem *Modellspiel* ganz ausdrücklich auf die *Unlustsituation* des jeweils betroffenen Menschen oder Tieres und damit auf dessen emotionalen Zustand ein und zeigt so deutlich wie möglich seine *Empathie* (in Wort und gespielter Tat). Er betont aber auch das Ergebnis in seinem *emotionalen Wert*: die Freude darüber, daß die Situation am Ende für den Betroffenen wirklich viel besser ist.

Die *vier Phasen des Lernens am Modell* sind ganz deutlich (vgl. Bandura & Walters 1963, vor allem Bandura 1979): (1) Das Modell (der Versuchsleiter) lenkt die Aufmerksamkeit des Kindes auf sein Reden und Tun in der für die Großmutter höchst unerfreulichen, beschwerlichen Situation. Die *affektive Valenz* der Situation wird verbal unterstrichen. (2) Es ist anzunehmen, daß das beobachtende Kind die wichtigen Elemente des Handlungsablaufs kodiert und damit (3) die Verhaltensweisen zunächst vorstellungsmäßig reproduzieren und das Gespräch in seinen wesentlichen Punkten wiedergeben kann. (4) Durch die Betonung des erfreulichen Ergebnisses (die Großmutter ist froh, glücklich über die Hilfe) erlebt das beobachtende Kind die Verstärkung in Form einer beglückenden Schlußbilanz *stellvertretend* sowohl für die Großmutter als auch für den Versuchsleiter, der (als Modell) glücklich ist über den guten Ausgang!

Nach dieser Beobachtungsphase wird die zweite, ähnliche Szene (als Bild) präsentiert, und nun kommt das Kind an die Reihe. Wenn es mit seinem Spiel fertig ist, greift der Versuchsleiter noch einmal ein: Er betont ganz ausdrücklich, wie froh die Großmutter jetzt über die wirklich gerettete Situation ist. Die indirekte Verstärkung für das Kind besteht darin, daß es nun weiß, daß es ausgezeichnet geholfen hat; eine direkte Belohnung erhält es keine. Hat sich ein Kind in diesem Zwei-Phasen-Training *nicht prosozial* (helfend, tröstend etc.) verhalten, geht der Trainer zum nächsten Doppelbeispiel weiter, ohne daß er das noch nicht prosoziale Verhalten des Kindes tadeln oder sonstwie negativ kommentieren würde.

Über die Bedingungen für ein Lernen am Modell

Wichtig war selbstverständlich die Frage, ob und unter welchen Bedingungen sich das am Modell gelernte prosoziale Verhalten *auf Alltagssituationen übertragen* ließ und sich dort bewährte. Nur wenn sich das Training selber außer auf die Bildsituationen auch auf *reale Alltagssituationen* erstreckte und wenn das Kind ein *sehr gutes Verhältnis zum Trainer aufgebaut* hatte (es hatte ihn 14 Tage vor Trainingsbeginn kennengelernt), war es auch in alltäglichen Situationen zu prosozialem Verhalten in der Lage. Damit bestätigt sich, was in der Untersuchung über die mütterlichen Erziehungsverhaltensweisen (den mütterlichen *Erziehungsstil*), von denen oben die Rede war, schon deutlich geworden war, daß nämlich ein engagiertes, affektives (warmes) Verhältnis zwischen den Agierenden vorhanden sein muß. Interessanterweise wurde in den Trainingsversuchen besonders deutlich, daß nach erfolgter Identifikation mit dem Trainer das, was er als Modell *tat*, wesentlich wichtiger wurde als das, was er *sagte*. Die *Identifikation* des Kindes mit seinem Modell schließt eine Reihe von Gemeinsamkeiten ein: u.a. vergleichbares Handeln und Reden und übereinstimmendes Planen. Der Aufbau einer solchen Identifikation impliziert den Aufbau eines Systems von Kognitionen, die handlungsleitend werden. Dieses System schafft einen Rahmen für Handlungen. Daß vorgelebtes Tun stärker wirkt als Reden, mag an der leichteren *Kontrollierbarkeit* oder *Integrierbarkeit* in das System und am höheren *emotionalen Wert* (Valenz) liegen.

Das Erlernen prosozialen Verhaltens durch ein Kind beruht nicht auf Konditionierungsprozessen, sondern auf dem Auf- und Ausbau eines ganzen *Systems von handlungsleitenden Kognitionen*, einschließlich der *Werthaltungen* derjenigen Pflegepersonen, die es im täglichen Leben umgeben.

8.8 Memo

1. Eine weitere Form des Strafens (z.B. eines aggressiven Verhaltens) ist der Ausschluß (time out); dieser ist ein Entzug des Privilegs, mit andern zusammen sein zu dürfen.
2. Emotionales Engagement von Bezugspersonen beim Aufbau von prosozialem Verhalten, besonders in Form von »affektiven Erklärungen«, bewirkt dreierlei: (1) werden Emotionen bei andern erkannt und dadurch das Lernen von Empathie vorbereitet; (2) bringt emotionales Engagement zum Ausdruck, daß die betreffende Erzieherperson (z.B. die Mutter) in der Veränderung der emotionalen Situation des andern einen spezifischen Wert sieht, dessen Beachtung oder Nichtbeachtung Konsequenzen (z.B. Freude aufgrund von Wiedergutmachung oder aber Strafe) nach sich zieht; (3) führen Erklärungen von Erziehern, vor allem »affektive Erklärungen« – im Gegensatz zu Befehlen – beim Kind zu einem Verstehen der Situation und damit zum Aufbau eines Netzes von sozial-kognitiven Strukturen (Aufbau eines sozialen Wertsystems).
3. Empathie ist das stellvertretende Erleben von Emotionen anderer. Sie wird als Voraussetzung für prosoziales Verhalten betrachtet. Manchmal wird

die Fähigkeit der Rollenübernahme als weitere Voraussetzung genannt. Die prosozialen Verhaltensweisen selber werden aufgrund eines Lernens am Modell erworben.

4. Das Lernen am Modell schließt vier Teilprozesse ein: (1) Die Aufmerksamkeit wird auf das Modell und – in unsererm Zusammenhang ganz speziell – auf die emotionale Bedeutung der Situation und deren sozialen Wert gerichtet (Aufmerksamkeitsprozesse). (2) Die beobachteten Handlungen eines Modells werden kodiert (Behaltensprozesse). (3) Die beobachteten Handlungen können innerlich reproduziert werden (Reproduktionsprozesse). (4) Das lernende Individuum erhält aufgrund des erfolgreichen Ausgangs der beobachteten Handlung eine stellvertretende Verstärkung (Motivationsprozesse).

9. Keine Angst vor Examen! – Mehr als nur Desensibilisierung

9.1 Einleitung

In diesem Kapitel geht es um das *Ver*lernen einer spezifischen Angst, der Examensangst. Die behavioristische Lerntheorie schlägt dafür das Verfahren der *Desensibilisierung* vor, bei dem durch *Reizsubstitution* die auslösenden Reizbedingungen verändert und bestimmte neue Reaktionen aufgrund einer *Gegenkonditionierung* erlernt werden. In Begriffen der kognitiven Psychologie werden wir uns mit demselben Thema unter dem Stichwort der Angstbewältigung befassen, die sich auf ein *Ungleichgewicht* konzentriert, das das sich ängstigende Individuum erlebt zwischen seiner *Interpretation der Examensanforderungen* und der *Einschätzung seiner aktuellen eigenen Möglichkeiten*. Zuerst wird vom komplexen Wesen der Examensangst die Rede sein, dann davon, wie diese wohl erlernt wird, und schließlich sollen die Möglichkeiten des Verlernens dieser Angst dargestellt werden.

Die wesentlichen Begriffe dieses Kapitels werden sein: *Komponenten der Examensangst, Entspannungstraining, Reizsubstitution, Gegenkonditionierung, Desensibilisierung, aktive Hemmung einer konditionierten Reaktion, antagonistische Entspannungsreaktion*; ferner *Angstbewältigung (coping), Antizipations- und Konfrontationsphase, Kontrollierbarkeit der Examenssituation, adäquate und inadäquate Bewältigungsmaßnahmen, verbale Selbstinstruktion* und *aufgabenirrelevante Kognitionen (Störfaktoren)*.

9.2 Das Phänomen »Examensangst«

Examensangst ist dasjenige *Gefühl*, das entsteht, wenn jemand angesichts eines bevorstehenden Examens oder auch in der aktuellen Prüfungssituation eine *Diskrepanz* oder ein *Ungleichgewicht* zwischen den von ihm wahrgenommenen Anforderungen und der Einschätzung seiner eigenen Fähigkeiten und Verhaltensmöglichkeiten erlebt und im weitern gewahr wird, daß er mit diesem Ungleichgewicht nicht in angemessener Weise umzugehen versteht.

Von außen muß die Angst nicht sichtbar sein. Dem Betroffenen begegnet sie in den meisten Fällen zunächst als eine *Handlungsunsicherheit* angesichts einer bevorstehenden Prüfung sowie als *Druck* während der Prüfung selber.

Über die Komplexität der Examensangst

Die Verhaltens- und die kognitive Komponente

Die oben genannte *Handlungsunsicherheit* ist relativ leicht beobachtbar: Der Student, der Angst hat vor dem bevorstehenden Examen, weist wenig Kohärenz in seinen Handlungen auf. Er unterbricht die Arbeit, führt sie nicht weiter, sondern wendet sich etwas anderem zu: Er geht beispielsweise Kaffee trinken oder ruft die Freundin an. Seine schriftlichen Arbeiten sind unsorgfältig, die Buchauszüge, die er schreibt, unstrukturiert. Die kognitive Steuerung seiner Aktivitäten ist deutlich gestört: Er registriert selber einen eklatanten *Konzentrationsmangel*. Er läßt sich von Reizen aus seiner Umwelt, aber auch von eigenen Gedanken und Vorstellungen wegtragen. Darunter leidet seine Arbeitsplanung: Selbst wenn ein Plan über eine gewiße Zeit hinweg aufgestellt worden ist, wird er, wie oben angedeutet, nicht konsequent durchgezogen. Beziehen sich die nur dürftig ausgeführten Pläne auf das Lernen des Examensstoffes, so wird dadurch der Lernprozeß als ganzer suboptimal: Der Stoff wird nicht günstig in Pakete gegliedert; diese sind zu groß oder dem zu lernenden Inhalt nicht angepaßt. Dadurch wird es schwierig, die Information, die aufgenommen werden muß, in angemessener Weise zu kodieren, sich beispielsweise Stichwörter zu merken, Beispiele oder Analogien zu suchen, also eine Verbindung mit bereits Gewußtem herzustellen, oder gewiße Inhalte als Vorstellungen visuell zu kodieren (vgl. auch die Kapitel 13 bis 15).

Als besonders störende Prozesse innerhalb der kognitiven Komponente muß man diejenigen Gedanken, Vorstellungen oder Tagträume betrachten, die eine *Vorwegnahme des Versagens* zum Thema haben und die sich immer und immer wieder um mögliche Konsequenzen aus einem Mißerfolg drehen.

Die emotionale Komponente: die Angst

Aus dem Erleben der eigenen Handlungsunsicherheit und vor allem aus der (berechtigten oder unberechtigten) Vorwegnahme der Unangemessenheit oder Nutzlosigkeit von Maßnahmen und Bemühungen entspringt zunächst eine allgemeine *Erregung*. Daraus kann sich das Gefühl einer *Besorgnis* herausdifferenzieren, das man als eine *Vorstufe* der Examensangst betrachten kann. Ob es sich nun beim einzelnen Studenten bloß um Besorgnis oder eher schon um manifeste Angst handelt, hängt ganz maßgeblich davon ab, in wieweit die Maßnahmen, die er trifft (wie Lernaktivitäten, Abklärungen über den Prüfungsstoff usw.), zu einem Abbau der erkannten Belastung führen. Dabei dürfte auch der Zeitrahmen eine erhebliche Rolle spielen, denn Maßnahmen, die lange vor einem Examen getroffen werden, werden im allgemeinen als wirksamer wahrgenommen als die gleichen Maßnahmen kurze Zeit vor dem Ereignis.

Die Stärke der Examensangst, über die später noch ausführlich gesprochen werden muß, hängt wohl auch mit körperlichen Reaktionen zusammen. Das führt uns zum nächsten Punkt.

Die physiologische Komponente

Auch wer nicht unter ausgesprochener Examensangst leidet, verspürt im zeitlichen und räumlichen Umfeld einer Prüfung eine gewiße *Unruhe*. Diese ist eine sehr allgemeine physiologische Reaktion. Die Examensangst geht mit weiteren mehr oder weniger auffälligen physiologischen Erscheinungen einher: Zu den auffälligsten – jedenfalls für den betreffenden Menschen – dürften die Veränderungen des Pulses und des galvanischen Hautwiderstandes (feuchte Hände) gehören; aber auch Verdauungsbeschwerden, Muskelverspannungen, die zu Kopf- oder Rückenschmerzen führen, und vor allem Schlafstörungen können dazu gezählt werden. Völlig unauffällig, weil sie nämlich unkontrollierbar und im Detail nicht einmal bekannt sind, sind die neurophysiologischen Prozesse, die mit Gedächtnisaktivitäten wie beispielsweise der Aufmerksamkeitsfokussierung zusammenhängen.

Viele dieser physiologischen Reaktionen können durch einfache Stimuli ausgelöst werden, sind also durch *klassische Konditionierung* gelernt worden, wie wir es schon beim kleinen Kind gesehen haben (Kapitel 1). Aber die bisherigen Ausführungen machen doch deutlich, daß die meisten Reaktionen, die eine Examensangst zum Ausdruck bringen, weniger durch *spezifische Reizbedingungen* als vielmehr durch deren *komplexe Verarbeitung und Interpretation*, d.h. durch Angstbewältigungsversuche ausgelöst werden.

Faktoren, die die Stärke der Examensangst bestimmen

Man kann zunächst generell sagen, daß Examen umso mehr zu einer Belastung werden können, je höher die Leistungsanforderungen (Leistungsstandards) sind. Diese haben allerdings nur eine Wirkung, wenn der Examenskandidat sie für sich als verbindlich erklärt und er sich mit den entsprechenden Zielsetzungen identifiziert. Es ist aber wichtig zu sehen, daß es nicht die objektive Höhe der Leistungsanforderungen ist, die die Stärke der Angst bestimmt, sondern stets deren Interpretation durch den Prüfling, die ihrerseits in Abhängigkeit von seinen aktuellen Lernercharakteristiken und möglicherweise von einigen seiner Persönlichkeitsmerkmale steht.

Mit *zunehmender Größe der Diskrepanz oder des Ungleichgewichts* zwischen der Interpretation der Anforderungen und der Einschätzung der Bewältigungsmöglichkeiten (im verhaltensbezogenen, kognitiven und emotionalen Bereich) steigt die Wahrscheinlichkeit, daß auch die Stärke der Examensangst zunimmt.

In diesem Zusammenhang ist es entscheidend, für wie *kontrollierbar* oder *bewältigbar* die Anforderungen gehalten werden. Je mehr *Kenntnisse* oder *Fertigkeiten* der Examenskandidat schon hat, desto leichter kann er die Anforderungssituation kontrollieren, desto eher kann er auch abschätzen, wo er noch *Lücken* in seinem Wissen hat und mit welchen primär *kognitiven und verhaltensmäßigen Maßnahmen* er diese beheben kann. Auch das *Kennen der situativen Bedingungen* dürfte eine Rolle spielen. Dazu gehört auch der *soziale Kontext* des Examens: Ein allfälliges *Kompetenz- oder Statusgefälle* zwischen Examenskandidat und Examinator, das die Unkontrollierbarkeit der Examenssituation in *sozial-interaktiver* Hinsicht verstärken könnte, weil man nicht weiß, *wie* ein Examinator prüft, ist umso größer und damit belastender, je schlechter der Prüfling den Prüfenden kennt.

Schließlich muß man auch daran denken, daß unter *Zeitdruck* jede Examenssituation als relativ unkontrollierbar erscheint, während genügend Vorbereitungszeit immer auch einen gewißen Freiraum offen läßt und dadurch eine entsprechende Kontrollierbarkeit suggeriert. Aber die Zeit wirkt nicht als physikalische Größe, sondern immer gemäß der Art und Weise, wie sie jemand wahrnimmt und mit ihr umgeht.

Im weiteren hat die Einschätzung, wie weitreichend die *Konsequenzen* aus einem *allfälligen Versagen* sind, einen sehr deutlichen Einfluß auf den Ausprägungsgrad der Examensangst. Die Konsequenzen können *materieller*, *sozialer* oder *individueller* Art sein. Fragen wie: Was kostet mich ein verlorenes Studiensemester? Wie verändern sich meine persönlichen Beziehungen zu meinen künftigen Schwiegereltern? Oder: Wie stehe ich vor meinen Mitstudenten da? mögen als Beispiele stehen. Die Konsequenzen können sich aber vor allem auch auf das *Selbstwertgefühl* des Prüflings selber beziehen und als *Selbstwertbedrohung* (Verlust des Selbstwerts) empfunden werden, was im Gefühl der Angst zum Ausdruck kommt.

9.3 Lernprozesse, die zu Examensangst führen

Behavioristische Erklärungsansätze greifen zu kurz

Theoretisch kann jeder mit einem mißratenen Examen verbundene Reiz, einschließlich einer Vielzahl von Reizen, die durch *Generalisierung* aktiviert werden, zu einer Angstreaktion in den oben beschriebenen Bereichen führen. In Wirklichkeit sind es aber *keine einfachen (physikalischen) Reize*, die die Situation bestimmen. Die entscheidenden, Angst auslösenden Reize gehören unter Umständen (und wohl meistens) einem weit zurückliegenden Punkt auf dem Zeitkontinuum an. Was also Angst auslöst, sind nicht einzelne Reize, sondern zum Teil umfassende Kognitionen: *Erinnerungen, Wissenselemente,*

Vorstellungen, Vorwegnahmen, Erwartungen und *Bewertungen* bezüglich der Examenssituation wie auch der möglichen Konsequenzen aus einem Versagen. In der sozial-kognitiven Lerntheorie Banduras (1979) wird diese Tatsache unter dem Stichwort der *antezedenten Determinanten* ausführlich abgehandelt. Mit andern Worten: Frühere (schlechte) Erfahrungen mit Examen führen nicht zu einfachen Reiz-Reaktions-Verbindungen, sondern zum Erlernen von höchst differenzierten *Erwartungen* (Bandura 1979, 55ff., dazu auch Kapitel 11).

Nach Thorndikes Effektgesetz müßte eine unter großen Examensängsten bestandene Prüfung, also ein *angenehmer Endzustand*, als *positive Verstärkung* alle jene Verbindungen (von Reizen und Reaktionen oder von Gruppen von solchen) in ihrer Auftretenswahrscheinlichkeit fördern, die zuvor im Kontext der Examensvorbereitung gebildet worden sind. Wir können aber nicht damit rechnen, daß dies so ist. Welche Prozesse würden dafür sorgen, daß ganz bestimmte Verbindungen und nicht nach Zufall *irgendwelche* verstärkt würden? Und wie stünde es mit all den Reaktionen, die in den Lern- und Behaltensprozessen mit all ihren Schwierigkeiten enthalten waren? Wie mit den Erregungen und Ängsten samt den entsprechenden physiologischen Korrelaten? Würden diese aufgrund der resultierenden angenehmen Endsituation nun auch verstärkt? – Und umgekehrt im Falle einer nicht bestandenen Prüfung: Würden dann alle die ungünstigen und unangenehmen Verhaltensweisen, die die Examensvorbereitungszeit und das Examen selber kennzeichnen, deswegen *nicht* verstärkt, weil eben das Endergebnis ein *unangenehmes* ist? Wir brauchen diese Überlegungen nicht weiterzuführen; es wird klar, daß die Begriffe der behavioristischen Lerntheorie nicht ausreichen, um den Erwerb der Examenangst angemessen zu erklären.

Die Angstauslöser müssen also in komplexen Interpretations- und Bewertungsmustern gesucht werden. Wir werden zwar in diesem Kapitel die *Desensibilisierung* als ein *Verfahren zum Verlernen der Angst* darstellen und dabei auf ganz spezifische *Reizbedingungen* und lernbare *Reaktionstendenzen* zu sprechen kommen, wie es eine Angsttherapie von behavioristischem Zuschnitt vorsieht; wir werden aber deutlich machen, daß es um mehr geht: nämlich darum, in einem umfaßenden Sinne die Angst zu bewältigen. *Angstbewältigung* (engl. *coping* with anxiety) ist denn auch das Stichwort, das uns aus der Sicht *kognitiver Theorien* beschäftigen wird.

Das Erleben des eigenen Ungenügens im Falle eines Prüfungsversagens, die damit einhergehende emotionale Belastung, der Verlust oder zumindest die Beeinträchtigung des Selbstwertgefühls, der möglicherweise entstandene soziale Prestigeverlust u.a. sind derart *komplexe* (unangenehme) Konsequenzen, die sich mit dem Ereignis der Prüfung verbinden, daß kognitive Erklärungen beigezogen werden müssen, wenn die entsprechenden Lernprozesse verstanden werden sollen. Noch schwieriger wird eine Erklärung, wenn eine

Examensangst vorhanden ist, ohne daß der betreffende Student jemals zuvor einen Examensmißerfolg erlebt hat. Davon soll nun die Rede sein.

Lernen am Modell

Um Examensangst zu erfahren, muß man nicht unbedingt einen eigenen Mißerfolg erlebt haben. Im Prinzip genügt es, sich einen Kommilitonen in der entsprechenden Situation vorzustellen, sich in ihn hineinzudenken und seine Emotionen nachzuempfinden (Empathie). Solches Vorstellen geht in den meisten Fällen auf ein *Lernen am Modell* zurück: Jemand hat andere Studenten gesehen, die ein Examen nicht bestanden haben; er hat deren Verhalten (einschließlich der Emotionen, der Äußerungen bezüglich der Konsequenzen u.a.m.) vor bzw. nach dem Examen *beobachtet*.

Warum richtet sich die Aufmerksamkeit eines Studenten auf einen andern, vor einem Examen stehenden Kommilitonen? Das Modell erlebt in der aktuellen Situation, was der Beobachter demnächst auch erleben wird; mit andern Worten: Das Modell hat für den Beobachter einen *funktionalen Wert*. Voraussetzung dazu ist, daß beide Individuen in einem gewißen Rahmen bezüglich Leistungsfähigkeit, Einstellung zum Studium etc. vergleichbar sind. Freilich hat das Modell auch eine *affektive Valenz*; dem Beobachter ist das Schicksal des Modells (möglicherweise eines Freundes oder einer Freundin) nicht egal. Da Prüfungsereignisse im akademischen Jahr herausragende Ereignisse sind, stellen die Betroffenen auch *sehr deutliche Modelle* dar. Auf Seiten des Beobachtenden ist also ein relativ großes Interesse für das Beobachten des Modells gegeben, verbunden mit einem sozialen Engagement, den andern nun auf einer gewissen Lebensstrecke zu begleiten.

Die Beobachtungen werden aufgrund der engagierten Zuwendung intensiv genug *verarbeitet*. In der Terminologie des *sozial-kognitiven Lernens* gesprochen, werden sie *symbolisch kodiert* (in Vorstellungen, in Worten; unter anderem spricht man ja auch miteinander!). Zum besseren Behalten werden sie *kognitiv organisiert*, und durch ein Erinnern bestimmter beobachteter Erlebnisse (Aufregung, Versagen und entsprechendes Verhalten) werden diese auch gleich wach gehalten und innerlich *symbolisch nachgebildet*. Die *stellvertretende* Verstärkung der so gelernten Verhaltensweisen gründet höchst wahrscheinlich im starken Miterleben einschließlich der Identifikation und der damit verbundenen Verpflichtung, dem andern irgendwie in seiner prekären Situation zu helfen. Daraus resultieren für den Lernenden entsprechende *Erwartungen* hinsichtlich eigener Examensituationen und -anforderungen samt den sich daraus ergebenden Erscheinungsformen der Examensangst.

Die Aufmerksamkeits-, die Behaltens-, die Reproduktions- und die Motivations- oder Verstärkungsprozesse sind, wie wir aus Kapitel 8 bereits wissen, für ein *Lernen am Modell* ganz entscheidende Teilprozesse (vgl. Memo 8.8, Punkt 4; s. auch Bandura 1979).

Manchmal kommt in solchen Situationen ein erschwerendes Moment hinzu: Mitstudenten »leiden mit«. Mit andern Worten, es hat sich eine *kollektive Empathie* (d.h. ein stellvertretendes Mitfühlen) oder eine *Solidarität* (als gedankliche soziale Interaktion) mit denen entwickelt, die gerade »dran« waren, wobei der *belastende Effekt* einer solchen Solidarisierung für die im oder vor einem Examen Stehenden von den sich Solidarisierenden, die gewißermaßen Außenstehende sind, kaum zur Kenntnis genommen oder gar reflektiert wird! Wir können uns überlegen, welchen Effekt eine kollektive Empathienahme haben kann. Einen Effekt worauf? Bestimmt nicht auf die *objektiven* Gegebenheiten wie Prüfungstermin, Stoffmenge oder Lerntechniken, wohl aber auf die Art und Weise, *wie* diese Gegebenheiten als Reizsituationen wirken bzw. wie sie von demjenigen Individuum, das sich auf die Prüfung vorbereitet oder schon mitten drin steht, *interpretiert* werden. Das Prüfungsdatum als Zahl im Kalender ist kein Angst induzierender Reiz. Hingegen kann es zu einem solchen werden, wenn es nicht mehr als ein ferner, sondern als ein unheimlich naher Zeitpunkt *interpretiert* wird, der dem Lernenden nur noch erschreckend wenig Vorbereitungszeit signalisiert. Die Solidarität oder die kollektive Empathie anderer kann also einen entscheidenden (und eben auch ungünstigen) *Einfluß auf die Interpretation* derjenigen Reize haben, die *das* auslösen, was zur Prüfungsangst gehört (s. oben). Im weitern kann eine sich mit einem Prüfling solidarisierende Gruppe ein großes *soziales Gewicht* für diesen haben, das nun seinerseits dazu beiträgt, daß verschiedene Erwartungen (auch negative) bezüglich vieler Komponenten einer Examenssituation aufgebaut werden, die schließlich in Erfüllung gehen: Wenn beispielsweise die Erwartung unterstützt oder geschürt wird, daß in einem Fachbereich »schwer« geprüft wird, kann sich die Einstellung breit machen, daß man als Prüfling so oder so über den Erfolg nicht mitzubestimmen habe, was zu einem schlechten Abschneiden führen kann (vgl. auch Kapitel 11). Und dieses schlechte Abschneiden wiederum gilt dann als Bestätigung für die früher aufgebaute (aber nicht unumstößliche) Erwartung, das Fach sei tatsächlich schwierig. Das ist das Phänomen der *self-fulfilling prophecy*, der Vorhersage, die sich zwangsläufig bestätigt, wenn sie sich jemand zu eigen gemacht hat (Merton 1948; auch Rosenthal & Jacobson 1968).

Ausgegangen sind wir von der Situation, daß jemand durch bloßes Beobachten anderer Examensangst lernen kann. Ausgeweitet haben wir diese Möglichkeit durch den Einbezug einer sich mit dem Prüfling solidarisierenden Gruppe. Eine solche Gruppe ist freilich keine notwendige Voraussetzung für ein Lernen durch Beobachten.

117

9.4 Examensangst mit Hilfe von Gegenkonditionierung und Desensibilisierung abbauen

Wenn wir davon ausgehen, und ein Stück weit besteht durchaus eine Berechtigung dazu, daß ganz spezifische Reize Examensangst von einer bestimmten Form und Stärke auslösen, daß also *konditionierte Reize* existieren, die Angst als *konditionierte Reaktion* hervorrufen, so kann ein Verfahren darauf ausgerichtet werden, die Angst mit Hilfe der Konditionierungstheorie wieder zu verlernen.

Die Frage nach den auslösenden Reizsituationen

Welche Reize es sind, die beim Prüfling die Examensangst auslösen? Ist es der Eintrag im Kalender? Das Aufgebot? Sind es die Bücher, deren Inhalt noch zu bewältigen ist? Ist es der Seminarraum oder der Hörsaal, wo das Examen stattfindet? Ist es der Professor, der die Aufgaben zusammenstellt oder sind es die Assistenten, die an der Korrektur mitbeteiligt sind? Sind es die Mitstudenten, die fragen:»Wie geht's?« Oder ist es das Wissen, daß letztes Mal dreißig von siebzig oder 43% nicht bestanden haben? Oder ist es noch etwas anderes?

Es ist klar, daß der Kugelschreiber, mit dem das Examen vermutlich geschrieben wird, eher ein schwacher Reiz für das Auslösen einer Examensangstreaktion ist, obwohl auch er als ursprünglich neutraler Reiz durchaus für eine Angstreaktion zu einem konditionierten Reiz (CS) werden könnte. Vorläufig löst er als Reiz aber eine Schreibreaktion aus und keine Angst. Da ist es mit dem Seminarraum anders, in dem die Prüfung an einem dieser Tische mit dem grauen Kunststofftischblatt geschrieben wird, und noch einmal anders ist es mit dem Professor, der die Aufgaben stellt. Man sieht, daß verschiedene Reize eine ganz unterschiedliche Kraft oder Valenz aufweisen, die Prüfungsangstreaktionen auszulösen. Zunächst sollte sich der Student, der eine Tendenz zu Prüfungsangst hat, darüber klar werden, welche Reizsituationen es *für ihn* sind, die als Auslöser in Frage kommen. In einem nächsten Schritt reiht er diese potentiellen Auslöser der Stärke nach auf, vom schwächsten bis zum stärksten. Nachdem die Reize betrachtet worden sind, sollte der betreffende Student auch seine *eigenen Reaktionen* genauer kennen lernen. Wie reagiert er eigentlich? Beginnt er zu denken, sich vorzustellen, wie er oder seine Eltern auf einen Mißerfolg reagieren? Fängt er an zu schwitzen? Läuft er häufig von seiner Arbeit weg? Trinkt er Kaffee, wenn er ans Examen denkt? Einen Cognac? Oder steckt er sich eine Zigarette an? Legt er eine Platte auf? Ist er gespannt? Erkennt er, ob und wann er gespannt und wann er entspannt ist? Es ist gut, die Palette der Reaktionen zu kennen und sich ihrer Vielfalt bewußt zu sein, auch um mögliche eigene Reaktions*tendenzen* zu kennen.

Wenn jemand bei sich Examensangstphänomene feststellt, so liegt grundsätzlich eine unerwünschte Reaktion (oder eine ganze Gruppe von solchen) auf bestimmte auslösende Reize vor. Entweder vermeidet man, daß die *Reize* auftreten; das dürfte deshalb schwierig sein, weil man ihnen auf Schritt und Tritt begegnet oder weil man sie immer mit sich herumträgt, nämlich als *Vorstellungen* oder *Erwartungen*. Man kann ihnen gar nicht aus dem Weg gehen, im Gegenteil: Je mehr man es versucht, desto aufdringlicher werden sie. Eine andere Möglichkeit wäre es zu versuchen, die *Reaktionen* zu verändern. Da diese durch die entsprechenden Reize unweigerlich ausgelöst werden, weil die Verbindungen gelernt worden sind (in eigenem Erleben oder aufgrund von Beobachtung), bleibt die Möglichkeit, entweder den betreffenden Reaktionen, die Ausdruck der Angst sind, mit anderen Reaktionen in bestimmter Weise *zuvorzukommen*, oder aber die Reize, die potentiell geeignet sind, Angst auszulösen, neu zu interpretieren und dadurch andere (günstigere) Reaktionen zu erhalten. Verfolgen wir hier die erste Variante!

Reizsubstitutionen und neue Reaktionen

Der betreffende Student kann sich zuhause mit Hilfe von *Vorstellungen* in die verschiedenen Angst auslösenden Reizsituationen hineinversetzen. Sein Interesse daran wird zwar nicht groß sein, denn zum Spaß macht man sich keine Angst. Immerhin gibt es die Möglichkeit, durch mehrfache Wiederholung einer vorgestellten Reizsituation die Reaktion durch *Ermüdung* abzuschwächen. (Wir kommen in Kapitel 15 im Zusammenhang mit dem Üben auf dieses Phänomen der Ermüdung zurück.)

Besser wäre es allerdings, die Angst auslösende Reizsituation könnte mit einer *anderen als einer Angstreaktion* verbunden werden. Das ist über einen kleinen Umweg tatsächlich möglich, erfordert aber zuerst das Einüben eines zusätzlichen, neuen Verhaltens, nämlich einer tiefen *Entspannung*, vor allem einer Muskelentspannung.

Um dies zu erreichen, gibt es viele Techniken, vom lockeren Hinsitzen und tiefen Atmen bis hin zu autogenem Training oder transzendentaler Meditation. Ziel des Entspannungstrainings ist es, die Muskelentspannung als Reaktion auf einen bedingten (konditionierten) Reiz (CS) zu konditionieren, auf ein Stichwort aus der Alltagssprache oder auf ein sogenanntes Mantra (eine als wirkungskräftig geltende Formel, ursprünglich aus der indischen Meditation): »Nur die Ruhe!«, »Take it easy!« oder z.B. »Schumanom!«. Das ist ein neuer Lernprozeß, der unabhängig vom Problem der Examensangst ablaufen muß.

Ist diese Fähigkeit erlernt, was allerdings längere Zeit (mindestens Tage) braucht, so ist jemand für eine *Gegenkonditionierung* bereit, d.h. für das Konditionieren einer Reaktion, die einer alten Reaktion entgegenwirkt: Die Reaktion des Entspannens (man spricht dabei von einer *antagonistischen Entspannungsreaktion*) soll also an die Stelle der Angstreaktion treten. Zu

119

diesem Zweck wird das Stichwort, der konditionierte Reiz, der die Entspannung auslöst, mit der Vorstellung des schwächsten Angst auslösenden Reizes verbunden, also beispielsweise mit der Mappe, die zum Examen mitgenommen wird. Die gut gelernte Entspannung wird als Reaktion der Angst zuvorkommen, d.h. sie wird als Reaktion stärker sein. Gleichzeitig wird sie sich aufgrund der Reizsubstitution mit dem ursprünglich Angst auslösenden Stimulus (der Mappe) verbinden. Durch die konditionierte Muskelentspannung, die auf den Angst auslösenden Reiz an die Stelle von Angstreaktionen tritt, werden diese letzteren gleichsam verdrängt, d.h. als konditionierte Reaktionen (CR) gelöscht. Man erkennt hierbei die *aktive Hemmung* einer früheren konditionierten Reaktion (CR); sie macht den Extinktionsprozeß aus. (Wir haben in Kapitel 2 schon auf diese Pawlowsche Interpretation der Extinktion als Hemmung von Reaktionen hingewiesen.)

Wer so versucht, die Examensangst abzubauen, wird die Ablösung der Angstreaktion auf den schwächsten Reiz durch die eigens erlernte Entspannungsreaktion erst nach zahlreichen sorgfältig durchgeführten Wiederholungen erreichen. Er muß zu mehreren verschiedenen Zeitpunkten trainieren und sich nach jedem geglückten Durchgang selber verstärken, etwa durch die Aussage »Das klappt ja schon prima!«. Wenn er dann erreicht hat, daß der schwächste der möglichen Reize die Entspannung auslöst und die Angstreaktion nicht mehr durchbricht, kann er als folgenden Schritt den nächst stärkeren Reiz aus seiner Auflistung wählen, mit dem entspannungauslösenden Stichwort verbinden und die Gegenkonditionierung weiterführen mit dem Ziel, sich allmählich immer mehr in der Vorstellung der Prüfungssituation durch die Reihe der Reize von zunehmender Stärke (Reizsubstitution) hindurch zu nähern und dabei jeweils entspannt zu bleiben. Die Idee ist, mit andern Worten, die, daß bei genügend langsamer Progression die Angstreaktionen (die *phobischen* Reaktionen, wie sie auch genannt werden) durch die ganze Sequenz der ursprünglich Angst auslösenden Stimulussituationen hindurch gelöscht werden können, ohne daß das betreffende Individuum je eine alarmierende Angstreaktion erlebt (vgl. dazu Bower & Hilgard 1983, I, 123).

Möglicherweise gibt es noch ein Problem bei der Substitution von Reizen durch immer stärkere, weil die Unterschiede zwischen den hier relevanten, Angst auslösenden Reizen eigentlich nicht gradueller Art sind (wie beispielsweise bei Tonhöhen), weil sie vielmehr *ihrem Wesen nach* voneinander abweichen. Vielleicht ist auch der Schritt von *materialen* Reizen (z.B. der Mappe) zu *personalen* Reizen (dem prüfenden Dozenten) ein besonders großer Schritt; möglicherweise erweist sich auch der Übergang von bloß *vorgestellten* zu *tatsächlichen* Reizen als eine Klippe im gesamten Vorgehen. Der Erfolg hängt wohl davon ab, ob es gelingt, Schritte von geeigneter Größe (langsame Progression, s. oben) für jedes betroffene Individuum zu finden. Demnach muß der *Sequenzierung* von relevanten Stimuli von Anfang an besondere Beachtung und Sorgfalt geschenkt werden.

Dieses progressive Verfahren wird als *Desensibilisierung* bezeichnet. Es ist von Wolpe (1958) schon Ende der fünfziger Jahre entwickelt worden. Es handelt sich, wie wir gesehen haben, um eine *Gegenkonditionierung mit fortschreitender Auswahl von graduell immer stärkeren Stimuli* – hier bezüglich der Angstauslösung.

(Der Begriff der *Toleranzmethode*, den wir in Kapitel 4 im Zusammenhang mit dem Aufbau neuer, erwünschter Gewohnheiten bei jenem 10jährigen Mädchen kennengelernt haben, paßt auch in den Kontext des Verlernens von Examensangst. Im Unterschied zu jenem Fall spielt hier die *graduelle Aufreihung* der angstauslösenden und zu substituierenden Stimuli die entscheidende Rolle.)

Der Student wird sich nicht nur in seinen Vorstellungen mit den graduell stärker wirkenden Stimuli auseinandersetzen; er wird ihnen im Alltag leibhaftig begegnen. Es ist darum angezeigt, die wirklichen Stimuli ebenfalls mit der eingeübten Entspannung in Verbindung zu bringen, d.h. beispielsweise in den Examensraum hineinzugehen, sich durch den verbal konditionierten Reiz (»Nur die Ruhe!« usw.) tatsächlich zu entspannen suchen (allerdings erst nach dem vorangegangenem Entspannungstraining!) und so den Raum als Reizkonfiguration mit der eigenen Entspannung zu verknüpfen. Auch hier soll eine verbale *Selbstbekräftigung (»Das geht schon prima!«) den erlebten Erfolg im Examensraum, am Examenstisch usw. verstärken.*

9.5 Mehr als nur Desensibilisierung – Angst*bewältigung*: kognitive Aspekte

Wir haben es eingangs angedeutet: Die Examensangst hat mit dem Erleben einer Diskrepanz oder eines Ungleichgewichts zwischen den wahrgenommenen Examensanforderungen und der Einschätzung der eigenen Möglichkeiten zu tun. Sie tritt dann auf, wenn ein Mensch realisiert, daß seine Versuche, mit diesem Ungleichgewicht umzugehen, nicht erfolgreich sind. Es gilt also zu lernen, dieses Ungleichgewicht »in den Griff« zu bekommen.

Man kann die Sache auch so formulieren: Die Examensangst tritt dann auf, wenn dem Kandidaten die Examenssituation nicht kontrollierbar erscheint. Demnach müßte ein Bewältigungsprozeß das Lernen der Kontrollierbarkeit der Examenssituation und des entsprechenden Vorfeldes implizieren.

Wir unterscheiden im folgenden zwei Phasen der Examensangstbewältigung, die durch je spezifische Erfordernisse gekennzeichnet sind: die *Vorbereitungs- oder Antizipationsphase* und die aktuelle Phase des Examens, die sogenannte *Konfrontationsphase* (Krone 1985, auch 1975 und 1981, Prystav 1985, Lazarus 1966, Spielberger & Sarason 1978).

Lernprozesse in der Vorbereitungsphase (Antizipationsphase)

Das Beurteilen des Schwierigkeitsgrades des Examens

Die Examensangstbewältigung hängt aufs engste und zu allererst mit dem *Wissen* darüber zusammen, was der Kandidat am Examen wissen und können muß. Er tut also gut daran, wenn er sich – vorbeugend und rechtzeitig, nicht erst im unmittelbaren Vorfeld der Prüfung – genügend Information darüber beschafft, welches genau der zu lernende Stoff ist. Damit steuert der Prüfling aktiv die *Kontrollierbarkeit* der Examenssituation bezüglich der stofflichen Inhalte. Das genügt freilich nicht. Er muß den Stoff so analysieren, daß er erkennt, wo seine individuellen *Verständnisschwierigkeiten* liegen, wo er, mit Schwierigkeiten rechnen muß. Das kann er aber nur richtig einschätzen, wenn er seinen eigenen Lern- oder Wissenserwerbsprozeß zum Gegenstand der Betrachtung oder des Rückblicks macht und auch sein Wissen regelmäßig überprüft, d.h. wenn er den Stoff nicht nur günstig portioniert, ihn angemessen kodiert (in Beispielen, Analogien, visuellen Vorstellungen etc.) und abspeichert, sondern ihn auch gezielt *aus dem Gedächtnis abruft*, d.h. die Inhalte rekonstruiert (Teile daraus z.B. aus freier Erinnerung niederschreibt und bezüglich ihrer Richtigkeit überprüft) und damit die Abrufwege gleichsam »bahnt« oder »einschleift«.

Dieser *Prozeß des Abrufens oder Rekonstruierens* von gelernter Information stellt nicht nur in Belastungssituationen wie im Examen hohe Anforderungen an einen Menschen; er ist schon außerhalb jeglicher Sonderbedingungen ein Teilprozeß, der viel mehr Aufmerksamkeit verdient, als man für ihn üblicherweise aufwendet. Das bewußte und gezielte Abrufenlernen (Selbstprüfung) von erworbenem Wissen ist wohl die sicherste Maßnahme, um der gefürchteten Situation systematisch *vorzubeugen*, sich während des Examens nicht mehr an etwas zu erinnern, von dem man eigentlich sicher ist, es zu wissen.

Die Auseinandersetzung mit dem Stoff gestattet auch abzuschätzen, welchen Zeitbedarf für ein Lernen man hat bzw. man sich zugestehen will und kann. Eine Examensvorbereitung kann kaum alle Stoffgebiete in gleicher Gründlichkeit erfassen, sei es aus Gründen der Lernfähigkeit, des Interesses oder der Zeitknappheit. Die Abklärung und Analyse der Stoffmenge führt demnach den lernenden Studenten auch dazu, genau zu wissen, wo seine Schwachstellen sind, welche Zusammenhänge er nur gerade auswendig gelernt, nicht aber verstanden hat, und wo er folglich mit Rekonstruktions- oder Erinnerungsproblemen rechnen muß.

Soziale Aspekte des Lernens und des Verhaltens im Examen

Viele Studenten lernen gern allein. Eine Notwendigkeit dazu besteht aber nicht. Der Aufbau eines sozialen Lernernetzes hat in verschiedener Hinsicht erhebliche Vorteile (vgl. u.a. Resnick 1986). So besteht eine nicht zu unterschätzende Möglichkeit, an verschiedenen Modellen (Mitstudenten) wirksame Denkstrategien zu erlernen, die gelernten Inhalte gegenseitig abzufragen und sich Rückmeldung zu geben, aber auch die Lernmotivation im ganzen hoch zu halten!

Im Gesamtkontext des Einschätzens der Schwierigkeiten angesichts einer Examenssituation gibt es weitere sozial relevante Prozesse, die bis jetzt kaum Erwähnung gefunden haben, u.a. die Interaktion mit dem Examinator. Der Student muß sich darum bemühen, den Prüfenden zu kennen und zu wissen, wie dieser seine Fragen formuliert und, allgemeiner, wie er sich in Prüfungssituationen verhält.

Die hier geschilderten Abklärungen implizieren verschiedene Lernprozesse, auf die wir im einzelnen nicht näher eingegangen sind. Es ist aber klar, daß es sich in den meisten Fällen um Prozesse des *Wissenserwerbs* handelt (s. Kapitel 13); bei den zuletzt genannten Punkten geht es um den Erwerb sozialer Kompetenzen.

Lazarus & Launier (1978) sprechen von einer *Primärbewertung*, wenn es um die *Informationsbeschaffung* zur Abklärung der Schwierigkeit bzw. der Belastungsstärke einer Situation geht. Das Gegenstück, nämlich die *Klärung der eigenen Handlungskompetenzen oder -möglichkeiten* bezeichnen sie als die *Sekundärbewertung* innerhalb der gesamten Situationseinschätzung. Dieser zweiten wenden wir uns nun zu.

Das Beurteilen der eigenen Handlungskompetenz

Zur Beurteilung der eigenen Handlungskomptenz gehört es, diejenigen Situationen (Reize) zu kennen und in ihrer Wirkung einzuschätzen, die Examensangst auslösen. Eine mögliche Vorgehensweise zur emotionsregulierenden Bewältigung der Angst haben wir im Abschnitt über die Desensibilisierung dargestellt.

Es gibt im weitern aber auch auf die Vorbereitungsphase gerichtete, problemorientierte Bewältigungsmaßnahmen. Beginnen wir einmal mit ungünstigen Maßnahmen: Es muß unbedingt vermieden werden, *falsche* Information, wie beispielsweise Übertreibungen bezüglich der Anforderungen oder zwar richtige Information, diese aber zu einem *falschen* Zeitpunkt, aufzunehmen. Als äußerst ungünstig erweist es sich meistens, »Information in letzter Minute« von andern Examenskandidaten zu beschaffen. Solche Information bringt unter Umständen noch immer bestehende Wissenlücken an den Tag und diese wiederum vergrößern die wahrgenommene Diskrepanz zwischen Anforderung und eigenen Möglichkeiten zu einem Zeitpunkt, wo praktisch nichts mehr verändert werden kann. Und diese Diskrepanz wiederum kann zu extremer Examensangst, ja geradezu zu Panik führen!

Eine ausgesprochen *inadäquate Bewältigungmaßnahme* (ein *Abwehrmechanismus psychoanalytischer Ausprägung*) kann auch das Herunterspielen der Bedeutung des Examens oder des Gewichts der Konsequenzen für einen selber sein, die sich aus einem Mißerfolg ergeben würden.

Die adäquaten Maßnahmen, die gelernt werden müssen, haben wir oben im Abschnitt über die *Beurteilung des Schwierigkeitsgrades des Examens* erörtert: Alles was zur Erhöhung der eigenen fachlichen Kompetenzen, zur Kontrollierbarkeit der Situation sowie zu einer hohen Vorhersagbarkeit der Ergebnisse führt: den Lernprozeß planen, insbesondere das Wissen *abrufen*, das Rekonstruieren der entscheidenden Zusammenhänge üben, sich selber Rückmeldung über den Lernerfolg geben oder geben lassen, dadurch die eigenen Fähigkeiten realistisch einschätzen und sich für erkannte Fortschritte, wenn nötig großzügig, verstärken: sich etwas von hohem Anreizwert, z.B. einen Kinobesuch, gönnen. Es ist geflißentlich darauf zu achten, sich unter gar keinen Umständen wegen eines Lernmißerfolges oder wegen langsamen Vorwärtskommens Vorwürfe zu machen oder sich einzureden, unfähig zu sein. Hingegen muß vielleicht die Arbeitstechnik überprüft werden, oder unter Umständen muß – ganz handfest! – die eigene Arbeitszeit erhöht und für eine gewiße Zeit auf ausgiebige Freizeitaktivitäten verzichtet werden – es sei denn, diese hätten, wie soeben erwähnt, ganz spezifischen Verstärkungscharakter im Rahmen des Lernprozesses!

Was muß bei all dem eigentlich gelernt werden? Man kann sagen, daß *metakognitive Fähigkeiten*, d.h. Fähigkeiten, über das eigene Denken und Lernen nachzudenken, aufgebaut werden müssen; allgemeiner gesagt: *handlungsleitende Kognitionen*. Oder noch anders formuliert: Handlungspläne müssen entworfen werden, die entsprechenden Handlungen müssen ausgeführt werden, und schließlich müssen die Pläne daraufhin überprüft werden, ob sie ausführbar waren und ob sie tatsächlich erfüllt worden sind. Wenn nicht, müssen sie modifiziert und das jeweilige Unternehmen neu gestartet werden. Dabei handelt es sich um Pläne im Sinne von Miller, Galanter & Pribram (1960, 1973), wie wir sie in Kapitel 3 schon dargestellt haben. Wie leicht dem Lernenden dies fällt und wie konsequent er diesen Prozeß – wenn nötig wiederholt – durchzieht, hängt zweifellos davon ab, für wie wichtig er die Examensvorbereitung und das Examen selber hält und als wie erfolgreich er sich dabei erlebt, und vielleicht auch davon, wie stark er sich von einer lernenden Gruppe getragen fühlt (engl. *social support system*).

Lernprozesse während der Konfrontationsphase

Viele der handlungsleitenden Kognitionen, von denen im vorangegangenen Abschnitt die Rede war, wirken, wenn sie stabil aufgebaut sind, auch in der

Examenssituation (Konfrontationssituation) selber. Wir müssen allerdings einige Merkmale dieser besonderen Situation berücksichtigen und die entsprechenden Lernerfordernisse herausheben.

Die Ruhe finden

Die Angst auslösenden Reize, die in der Examensumgebung vorhanden sind, können mit einem Desensibilisierungstraining unter Kontrolle gebracht werden. Auch eine allfällige »Restaufregung« kann mit diesem Verfahren in Schranken gehalten werden. In schwierigen Fällen greift man zu denjenigen verbalen Selbstinstruktionen, die im Entspannungstraining zu innerer Ruhe geführt haben (»Nur die Ruhe!«). Man muß aber wissen, daß ein höherer Erregungsgrad (als zu normalen Zeiten) völlig natürlich, ja für eine entsprechende Leistungsfähigkeit unabdingbar ist.

Es geht nun noch um das Beherrschen *innerer Angstauslöser* und um das *Kontrollieren weiterer Störfaktoren*. Zu den inneren Angstauslösern müssen wir plötzlich auftauchende Zweifel an den eigenen Fähigkeiten oder durchbrechende Mißerfolgserwartungen zählen. Angst kann in der aktuellen Prüfungssituation freilich auch vom Examinator ausgelöst werden, wenn er erklärt, daß er mit dem Gesagten nicht einverstanden sei (s. unten; Revenstorf 1982).

Teilerfolge durch kluge Strategien herbeiführen

Den inneren Angstauslösern kann man zuvorkommen, oder man kann sie abschwächen, indem man (zumindest in schriftlichen Examen) eine geschickte Problemlösestrategie wählt: Man beginnt mit leichten Aufgaben, um sich Teilerfolge zu sichern. Damit schwenkt man auf Erfolgserwartungen ein, reduziert die Wahrscheinlichkeit des Auftretens von Gefühlen des Überfordertseins sowie von Inkompetenzerlebnissen und wandelt die Möglichkeit von potentiellen negativen Selbstbewertungen in eine solche von positiven Verstärkungen um (»Bis jetzt läuft die Sache prima!«).

Aufgabenirrelevante Kognitionen »gefangen setzen«

Als weitere Störfaktoren müssen wir das Auftreten von *aufgabenirrelevanten Kognitionen* (Phantasien, perseverierenden Ideen, Vorstellungen oder Tagträumen) ansehen; sie führen zu einem Abschweifen von der jeweiligen Aufgabenthematik, haben einen Zeitverlust zur Folge und öffnen inneren Angstauslösern Tür und Tor. Um solche Störfaktoren und die unerbetene Wiederkehr entsprechender Kognitionen zu unterbinden, kann sich der Student auf zwei Verhaltensweisen stützen, die er einmal kennen lernen und dann einüben muß. Zum einen muß er die störende Kognition irgendwie »gefangen setzen«. Das gelingt ihm am ehesten, wenn er sich ihr ganz kurz, aber dezidiert zuwendet, etwa so:»Was meine Freundin über micht denkt, interessiert mich erst wieder um viertel nach zwölf!« Damit schnürt er gleichsam das Problem»Freundin« bzw. die entsprechenden Kognitionen zu einem Paket und legt dieses gezielt für eine limitierte Zeit beiseite. Gelingt ihm dies nicht, so tauchen die störenden Kognitionen immer wieder auf. Gelingt es ihm, kann er sich wieder seiner Examensaufgabe zuwenden. In Falle von weniger störenden Kognitionen kann er sogleich mit einer zweiten Verfahrensweise einsetzen: Entweder beginnt er sofort mit einem Verbalisieren von Begriffen, die der Aufgabensituation oder dem Problemlösen entstammen, oder er benützt, wie wir es auch schon gesehen haben (Kapitel 7), eine *verbale Selbstinstruktion*:»Schreiben, schreiben, schreiben . . .!« und beginnt sogleich alles aufzuschreiben, was er zu überlegen begonnen hat. Mit Hilfe dieser Maßnahmen sind die kognitiven Prozesse wieder auf die *aufgabenrelevanten Inhalte* gerichtet. (Für klinische Anwendungen verbaler Selbstinstruktion siehe z.b. Meichenbaum & Cameron, 1974).

Entsprechend der ersten Maßnahme, dem Gefangensetzen aufgabenirrelevanter Kognitionen, kann während eines *mündlichen* Examens auch eine beunruhigende Intervention des Examinators behandelt werden: Es ist nichts Besonderes, daß der Prüfling im Examen nicht alles weiß. Das weiß er selber trotz guter Vorbereitung auch. Er weiß aber, daß er *sehr vieles präsent* hat. Deshalb kann er aus einer Situation des Nichtwissens ebenso ein Paket schnüren, wie aus jeder andern aufgabenirrelevanten Kognition (s. oben) und sich sagen, daß er im übrigen noch sehr viel weiß und daß er sich jetzt innerlich wieder aufgabenrelevanten Dingen zuwenden will. Damit verhindert er mit ziemlicher Sicherheit, daß eine *Panikschleife* (Revenstorf 1982, 155) in Gang gesetzt wird, die von einer *Beunruhigung* zu einer *Selbstabwertung*, zur *Antizipation eines Versagens* und schließlich zum *Aufgeben* führen kann.

Rückblickend erkennen wir, daß diese Lernprozesse, die zu einem *Bewältigen* der Examensangst führen, *Aufbauprozesse von Denksystemen* (kognitiven Strukturen) sind, die nicht in Begriffen der behavioristischen Lerntheorie, der Gegenkonditionierung oder der Desensibilisierung erklärt werden können.

Die für eine Angstbewältigung notwendigen Lernprozesse darf man, soweit wir sie in diesem Kapitel als kognitive Aufbauprozesse dargestellt haben, mit Sicherheit als *höhere Lernprozesse* ansprechen. Sie sind gekennzeichnet durch eine recht hohe Komplexität, durch die Tatsache, daß es keine eindeutigen und für alle Individuen gültigen Lernschritte (Algorithmen) gibt, und dadurch ferner, daß eine gewiße Offenheit oder auch Unsicherheit in bezug auf die sichere Anwendung der gelernten Bewältigungsstrategien bestehen bleibt, was eine permanente Überarbeitung des Gelernten zur Folge hat. Solche Merkmale werden die Lernprozesse, die wir in den folgenden Kapiteln darstellen werden, immer deutlicher kennzeichnen!

9.6 Memo

1. Examensangst ist die Folge eines erkannten Ungleichgewichts zwischen der Interpretation der Examensanforderungen durch das Individuum und seiner Einschätzung der aktuellen eigenen Fähigkeiten sowie erlebter erfolgloser Bemühungen, mit diesem Ungleichgewicht bzw. der daraus folgenden Belastung umzugehen.

2. Die Stärke der Examensangst hängt von der Kontrollierbarkeit der Situation ab (Stoffmenge, Examinator, Zeitdruck, Konsequenzen aus einem Versagen, vor allem für das Selbstwertgefühl).

3. Examensangst wird nicht nur durch spezifische Reizsituationen ausgelöst, sondern durch das, was Bandura die antezedenten Determinanten nennt: z.B. Erinnerungen an oder Vorstellungen von Examenssituationen, die mit Angst verbunden waren (auch bei andern).

4. Examensangst kann nach dem Desensibilisierungsverfahren abgebaut werden. Dieses Verfahren beruht auf einer Gegenkonditionierung, bei der auf der Grundlage einer Reizsubstitution eine zuvor gelernte antagonistische Entspannungsreaktion das Auftreten der Angstreaktion hemmt.

5. Kognitionspsychologisch grundgelegten Verfahren geht es um eine umfassende Bewältigung der Examensangst, die darauf beruht, daß ein Individuum lernt, das Gleichgewicht zwischen Situationanforderung und eigenen Verhaltensmöglichkeiten wiederherzustellen.

6. Der Bewältigungsprozeß (coping) schließt eine Primär- und eine Sekundäranalyse ein, d.h. eine Analyse der Examenssituation wie auch der eigenen Verhaltensweisen in der Antizipations- und in der Konfrontationsphase.

7. Die Lernprozesse in der Antizipationsphase (d.h. während der Zeit der Examensvorbereitung) schließen die Beurteilung des Schwierigkeitsgrades des Examens, verschiedener sozialer Aspekte im Zusammenhang mit dem Lernen und dem Geprüftwerden sowie viele kognitive Prozesse bezüglich der Stoffverarbeitung, vor allem des Abrufens des Gelernten ein.

8. Die Lernprozesse in der Konfrontationsphase (d.h. in der aktuellen Examenssituation) beziehen sich darauf, relativ ruhig zu bleiben, sich durch kluge Arbeitsweisen Teilerfolge zu verschaffen und dadurch Inkompetenzerlebnissen vorzubeugen, ferner auf den Umgang mit aufgabenirrelevanten Kognitionen und – zum Teil damit zusammenhängend – auf verbale Selbstinstruktion.

9. Dem Aufbau einer Lerngruppe, die einen intensiven kognitiven Austausch und eine gegenseitig starke Motivierung anstrebt, die außerdem ein tragendes soziales System (social support system) darstellt, sollte im Rahmen der Bewältigung von Examensangst mehr Beachtung geschenkt werden.

10. Vorgesetzte lernen den Umgang mit Streß – Kognitives Verhaltenstraining und Aufbau handlungsleitender Kognitionen

10.1 Einleitung

Mit diesem Kapitel setzen wir einige wesentliche Überlegungen aus den beiden vorangegangen fort. Wiederum geht es um den Aufbau eines Denksystems, das das Verhalten leiten soll. Wie schon in Kapitel 8 richtet sich das Interesse auch hier auf soziale Interaktionen. Allerdings stehen diese in diesem Kapitel unter einer spezifischen Belastung. Dabei betrachten wir nicht wie in Kapitel 9 die damit verbundene Angst, sondern das Phänomen *Streß* und den Umgang mit ihm (engl. *coping with stress*).

Wir wählen dazu eine unscheinbare *Führungssituation* aus dem Alltag eines Polizeibeamten, der eine größere Einsatzgruppe leitet. *Jeder* Vorgesetzte auf *jeder* Stufe in *jedem* Betrieb könnte *jederzeit* ein analoges Problem bekommen, das ihn für eine gewiße Zeit in ganz spezifischer Weise psychisch belastet, mit dem er sich unter erhöhtem Einsatz von Kräften auseinandersetzt, vielleicht erfolglos, und das für ihn aus diesem Grund zum *Streß* wird. Die meisten Lernprozesse für ein Bewältigen von Streß werden wir anhand eines Kursprotokolls aus einer Führungsschulung mit Polizeibeamten darstellen; die Ergebnisse und Konsequenzen lassen sich aber mit Leichtigkeit auf andere Berufs- und Arbeitssituationen übertragen.

Begriffe wie *Stressor, Ebenen von Streßreaktionen, Repräsentation der sozialen bzw. der Führungssituation, Perspektivenwechsel* und *Rollenübernahmefähigkeit, Rollenspiel* und *kognitives Verhaltenstraining, Umgang mit eigenen Emotionen, Selbstbehauptung* und *Ich-Botschaft* sowie *Selbstverstärkung* werden diesem Kapitel sein eigenes Gepräge geben.

10.2 Streß als Folge einer subjektiven Interpretation der Situation und der Einschätzung eigener Handlungsmöglichkeiten

Die Situation

Bei Arbeitsantritt um 07.00 Uhr, noch bevor die Nachtschicht abgelöst wird, versammelt sich die neue Mannschaft im Hof der Hauptwache nach militärischem Vorbild auf zwei Gliedern. Der Vorgesetzte, der vor wenigen Tagen auf einen höheren Dienstrang beförderte Wachtmeister Müller, wartet mit dem Beginn des Morgenrapports, weil er sieht, daß einer seiner Korporale, Korporal Schmid, demonstrativ und für jedes Mannschaftsmitglied sichtbar, die Hände in den Hosentaschen hat und seinen Blick der Hinterhoffassade entlanggehen läßt, als ob er sich um das Geschehen hier nicht zu kümmern hätte. Ein Außenstehender hätte wohl Mühe, an diesem Morgenrapport irgend etwas Besonderes zu entdecken. Er sieht von außen nicht, daß in diesen wenigen Sekunden mindestens *einer* der Anwesenden über Gebühr *gestreßt* ist.

Erst der interpretierte *Reiz wird zum Stressor*

Dies macht erneut deutlich, was unsere bisherigen Situations- bzw. Lernprozeßanalysen gezeigt haben: daß nämlich Reizsituationen *nicht als objektive (physikalische) Gegebenheiten* ein Verhalten auslösen, daß sie dies vielmehr immer *nach Maßgabe ihrer Interpretation* durch den betreffenden Menschen tun. Ein Unbeteiligter nimmt den Korporal mit den Händen in der Tasche vielleicht als ein etwas nachläßiges Mitglied dieser Gruppe wahr, sofern ihn nicht die Körpergröße dieses Mannes viel mehr beeindruckt; die nichtkonforme Haltung beachtet er vielleicht überhaupt nicht. Für den neuen Vorgesetzten dagegen sieht die Sache ganz anders aus: Für ihn ist Korporal Schmid »ein rotes Tuch«, ein Widersacher, der nichts anderes im Sinn hat, als ihn »fertig zu machen«. Dabei ist es gerade die für Außenstehende so nebensächlich scheinende Handhaltung und Körperstellung, die diesen Reiz zu *dem* macht, als was ihn der Wachtmeister sieht: zu einem eigentlichen *Stressor*. Man kann dies nur verstehen, wenn man sich auch die *Führungsstruktur* vor Augen hält: Bis vor kurzem waren die beiden Kontrahenten noch Korporale, Dienstkameraden auf gleicher Stufe, und sie waren beide zum großen Teil die Ausführenden der Dienstpflichten, die ihnen vom damaligen gemeinsamen Vorgesetzten auferlegt worden waren. Jetzt ist der eine von ihnen eine Stufe höher gerückt; er hat nun den *Führungsauftrag* seines Vorgängers inne. Der andere war offensichtlich, als es um die Beförderung ging, noch nicht dafür vorgesehen. Die *Nichtbeförderung* kommt für den Betreffenden in ihrer Wirkung geradezu einer *aversiven Maßnahme*, einer Bestrafung gleich; sie ist sicher eine *Frustration*, die einen Effekt auf das Verhalten des Betreffenden hat: Er hält sich nicht an die üblichen Verhaltensregeln, behält, wie beispielsweise heute, die Hände in den Taschen und läßt seinen Blick umherschweifen, als gehe ihn das ganze Geschehen nichts an. Er macht *passiven Widerstand*.

Der junge Wachtmeister braucht nicht lange, um das zu merken. Was ihn streßt, ist zunächst ganz einfach, daß er *nicht weiß*, wie er mit dieser Situation umgehen soll. Er weiß, daß er jetzt auf dem Prüfstand steht. Und was die Sache noch erschwert, ist die Anwesenheit der ganzen Mannschaft, die jedes

Ungeschick von seiner Seite registrieren würde. Dazu kommt, daß solcher Schlendrian, wie ihn der Korporal zeigt, Schule machen könnte, und dann wäre Führung, die ein Sich-Durchsetzen des Vorgesetzten einschließt, ein Ding der Unmöglichkeit.

10.3 Streßmerkmale

Mit dem bisher Gesagten haben wir wichtige *Situationsmerkmale* vor uns, die für Streß typisch sind (vgl. Ulich et al. 1983, Laux 1981, Lazarus & Launier 1981): Der Gestreßte hat ein *Ziel*, nämlich den Arbeitstag straff zu beginnen; er hat ein großes *Interesse* daran, dies auch gekonnt zu tun. Das sind die Zielbezogenheit und das persönliche Interesse, mehr noch: das *Involviertsein* seiner Person (engl. *ego involvement*) in diese Sache, ohne das der Vorgesetzte kaum eine Belastung empfinden würde und es für ihn auch nicht zum Streß käme. Überdies fühlt sich unser Wachtmeister direkt und persönlich angesprochen: Er ist verantwortlich für die Situation. Gerät sie für ihn außer Kontrolle, so ist sein Wohlbefinden direkt betroffen und sein *Selbstwertgefühl* bedroht. Im Moment fühlt er sich unfähig, die Situation zu meistern (Erlebnis, auf dem Prüfstand zu sein!).

Streßreaktionen auf emotionaler Ebene

Die Streßreaktionen auf *emotionaler Ebene* sind vielfältig: *Wut, Ärger* und *Angst* kennzeichnen die emotionale Lage unseres jungen Vorgesetzten. Die Wut richtet sich auf den Korporal mit den Händen in der Tasche, der Ärger auf die Tatsache, daß er im Moment durch seinen Partner aus dem Konzept geworfen wird, und die Angst resultiert aus der Vorwegnahme der *Nichtbewältigung* der aktuellen kritischen Situation, erkennt er doch die Gefahr, sich vor versammelter Mannschaft zu blamieren, etwas Dummes oder Falsches zu tun oder zu sagen, oder die Bedrohung, daß es in Zukunft noch schwieriger werden könnte, wenn sich das Geschehen wiederholte oder sich *alle* so verhielten wie Korporal Schmid.

Was hier beschrieben ist, ist Ausdruck für das *Ungleichgewicht* zwischen der *subjektiven Interpretation der Situation und ihrer Anforderungen* und der *Beurteilung der Handlungskompetenz* des jungen Vorgesetzten.

Streßreaktionen auf physiologischer Ebene

Die *physiologischen Streßreaktionen* beim jungen Wachtmeister kennen wir nicht. Wir können aber durchaus annehmen, daß sich u.a. Puls, Blutdruck und galvanischer Hautwiderstand verändert haben, daß die Gehirnaktivität (sie wäre theoretisch mit einem Elektroenzephalogramm, einem EEG, meßbar) etwas zugenommen hat und daß auch hormonale Reaktionen abgelaufen sind. Eine bekannte Emotionstheorie, diejenige des amerikanischen Psychologen William James bzw. diejenige des dänischen Physiologen Carl G. Lange (meist als James-Lange-Theorie bezeichnet) besagt, daß es solche körperliche, also physiologische Veränderungen sind, die wahrgenommen und der Situation entsprechend *als Emotionen* wie eben Wut, Ärger oder Angst *interpretiert* werden.

Streßreaktionen auf Verhaltens- und kognitiver Ebene

Auf der *Verhaltensebene* mögen noch keine oder nur für sehr gute Kenner des Betreffenden beobachtbare Streßreaktionen vorhanden sein. Vielleicht ein verlegenes Hin-und-her-Treten von einem Fuß auf den andern. Möglicherweise aber erlebt der Wachtmeister selber – auf *kognitiver Ebene* – die *momentane Unfähigkeit*, die Situation aus der nötigen Distanz zu sehen und nicht überzubewerten; er erkennt aber vielleicht auch ganz einfach bei sich selber das *Fehlen von Verhaltensalternativen*, die ihn aus der schwierigen Situation befreien könnten.

Der Streß entsteht also in der Auseinandersetzung des Wachtmeisters mit seiner Umwelt. Was ihm im Augenblick fehlt, ist eine genügend hoch entwickelte *Bewältigungskompetenz*: Er realisiert eine Diskrepanz – ganz ähnlich wie der Examenskandidat im letzten Kapitel – zwischen den *Anforderungen*, die diese alltägliche Führungssituation an ihn stellt, und seinen eigenen *Handlungsmöglichkeiten*. Er fühlt sich als *von außen bestimmt oder kontrolliert* (Rotter 1966), weil ihn sein Widersacher unter Zugzwang setzt. Es ist sicher, daß er eine gewiße Unfähigkeit verspürt; möglicherweise macht er sich selber unangemessene Vorwürfe und schreibt den möglichen Mißerfolg seinem mangelnden Können zu (vgl. dazu auch die Ausführungen in Kapitel 11 zum Thema der Ursachenzuschreibung für Mißerfolg).

Die Aufzeichnung dieses Vorfalls, der sich tatsächlich so zugetragen hat, zeigt, daß der junge Vorgesetzte *belastbar* genug ist, um eine solche Situation durchzustehen, auch wenn er sich an jenem Morgen nicht sehr günstig verhalten hat.

10.4 Das Lernen von Verhaltensalternativen im Umgang mit Streß

Fragen wir also: Was müßte der Wachtmeister lernen, wenn er mit dieser oder einer ähnlichen Streß-Situation in angemessener Weise umgehen wollte?

Wenn wir von der Diskrepanz zwischen Anforderungen der Umweltsituation an einen Menschen und seinen eingeschätzten Handlungsalternativen ausgehen, so sind grundsätzlich zwei Ansatzpunkte denkbar: Entweder nimmt er Veränderungen bei sich selber vor, oder er versucht die Situation zu verändern.

Verhaltenssteuerung durch Handlungsverzögerung und verbale Selbstinstruktion

Die physiologischen Reaktionen angesichts einer Stimulussituation, die als Bedrohung interpretiert wird, lassen sich kaum verändern. Hingegen läßt sich die *Interpretation dieses Stimulus* (durch den Wachtmeister selber) überprüfen. Vielleicht kam sie zu rasch, war voreilig, unüberlegt. Wäre dem so, so müßte der Wachtmeister lernen, Lagebeurteilungen zurückhaltender, vielleicht weniger impulsiv vorzunehmen. (Zum Thema der *Kontrolle des eigenen Verhaltens und der eigenen Impulse* vgl. auch Kapitel 7.) Es müßte ein hemmendes Verhalten spätestens zwischen die maßgebliche Interpretation des Stimulus und eine Reaktion eingeschoben werden. Oft wird für solche Fälle ein verbales Verhalten empfohlen: eine innerlich gesprochene Aussage wie »Nur die Ruhe!« oder »Schön langsam!« oder ein Stoßgebet (erstaunlich übrigens, wie modern solche »alte Rezepte« oft sind!).

Tatsächlich läßt sich dadurch Zeit gewinnen und eine allzu rasche, oft aggressive Reaktion hemmen. Im weitern ist die aggressionshemmende Wirkung von *sanften* gegenüber *derben* oder *rüden* Worten, die jemand zu sich selber spricht (Fluchen!), bekannt, und das kann hier nutzbar gemacht werden.

Das Erlernen einer Hemmung voreiliger Reaktionen durch *verbale Selbstinstruktion oder Selbststimulation* erfolgt aufgrund guter Erfahrungen, die verstärkend wirken, in Lernprozessen, die zwar durch Ausbildung angeregt werden können, im wesentlichen aber doch individuell und allein durch jedes Individuum zu meistern sind. Die Verstärkung erfolgt über Mechanismen der *Selbstverstärkung* (Bandura 1979). Wir kommen in den letzten Abschnitten dieses Kapitels darauf zurück!

Verhaltenssteuerung aufgrund einer angemessenen Repräsentation der gesamten sozialen Situation

Unser Wachtmeister interpetiert das Verhalten des Korporals (als Stimulussituation) im Rahmen *seiner* eigenen Repräsentation der sozialen Situation »Vorgesetzter – Untergebener«. Was diese Repräsentation enthält, können wir nur annähernd abschätzen. Sicher enthält sie Sichtweisen, Perspektiven, Rollenverständnisse und Rollenerwartungen, die für den jungen Vorgesetzten typisch sind, mit hoher Wahrscheinlichkeit aber Einseitigkeiten, ja vielleicht sogar Verzerrungen bezüglich der aktuellen sozialen Situation implizieren, weil sich seine soziale Position innerhalb der Bezugsgruppe in jüngster Zeit durch seine Beförderung ganz bedeutend verändert hat. Jedenfalls hat die aktuelle Repräsentation der Situation (und damit deren Interpretation) unter dem gegebenen Zeitdruck zu einer unangemessenen Reaktion geführt: »Es ist jetzt dann an der Zeit (dann folgte ein Fluch!), daß sich Korporal Schmid an die Antretensvorschriften hält und wir beginnen können!« Der Erfolg war mäßig; Blicke gingen hin und her, Unverständliches wurde geraunt, und Korporal Schmid bequemte sich erst nach längerem Zögern.

Dem Wachtmeister ist es in seiner Rolle als Vorgesetzter, mit all den sozialen Implikationen, noch nicht wohl, d.h. er weiß sich selber innerhalb des sozialen Gefüges, von dem er ein Teil ist, in bezug auf die erforderlichen sozialen Interaktionen noch nicht so recht zu lokalisieren. Ein entsprechender *Lernprozeß* muß sich demnach zunächst auf seine Repräsentation der sozialen Gegebenheiten, auf deren Modifikation und deren flexiblen Gebrauch richten.

Analyse der eigenen Rolle und Persepktive – Perspektivenwechsel und Rollenübernahme

Zunächst ist es für den jungen Wachtmeister als Vorgesetzten wichtig, seine neue Rolle einer kritischen Prüfung zu unterziehen. Wie fast alle frisch beförderten Vorgesetzten hat auch er die Tendenz, die ihm zugewiesene neue Funktion so auszuüben, daß seine Beförderung denen gerechtfertigt scheint, die sie vorgenommen haben. Er wird vielleicht einiges gegenüber früher, was er am Betrieb nicht gut fand, verändern wollen, obwohl dies in hierarchisch so stark gegliederten und formell so gut eingespielten Gruppen wie denen der Polizei (und vielen betrieblichen Arbeitsgruppen) nur in ganz begrenztem Umfang möglich ist. Vor allem aber muß er sich *durchsetzen*, d.h. er wird zeigen, daß er eine gewiße Verfügungsberechtigung hat (man muß es nicht unbedingt »Macht« nennen) und daß er *führt*.

Von den entsprechenden Maßnahmen werden nun auch seine ehemaligen Kollegen der Korporalsstufe betroffen sein, die sich am Gebahren ihres ihnen nun entfremdeten Kollegen gehörig stoßen. Hier muß dem jungen Wachtmeister (der, wie gesagt, stellvertretend für viele Beförderte aller Stufen und Branchen steht!!) klar werden, daß möglicherweise auch er als *Stressor*, als Ärger hervorrufender Reiz, wahrgenommen wird und seine früheren Kollegen entsprechend reagieren. Wenn der junge Vorgesetzte dies begreift, so ist er auf bestem Wege, die *Wechselseitigkeit von sozialen Reiz-Reaktions-Zusammenhängen*, oder treffender formuliert: von *komplexen sozialen Interaktionen*, zu verstehen. Seine *Repräsentation des sozialen Systems* wird damit gegenüber früher gründlich modifiziert. Es ist nötig, daß er sich der neuen Zusammenhänge bewußt wird. Dieses Bewußtsein kann gefördert werden durch die Aufgabe, sich die Situation (die neue Hierarchie, den neuen Dienstweg etc.) einmal aus der Sicht der *andern* Beteiligten, der nicht beförderten Korporale, insbesondere von Korporal Schmid, und der übrigen Mannschaftsangehörigen *vorzustellen.*

Der Aufbau handlungsleitender Kognitionen durch eigenes Tun und durch Lernen am Modell

Simulation verschiedener Rollen als Anstoß für Lernprozesse

Ein Vorstellen von Situationen aus der Sicht des Partners ist eine schwierige Aufgabe für einen Einzelnen; deshalb ist es wichtig, verschiedene kritische Situationen u. a. in *Rollenspielen* zu simulieren, wobei jeder an solchen Übungen Beteiligte sowohl seine eigene, wirkliche Rolle in der Berufssituation als auch die seiner Partner und möglichen Kontrahenten durchspielen muß. Viele Probleme werden ihm bei diesem Spiel bewußt, viele andere – und möglicherweise gerade die entscheidenden – bleiben ihm solange verborgen, bis er einem anderen der Schulungsgruppe, der *seine* Rolle spielt, zuschauen kann und er sich dabei selber *in diesem Andern abgebildet* wahrnehmen kann.

Derartige Übungen werden anfänglich von vielen Teilnehmern an Schulungskursen als *Belastung* (Streß!), manchmal geradezu als *Bedrohung* empfunden, vor allem dann, wenn die jeweiligen Szenen auf Videoband aufgezeichnet werden. Sogar das muß (und *kann*) gelernt werden: die eigene Rolle zu spielen und die Belastung auszuhalten, sich selber gleichsam im Spiegel zu sehen, sich von einer kleinen Gruppe von Kollegen beobachtet zu wissen, allenfalls Stellung zum eigenen Verhalten zu nehmen oder sich einen Kommentar dazu (wenn auch einen sehr wohlwollenden) gefallen zu lassen.

Warum wird das alles selbst in einem fingierten Training als eine so ungeheure Belastung empfunden? Eine einfache Antwort lautet: Weil man es nicht *gelernt* hat; weil man so etwas nicht gewohnt ist. Dahinter steckt aber mehr, u.a. sicher die Ungewißheit, in welchem Ausmaß und in welcher Weise die eigene Person dadurch *bedroht* wird, oder mit andern Worten: in welchem Ausmaß das *Selbstwertgefühl gefährdet* ist. Die Teilnehmer an solchen Ausbildungskursen reagieren, wenn sie das Verfahren als bedrohlich empfinden, keineswegs pathologisch. Die Diskrepanz zwischen Erwartung und Erleben der Spielsituation ist anfänglich einfach zu groß und führt zu emotionalen Reaktionen und oft zu unangemessener Abwehr von Ängsten. Es ist daher unbedingt nötig, daß diese Diskrepanz durch *Vorübungen* mit eher spaßhaftem Charakter oder durch die Möglichkeit, alles zunächst ohne Videoaufzeichnung durchzuführen, zu verringern. Gelingt dies in einer genügend ausführlichen Vorphase, so werden Kräfte frei, sich unbefangener zu verhalten und offen zu werden für bislang unerkannte Phänomene.

Nun kann es nicht das Ziel einer derartigen Ausbildung sein, irgendwelche *Verhaltensstereotype* für Situationen zu schulen, in denen einer die Hände in den Taschen behält, wo er dies nicht tun sollte. Es muß also bewußt vermieden werden, daß Verhaltensweisen *rezeptartig* in bestimmten Reizsituationen ausgelöst und angewendet werden. Andererseits muß man sich aber auch im Klaren darüber sein, wie wenig Zeit zum Überlegen und Abwägen von *angemessenen Alternativen* in Drucksituationen zur Verfügung steht. Ziel einer Schulung, mit solchen Situationen umgehen zu können, könnte es daher sein, einen Satz von passenden, ungefähr gleichwertigen Reaktionen aufzubauen und verfügbar zu halten.

Ein Kursprotokoll mit Regienanmerkungen

Wachtmeister Müller spielte im Kurs in einem Übungsdurchgang seine eigene Rolle, während ein anderer Kursteilnehmer diejenige von Korporal Schmid spielte. Damit war die ursprüngliche Situation wieder vergegenwärtigt, und Wachtmeister Müller konnte sich mit ihr noch einmal auseinandersetzen. Für Wachtmeister Müller und seine Fähigkeit, mit Streß angemessen umzugehen, war es aber wesentlich, daß er sein Verhalten als Vorgesetzter aus der Sicht seines Kontrahenten, Korporal Schmids, erleben konnte. Ein *Rollentausch* brachte ihm tatsächlich unerwartete Einsichten: Er erlebte in der Rolle von Korporal Schmid, in der er seinen Vorgesetzten mit seinem Verhalten provozierte, die Reaktionen seines Chefs. Er erkannte auf einmal, daß er nun gleichsam als Herausforderer ganz bestimmte Erwartungen gegenüber seinem Vorgesetzten hat. Eine Wiederholung des Rollenspiels mit einer leichten Variante von Wachtmeister Müller (durch einen andern Kursteilnehmer) ließ diesen (der ja die Rolle des Korporals spielte) erleben, in welcher Weise seine Erwartungen gegenüber seinem Vorgesetzten erfüllt wurden oder nicht, und wie er auf die Linie seines Vorgesetzten einschwenkte oder im Gegenteil, sich auf seine Position versteifte und immer aggressiver wurde.

Diese erste Runde des Rollenspiels hatte für die gesamte Gruppe insofern explorativen Charakter, als jeder Teilnehmer die Wachtmeisterrolle gegenüber dem Korporal in etwas anderer Weise gestaltete. Die Kursteilnehmer hatten alle eine mehr oder weniger *verbal aggressive* Rolle gespielt und unterschieden sich in dieser Beziehung nur graduell voneinander. Damit war freilich der Zweck, *alternative, nicht-aggressive Verhaltensformen* in einer Streß-Situation zu finden, noch nicht erreicht. Müller selber hatte allerdings die wesentliche *Rollenerfahrung des Untergebenen* gemacht und zumindest teilweise erlebt, wie ein aggressiver Ton des Chefs auf untergebene Mitarbeiter wirkt, zumal wenn er von einem kommt, der bis vor kurzem noch Kollege war. Es ist eigenartig, daß derselbe Müller, dem erst im Rollenspiel die *Empfindlichkeit* seines Untergebenen bewußt wurde, selber außerordentlich empfindlich und aggressiv gegenüber seinen eigenen Vorgesetzten reagiert. Er hatte bis zu jenem Kurs die *Austauschbarkeit der Rollen* noch nicht erfaßt bzw. die *Reversibilität der Blickrichtungen* noch nicht erkannt. Heute sieht er es anders: Jeder ist sowohl Vorgesetzter als auch Untergebener. Das setzt voraus, daß jeder jeweils beide Perspektiven in Rechnung stellt.

Die entwicklungspsychologische Forschung zeigt, daß sich die *Reversibilität* in sozialen Belangen, d.h. die Fähigkeit einer Perspektiven- oder Rollenübernahme (vgl. Flavell et al. 1975, Doise 1978) im Laufe der Primarschulzeit entwickelt. Nun handelt es sich beim Fehlen dieser Fähigkeit, so wie wir es bei diesem Polizeibeamten und bei vielen andern Vorgesetzten feststellen können, *keineswegs um Entwicklungsdefizite* im Sinne von *Kompetenzdefiziten*; vielmehr verhindern wahrscheinlich *situationale* wie auch *emotionale Faktoren*, daß die Kompetenz mobilisiert und in ein entsprechendes Verhalten in der aktuellen Situation umgesetzt wird. Das zeitgerechte Umsetzen der Rollenübernahmefähigkeit aber ist es, was gelernt werden muß. Gewisse ungünstige (da aggressive) und aus irgendwelchen Gründen naheliegende Verhaltensweisen müssen zugunsten von angemesseneren Reaktionen *gehemmt* bzw. durch diese *ersetzt* werden – und dies auch in Situationen verschiedenartigster Belastung (z.B. durch emotional geladene Erinnerungen oder einfach durch Zuschauer).

Die im Rollenspiel geübten Varianten wurden hinsichtlich ihrer Angemessenheit diskutiert. Günstige Varianten wurden wiederholt und durch die Gruppe wie auch den Kursleiter verstärkt. Es mußte den Kursteilnehmern klar gemacht werden, daß die Diskussionen vor allem der Erweiterung und der Modifikation der (bereits erwähnten) *kognitiven Repräsentation der gesamten sozialen Situation* und damit dem *Aufbau handlungsleitender Kognitionen* dient, daß aber ein *eigenes Einüben* des Verhaltens unbedingt nötig ist.

Die entscheidenden Lern- und Aufbauprozesse

Es sind vor allem der *Perspektivenwechsel* und die *Rollenübernahme*, die den Aufbau eines Systems von handlungsleitenden Kognitionen in Gang setzen und bestimmen. Vermittelt wird dieser Aufbau durch die Denkprozesse, die ablaufen, wenn sich ein Lernender mit den Ansichten *anderer* zu ein und derselben Situation auseinandersetzen kann (und muß!) und er die eigenen Meinungen mit denen der Partner vergleicht. Darin besteht der bedeutende Vorteil einer *Gruppendiskussion* gegenüber einem *rein individuellen* Nachdenken über dieselben Probleme (Parallele zur *Lernergruppe*, von der in Kapitel 9 die Rede war). Dadurch, daß zahlreiche Erkenntnisse nicht nur aufgrund von Diskussionen, sondern im aktiven Rollenspiel erworben werden, werden sie vielfältiger und daher wohl auch besser kodiert und – wiederum aufgrund dieser Aktivitäten, nämlich des eigenen Lernens und des

Lernens am Modell bedingt – leichter abrufbar und bereit, in der aktuellen Situation tatsächlich die angemessenen Handlungen zu initiieren.

Wenn nötig neue Verhaltensalternativen vom Modell

Für den Fall, daß die Kursteilnehmer selber nicht zu angemessenen Verhaltensvorschlägen kommen, ist es Aufgabe eines erfahrenen Kursleiters, im Sinne eines Modells günstige (nicht-aggressive) Alternativen vorzuschlagen. Das war im Kurs tatsächlich nötig: Ein Kurs*teilnehmer* spielte noch einmal die Rolle von Korporal Schmid. Der Kurs*leiter* – in der Rolle von Wachtmeister Müller – ging nach kurzem Warten zum Korporal hin, raunte ihm ein paar Worte zu, worauf dieser den Kursleiter verblüfft anschaute, ihn anlachte, die Hände aus den Taschen nahm und sich vorbildlich hinstellte. Was hatte wohl diesen Wandel bewirkt?

In dieser Übungsphase hatte Wachtmeister Müller den Kursleiter (das Modell!) als Außenstehender beobachten können und dabei erlebt, wie dessen Verhalten durch das Einlenken von Korporal Schmid *belohnt* wurde. Wachtmeister Schmid hat *stellvertretend* die Verstärkung miterlebt. Wenn er jetzt noch gewußt hätte, welches die entscheidenden Worte gewesen sind, die der Kursleiter (als Wachtmeister Müller) an den Korporal gerichtet hat, wäre das ein perfektes *Lernen am Modell* gewesen! Aber was waren die entscheidenden Worte? Es gehörte freilich zum beabsichtigten Lernen, daß sich die Kursteilnehmer selber überlegten, welche Aussagen den Korporal zur Kooperation geführt hatte. Sicher war, daß es nicht nur *eine* richtige Lösung gibt, daß es aber mehr oder weniger günstige gibt! Jeder Kursteilnehmer mußte sich schriftlich auf eine Variante festlegen; einige davon wurden durchgespielt und als günstige Modelle hervorgehoben. Wer nicht selber spielte, lernte am Modell. Aufgrund der relativen Vielfalt der durchgespielten Varianten verringerte sich die Gefahr, daß sich bei den Lernenden gewiße klischeehafte Verhaltensweisen einspielten. Im weitern ermöglichte das Abspielen der Videoaufnahmen präzise *Rückmeldungen (feedback)*, aufgrund derer der Lernende selber, allen voran natürlich Wachtmeister Müller, noch bestehende Differenzen zwischen dem eigenen und einem angestrebten Verhalten erkennen und die nötigen Korrekturen vornehmen konnte. Die auf diese Weise nach und nach gelernten günstigen Verhaltensvarianten erfuhren nur gerade anfänglich eine Verstärkung im Sinne der *operanten Konditionierung*, indem angemessene *Erstreaktionen* bekräftigt wurden. Nach dem, was vorangegangen war (z.B. dem Bewußtmachen der ganzen sozialen Situation), umfaßte aber die Verstärkung wesentliche *kognitive Anteile* (z.B. Feedbackinformation) und führte dadurch zur Integration des erlernten Verhaltens in die gesamte Repräsentation dieser Führungssituation. Damit können die erworbenen Kognitionen handlungsleitend werden. Was das Training bewirkt, sofern es gut durchgeführt wird, ist nichts anderes als eine *Verhaltensmodifikation*, die in einen *kognitiven Kontext* eingebettet ist.

10.5 Für den Umgang mit Streß unabdingbar: den Umgang mit den eigenen Emotionen lernen

Noch einmal: Reaktionen auf Verhaltensebene und auf kognitiver Ebene

Wenn wir uns nun an die verschiedenen Ebenen erinnern, auf denen man Streßreaktionen erkennen kann, so läßt sich sagen, daß sich die Reaktionen auf kognitiver Ebene mit Hilfe der erweiterten und modifizierten kognitiven Repräsentation der sozialen Gesamtsituation beeinflußen lassen und daß die Probleme der Verhaltensebene durch das Verhaltensmodifikationstraining zumindest teilweise gelöst werden können.

Physiologische und vor allem emotionale Reaktionen

Die Frage bleibt, ob der Stressor (in unserem Fall der etwas renitente Korporal) auch auf emotionaler und physiologischer Ebene keine alarmierenden Reaktionen mehr auslöst. Da Emotionen wie z.b. Angst klassisch konditioniert werden können (vgl. Kapitel 1 und 2), ist durchaus anzunehmen, daß der Stimulus»Korporal Schmid« zu *physiologischen* und entsprechenden *emotionalen* Reaktionen führen wird. Zu einem kompetenten Umgang mit Streß gehört demnach noch ein weiterer Bereich, innerhalb dessen es einige Verhaltensmöglichkeiten zu erlernen gilt. Tatsächlich werden im Verhaltenstraining, wie es oben skizziert wurde, lediglich angemessene Reaktionen in einer *aktuellen* Situation erlernt. Streßbewältigung muß aber umfaßender sein! Zwar schwächen sich die emotionalen Reaktionen von Wachtmeister Müller, die durch eine Begegnung mit Schmid jederzeit wieder ausgelöst werden können, nach erfolgreichen Maßnahmen wie den im Training eingeübten ab. Aber angesichts der konkreten Situation für Müller sind das bis jetzt vor allem theoretische Annahmen. Noch hat sich Wachtmeister Müller gegenüber Korporal Schmid nicht in angemessener Weise durchgesetzt; er weiß seit dem Training zwar, wie man das machen *kann*, aber die Realsituation ist eine andere, und er muß befürchten, daß ihn jederzeit eine im voraus nicht bekannte ebenfalls wieder kritische Situation überraschen wird. Diese *Furcht vor Überraschungen*, eine spezifische Form von Angst, zusammen mit der Angst, über keine günstigen Bewältigungsmöglichkeiten zu verfügen, bleibt zumindest teilweise bestehen. Sie kann Korporal Schmid zu einem permanenten *Furcht auslösenden* und *Ärger evozierenden* Stimulus, zum schon erwähnten »roten Tuch« werden lassen.

Emotionen in Ich-Botschaften zum Ausdruck bringen

Um solche emotionale Reaktionen zu bewältigen oder zumindest abzuschwächen, ist es nötig, sie zu *thematisieren*. Autoren, die sich auf Konfliktlösen oder auch auf *Selbstbehauptung* (engl. *assertiveness*) spezialisiert haben (vor allem Gordon 1979, s. auch Bower & Bower 1976), empfehlen an dieser Stelle, es nicht auf eine Konfrontation mit aggressiven Mitteln ankommen zu lassen, sondern die erlebte Emotion für sich selber und für den Kontrahenten offenzulegen. Das geschieht in einem ganz bestimmten Rahmen: Es hat sich als günstig erwiesen, zunächst den beobachteten, mißfallenden Tatbestand (in unserem Fall: die schnoddrige Haltung des Korporals) dem Betreffenden als Faktum zu beschreiben. Dann aber wird die dabei erlebte *Emotion* ganz klar und deutlich in Worten zum Ausdruck gebracht:»Es ärgert mich, wenn Sie ...«oder»Es macht mich wütend, wenn ich Sie immer wieder ...«oder »Ich bin ungehalten darüber, daß ...«oder auch»Ich bin enttäuscht, daß ...«
Mit dem Offenlegen seiner Emotionen wird Wachtmeister Müller seinen gefühlsmäßigen Druck los, und Korporal Schmid nimmt – vielleicht völlig unerwartet – wahr, daß sein Vorgesetzter ein ganz bestimmtes *Gefühl* erlebt, das er selber auch kennt und das ihm ebenfalls zu schaffen machen kann. Dadurch wird die gesamte Führungssituation, um die es hier geht, *transparent*, sowohl in kognitiven als auch in emotionalen Belangen.

Gegen das so offengelegte Gefühl läßt sich kaum *rational* argumentieren. Hingegen wird der Weg frei, nach Lösungsmöglichkeiten für den Konflikt zu suchen. Der Vorgesetzte gibt daher seinem Untergebenen oder Mitarbeiter die Möglichkeit, sein Verhalten zu ändern und damit das gute Einvernehmen wieder herzustellen:»Sehen Sie eine Möglichkeit, wie wir es in Zukunft halten wollen?« Solche *nicht-aggressive Konfrontationen* werden als *Ich-Botschaft* bezeichnet (vgl. Gordon 1979, 107ff.). Sie können Entscheidendes dazu beitragen, daß belastende Situationen entschärft oder Konflikte beseitigt werden.

10.6 Die Notwendigkeit der Selbstverstärkung

Führen: Mut zur Intervention

Die Schwierigkeit für viele Vorgesetzte liegt nicht etwa, wie man meinen könnte, in der Unfähigkeit, nicht-aggressive Verhaltensweisen für die Führung ihrer Mitarbeiter zu erlernen oder ihre eigenen Gefühle in einer angemessenen Weise zum Ausdruck zu bringen, obwohl gerade letzteres Probleme schafft und es für manchen gar nicht so einfach ist zu sagen, ob er eigentlich wütend, empört, beleidigt, verärgert oder traurig ist, oder ob er Angst hat.
Eine viel größere Schwierigkeit scheint oft darin zu liegen, den *Mut* aufzubringen, seinen Mitarbeiter zu sich kommen zu lassen oder ihn bei

günstiger Gelegenheit (aber unbedingt *rasch* nach dem Vorfall) anzusprechen und ihm die *Ich-Botschaft* (Gordon 1979) zu übermitteln, die ein bereinigendes Gespräch einleitet und eine Veränderung der Situation auslöst. Das wäre, ganz konkret formuliert, *Führung*!

Zahlreiche *hemmende Aktivitäten* sind allerdings oft stärker: Man hat nicht Zeit für ein solches Gespräch, das Programm ist schon voll. Oftmals wird auch das Programm gefüllt (bewußt oder unbewußt), *damit* keine Zeit für ein solches Gespräch übrig bleibt. Häufig wird auch abschwächend argumentiert, man dürfe aus einer Fliege keinen Elefanten machen. Der Nachteil dieser Argumentation ist bloß der, daß die »Fliege« keine ist und als interpretierte Reizsituation ungemein aktiv werden und u.a. immer wieder unerwünschte Emotionen hochsteigen lassen kann. Auch das Argument »Das nützt doch alles nichts!« ist ein Vorwand, um sich der Aufgabe nicht stellen zu müssen, die einer als *Vorgesetzter* hat: nämlich seine Leute so zu führen, daß es ihm selber *und* seinen Mitarbeitern wohl ist dabei. Es muß also der *Mut* zu solchen Vorgesetzten- oder Führungsaktionen *gelernt* werden. Freilich fällt dies erheblich leichter, wenn sich ein Vorgesetzter in Streß-Situationen zu verhalten und wenn er einen günstigen Umgang mit den eigenen Gefühlen gelernt hat. Was hinter den Ausflüchten steht, die einen Vorgesetzten noch bremsen, ist die *Angst* vor dem Mißlingen der Aktion und damit oft verbunden die Angst, sich unbeliebt zu machen. Um diese Angst zu überwinden, können grundsätzlich dieselben Schritte getan werden wie beim Bewältigen einer Examensangst, es kann also unter anderem ein *Desensibilisierungstraining* durchgeführt werden. Man muß aber nicht unbedingt so weit gehen. Hingegen soll die Tatsache, daß sich jemand als Vorgesetzter überwindet, den Mut aufbringt, in einer Situation, die es erforderlich macht zu *führen*, unbedingt *verstärkt* werden. Mit einer Verstärkung von außen ist nicht zu rechnen, denn viele Führungsaktivitäten bleiben unter vier Augen; es bleibt aber die Möglichkeit der *Selbstverstärkung*.

Der Betroffene braucht sich nur zu überlegen, was *für ihn* eine *positive Verstärkung*, eine Belohnung ist. Wenn er erstrebenswerte Belohnungen (in aufsteigender Stärke, z.B. am Fernsehen einen Krimi ansehen oder sich eine Flasche Champagner gönnen, am Abend ins Kino oder mit der Frau auswärts essen gehen u.a.m.) für sich festgelegt hat, kann er sich selber bei erfolgtem Unternehmen entsprechend nachhaltig verstärken. Es ist freilich wichtig, daß nur Belohnungen gewählt werden, die einen entsprechenden Anreiz haben und nicht zum gewöhnlichen Alltag gehören. Hier gibt es natürlich große Unterschiede bezüglich der Ansprüche zwischen einzelnen Menschen, und wer sich im gewöhnlichen Alltag schon dauernd verwöhnt, wird Schwierigkeiten haben, praktikable Verstärkungen zu finden!

Zumindest anfänglich kommt es nicht auf das Gelingen oder Mißlingen der Intervention bzw. des Gesprächs an, sondern darauf, ob er den *Mut* aufgebracht hat, die Maßnahme überhaupt zu starten, d.h. seinen Mitarbeiter zu sich kommen zu lassen und das Problem (z.B. mittels einer Ich-Botschaft) anzusprechen.

Was anfänglich noch etwas Besonderes ist, etwas, was Anstrengung und Überwindung kostet, wird nach und nach zu einem eingeübten Verhalten. Das ist wichtig, sollte es doch auch in längeren Phasen des Drucks, sei es nun von seiten des Dienstbetriebes (für die Beamten des Ordnungsdienstes während länger dauernden Großveranstaltungen; für Kaderleute eines Betriebs während periodischen Abschlußarbeiten) oder sei es aufgrund persönlicher Probleme (Familie, Gesundheit etc.), möglich sein, auf diese Weise mit den Mitarbeitern umzugehen.

Selbstverstärkung wird im allgemeinen zu wenig gezielt und bewußt eingesetzt!

10.7 Über die Integration des gelernten Verhaltens in umfassendere Strukturen

Natürlich hat ein erfolgreiches Gespräch selber eine verstärkende Wirkung, und erst noch eine prospektive. Das ist eine höchst kognitive Art der Verstärkung, die eine komplexe Interpretation der neu entstandenen Situation und der Zukunftsperspektiven impliziert.

Das Lernen, auf das sich unser Interesse richtet, d.h. hier das *Einüben* solcher Vorgesetzteninterventionen führt nicht bloß zu *Verhaltensänderungen*, sondern ebenso zu einer *Erweiterung der Struktur handlungsleitender Kognitionen* in bezug auf die Führungsaufgaben, die jemand wahrzunehmen hat. Damit wird auch die oben dargestellte *Selbstverstärkung* in einen umfassenderen Rahmen, nämlich in dieselbe Struktur integriert, die auch die sozialen Interaktionen als Handlungen leiten. In bezug auf die Lernprozesse, die zum Aufbau von Führungsfähigkeiten relevant sind, kann man also folgendes sagen: Innerhalb eines Kontexts von kognitiven Repräsentationen oder Strukturen, die handlungsleitend werden können, werden Verhaltensweisen gelernt, von denen einzelne auf den ersten Blick aussehen, als ob sie nach operanten Lernprinzipien konditioniert würden. Dazu muß allerdings festgehalten werden, daß es sich nicht in allen Fällen um *Spontanaktivitäten* handelt, wie dies beim operanten Konditionieren der Fall wäre, sondern um solche, die aufgrund von komplexen kognitiven Prozessen (u.a. in einem Verhaltenstraining eingeübten) ausgelöst werden.

Im Hinblick auf die Verstärkung kann man sagen, daß es ebenfalls nicht einfach oder ausschließlich um eine *kontingente Verstärkung* geht, die unmittelbar nach dem Entschluß, mit dem Mitarbeiter sprechen zu wollen, verabreicht wird. Meistens wird es nämlich eine *aufgeschobene* Bekräftigung sein, die im Moment, wo sie eigentlich »verdient« wäre, lediglich gedanklich (z.B. in einer Vorstellung) antizipiert werden kann. Insofern ist also auch die Verstärkung Teil derselben umfassenden kognitiven Struktur, die das Führungsverhalten leitet, wenn sie einmal aufgebaut ist. Immerhin ist im ganzen nicht auszuschließen, daß auch einfache Konditionierungen (vor allem operanter Art) auf einem Niveau elementarer Verhaltensorganisation mit im Spiel sind – ein Faktum, auf das ich früher schon einmal aufmerksam gemacht habe.

10.8 Memo

1. Streß ist eine vorübergehende psychische Belastung, die aufgrund einer erlebten Diskrepanz (eines erlebten Ungleichgewichts) zwischen der Interpretation der aktuellen Situationsanforderungen und der Einschätzung eigener Handlungsmöglichkeiten entsteht und zu einem erhöhten Einsatz von Anstrengung führt. Für ein Streßerleben ist es nötig, daß zentrale individuelle Interessen oder Motive mit im Spiel sind.
2. Streß wird nicht durch eine Reizsituation als solche ausgelöst, sondern aufgrund einer Interpretation derselben. Identische Reizsituationen können bei verschiedenen Individuen aufgrund unterschiedlicher Interpretationen völlig verschiedene Reaktionen auslösen.
3. Streßreaktionen lassen sich auf verschiedenen Ebenen beobachten, die für die Streßbewältigung (coping with stress) wichtig sind: auf Verhaltens- und kognitiver, auf emotionaler sowie auf physiologischer Ebene.
4. Streßbewältigung zielt auf die Wiederherstellung des Gleichgewichts zwischen der Interpretation der Situationsanforderungen und der Einschätzung der eigenen Handlungsmöglichkeiten ab.
5. Streßbewältigung auf kognitiver und Verhaltensebene erfolgt mittels eines kognitiven Verhaltenstrainings zum Aufbau einer kognitiven Repräsentation der sozialen Situation (der Führungssituation) und zum Einüben von nicht-aggressiven Verhaltensalternativen in Belastungssituationen.
6. Der Umgang mit den eigenen Emotionen ist Teil einer Streßbewältigungsstrategie. Er kann mit Techniken der Selbstbehauptung (assertiveness training), z.B. mit Hilfe Gordonscher Ich-Botschaften, erlernt werden.
7. Das Initiieren von Führungsmaßnahmen setzt außer den im Rahmen der Streßbewältigung gelernten sozialen Verhaltenskompetenzen den Mut zur Intervention voraus. Dieser kann mit Hilfe von bewußter und gezielter Selbstverstärkung erworben werden.
8. Abgesehen von operanten Konditionierungen auf elementarer Verhaltensebene (spontan gezeigte günstige Reaktionen) sind die Lernprozesse im Zusammenhang mit Streßbewältigung im wesentlichen höhere Lernprozesse; sie führen aufgrund intensiver sozialer Interaktionen, die Vergleiche mit den Ansichten anderer implizieren, zum Aufbau eines Systems von Kogni-

tionen, die die Führungssituation repräsentieren. Diese Kognitionen werden nach einem entsprechenden Training handlungsleitend.
9. Die hier auftretenden sog. höheren Lernprozesse sind durch ihre Komplexität, ihre Lösungspluralität, die Anforderung, die nötigen Urteile sorgfältig zu nuancieren, wie auch durch eine gewiße Unsicherheit im Ergebnis gekennzeichnet, die ihrerseits nach einer permanenten Überprüfung verlangt (z.B. im Sinne von TOTE-Einheiten).

11. Gelernte Hilflosigkeit bei einem Oberstufenschüler – Nicht-Kontingenzen und Ursachenzuschreibungen

11.1 Einleitung

Nicht nur Fertigkeiten können gelernt und nicht nur Wissen kann erworben werden, es können auch Einstellungen erlernt werden, die ihrerseits einen Einfluß auf das Lernen, in unserem Fall, das Mathematiklernen, haben. Wir fragen in diesem Kapitel danach, wie ein Schüler die Einstellung oder Überzeugung gelernt hat, allen Prüfungssistuationen in Mathematik gegenüber hilflos dazustehen und nur noch Mißerfolge zu ernten. Wir wollen aber auch wissen, unter welchen Bedingungen und mit Hilfe welcher Lernprozesse er diese fatale Einstellung wieder verlernen und an ihrer Stelle eine Erfolgszuversicht etablieren kann.

Wie schon bei früher dargestellten höheren Lernprozessen fällt auch hier wiederum deren Vielschichtigkeit auf: Der *kognitiven* und der *emotionalen* Ebene gesellt sich hier als sehr wichtige die *motivationale* Ebene zu.

Im Zentrum dieses Kapitels steht die Frage nach der *Ursachenzuschreibung für schulischen Mißerfolg* in einem Fach. Es wird von der *Kausalattribution* (gleichbedeutend mit Ursachenzuschreibung), von *komplexen Kontingenzen*, von *gelernter Hilflosigkeit*, von *ungünstigen Erwartungen bezüglich der Kontrollierbarkeit einer Situation*, von *motivationalen und kognitiven Defiziten* wie auch von *affektiven Reaktionen* die Rede sein; dann aber auch von einer vielleicht hilfreichen *Verschiebung der Ursachenzuschreibung*, vom *Abbauen kognitiver Defizite* und von der *Reduktion emotionaler Belastungen*.

Was die Lektüre dieses Kapitel vielleicht schwierig macht, ist die verwirrende Fülle von Dimensionen, auf denen Ursachen für Erfolg bzw. Mißerfolg lokalisiert werden. Die Abbildungen 6 und 7 versuchen, dem Leser diesbezüglich etwas Übersicht zu verschaffen.

11.2 Die Situation

Die Situation ist unauffällig und alltäglich: Ein Schüler der vorletzten Klasse vor dem Abitur erhält eine Mathematikarbeit zurück mit der zweitbesten der möglichen Noten. Die ehrlich gemeinte Anerkennung seiner Klassenkameraden berührt ihn wenig:»Ach was, Zufall! Nächstes Mal ist es wieder das alte Lied, ich kenn' das doch.«Das ist sein wenig begeisterter und eher abweisender Kommentar.

Zunächst fällt auf, daß dieser Schüler anders auf eine gute Note reagiert als andere. Er nimmt seine Leistung gar nicht als *Erfolg* wahr und *antizipiert* offensichtlich schlechtere Resultate. Er macht im Gespräch einen völlig verunsicherten Eindruck; jedenfalls sieht er *keine klaren Zusammenhänge* zwischen seinen Aktivitäten in der letzten Mathematikprüfung und der jetzt vorliegenden Beurteilung.

Wer die Situation dieses Schülers kennt, weiß, daß dieser Arbeit andere vorausgegangen sind, die völlig ungenügend benotet worden waren, und die Erinnerung an diese früheren Arbeiten bzw. die jeweilige Beurteilung durch den Lehrer scheint ihre Wirkung zu tun.

11.3 Komplexe Verstärkungsmechanismen

Wir können unsere Betrachtung in Begriffen der klassischen Lerntheorie beginnen: Schulnoten sind ganz sicher *Verstärker*; gute Noten sind *positive Verstärker*, es sei denn, jemand hätte noch bessere erwartet! Schlechte Noten sind *aversive Reize* und als solche zweifellos *Bestrafungen*, die im vorliegenden Fall allerdings nicht einfach das Auftreten einer Reaktion hemmen oder die Stärke derselben herabsetzen (sie liegen ja viel zu weit zurück!), sondern viel kompliziertere kognitive Mechanismen auslösen: Zum einen werden diese Verstärker (Noten) *interpretiert*, und erst die *Interpretation* (»Was bedeutet diese Note für mich?«) hat allenfalls eine Wirkung. Wir werden im weitern aber sehen, daß der betreffende Schüler seinen Erfolg oder Mißerfolg ganz bestimmten Ursachen zuschreibt (*Ursachenzuschreibung* oder *Kausalattribuierung*). Zum andern geht es bei Prüfungsarbeiten auch nicht um einfache Reaktionen, die durch eine Anerkennung oder Bestrafung (in unserem Fall eine gute oder schlechte Note) in ihrem Auftreten gefördert oder gehemmt oder deren Intensität erhöht oder erniedrigt werden könnte. Vielmehr gehen in eine Prüfungsarbeit zahlreiche *motivationale*, *kognitive* und *emotionale* Komponenten ein: Anstrengung bei der Vorbereitung, Hinarbeiten auf ein Ziel; Lernfähigkeit und geistige Leistungsfähigkeit; Angst vor der Prüfungs*thematik* oder ganz generell vor Prüfungen, Niedergeschlagenheit bei Mißerfolgen. Nicht zu vergessen ist im weitern die Beurteilung der eigenen Person bezüglich ihres Selbstwertgefühls. Eine Prüfungsarbeit ist also ein höchst komplexes Prozeßgefüge mit einer Unzahl von Reaktionen, die bestenfalls in ganzen Komplexen verstärkt werden könnten. Hierfür reicht aber weder eine Note noch eine einfache lerntheoretische Erklärung aus.

11.4 Komplexes Kontingenzlernen

Wenn man den Kontext von Prüfungsarbeiten und Beurteilungen (in welcher Form auch immer) etwas allgemeiner betrachtet, zeigt sich, daß neben den Inhalten (z.B. dem Auflösen quadratischer Gleichungen oder später dem Diskutieren einer Funktion in der Mathematik) auch gelernt wird, ob ein *Zusammenhang* (eine *Kontingenz*) besteht zwischen der *Lernanstrengung bei der Vorbereitung* auf die betreffende Prüfung sowie den Aktivitäten während derselben einerseits und dem Resultat bzw. der nachfolgenden Beurteilung durch den Lehrer andererseits. Es wird demnach nebst den Inhalten – lerntheoretisch gesprochen – eine *Ereigniskontingenz* in einem mittelfristigen Zeitrahmen wie auch in einem komplexen kognitiven und sozialen Feld gelernt. Wir wissen, daß Ereigniskontingenzen tatsächlich in sehr vielen Fällen die Grundlage für ein Lernen sind, haben wir doch früher schon gesehen, daß auch abergläubisches Verhalten aufgrund von Ereigniskontingenzen (bei operanter Konditionierung) gelernt werden kann (vgl. Kapitel 5).

Wenn sich für unseren Oberstufenschüler ein Lernerfolg in Mathematik einstellen soll, braucht er die Überzeugung, daß die oben erörterten komplexen Ereignisse wirklich *zusammenhängen*: daß also die *Lernanstrengung* und die Aktivitäten in der Prüfung selber und das, was herauskommt, samt der *Beurteilung* in Form der Note tatsächlich *kontingent* sind. Allerdings stecken hinter dieser Kontingenz wesentlich mehr und komplexere, sach- und bedeutungsbezogene – semantische – Verbindungen als hinter einer Kontingenz im Sinne der behavioristischen Lerntheorie. Diese Tatsache muß man sich stets vor Augen halten, wenn im folgenden von *Kontingenz* die Rede ist.

11.5 Wie die Hilflosigkeit gelernt wird

Wir stellen uns die Frage: Was hat der Schüler (außer den mathematischen Inhalten) eigentlich gelernt? Um darauf eine Antwort geben zu können, müssen wir die durch die letzte Mathematikprüfung und ihre Beurteilung entstandene Situation in den früher schon erwähnten größeren zeitlichen Rahmen stellen, ohne den nämlich die *gegenwärtige* Situation gar nicht verständlich ist. Dabei lassen sich recht deutlich mehrere Lernschritte voneinander unterscheiden.

(1) Das Gewahrwerden von *Nicht-Kontingenzen* und die Sensibilisierung für die *Unkontrollierbarkeit* von Arbeitsergebnissen

Anläßlich einer früheren Arbeit muß der Schüler ganz deutlich die *Nicht-Kontingenz* zwischen seinen Aktivitäten in einer Mathematikprüfung (einschließlich allem, was an Vorbereitung darauf vorangegangen ist) und dem entsprechenden Resultat realisiert haben. Mit andern Worten, er muß vor einiger Zeit schon erkannt haben, daß das Ergebnis von Mathematikarbeiten nicht vorhersehbar, für ihn *unkontrollierbar* ist. Aufgrund solcher Erlebnisse ist er für die Unkontrollierbarkeit sensibilisiert.

(2) Die Ursachenzuschreibung

	internal	external
instabil	Fleiss Anstrengung Einsatz	Glück Zufall
stabil	eigene Fähigkeiten Begabung	Aufgaben- schwierig- keit

Abb. 6 Einfache Kausalattributionsmatrix mit den Dimensionen internal – external und stabil – labil (instabil)

Er hat sich in diesen ersten Fällen nach den Ursachen für Erfolg bzw. vor allem für seinen Mißerfolg, sein Versagen gefragt. Dies geht sehr deutlich aus den Äußerungen gegenüber seinen Mitschülern hervor: Jetzt, wo er einmal Erfolg hat, schreibt er diesen dem *Zufall* zu, einer Ursache, die *von außen her* wirkt, also *external* ist, auf die er offensichtlich keinen Einfluß hat, und die überdies sehr *instabil* und unberechenbar ist. Sein Erfolg hat also eine unkontrollierbare Ursache.

Diese Ursachenzuschreibung für einen Erfolg hat, wie viele Forschungsarbeiten zeigen (Weiner 1974, Abramson, Seligman & Teasdale 1978), für entsprechende Mißerfolge eine Parallele. Wir erfahren von diesen Zuschreibungen in unserem Alltagsbeispiel zwar nichts, müssen aber aufgrund der gesamten Situation die entsprechenden Annahmen machen: Unser Oberstufenschüler hat mit größter Wahrscheinlichkeit seine Mißerfolge sich selber zugeschrieben:»Ich bin mathematisch unbegabt.« Er sucht also die Ursache für seine Mißerfolge in *internalen* und *stabilen* Faktoren (Weiner 1974). Eine derartige Interpretation der Gründe für das Versagen kann, wie man sich leicht vorstellen kann, schwerwiegende Konsequenzen für das weitere Lernen haben.

(3) Der Aufbau von ungünstigen Erwartungen

Die in einem bestimmten Zeitpunkt erfolgte Begründung durch den Schüler, seine Ursachenzuschreibung, daß das Versagen mit der eigenen fehlenden

Begabung zusammenhängt, führt, wenn sie in der aktuellen Situation vorgenommen wird, unmittelbar zur *Erwartung*, daß somit auch künftige Ergebnisse unkontrollierbar bleiben, weil die Begabung als relativ *stabiler* Faktor nicht leicht und leider auch nicht rasch beeinflußt werden kann. Daraus erwächst die *Hilflosigkeit* gegenüber den Prüfungssituationen in Mathematik. Soweit wir den Schüler bis jetzt kennen, dürfen wir von einer *spezifischen Hilflosigkeit* sprechen, denn sie beschränkt sich auf das Fach Mathematik. Vor allem aber ist die Hilflosigkeit rein *persönlich-individueller* Art, denn der Schüler sieht, daß die andern Schüler durchaus in der Lage sind, gute Noten zu erlangen, daß für sie also *Kontingenzen* zwischen ihren Aktivitäten in den Prüfungen und den entsprechenden Ergebnissen (samt Beurteilungen) bestehen. Gerade diese Tatsache aber drängt den Schüler zu einem *Vergleich* mit andern, was sich, wie wir noch sehen werden, in bezug auf seine Beurteilung des *Selbstwertgefühls* auswirken wird. Diese Wirkung zeigt sich allerdings nur, weil er sich mit andern, die ihm in den meisten Belangen ähnlich sind und ihm etwas bedeuten, vergleicht.

(4) Die Konsequenzen aus den Erwartungen: die gelernte Hilflosigkeit und deren Symptome

Die gelernte Hilflosigkeit läßt sich durch vier Merkmale kennzeichnen:

Da sind einmal (a) die *motivationalen Defizite*: Sie kommen zunächst in den Äußerungen unseres Schülers zum Ausdruck. Er sagt:»Nächstes Mal ist es wieder das alte Lied . . .« und bringt damit zum Ausdruck, daß er nicht daran denkt, etwas zu unternehmen. Motivationale Defizite sind dadurch gekennzeichnet, daß sie *keine oder verspätete Reaktionen oder Maßnahmen zur Veränderung einer Situation* auslösen. Im Falle des Schülers erstaunt uns das nicht: Er hat ja *gelernt*, daß alles, was er unternimmt, ohne Wirkung ist, daß das Ergebnis unkontrollierbar ist. Mit andern Worten: Die *Motivation* für sofortige fortgesetzte Lernanstrengungen in der betreffenden Thematik oder gar das *Interesse am Fach* ist abhanden gekommen; und auch das wird durch die Worte des Schülers charakterisiert, spricht er doch vom»alten Lied«! »Mir ist das doch egal!« lautet eine oft gehörte andere Ausdrucksform für die Motivationslage eines Individuums in der Hilflosigkeitssituation, wobei bei dieser letzten Aussage nicht ausgeschlossen werden kann, daß es sich bereits um einen Versuch handelt, den Mißerfolg durch Abwertung (unangmessen!) zu verarbeiten.

Da sind aber (b) auch *kognitive Defizite*: Wenn einmal gelernt ist, daß eigene Reaktionen (wie die Aktivitäten in einer Mathematikarbeit) keine Wirkungen auf die Ergebnisse zeitigen, wird es schwierig, *wieder zu lernen*, daß gewisse Aktivitäten eben *doch* einen Effekt haben, d.h. zu erwünschten Ergebnissen führen können. Allfällig auftretende günstige Effekte werden unter Umständen *gar nicht erst wahrgenommen.*

Im weitern hat man in experimentellen Untersuchungen herausgefunden (Hiroto & Seligman 1975), daß sich kognitive Defizite auch im Bereich der sogenannten *kognitiven Kontrollmechanismen* auswirken, d.h. in Prozessen wie dem inneren Wiederholen beim gedächtnismäßigen Speichern von Information, dem Kategorisieren oder dem Ziehen von Schlüssen. Bedenkt man dies, so erstaunt es nicht, daß sich Hilflosigkeit relativ leicht auf andere Bereiche oder Inhalte *generalisiert.*

Ferner treten (c) *affektive Reaktionen*, vor allem das *Gefühl der Niedergeschlagenheit* auf. Das Erleben der Unkontrollierbarkeit von Ergebnissen eigener Aktivitäten läßt einen Menschen gefühlsmäßig nicht unberührt. Zunächst fühlt er sich *verunsichert.* Aber diese Verunsicherung geht sehr rasch in ein deutliches Gefühl der Niedergeschlagenheit über. Im Falle eines Erfolges, wie ihn unser Oberstufenschüler überraschenderweise erlebt hat, ist der Betreffende nicht in der Lage, sich zu freuen. Nicht-Kontingenzen mit günstigem oder positivem Ausgang (also unerwartete, ebenso unkontrollierbare positive Resultate) führen immerhin nicht zu Niedergeschlagenheit; sie verunsichern aber dennoch, heben die Hilflosigkeit leider nicht auf und haben deutliche *motivationale* wie auch *kognitive Defizite* zur Folge.

Ein viertes Symptom für gelernte Hilflosigkeit kann (d) die *Gefährdung des Selbstwertgefühls* sein. Wenn es sich um eine *persönlich-individuelle Hilflosigkeit* handelt, wobei der Betreffende seine Mißerfolge seiner Begabung (internal und stabil) zuzuschreiben gelernt hat, weiß er auch, daß es *andern* besser geht. Er vergleicht sich mit diesen und bewertet sich entsprechend, d.h. er führt sich selber dazu, seinen Selbstwert geringer einzuschätzen, als andere dies tun können. Das ist die Konsequenz aus der *persönlich-individuell* erlebten Hilflosigkeit. Die Verminderung des eigenen Selbstwertes und damit die Gefährdung des Selbstwertgefühls wird aufgehoben, wenn die Hilflosigkeit eine *allgemeine* ist, d.h. wenn beispielsweise *alle* Schüler der Klasse in den Mathematikarbeiten vor unlösbaren Problemen stehen und eine entsprechende Unkontrollierbarkeit der Situation erleben.

Wenn wir Zwischenbilanz ziehen in bezug auf unsere eingangs gestellte Frage, was an Verhaltensweisen, die für diese Situation typisch sind, unser Schüler eigentlich gelernt habe, so können wir sagen, daß er gelernt hat, Unkontrollierbarkeiten bezüglich der Ergebnisse seiner Aktivitäten wahrzunehmen, vielleicht deutlicher und nachhaltiger als andere; daß er vor allem aber gelernt hat, für seine Mißerfolge (und sogar für unerwartete Erfolge) ungünstige Ursachenzuschreibungen (Kausalattribuierungen) vorzunehmen und bezüglich seiner künftigen Arbeit düstere Erwartungen aufzubauen.

11.6 Über ein mögliches *Ver*lernen der Hilflosigkeit

Das Verhalten, das wir in diesem Kapitel als *Hilflosigkeit* kennengelernt haben, entspricht in vielen Merkmalen dem Erscheinungsbild der *Depression*, und es lohnt sich zu fragen, wie diese Hilflosigkeit wieder *verlernt* bzw. wie unserem Schüler dabei geholfen werden kann.

Verschiebung der Ursachenzuschreibung für Mißerfolg in Richtung externaler, instabiler und spezifischer Faktoren

Wir haben gesehen, daß die Symptome der Hilflosigkeit den ungünstigen *Erwartungen* unkontrollierbarer Ereignisse entspringen und daß die Quelle für diese Erwartungen die *Ursachenzuschreibungen* für Erfolge und vor allem für Mißerfolge sind. Demnach müßte ein Verlernen mit dem *Verändern der Ursachenzuschreibungen* zu tun haben!

Wenn es gelingt, die Nicht-Kontingenz-Erwartung günstig zu beeinflussen, könnten die Symptome der Hilflosigkeit behandelt werden. So könnte z.b. die Gefährdung des Selbstwertgefühls gemildert oder das Selbstwertgefühl sogar wieder erhöht werden. Dazu müßte die erwartete Unkontrollierbarkeit in eine Kontrollierbarkeit umgewandelt werden können. Kontrollierbar wird ein Ereignis dann, wenn die verursachenden Faktoren nicht ein für allemal festgelegt, also stabil sind. Wenn es also gelingt, dem Schüler klar zu machen, daß sein Mißerfolg *nicht* mit der fehlenden mathematischen *Begabung* (stabile und internale Attribuierung), sondern mit *ungenügenden Lernanstrengungen* (instabile und internale Attribuierung) zusammenhängt, wird er möglicherweise, sofern andere Bedingungen auch stimmen, das Resultat als kontrollierbar erleben. Er wird also *lernen* müssen, die Ursachen seines Versagens anders zu attribuieren.

Wir haben allerdings oben darauf hingewiesen, daß ein anderes Symptom der Hilflosigkeit, die *kognitiven Defizite* nämlich, darin besteht, daß es einem Betroffenen schwer fällt, in der Hilflosigkeitssituation wieder daran zu glauben, daß eigene Aktivitäten zu wünschbaren Ergebnissen führen. Mit einer Veränderung der Kausalattribuierung kann demnach noch nicht alles geleistet werden, was es für ein Verlernen der Hilflosigkeit braucht! Wir kommen auf diesen Punkt zurück.

In bezug auf das Selbstwertgefühl ist die Situation bei unserem Schüler vielleicht insofern etwas günstiger als in andern denkbaren Fällen, als er seine Hilflosigkeit nur im Bereich der Mathematik erlebt. Sie ist demnach von *spezifischer*, nicht von *globaler* Art. Ein sozialer Vergleich mit der Leistungsfähigkeit anderer fällt also wahrscheinlich weniger extrem aus, als wenn er

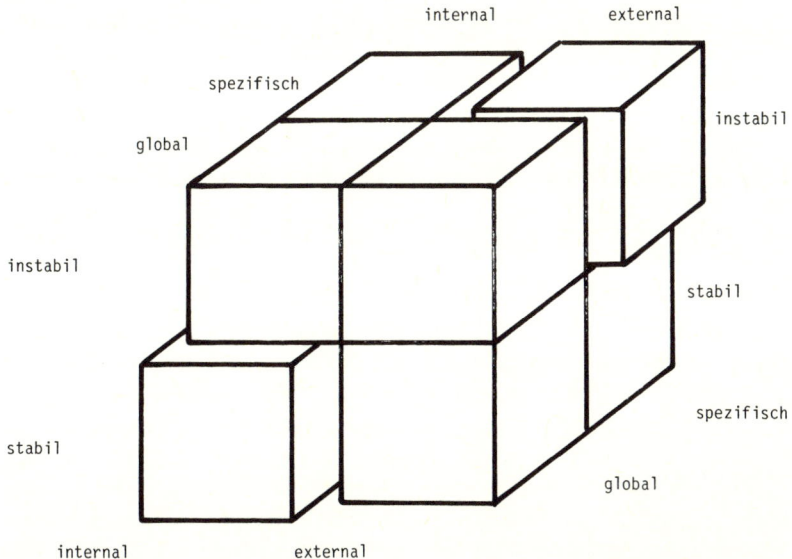

                internal   external

    spezifisch

        global   instabil

    instabil

                                            stabil

    stabil   spezifisch

                                    global

    internal   external

Abb. 7 Erweitertes Kausalattributionsmodell auf der Grundlage von Abramson, Seligman & Teasdale (1978). Die Attributionsdimensionen sind internal – external, stabil – labil und global – spezifisch. Die Dimension mit den beiden Polen allgemein – persönlich-individuell ist im Modell nicht enthalten.

Ein erfolgszuversichtlicher Schüler wird seine Erfolge so attribuieren, wie es dem Würfel vorne unten links entspricht; seine Mißerfolge dagegen entsprechend den Merkmalen des Würfels hinten oben rechts. Unser Oberschüler attribuiert genau umgekehrt: seinen neulichen Erfolg nach den Dimensionen des Würfels hinten oben rechts, und seinen Mißerfolg entsprechend dem Würfel vorne unten links. Um ihn aus seiner gelernten Hilflosigkeit herauszubringen, müßte es u.a. gelingen, seine Attribuierung von Mißerfolg in Richtung allfälliger Mißerfolgsattribuierungen des guten Schülers zu verschieben, d.h. entsprechend den Würfelmerkmalen von hinten oben rechts: external, instabil und spezifisch!

Man kann hier anmerken, daß dieses Modell nicht alle denkbaren Attributionen enthält. So etwa könnte es Erfolge eines religiös denkenden Menschen, der einem calvinistischen Leistungsethos im Sinne Max Webers folgt, oder der sich die Devise Gregors des Großen (»Omnia ad maiorem Dei gloriam«) zu eigen gemacht hat, nicht erklären!!

seine Mißerfolge ganz generell etwa der fehlenden Intelligenz (internal, stabil und erst noch global!) attribuiert hätte. Daraus ersehen wir, daß Versagenserwartungen dann am höchsten sind, wenn die Ursachen dafür in *internalen, stabilen und globalen Faktoren* gesehen werden (vgl. Abb. 7). Am intensivsten sind sie überdies, wenn die Wichtigkeit einer Prüfung als sehr hoch eingeschätzt wird. Demnach müßte ein Verlernen der Hilflosigkeit im Prinzip zunächst in Richtung einer *externalen, instabilen und spezifischen Attribuierung* gehen. Im weitern müßte auch überprüft werden, ob die Wichtigkeit des Ereignisses angemessen eingeschätzt worden ist.

Im vorliegenden Fall, wo der Schüler die Hilflosigkeit spezifisch attribuiert (ausschließlich auf den Bereich der Mathematik), besteht die bedeutende Chance, daß er lernt, auf *Erfolge* in spezifischen andern Bereichen zu fokussieren. Wichtig ist dabei nur, daß er dort die positiven Ergebnisse *nicht* externalen und instabilen Ursachen zuschreibt, sondern internalen und möglichst stabilen: seinen Fähigkeiten und den Anstrengungen, die dazu geführt haben. Im gesamten Prozeß des Verlernens der Hilflosigkeit muß diese Möglichkeit auf jeden Fall als flankierende Maßnahme mitberücksichtigt werden.

Die Verschiebung der Ursachenzuschreibung bei Mißerfolgen von der mangelnden mathematischen Begabung auf die fehlende Anstrengung ist *eine* Möglichkeit eines Wechsels von einer stabilen zu einer instabilen Mißerfolgsattribuierung. Es ist aber – wenn auch nicht in unserem Beispiel – durchaus denkbar, daß eine andere stabile Attribuierung im Spiel wäre: eine *externale*, nämlich der *prüfende Lehrer*. Wenn Mißerfolge dem Prüfungsstil des Lehrers (z.B. schwierig, mit verhexten Aufgabestellungen zu prüfen) zugeschrieben werden, dann handelt es sich um eine *externale, stabile und möglicherweise globale* (d.h. für *alle* Prüfungen geltende) Attribuierung. Die entsprechende Hilflosigkeit wäre dann aber keine persönlich-individuelle, sondern wohl eine *allgemeine*; sie würde alle (oder doch die meisten) Schüler gleichermaßen treffen. Sie hätte vor allem motivationale und kognitive Defizite zur Folge. Die emotionale Belastung wäre allerdings deutlich schwächer, und vor allem käme es zu keiner Beeinträchtigung des Selbstwertgefühls, weil der soziale Vergleich zu keinen Unterschieden bezüglich der Erfolge führt.

Eine weitere Möglichkeit einer *externalen* Attribuierung wäre es, die *Aufgabenschwierigkeit* als Ursache für die Mißerfolge zu betrachten. Das wäre eine *externale, instabile und spezifische* Ursachenzuschreibung (Abb. 7). Sie impliziert aber die Frage, warum die Aufgaben zu schwierig sind. Und darauf kann die Antwort wohl nur heißen: Weil die Distanz vom eigenen Können zu den Anforderungen der Aufgaben noch zu groß ist, und es gilt demnach, diese Distanz zu verkleinern, mit andern Worten, die *kognitiven Defizite abzubauen*.

Das Abbauen der kognitiven Defizite

Wir haben oben bereits gezeigt, daß das Verschieben der Ursache für einen *Mißerfolg* von der *Fähigkeit* (stabil) auf die *Anstrengung* (instabil) ein erster Schritt zum Verlernen der Hilflosigkeit sei: »Ich muß mich eben mehr anstrengen!«

Wir haben aber auch bereits darauf hingewiesen, daß die Verschiebung der Ursachenzuschreibung bei Mißerfolg von stabiler zu instabiler Ursache nicht hinreichend ist. Vielmehr müssen auch die *kognitiven Defizite* aufgehoben werden. Dazu ist es unerläßlich, daß sich der Schüler die noch fehlenden Kompetenzen erwirbt und zwar mit dem Ziel, sich selber einen *Zwischenerfolg* zu verschaffen, der ihm klar macht, daß Eigenaktivitäten eine Wirkung auf die Ergebnisse haben *können*. Solches ist der entscheidende Schritt zur *Korrektur der Unkontrollierbarkeits- bzw. der Versagenserwartungen*, die für einen Gesundungsprozeß notwendig ist. Im weitern tragen Zwischenerfolge dazu bei, daß der gelernt Hilflose, dessen Attribuierungen bei Mißerfolg in Richtung internaler, stabiler und globaler Faktoren verzerrt sind, seine Hilflosigkeit weniger verzerrt *wahrnimmt*.

Der Erwerb von fehlenden Fähigkeiten ist allerdings in der Schulsituation nicht immer leicht. Er würde unter anderem nämlich eine detaillierte Fehleranalyse in den Prüfungsaufgaben und damit verbunden eine entsprechende Lernprozeßanalyse implizieren. Die Möglichkeiten dazu sind aber beschränkt: Zum einen, so wird oft argumentiert, reicht die Unterrichtszeit für den Lehrer nicht aus, um auf die individuellen Probleme der betreffenden Schüler einzugehen, und zum andern liegt der Zeitpunkt, zu dem die Arbeit geschrieben worden ist, schon 14 Tage zurück, und niemand weiß mehr so recht, wo man damals im Ablauf der Stoffbehandlung (Curriculum) eigentlich stand. Dadurch wird es für den betreffenden Schüler nahezu unmöglich, einen *Kausalzusammenhang* zwischen seinem kognitiven Lernen (einschließlich seinen *Anstrengungen*) und seinem mathematischen Denken in der Prüfung, also dem Abrufen der entsprechenden Prozesse herzustellen. Das ist freilich ein nicht seltenes und – lernpsychologisch gesehen – absolut skandalöses Merkmal schulischen Unterrichts!! Fehler- und Lernprozeßanalysen sind so unmöglich. Mehr noch: Einer weitverbreiteten Unterrichtsstrategie wegen, bei der der Unterricht sehr oft ohne individuell angemessene *Rückmeldungen* (*feedback*) an die Schüler einfach weiterläuft, ist ziemlich sichergestellt, ja geradezu vorprogrammiert, daß sich *kumulative Lerndefizite* aufbauen, ohne daß die Beteiligten (sowohl Lehrer als auch Schüler!) es im Hinblick auf die Lernprozesse realisieren – wohl aber hinsichtlich der Ergebnisse mit Erstaunen bzw. unter großer Verunsicherung wahrnehmen.

Trotz aller Probleme, die es im Unterrichtsmanagement geben mag, muß unser Schüler versuchen, durch intensiviertes Lernen zu Zwischenerfolgen und damit zur erneuten *Überzeugung von der Kontrollierbarkeit* der Prüfungsergebnisse bzw. zu entsprechenden Erwartungen zu gelangen. Eine Form der oben genannten *Analyse der Lernprozesse* beim Schüler ist aber unumgänglich, denn offensichtlich besteht eine Diskrepanz zwischen der *subjektiven Interpretation des Lernens* bzw. *Verstehens* der mathematischen Operationen und der »objektiven Beurteilung« derselben durch den außenstehenden Lehrer. Erst die Einsicht in die stofflichen Zusammenhänge (dies gilt nicht nur für die Mathematik, sondern für jedes Schulfach, in dem Netzwerke von Operationen oder begrifflichem Wissen, von Fakten und Zusammenhängen aufgebaut werden) macht deutlich, welcher »Instanz« der Mißerfolg oder auch der Erfolg zugeschrieben werden kann oder muß: der *eigenen aktuellen Anstrengung* oder der eigenen mehr oder weniger *überdauernden Fähigkeit* oder dem *Zufall* oder der *Aufgabenschwierigkeit* (vgl. Abb. 6 und 7; dazu auch Meyer & Hallermann 1974, Meyer 1984 und Weiner 1984, 1985).

Mit andern Worten, erst die Möglichkeit der *Beurteilung des Differenzbetrags* an (vom Lehrer) erwarteter und (vom Schüler) tatsächlich erbrachter Leistung führt dazu, daß der Schüler die richtige Erfahrung der *Kontrollierbarkeit der Situation* macht. Damit wird für ihn die Ereigniskontingenz transparent. Mit solchen auf den Lern- und (in der Mathematik) vor allem auf den Verstehensprozeß bezogenen Einsichten geht auch eine Behebung *motivationaler Defizite* einher: Nach erlebten Zwischenerfolgen wird es viel leichter, etwas zu unternehmen, z.b. sofort notwendige Lernmaßnahmen einzuleiten. Auch die *kognitiven Defizite* werden abgebaut: Das nach und nach sich einstellende Verstehen mathematischer Zusammenhänge mobilisiert kognitive Kontrollprozesse (s. oben), die für das Lernen insgesamt von größter Bedeutung sind.

Die Rolle sozialer Interaktionen beim Abbauen kognitiver Defizite

Am besten für unseren Schüler wäre es freilich, wenn er zunächst die mathematischen Defizite in Zusammenarbeit mit Klassenkameraden ausgleichen könnte. Eine Kooperation würde Möglichkeiten schaffen für einen Vergleich eigener mathematischer Überlegungen (z.b. über Lösungswege) mit denen anderer und zu Aufbauprozessen von mathematischen Denkstrukturen führen, die zum Bestehen von Prüfungsarbeiten nötig sind. (Auf eine Parallele zu dieser Kooperation zum Zweck des Aufbaus von kognitiven Strukturen sind wir in den Kapiteln 9 und 10 schon gestoßen.)

Freilich wäre eine soziale Interaktion mit dem Mathematiklehrer ein weiterer Gewinn, könnte dieser doch aufgrund seiner Sachkenntnis Hinweise auf weitere Lernnotwendigkeiten geben. Möglicherweise würden diesem dann auch nie geahnte Schwierigkeiten von Schülern bewußt, was zweifellos Rückwirkungen auf seine Unterrichtsgestaltung hätte.

Die Reduktion der emotionalen Belastung (Niedergeschlagenheit)

Die emotionale Belastung in der Hilflosigkeitssituation folgt aus der Erkenntnis der Unkontrollierbarkeit der Ergebnisse. Man muß allerdings sehen, daß viele Ereignisse in der Umwelt von jedermann unkontrollierbar sind, ohne daß daraus eine emotionale Belastung erwachsen würde. Eine solche – im Sinne der Hilflosigkeit – entsteht zum einen nur bei erlebter persönlich-individueller Hilflosigkeit (bei allgemeiner Hilflosigkeit fehlt sie) und zum andern auch nur dann, wenn ein entsprechendes Ereignis für sehr erwünscht gehalten bzw. wenn das Eintreten eines sehr unerwünschten Ereignisses in höchstem Maße befürchtet werden muß. (Hier wird eine Parellele zur Entstehung von Streß sichtbar. Vgl. Memo zu Kapitel 10, Punkt 1!) Mit der Verschiebung der Ursachenzuschreibung auf instabile Faktoren und einem gleichzeitigen Erwerb fehlender Kompetenzen wird die Situation aber (zumindest teilweise) wieder kontrollierbar. Damit steigt die Wahrscheinlichkeit, daß die emotionale Belastung (mit Niedergeschlagenheit, Enttäuschung u.ä.) abgebaut wird.

Im weitern ist es wichtig, wie oben schon angedeutet, daß sich der Schüler der Nicht-Globalität seiner Mißerfolge bewußt ist. Im weitern sagten wir, die Wichtigkeit des bevorstehenden Ereignisses (Prüfung) habe einen Einfluß sowohl auf die Intensität der Versagenserwartung als auch auf die Stärke der emotionalen Belastung. Aufgrund dieser Erkenntnis drängt sich als weitere Lernmöglichkeit zum Abbau der Hilflosigkeit folgendes auf: Der Schüler muß dafür besorgt sein, daß sein schulisches Fortkommen nicht von *einer* einzigen Arbeit abhängt. Das heißt nichts anderes, als daß er seine Anstrengungen kontinuierlich auf das ganze Schuljahr verteilt und dadurch »kritische« Situationen von vornherein ausschaltet.

Bisher nicht genannte Faktoren

Mit dem bisher Gesagten sind freilich bei weitem nicht alle die *einzelnen* Lernschritte oder Lernsequenzen skizziert, die für ein Verlernen der Hilflosigkeit notwendig wären. Dies wäre übrigens nur dann möglich, wenn auch die individuellen Eigenarten oder die besonderen Persönlichkeitsmerkmale unseres Schülers mitberücksichtigt würden wie beispielsweise sein *Attribuierungsstil* oder auch seine Belastbarkeit in Streß-Situationen. Die *Rahmenbedingungen* sind aber in kognitiv-lerntheoretischen Begriffen dargestellt worden, innerhalb derer das *Verlernen der Hilflosigkeit* und das *Neulernen der Kontrollierbarkeit der Situation* stattfinden können (vgl. dazu auch Abramson, Seligman & Teasdale 1978, Alloy & Abramson 1979, Seligman et al. 1984, Nolen-Hoeksma, Girgus & Seligman 1986).

11.7 Memo

1. Hilflosigkeit ergibt sich aufgrund des Erlebens von Nicht-Kontingenzen von eigenen Anstrengungen und deren Beurteilungen und einer daraus folgenden Sensibilisierung für die Unkontrollierbarkeit der Ergebnisse aus diesen Anstrengungen. Den in diesem Zusammenhang erlebten Mißerfolgen werden bestimmte Ursachen zugeschrieben, die zu einem Aufbau ungünstiger Erwartungen in bezug auf kommende Anforderungen führen.
2. Die Symptome gelernter Hilflosigkeit sind (1) motivationale und (2)

kognitive Defizite, (3) affektive Reaktionen (z.B. Niedergeschlagenheit) sowie (4) die Gefährdung des Selbstwertgefühls.

3. Erlebten Erfolgen und Mißerfolgen werden Ursachen zugeschrieben (attribuiert). Diese können auf den Dimensionen internal versus external, stabil versus instabil, spezifisch versus global und persönlich-individuell versus allgemein lokalisiert werden (Abb. 7).

4. Die charakteristische Kausalattribution für Mißerfolg bei gelernter Hilflosigkeit ist internal, stabil und global: »Ich bin völlig unbegabt, auch Anstrengung hilft nicht weiter, und das überall, nicht nur in Mathematik.«

5. Gelernte Hilflosigkeit kann aufgrund von Verschiebungen der Ursachenzuschreibung auf die jeweils anderen Pole der Dimensionen sowie aufgrund eines systematischen Abbaus der kognitiven Defizite korrigiert werden.

6. Die Verschiebung der Ursachenzuschreibung für Mißerfolge muß in folgender Richtung gehen: »Es liegt nicht an meiner Begabung (also nicht internal attribuieren, sondern external); ich kann vieles durch Anstrengung und Einsatz erreichen (nicht stabil, sondern instabil), und im übrigen bin ich in den Sprachen und den Realfächern ordentlich gut (nicht global, sondern spezifisch).

7. Für der Abbau kognitiver Defizite bergen soziale Interaktionen und entsprechende Kooperationen mit Klassenkameraden bedeutende Erfolgschancen, da sie aufgrund der Auseinandersetzungen mit den Gedankengängen der andern den Aufbau von mathematischen Denkstrukturen anregen und fördern (vgl. auch Memo zu Kapitel 9, Punkt 9).

12. Jonglieren lernen – Erwerb einer »Jongliergrammatik«

12.1 Einleitung

In diesem Kapitel wird gezeigt, daß es beim Erlernen motorischer Fertigkeiten, hier einer periodischen Bewegungssequenz, nicht um das Aneinanderreihen von motorischen Reiz-Reaktions-Einheiten zu motorischen Verhaltensketten geht (ähnliche Überlegungen haben wir schon in Kapitel 3 angestellt); vielmehr werden *Systeme* von motorischen Aktivitäten und *Ablaufpläne* zu deren Steuerung aufgebaut, die dynamischeren Formen der Einheitenbildung und damit elaborierteren Organisationsformen des Verhaltens unterliegen. Der Lernprozeß ist durch *progressive Veränderungen hinsichtlich der Art und Größe der Verhaltenseinheiten* und deren *Integration in den gesamten Ablauf der zu lernenden Sequenz* gekennzeichnet und mündet in eine *Automatisierung immer umfassenderer Bewegungssegmente.*

Zu den wichtigen Begriffen dieses Kapitels gehören neben den bereits genannten wie *Bewegungssegment* und *Bewegungssequenz*, *Ablaufplan* und *Automatisierung* die folgenden: *Repräsentation des Bewegungsablaufs*, die *Steuerung der Bewegung durch Rhythmen*, das *Bilden von Verhaltens- und Steuerungseinheiten*, das *Fehlerfeedback* und das *systematische Ausmerzen von Fehlern.*

12.2 Fünf Phasen, zwölf Einzelbewegungen – aber welches sind die entscheidenden Verhaltenseinheiten?

Wer hat nicht schon im Zirkus einen Jongleur bewundert, der mit größter Konzentration, aber auch einer gewißen Selbstverständlichkeit sechs, sieben oder noch mehr Ringe in die Luft wirft, sie wieder auffängt und dabei erst noch irgendwelche Scherze treibt? Schon junge Leute, die in einem Stadtpark mit drei Bällen jonglieren, erwecken unsere Neugier, und manch einer hat sich schon gefragt, ob man dies als »gewöhnlicher Sterblicher« wohl auch jemals lernen könne. In der Tat, man kann es!!

Beim Jonglieren geht es um das Erlernen einer Bewegungsabfolge mit einer bestimmten *Periode*, d.h. nach einer gewißen Zeit ist der Startzustand wieder erreicht, und der Ablauf beginnt von neuem, anders als etwa beim Entwirren der »clous de l'exposition«.

Was uns nun speziell interessiert, ist, wie *eine Periode* dieser Bewegungs-sequenz gelernt wird, was eigentlich die *Grundeinheit* dieses ganzen Ablaufs ist, welche *Bewegungssegmente* relevant sind, und wie sie miteinander zu einer ganzheitlichen *Sequenz* verbunden werden.

Der Bewegungsablauf

Man kann bei der hier betrachteten Art des Jonglierens mit drei Bällen die in Abb. 8 dargestellten *fünf Phasen* unterscheiden (vgl. auch Norman 1976,

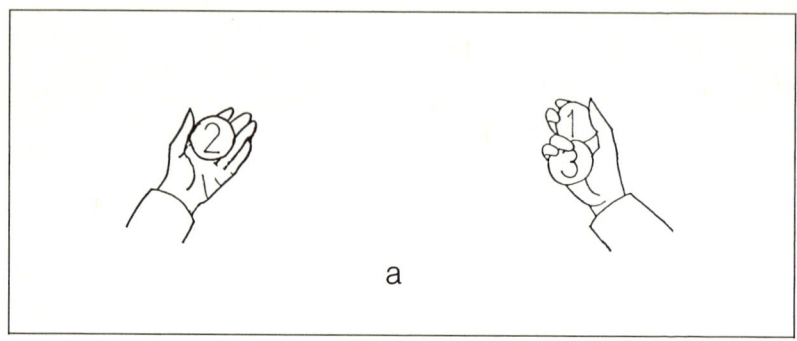

a

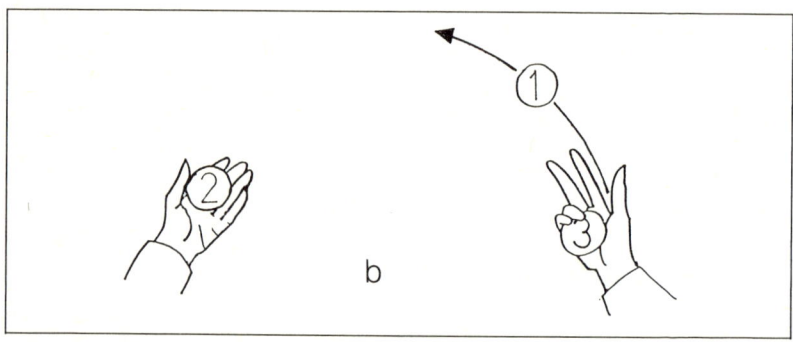

b

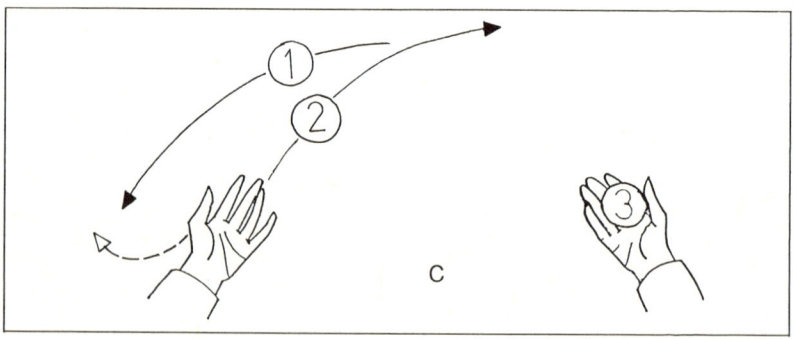

c

207f.). Der Jongleur startet (Abb. 8a) mit zwei Bällen in der rechten und einem Ball in der linken Hand. Auch die meisten Linkshänder beginnen so, obwohl sie auch alles spiegelverkehrt ausführen könnten. Nun wird Ball 1, der obere der beiden Bälle in der rechten Hand, in relativ hohem Bogen zur linken Hand hinüber geworfen (Abb. 8b). Man muß daran denken, daß die Höhe der Flugbahn bzw. der Stoß, den der Ball erhält, dessen Flugzeit bestimmt und damit die Zeit, die einem für die Vorbereitung und Durchführung des nächsten Schrittes zur Verfügung steht. Wenn nun Ball 1 auf seiner Flugbahn absteigt, wirft die linke Hand *ihren* Ball (Ball 2) in ebensolchem Bogen, (aber nicht auf derselben Flugbahn wie Ball 1) zur rechten Hand hinüber und wird damit frei, um Ball 1, der im Landeanflug ist, zu fangen (Abb. 8c). Unterdessen hat Ball 2 in seinem Flug zur rechten Hand den Zenit seiner Flugbahn überschritten, Zeit für die rechte Hand, Ball 3 starten zu lassen und, während dieser nach links hinüber fliegt, den landenden Ball 2 aufzufangen (Abb. 8d). Bevor Ball 3 die linke Hand erreicht, muß von dort Ball 1 wieder nach rechts gespielt werden, damit die Hand frei wird und Ball 3 auffangen kann (Abb. 8e).

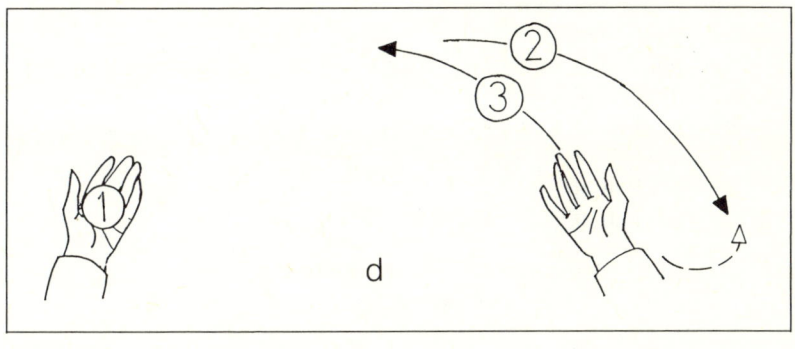

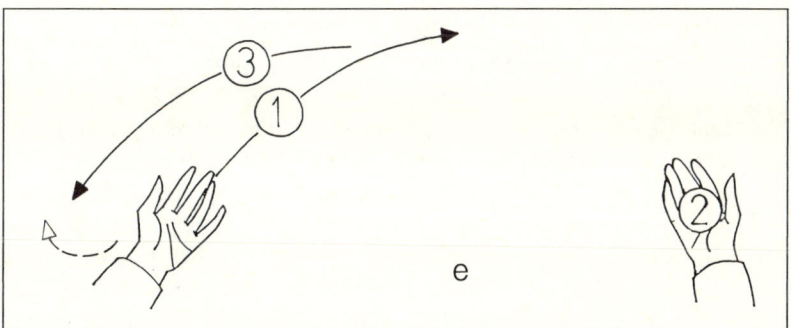

Abb. 8   Die fünf Phasen des Jonglierens.

Die Wurf- und Fangabfolge und das Problem der Einheitenbildung

Wir können den Ablauf *einer* Periode des Jonglierens mit drei Bällen etwas formaler in einer Tabelle darstellen. Wer sich etwas intensiver mit diesem Ablauf befassen möchte und keine Bälle zum Üben zur Stelle hat, dem sei eine Simulation mit drei kleinen Papierkreisen, beschriftet mit 1, 2 und 3 empfohlen. Mit ihnen kann er auf der Tischplatte »jonglieren«! Die Bewegungssequenz besteht aus den folgenden zwölf Einzelbewegungen:

(1) Wurf rechts Ball 1 (abgekürzt WR1)
(2) Ball 3 ist beim Starten bereits in der rechten Hand. Das ist natürlich ein Sonderfall. Beim Jonglieren wäre er nicht schon dort, sondern käme von links her geflogen und würde gefangen. Wir ersetzen also diese Sondersituation durch die folgende:
Fang rechts Ball 3 (FR3)
(3) Wurf links Ball 2 (WL2)
(4) Fang links Ball 1 (FL1)
(5) Wurf rechts Ball 3 (WR3)
(6) Fang rechts Ball 2 (FR2)
(7) Wurf links Ball 1 (WL1)
(8) Fang links Ball 3 (FL3)
(9) Wurf rechts Ball 2 (WR2)
(10) Fang rechts Ball 1 (FR1)
(11) Wurf links Ball 3 (WL3)
(12) Fang links Ball 2 (FL2)

(13) = (1) WR1, und damit beginnt die zweite Periode:
(2) FR3, nun mit einem wirklichen Fang!
(3) ...

Die einzelnen Bewegungen sind demnach in abgekürzter Form:

WR1 FR3 WL2 FL1 WR3 FR2 WL1 FL3 WR2 FR1 WL3 FL2

Man kann sich schon anläßlich der Schreibtisch-Simulation des Jonglierablaufs fragen, wie die Einzelbewegungen wohl zu größeren Bewegungseinheiten innerhalb *einer* Periode zusammengefaßt würden. Man erkennt leicht, daß im Wechsel jede Hand jeweils *zwei* Aktivitäten hintereinander ausführt: einen Wurf, einen Fang – einen Wurf, einen Fang – und so weiter, jede insgesamt dreimal, bis die nächste Periode beginnt. Bilden demnach das *Werfen und das Fangen* ein und derselben Hand eine größere Einheit, weil sie in unmittelbarer räumlicher und zeitlicher Nähe zueinander stehen? Wenn dies eine angemessene Interpretation ist, so bildet die nachstehende Reihe, wiederum für eine Periode, die Einheitenbildung (Variante 1) ab:

WR1 FR3   WL2 FL1   WR3 FR2   WL1 FL3   WR2 FR1   WL3 FL2

Man kann aber als Gedankenexperiment durchaus fragen: Hängen nicht vielmehr der Wurf der einen und der Fang der andern Hand logisch *und* *räumlich* (!), nämlich durch die Flugbahn eines bestimmten Balls verbunden, miteinander zusammen, und bilden sie aus diesem Grund jeweils eine Einheit? Trifft dies zu, müßten die Einheiten so dargestellt werden (Variante 2):

WR1 FL1   WL2 FR2   WR3 FL3   WL1 FR1   WR2 FL2   WL3 FR3

Dazu ist freilich zu sagen, daß dem Abwurf z. b. des Balls 2 von links auf der rechten Seite nicht der Fang dieses Balls unmittelbar folgt, sondern ein anderer Fang dazwischen kommt, nämlich derjenige von Ball 3, der vorher schon in der Luft war. Die als Variante 2 genannte Einheitenabfolge bleibt also eine rein theoretische!

Nun wäre es auch denkbar, daß sich zwei andere Bewegungen, je eine der einen und eine der andern Hand zu einer Einheit verbinden. Etwa der Abwurf von Ball 1 mit der rechten und der Abwurf von Ball 2 mit der linken Hand, sowie die aufeinander folgenden Fangbewegungen: zuerst Ball 3 mit der rechten, dann Ball 1 mit der linken Hand. Das ergäbe folgende Sequenz (Variante 3):

WR1 WL2   FR3 FL1   WR3 WL1   FR2 FL3   WR2 WL3   FR1 FL2

Oder aber: Im Moment, wo beispielsweise (in der Mitte der Periode) die rechte Hand Ball 2 fängt, muß um Sekundenbruchteile später die linke Hand Ball 1 abspielen, um für den ankommenden Ball 3 bereit zu sein! Demnach könnten sich (Variante 4) folgende Bewegungen zu Einheiten zusammenschließen:

WR1   FR3 WL2   FL1 WR3   FR2 WL1   FL3 WR2   FR1 WL3   FL2

Es sind aber auch größere Einheitenbildungen denkbar, beispielsweise »Pakete« von Handlungen der rechten *und* der linken Hand, bis die rechte wieder einen Ball abgibt (Variante 5a):

WR1 FR3 WL2 FL1   WR3 FR2 WL1 FL3   WR2 FR1 WL3 FL2

Oder mit einer Präferenz für eine Abfolge, die von der *linken* Hand ihren Ausgang nimmt (Variante 5b):

WR1 FR3   WL2 FL1 WR3 FR2   WL1 FL3 WR2 FR1   WL3 FL2

Schließlich wäre auch eine noch größere Einheit denkbar, die auf den ersten Blick etwas skurril aussieht: Die ganze Periode würde zweigeteilt und in einen

Rhythmus »rechts–links–rechts – links–rechts–links« gebracht. Solches ist keineswegs abwegig! Es gibt beispielsweise beim Schwimmen, im Crawl, diesen Rhythmus, der sich darin äußert, daß nach drei Armschlägen einmal mit Kopfdrehen rechts und im nächsten Durchgang (d.h. nach drei weiteren Armschlägen) links geatmet wird. Warum also soll dies nicht auch beim Jonglieren eine mögliche Einheitenbildung sein? Sie läßt sich so darstellen (Variante 6):

WR1 FR3 WL2 FL1 WR3 FR2   WL1 FL3 WR2 FR1 WL3 FL2

Das Problem der Bildung von Verhaltens-, und damit freilich aufs engste verbunden, von Steuerungseinheiten, wird uns später in diesem Kapitel wieder beschäftigen.

12.3 Diskrepanzen zwischen Repräsentation und Bewegungsablauf

Wer die Reihenfolge dieser Bewegungen kennt (Abb. 8), hat eine erste *Repräsentation* einer Jonglierperiode. Daß diese Repräsentation zur Ausführung des Jonglierens allerdings nicht genügt, zeigen die ersten Versuche: Oft kommt es vor, daß die Bälle zusammenstoßen, d.h. sich die beiden Flugbahnen überschneiden. Wenn Sie, lieber Leser, es versuchen, werden Sie bald merken, daß Sie die beiden Würfe, den von rechts nach links und den in der umgekehrten Richtung von links nach rechts nicht gleich gut beherrschen, ja daß von *Beherrschen* keine Rede sein kann. Von zehn Würfen von links nach rechts sieht jeder völlig anders aus. Es wird Ihnen klar, daß Sie lernen müssen, einfache Würfe *gleichmäßig* auszuführen: Die Würfe müssen sich gleichen wie ein Ei dem andern! Dieses Ziel impliziert, daß sich die in den Details noch unkontrollierte Bewegungsvielfalt auf angemessene Bewegungsmuster reduziert, daß die Muskelan- und -entspannungen gleichmäßig werden.

Das Lernen der nötigen Gleichmäßigkeit der Würfe wird dadurch bedeutend erleichtert, daß man die Bälle nicht mit der Fingern fängt und wirft, sondern aus den *Handflächen* heraus; dort entstehen weniger Unregelmäßigkeiten, als wenn die Finger mit im Spiel sind!

Wer immer wieder erlebt, daß seine Bälle zusammenstoßen, wird sich bald einmal sagen: »Verschiebe die Flugbahnen leicht gegeneinander, so daß die Bälle aneinander vorbei kommen, und bringe vor allem zeitlich die Bälle so auf ihre Flugbahnen, daß sie einander nicht touchieren.«

Dadurch wird die anfänglich noch vage Repräsentation der Bewegungsabläufe ein klein wenig modifiziert. Manchmal führt das Bemühen, es gut zu machen, allerdings dazu, daß sich jeder Ihrer Würfe immer weiter vom Körper entfernt, so daß Sie anfangen müssen, kleine Schritte vorwärts zu machen. Sie stoßen an Möbel an, wenn Sie im Zimmer üben, oder sie stolpern über Bodenunebenheiten, wenn Sie es im Freien versuchen. Austin (1974), ein großer Kenner des Faches, rät in solchen Fällen zu einer drastischen Methode: Üben Sie unmittelbar vor einer Wand, dann können Sie gar keine Vorgaben beim Werfen machen. Die Bälle fliegen dann ungefähr in derselben Ebene vor Ihnen auf räumlich und zeitlich verschobenen Flugbahnen.

Wer also jonglieren lernen will, muß zuerst einige wesentliche *Teilbewegungen* üben: beispielsweise das Aufwerfen eines Balls und das Fangen desselben mit der gleichen Hand; dasselbe gleichzeitig mit beiden Händen; das Hinüberwerfen mit der einen und das Auffangen mit der andern Hand – und dies in beiden Richtungen. Entscheidend ist dabei, daß nicht nur die Würfe mit jeder Hand gleichmäßiger, sondern daß überdies die Ungleichheiten in der Geschicklichkeit zwischen rechter und linker Hand ausgeglichen werden.

a   b   c   d   e

Abb. 9 Vorübungen zum Jonglieren.
9a Aufwerfen und fangen mit jeweils einer Hand.
9b Aufwerfen und fangen, gleichzeitig mit beiden Händen.
9c Meistens kommen die Bälle von allein wieder herunter!
9d Bälle im zeitlichen Wechsel links und rechts hochwerfen und wieder fangen; nicht hasten!
9e Ball von rechts nach links werfen und fangen – und umgekehrt. Auf Gleichmäßigkeit hin arbeiten!

Die Frage, ob es sich bei den Bewegungen dieser Vorübungen schon um die *Bewegungseinheiten* des zu lernenden Jonglierens handelt, kann noch nicht rundweg bejaht werden: Was ihren motorischen Ablauf betrifft, stimmen die Würfe von links nach rechts und umgekehrt mit den Jonglierbewegungen überein, nicht aber, was den *zeitlichen* Ablauf bzw. ihre zeitliche Steuerung betrifft. Wenn nämlich beim Jonglieren die eine Hand fängt, dann fängt die andere nicht auch, sondern sie spielt ihren Ball ab, um für den demnächst ankommenden frei zu sein. Diese zeitliche Staffelung ist in den oben genannten Vorübungen noch nicht berücksichtigt. Darauf kommen wir zurück! Was hingegen in den Vorübungen schon gelernt werden kann, ist die Fähigkeit, die fliegenden Bälle nicht auf ihrer ganzen Flugbahn mit den Augen verfolgen zu wollen, sondern sie nur beim Aufsteigen zu sehen und sie sonst gerade nur im *peripheren Wahrnehmungsfeld* zu beachten. Damit kann man sich viele Schwierigkeiten ersparen, wenn sich dann einmal mehrere Bälle zur gleichen Zeit in der Luft bewegen.

Wenn nun die Würfe von rechts und links allmählich gleichmäßiger werden, macht wohl auch das Fangen keine große Mühe mehr, denn mit der Übung ist auch die leichte Verschiebung der Hand aus der Abwurf- in die Fangstellung erlernt worden (Abb. 8). Solche unscheinbare Bewegungen sind bis jetzt nicht erwähnt worden; sie sind aber für den Aufbau von Bewegungseinheiten und damit für das Gelingen der Gesamtbewegung von ganz entscheidender Bedeutung, wenn es nicht immer an den Nahtstellen von Werfen und Fangen zu Schwierigkeiten kommen soll (etwa bei verspäteten oder räumlich unpräzisen Würfen). Diese feinen Bewegungen kommen als Modifikatoren zu den oben aufgezählten Hauptbewegungen (WR1 FR3 usw.) auf hierarchisch niedrigerer Stufe hinzu und bilden mit diesen neue, in die Gesamtbewegung integrierte angepaßte Bewegungssegmente.

12.4 Die Steuerung der Bewegungsabläufe durch Rhythmen

Das weitere Jonglierenlernen verlangt nun, daß die zuvor eingeübten einzelnen Bewegungssegmente in eine korrekte Abfolge gebracht werden. Es gilt also zu lernen, den nächsten Ball abzuschicken, wenn der kommende einen ganz bestimmten Punkt der Bahn passiert hat. Hier kommt also im Lernprozeß etwas ganz Neues hinzu. Es wäre denkbar, daß ein ganz bestimmter *räumlicher Situationsreiz*, etwa das beginnende Absteigen des Balls auf seiner Bahn, die Reaktion auslöst, die den nächsten Ball starten läßt. Wenn dies so wäre, könnten wir annehmen, daß der Prozeß primär *räumlich-visuell* gesteuert wird. Es ist aber wahrscheinlicher, daß der gesamte Ablauf primär *zeitlich* gesteuert wird, nämlich aufgrund eines zu lernenden *Rhythmus'*, der als Zeitmuster dem übenden Jongleur immer genauer sagt, wann der nächste Ball abzuspielen ist.

Tatsächlich kann ein Rhythmus leicht eingeübt werden. Er läßt sich *verbal* steuern, indem man zu sich selber – anfänglich laut! – sagt: »Werfen, werfen! Fangen, fangen!« und dabei den Ball aus der rechten Hand nach links hinüber und den Ball aus der linken Hand nach rechts hinüber wirft, nach dem zweiten Wurf die beiden Bälle nacheinander auffängt (»Fangen, fangen!«) und so-

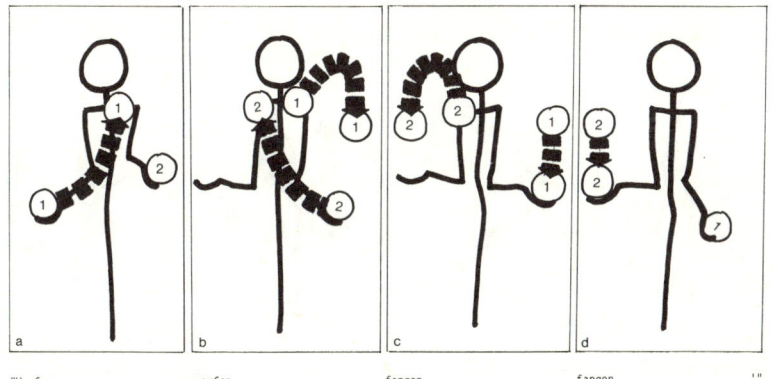

"Werfen.................., werfen................., fangen..................., fangen.......................!"

Abb. 10 Vier Momentaufnahmen für die Übung gemäß dem Rhythmus »Werfen . . . werfen . . . fangen . . . fangen!« Jedes Bild zeigt, was während einer bestimmten Dauer mit den beiden Bällen (1) und (2) passiert.

gleich wieder beginnt: »Werfen, werfen! . . .« Damit prägt sich der Rhythmus der beiden Würfe ein. Mit Hilfe der Wurfhöhe kann er dann noch in bezug auf seinen Zeitaufwand geregelt werden. Unabdingbare Voraussetzung ist allerdings eine schon recht hoch entwickelte *Gleichmäßigkeit der Würfe* nach beiden Seiten hin. Es ist gut, wenn man allmählich den zweiten Ball der rechten Hand dazunimmt, ihn aber noch nicht abspielt. Mit dem Dazunehmen des dritten Balls verändert sich das Einüben des Rhythmus nicht.

Sobald der dritte Ball aber ebenfalls abgespielt werden soll, muß etwas ganz Entscheidendes dazugelernt werden. Zuerst spielt die rechte Hand wie bis jetzt ihren ersten Ball nach links und behält den zweiten noch zurück. Dieser *muß* aber dann abgespielt werden, wenn der von links kommende im Landeanflug ist. Genau das ist für viele Anfänger der Moment, wo sie furchtbar aufgeregt werden und zu hasten beginnen. Dem kann dadurch abgeholfen werden, daß man sich erneut einen verbalen Befehl gibt, etwa so: »Werfen (R), werfen (L), fangen (L), weg . . .!« Mit dem letzten ». . . . weg . . .!« und dem Abspielen des entsprechenden Balls wird eine wichtige Schwelle überschritten: Die rechte Hand ist nun wieder frei und somit bereit, den anfliegenden Ball zu fangen. Wenn dies anfänglich nicht gelingen will, macht das nichts; entscheidend ist, daß auf »Weg!« der Ball wirklich weggeht! Unvermittelt wird die rechte beim Üben einmal, zweimal und in der Folge praktisch immer den anfliegenden Ball auffangen. Dann versucht man es erneut, d.h. man nimmt zwei Bälle in die rechte Hand und startet wieder: »Werfen, werfen, fangen, weg!«

Im Unterschied zur zuerst beschriebenen Vorübung (»Werfen, werfen, fangen, fangen!«) besteht nun für beide Hände insofern Wurfzwang, als jedesmal, wenn ein Ball im Anflug ist, derjenige, der sich *noch* in der Hand drin befindet, rasch abgespielt werden muß. Durch den zusätzlich in den

165

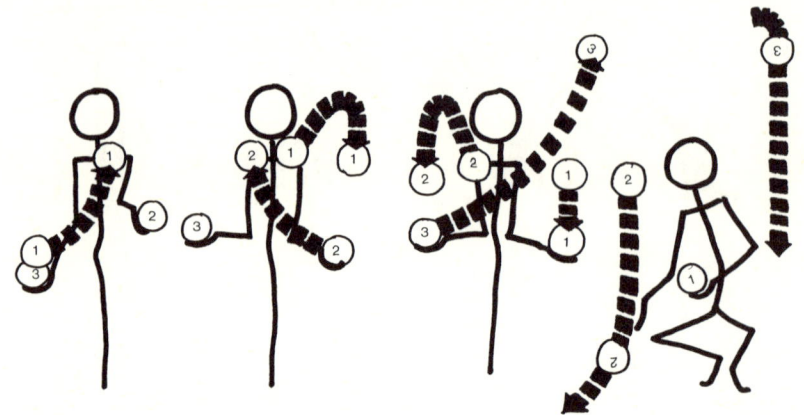

Abb. 11 Die entscheidende Schwelle: das Integrieren der Fangbewegung in die vorangegangene Wurfbewegung. Die vier Momentaufnahmen (vgl. auch Abb. 10) zeigen die noch nicht geglückte Integration beim Anfänger: Er startet mit zwei Bällen in der rechten Hand (Bild links). Die Bewegungen im zweiten Bild von links entsprechen der Vorübung (Abb. 10b), außer daß in der rechten Hand noch Ball 3 ist. Im dritten Bild ist die entscheidende Szene zu sehen: Ball 2 ist im Anflug; auf »Weg!« startet Ball 3, aber viel zu heftig. Ball 2 wird verpaßt, und Ball 3 fällt völlig unkontrolliert zu Boden (viertes Bild).

Rhythmus aufgenommenen Befehl »Weg...!« wird dieses Abspielen aber meist ohne größere Probleme ausgelöst. Der Anfänger muß höchstens darauf achten, daß der Befehl »Weg!« nicht zu einem besonders starken Abwurf führt (Abb 11, drittes Bild von links); auch der Wurf auf den Befehl »Weg!« muß einer der gleichmäßigen Würfe sein, wie sie zuerst eingeübt worden sind.

Anfänglich endet die Übung nach *einem* Durchgang mit zwei Bällen in der linken Hand. Diese hat den Befehl »Weg!« noch nicht erhalten, oder sie hat trotz des Befehls ihren Ball vor der Ankunft des nächsten nicht auf die Flugbahn bekommen. Bald jedoch beginnt auch die linke Hand, auf den entsprechenden Befehl hin ihren Ball abzuspielen. Wenn dies zum ersten Mal gelingt, ist der Jongleur möglicherweise derart verblüfft, daß er auf der rechten Seite drüben vergißt, den Ball, den er dort abspielend sollte, wirklich starten zu lassen. Es ist ganz einfach zuviel aufs Mal passiert! Es braucht dann aber meist nicht mehr viel, und die Bewegungen laufen zwei-, dreimal hintereinander richtig ab. Zwar fliegen die Bälle gern noch anderswohin, als sie eigentlich sollten, aber das Schlüsselerlebnis, zum Jongleur geworden zu sein, ist geradezu überwältigend!! Es hat sich im Lernprozeß offensichtlich ein Schritt vollzogen, auf den wir noch zurückkommen müssen (s. Abschnitt 12.8).

Der *Rhythmus* (am Schluß noch: »Weg... weg...!«) als ein zeitlicher Plan spielt hinsichtlich der (zeitlichen) Integration einzelner Bewegungssegmente eine ganz entscheidende (und auch erleichternde) Rolle. Auf die eingangs dargestellte Problematik der Einheitenbildung kommen wir in einem späteren Abschnitt zurück.

Was eine allfällige räumliche Steuerung betrifft, wissen wir, daß unsere *periphere* Wahrnehmung außerordentlich empfindlich ist für *Bewegungen* und daher vollauf genügt, wenn es darum geht, aufgrund des gerade begonnenen Sinkfluges des ankommenden Balls den Einsatzbefehl für den Start des nächsten zu geben. Wir dürfen annehmen, daß die rhythmische Steuerung des Jonglierablaufs die dominierende ist, jedenfalls solange mit drei Elementen gearbeitet wird. Sobald mit wesentlich mehr Gegenständen jongliert wird, ist es wahrscheinlich, daß die Bedeutung räumlicher Hinweisreize zunimmt.

12.5 Fehlerfeedback und das Testen von Hypothesen im Aufbau von Bewegungssequenzen

Fehler wie das Zusammenstoßen zweier Bälle werden sofort als Fehler erkannt und auch gedeutet:»Ich muß trainieren, damit meine Würfe gleichmäßiger werden.« Oder:»Ich muß zeitlich besser steuern!« Oftmals entsteht aber einfach ein heilloses Durcheinander: Zwei Bälle können nicht mehr gefangen werden und fallen zu Boden. Nun beginnt der Jongleuranfänger *Hypothesen aufzustellen*, woran das liegen könnte. Vielleicht war der Zeitpunkt des Absendens des Balls von links nach rechts falsch gewählt. Dann wird ausprobiert, d.h. die *Hypothese wird getestet*. Die *Kenntnis des Resultats* nach diesem Durchgang ist für die Beurteilung der Hypothese maßgebend. Der Lernfortschritt besteht dann in der Verkleinerung des Unterschieds zwischen Ergebnis und Hypothese, also in der Reduktion des Differenzwertes zwischen Ist- und Sollwerten (vgl. die *kybernetische Hypothese* von Miller, Galanter & Pribram 1960, 1974; s. auch die Ausführungen dazu in Kapitel 3). Es wird mit andern Worten also nicht einfach ein Reiz, ob propriozeptiv oder visuell, mit einer neuen Reaktion assoziiert, sondern ein Bewegungssegment und seine zeitliche Steuerung mit einer Hypothese verglichen und damit auf seine Tauglichkeit in einem größeren Bewegungsablauf überprüft. Es ist durchaus möglich, daß der Jongleur lediglich sagen kann:»Nein, das ist es noch nicht.« Mehr oder Präziseres kann er nicht formulieren, weil er noch nicht entdeckt hat, welche aus der Fülle von möglichen Korrekturen die notwendige ist. Oft kann eine Hypothese genau formuliert werden:»Ball absenden, wenn entgegenkommender oben ist oder auch:»Ball schöner im Rhythmus abschicken!« Wie wir gesehen haben, kann man sich verbal selber steuern, indem man sich laut die der Hypothese entsprechenden Befehle gibt. Manchmal aber hat man nur ein *Gespür*, etwa von einer andern Bewegung, die man im Detail leider nicht verfolgen und auch nicht beschreiben kann, weil sie wahrnehmungsmäßig höchstens peripher erfaßt werden kann. In solchen Fällen kommt dann dem *gelernten Rhythmus* eine bedeutende Rolle zu.

Der Prozeß des Lernens ist aufs engste mit dem *Erkennen von Fehlern und dem Korrigieren oder Ausmerzen derselben* verbunden (Minksky & Papert 1972, s. unten). Nun ist natürlich die Rückmeldung über ein ausgeführtes Bewegungssegment (»So geht es nicht!«) auch durch die Reaktion selber hervorgebracht (also *response-produced*), nur wird das folgende Bewegungssegment nicht, wie Guthrie oder Watson annehmen, als Reaktion auf den propriozeptiven Reiz und als derart gebildete Gewohnheit (engl. *habit*; verstärkte Verknüpfung), sondern aufgrund des erspürten Fehlers aktiviert (vgl. Adams 1984). Die Bedeutung des *Fehlerfeedbacks* schlägt sich in *differenzierten Bewegungskorrekturen* nieder, je nach dem quantitativen oder qualitativen Ausmaß des Fehlers.

12.6 Über den Aufbau von Ablaufplänen

Wie wir oben schon gesehen haben, kann man annehmen, daß die entscheidenden großen Bewegungen durch einen zeitlich definierten Rhythmus ausgelöst werden. Auf hoher Organisationsebene ist es also dieses zeitliche Muster, das den Ablaufplan bestimmt. Wer dieses Muster zusammen mit den entsprechenden Bewegungen gelernt hat, verfügt grundsätzlich schon über die Hauptstruktur des Ablaufplans.

Fragen der Kodierung und der weiteren hierarchischen Organisastion

Neben verbalen Kodierungen, die u.a. aus Erklärungen und Hinweisen von erfahrenen Jongleuren stammen können, wird vieles aus dem Jonglierablauf räumlich-visuell kodiert: die räumliche Ausdehnung der Abfolge von bestimmten Bewegungssegmenten wie auch die auffallenden Merkmale von Hand- oder Armstellungen. Manches davon mag bei einem Lernen durch Beobachtung eines Modells so kodiert worden sein. Aufgrund dieser verbalen und räumlichen-visuellen Kodierung weiß der Jongleur, ob seine Bewegungen bzw. die Bahnen seiner Bälle im großen und ganzen korrekt sind. Sie gestatten überdies Korrekturen, wenn die beobachteten aktuellen Werte mit den kodierten Soll-Werten nicht übereinstimmen.

Viele zweifellos wichtige Teile der ganzen Sequenz sind kodiert, ohne daß wir präzis sagen könnten, *wie*! Ich meine damit eine ganze Fülle von feinen Bewegungen – zumindest in einer frühen Lernphase: Vor- und Rückverschiebungen der Hände bei leicht unregelmäßigen Würfen oder ein rasches Korrigieren der Hand- und Armstellung, wenn man einen Ball etwas zu spät abgegeben hat. Es ist denkbar, daß auf einem elementaren (vorwiegend physiologischen) Niveau der Verhaltensorganisation *propriozeptive Reize* (im

Sinne der behavioristischen Lerntheorie Watsons) bestimmte Reaktionen auslösen, die dann ihrerseits die Rolle verbindender Bewegungselemente übernehmen.

Daß derartige Korrekturen vorgenommen werden können, ist ein Beleg dafür, daß einerseits die betreffenden Bewegungen kodiert und abrufbar sind, andererseits aber dafür, daß der Bewegungsablauf permanent nach dem Prinzip von *Rückmeldeschlaufen* (engl. *feedback loops*) von visuellen und andern Wahrnehmungsprozessen begleitet ist. Der Organismus wartet gleichsam auf die entsprechenden Rückmeldungen oder ist zumindest darauf gefaßt, denn anders kann man sich die erstaunliche Geschwindigkeit, mit der Korrekturen oder Bewegungsanpassungen vorgenommen werden, gar nicht vorstellen. Das alles spricht für eine hierarchische Organisation des gesamten Ablaufs der Bewegungen, bei der die Hauptbewegungen durch die Rhythmik-Routinen gesteuert werden, die ihrerseits aber durch Rückmelde-Subroutinen feingesteuert werden.

Nach der behavioristischen *Reaktions-Verkettungs-Hypothese* (*chaining*) kann grundsätzlich *jeder* Stimulus, der durch eine Reaktion hervorgebracht worden ist (ein *response produced stimulus*), die nächste Reaktion der motorischen Kette auslösen; nach Watson (1919) und anderen treten die durch die eigenen Bewegungen ausgelösten, die *propriozeptiven Reize* also, als besonders wichtig hervor. Diese Art von Reiz hat den Vorteil, daß der Organismus ihn gleichsam immer »bei sich hat«; auf diese Weise könnten die propriozeptiven Reize demnach – immer der behavioristischen Theorie zufolge – die Segmente eines umfassenderen Bewegungsmusters regulieren. Wir wissen aber aus den oben vorgetragenen Ausführungen über Einheitenbildungen, daß die einzeln eingeübten Bewegungssegmente in spezifischer Weise *zeitlich organisiert* werden. Dabei löst die Bewegung des Werfens der rechten Hand, auch wenn aus ihr ein propriozeptiver Reiz entspringt, keine angemessene Folgereaktion aus; denn die gefragte Folgereaktion liegt ganz anderswo, nämlich »drüben«, in der *linken* Hand! Und diese Reaktion wird durch den Rhythmus gesteuert; deshalb ziehen wir die Interpretation des Ablaufs aufgrund der zeitlich-rhythmischen Steuerung derjenigen nach dem behavioristischen Prinzip der Kettenbildung vor.

Mit Lashley (1951) ist durchaus anzunehmen, daß selbst die sehr elementaren physiologischen Bewegungsanteile der Jonglierbewegungen (also die *response produced stimuli* und die durch sie ausgelösten Reaktionen) hierarchisch strukturiert sind und entsprechend gesteuert werden. Nur können wir darüber in unserem konkreten Fall nichts Detaillierteres sagen, weil uns der Zugang zur neurophysiologischen Steuerung fehlt.

Der Ablaufplan, den es beim Jonglierenlernen aufzubauen gilt, ist also eine kognitive Repräsentation, die einem *Plan* im Sinne von Miller, Galanter &

Pribram (1960) entspricht. Sie organisiert die Bewegungssequenz nicht nach Grundsätzen des assoziativen Kettenbildens, sondern nach Gesichtspunkten der hierarchischen Strukturierung.

12.7 Systematisches Ausmerzen von Fehlern

Minsky & Papert (1972) haben vor relativ langer Zeit schon die Ansicht vertreten, daß Jonglieren durch ein permanentes und systematisches Ausmerzen der eigenen Fehler gelernt würde. Da sie das Verhalten vor allem unter Computergesichtspunkten betrachten, sprechen sie vom »*debugging*«, d.h. davon, daß und wie man den »Wurm« (eigentlich den »Käfer«) im eigenen Verhalten findet und künftighin vermeidet.

Drei Dinge halten sie für das Jonglierenlernen für unentbehrlich: Zuerst muß man die grundlegenden begrifflichen Gedächtnisschemata kennen. Dies entspricht etwa dem Lernen der Beschreibungen, die ich eingangs vom Jonglieren gegeben habe. Hierbei kann außer dem Vortraining auch die empfohlene Schreibtischsimulation der Bewegungen vorbereitende Dienste leisten. Dann muß man lernen, diese Gedächtnisschemata in Bewegungen umzusetzen, in der richtigen zeitlichen Abfolge und grundsätzlich korrekt. Wenn man die faktischen Bewegungen und ihre korrekte zeitliche Folge im wesentlichen beherrscht, ist das Niveau des »Meisterns« erreicht (englisch: *mastery level*). Dann kommt – nach den genannten Autoren – das Verfeinern der Bewegungen bzw. das »Flüssigmachen« der ganzen Abfolge, das Auffinden der »bugs« durch eine entsprechende Analyse der Abläufe und das weitere eifrige Üben. Es kommt sehr darauf an, daß äußerliche und mit dem Jonglieren direkt nicht zusammenhängende Dinge *nicht* beachtet werden, denn das Jonglieren selber erfordert eine hohe Präsenz und einen dauernden Zugriff auf die vorhandenen Ressourcen. Wiederholung (Übung) macht die Bewegungen, vor allem die *Übergänge* zwischen deutlich verschiedenen Bewegungen wie Werfen und Fangen geschmeidig. Mit der Zeit lenken äußerliche Gegebenheiten (etwa daß jemand zuschaut) nicht mehr so stark ab, die Bewegungen werden noch gleichmäßiger, was das Zusammenspiel der Komponenten enorm erleichtert und immer weniger Aufwand (Aufmerksamkeit, Kontrolle) erforderlich macht. Damit wächst auch das Vertrauen in und die Freude an der eigenen Fähigkeit.

12.8 Vom Meistern der Aufgabe zur Automatisierung

Wer oft jongliert, wird merken, daß er mit längerer Praxis die Bewegungen »im Schlaf« kann, daß also die Bewegungssequenz nun *automatisiert* ist (*automaticity level*). Wie aber ist es dazu gekommen? Wir erinnern uns, daß sich der Jongleur zuletzt noch bewußt gemacht hat:»Werfen, werfen! Fangen, fangen!« Dann kam die Schwierigkeit, daß der in der Hand jeweils noch vorhandene Ball mit dem Befehl»Weg!« abgegeben werden mußte, bevor der schon im Anflug begriffene Ball sicher gefangen werden konnte. Der Befehl in der Übungsphase lautete:»Weg...!« Was sich nun bei fortgesetzter, erfolgreicher Übung ereignet, ist folgendes: Der Befehl schließt immer mehr ausgeführte Elemente ein, d.h. obwohl nur das Absenden des Balls genannt wird, wird das unmittelbar daran anschließende Fangen gleichsam selbstverständlicher Teil dieses Absendens, so daß der Befehl»Weg... weg... weg...!« den Platz des früheren»Werfen!« einnimmt und überdies das Fangen gerade mit einschließt. Was bewußt geschieht, ist also das Abspielen des Balls; das Fangen ist integraler Bestandteil dieses Abspielens geworden. Damit sind zugleich *neue* Verhaltenseinheiten entstanden: (WR3(FR2)) und (WL1(FL3)), die Variante 1 von oben, nur in etwas anderer Schreibweise, um anzudeuten, daß das Fangen dem Werfen nun unmittelbar eingegliedert ist und nicht mehr bewußt hervorgehoben zu werden braucht. Diese neuen Einheiten können von nun an als umfasssendere Bewegungssegmente abgerufen werden. Durch diese Eingliederung oder Integration der Teilbewegung»Fangen« in die umfassendere Gesamtbewegung»Werfenfangen«, die durch den Befehl »Weg!« ausgelöst wird, ist diese Teilbewegung *automatisiert* worden.

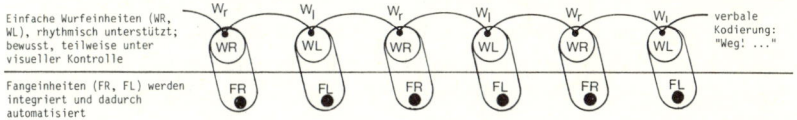

Einfache Wurfeinheiten (WR, WL), rhythmisch unterstützt; bewusst, teilweise unter visueller Kontrolle

Fangeinheiten (FR, FL) werden integriert und dadurch automatisiert

verbale Kodierung: "Weg! ..."

Abb. 12   Schematische Darstellung der Automatisierung: Die Würfe werden verbal durch die Befehle »Weg!« unterstützt. Allmählich wird die Handlung des Fangens der Wurfbewegung einverleibt. Sie wird zusammen mit der Wurfbewegung ausgeführt und muß daher nicht eigens und bewußt (durch einen Befehl) ausgelöst werden, d.h. sie läuft *automatisch* ab.

So war es im Vortraining tatsächlich auch vorbereitet und eingeübt worden (»Werfen, werfen!«; WR1 WL2), allerdings damals noch ohne das *eingegliederte Fangen* (vgl. jede zweite Einheit von Variante 3). Jetzt liegt die Betonung auf den Würfen bzw. den Wurfbefehlen: Ein Wurf der rechten geht einem der linken Hand voraus. Werden nun die beiden neuen Würfe (WR3(FR2)) und (WL1(FL3)) zu einer nächsten Einheit zusammengefaßt, so bringt jeder Wurf die ihm eingegliederte, automatisierte Fangbewegung mit, so daß die neue, noch umfassendere Einheit heißt: (WR3(FR2))(WL1(FL3)) oder genauer geschrieben: [(WR3(FR2))(WL1(FL3))]. Das ist die oben dargestellte Variante 5a. Konkret bedeutet das, daß im Moment, da die rechte Hand mit Jonglieren beginnt, die linke schon »weiß«, was sie zu tun hat, weil ihre

171

Aktivitäten denen der rechten Hand eingegliedert sind; sie wird daher automatisch im Gefolge der rechten funktionieren.

[(WR<>(FR<>))(WL<>(FL<>))] ist in der Tat der Grundbaustein des Jonglierens mit drei Bällen (übrigens auch mit fünf!). Was wechselt, sind die Nummern der Bälle (durch die Leerstelle <> bezeichnet), die durch die Hände gleiten. Nach dreimaligem Aneinanderreihen dieses Grundbausteins, ist eine Jonglierperiode mit drei verschiedenen Bällen vorbei, und eine identische nächste beginnt.

Der Jongleur hängt nun solche Einheiten aneinander, bis er, weil er den Ablaufplan nun völlig beherrscht, einem spontanen Einfall folgend, Teile innerhalb der Einheit zu variieren beginnt und einen Ball unter einem Bein hindurch oder von hinten über den Rücken hinweg führt. Die Einheiten sind dann unter Umständen ungleich groß, was ihren zeitlichen Ablauf betrifft, weil die Bälle längere Wege durchlaufen. Aber die Rückmeldeschlaufen im Ablaufplan liefern die nötige Information, die dem Jongleur sagt, welche Teilbewegungen innerhalb des Grundbausteins nun verändert, d.h. verlangsamt oder räumlich verschoben werden müssen. Im ganzen entstehen so Perioden von ungleichem Aussehen: normale kontrastieren mit längeren, aber attraktiveren! Auf diese Weise können *Rhythmen höherer Ordnung* entstehen. Wesentlich ist dabei, daß die größeren Bewegungssequenzen als ganze Einheiten und nicht als eine Fülle von Einzelsegmenten kontrolliert werden. Das macht den Experten aus: Er kann ohne viel bewußte zusätzliche Kontrolle die Bälle in allen möglichen Körperstellungen jonglieren; er kann sie anstatt in ungefähr paralleler Ebene zu seinem Körper in einer rechtwinklig zu diesem stehenden Ebene bewegen; er kann auch ohne allzuviel weiteren Übungsaufwand mit Ringen jonglieren und anderes mehr. In diesem Fall müßten die großen Züge des Ablaufplans überhaupt nicht geändert, hingegen müßten die Arm- und Handbewegungen auf den elementareren Ebenen der hierachischen Bewegungsorganisation deutlich angepaßt werden.

Dem Experten stehen größere Bewegungseinheiten und entsprechende Rhythmen zur Verfügung, die er nach Belieben ausfalten, d.h. mit Besonderheiten anreichern kann. Er kann aber auch relativ leicht neue Elemente in den Gesamtablauf einbauen, beispielsweise zwei weitere Bälle, also mit fünf Bällen jonglieren. Kaufen Sie vorsichtshalber aber erst einmal drei Bälle ein (z.B. in der Schweiz bei *Jonglerie Diffusion, Case postale 2, 1232 Confignon; in der BRD bei Pappnase & Co., Bornstraße 20, 2000 Hamburg).*

Die möglichen Stellungen des Körpers, der Arme, der Hände, aber auch die Flugbahnen der Bälle dürften in die Tausende gehen, und für jeden Fall ist der geübte Jongleur gerüstet: Er verfügt über die spezifischen Einheiten von umfassenden Bewegungsmustern für jede Situation, und dies in einer Weise, die ihm ein äußerst rasches Abrufen erlaubt. Auch kann jetzt jongliert werden, wenn Zuschauer da sind, im Rampenlicht, ohne daß dieser Kontext die Ressourcen für die Bewegungsabläufe schmälert. Das alles ist aber nur dann der Fall, wenn die Sequenzen automatisiert sind.

Im Hinblick auf die Einheitenbildung auf höherer Stufe, von der hier die Rede war, können wir jetzt sagen, daß sie von mehreren Faktoren abhängt: vom Niveau des Könnens (Novize versus Experte), insbesondere vom Grad der Automatisierung und wohl auch von den individuellen Unterschieden in bezug auf die motorische Geschicklichkeit.

12.9 Ein abschließendes Plädoyer für eine »Jongliergrammatik«

Das soeben Ausgeführte soll noch unter einem andern Gesichtspunkt erörtert werden: Was den Abruf der Bewegungssegmente und ihre Integration in einen zusammenhängenden Bewegungsfluß betrifft, scheint eine immer perfektere *Rhythmisierung* von größter Bedeutung zu sein. Freilich mag sowohl nichtverbale, räumlich-visuelle als auch kinästhetische Information eine gewiße Rolle spielen, und etwas wie innere Landkarten oder räumliche Bewegungsskizzen mögen mit zur Repräsentation des Bewegungsablaufs gehören. Bestimmend für den Ablaufsplan und seine Realisierung (oder Instantiierung) ist aber das *rhythmische Moment, das den entscheidenden Beitrag für die zeitgerechte Steuerung der Bewegungen leistet; diese sind nicht das Resultat einer motorischen Kettenbildung. Die Repräsentation des Ablaufs impliziert eine Hierarchie*, die es erlaubt, die Bewegungsmuster, wie sie beim Jonglieren vorkommen, in der richtigen Abfolge bzw. in einem ganzheitlichen Rhythmus *vorzubereiten, neural anzuregen, auszuführen* und zu *beenden*, und erst noch *Rückmeldung* über jeden dieser Prozeße und dessen Resultate zu liefern. Ähnlich wie beim Generieren von Sprache mit ihrer syntaktischen Flexibilität, wo nicht ein Wort einfach das folgende auslöst, sondern wo hierarchische Pläne sicherstellen, daß die Wortabfolge stimmt, werden beim Jonglieren, gleichsam einer »Jongliergrammatik« folgend, die Bewegungssegmente so abgerufen, daß die beobachtbare Sequenz das gewünschte Bewegungsmuster sicherstellt. Nur eine hierarchisch organisierte »Grammatik« gestattet das Einfügen von Spässen (vergleichbar dem Einschieben von Attributen in spachliche Äußerungen) und vor allem das spontane Korrigieren von mißlungenen Bewegungen in einer Weise, daß der Zuschauer kaum etwas davon merkt. Daß es sich beim Jonglieren nicht bloß um Kettenbildungen von Bewegungssegmenten handelt, läßt sich auch daran erkennen, daß nicht an jeder beliebigen Stelle nach einem Fehler wieder begonnen werden kann, wie dies ja der Fall sein müßte, wenn *jede* Reaktion als Glied einer Kette durch den jeweils vorangegangenen Reiz ausgelöst werden könnte und man bei einem Fehler einfach unmittelbar vor der fehlerhaften Bewegung wieder einsetzen könnte; in Wirklichkeit muß an »Nahtstellen« zwischen *größeren Einheiten* wieder eingesetzt werden, ganz so, als ob beim Sprechen, wenn man sich versprochen hat, ein ganzer Satzteil noch einmal richtig wiederholt werden müßte.

12.10 Memo

1. Jonglierenlernen heißt, einen hierarchischen Ablaufplan für Bewegungssegmente aufzubauen.
2. Die einzelnen Bewegungssegmente müssen durch ausgiebiges Wiederholen bis auf auf ein Niveau höchster Gleichmäßigkeit gelernt werden.
3. Die korrekte Abfolge der Bewegungssegmente wird durch Vorgabe eines Rhythmus aufgrund verbaler Selbststeuerung gelernt.
4. Bewegungssegmente werden zu größeren Bewegungseinheiten zusammengefaßt. Dieses Zusammenfassen ist ein Aspekt des Jonglierenlernens.
5. Wem es gelingt, die einem jeweiligen Wurf folgende Fangbewegung diesem Wurf unmittelbar anzugliedern und nur noch den Wurf zu betonen (»Weg! Weg!«), hat den entscheidenden Schritt zum Jonglieren mit drei Bällen vollzogen.
6. Werden Teilbewegungen (Bewegungssegmente) anderen Bewegungssegmenten angegliedert, deren Abfolge bereits gelernt ist, und durch diese andern mit ausgelöst, so sind diese angegliederten Teilbewegungen automatisiert worden.
7. Eine Automatisierung des Jonglierens erfolgt aufgrund fortgesetzter Integration von Teilbewegungen in umfassendere Bewegungssegmente, bis umfassendere Rechts-links-Einheiten aufgebaut und schließlich die ganze Sequenz (eine Periode) zu einer Einheit geworden ist.
8. Wir haben einen Bewegungs-Grundbaustein für das Jonglieren mit drei Bällen erkannt: [(WR<>(FR<>))(WL<>(FL<>))].
9. Der Organisations- oder Ablaufplan für das Jonglieren, die »Jonglier-grammatik«, läßt sich mit einer Sprachgrammatik insofern vergleichen, als nicht eine Bewegung als Reiz die nächste hervorruft (sowenig ein Wort dem nächsten ruft!), also keine motorische Kettenbildung stattfindet. Vielmehr ist sie wie eine Sprachgrammatik hierarchisch organisiert.
10. Die Tatsache der zeitlichen Steuerung der Einsätze z.B. der Wurfbewegungen der rechten und dann der linken Hand sprechen gegen eine behavioristische Erklärung aufgrund von propriozeptiven Reizen, die durch eigene Reaktionen produziert worden sind, und die jeweils nächste Reaktion auslösen.

13. Lernen aus Text – Über den Aufbau mentaler Modelle

13.1 Einleitung

Kapitel 13 ist das längste dieses Buches, und dies nicht ohne Grund, handelt es doch von der wohl wichtigsten und vielleicht auch anspruchsvollsten Art des Lernens in unserem Kulturkreis: vom Lernen bzw. vom *Wissenserwerb aus Text*. Lernen, d.h. *Aufnehmen, Behalten* und *Wiedergeben* von Textinhalten setzt das *Verstehen* derselben voraus. Aber es braucht mehr: Was verstanden ist, muß so *gespeichert* werden, daß es auch jederzeit wieder *abgerufen* werden kann. Zuerst wird also vom *Verstehen* die Rede sein. Verstehen wird von den einen als ein *Addieren von Bedeutungseinheiten*, von andern als ein *Integrieren von solchen Einheiten* in ein ganzheitliches »Gebäude«, ein *mentales Modell* betrachtet. Der *Prozeß* des Verstehens wird als ein Analysieren aufgrund einer vorangegangenen Synthese von Erwartungen beschrieben.

Lernen aus Text beginnt, wenn es gezielt vorgenommen wird, mit einem *Bereitstellen von Vorwissen* in Form von *kognitiven Schemata*. Mit andern Worten, es wird bereits vorhandenes Wissen (Bedeutungen) aktiviert, in das die neue Textinformation zumindest teilweise integriert werden kann. Diese Integration erfordert *elaborative* wie *reduktive Prozesse*, d.h. einerseits solche, die durch Erweiterung das Neue mit dem Alten verbinden, andererseits aber solche, durch die die Fülle an sprachlicher Information auf ein speicherbares Maß reduziert wird. Einige Information stammt aus Illustrationen (Graphiken). Diese müssen wie der Text selber auch zuerst verstanden und dann in die Bedeutungsgesamtheit integriert werden. Dies ist ein *bedeutungsmäßiges, ein semantisches Kodieren der Information* und damit ein Teil des *Speicherns*. Solche Speicherungen müssen aber konsolidiert (gefestigt) und auf einen Abruf hin eigens vorbereitet werden.

Das vorliegende Kapitel enthält eine Fülle von neuen Begriffen, die der Leser erst nach und nach wird mit Bedeutung versehen können. Im Zusammenhang mit dem *Verstehen* sind es Begriffe wie *Bedeutungseinheiten oder Propositionen, Inhaltskonzepte* oder *Argumente, Relationen*, das *Aufaddieren von Propositionen*, das *Integrieren von Propositionen, ganzheitliche mentale Modelle*, der *Bedeutungs- oder Sinnfluß*. Im Zusammenhang mit dem Speichern (Behalten) und Abrufen, d.h. dem *Lernen* aus Text (im engeren Sinne des Wortes) und dem »Lesen« von Illustrationen werden Begriffe wie die folgenden wichtig: das *Aktivieren von Schemata*, die *semantische Kodierung*, das *Bahnen von Abrufwegen*, die *darstellende*, die *interpretative* und die *organisierende Funktion der Graphik*, die Notwendigkeit einer »Dynamisierung« der Graphik, die Integration ihrer Bedeutung in das mentale Modell, die bereits genannten elaborativen und reduktiven Prozesse sowie *metakognitive Prozesse.*

13.2 Ein Wirtschaftskundetext als Exempel und Fragen zum Lernziel

Für die folgenden Ausführungen über das Lernen oder den Wissenserwerb aus Text wollen wir uns auf *geschriebenen* Text konzentrieren. Wenn die für das Textbeispiel dieses Kapitels gewählte Thematik des »Butterberges« und seiner Folgen (aus der Einführung in die Nationalökonomie von Frey 1981) dem primär psychologisch oder pädagogisch interessierten Leser nicht sonderlich gelegen ist, so ist dies voll beabsichtigt: Der Leser soll selber möglichst anschaulich erleben, was Lernen aus Text heißt; er soll versuchen, sich selber zu beobachten, gleichzeitig aber die im Text enthaltene Information auch wirklich zu lernen.

Der Text, den wir hier wiedergeben, ist in Wirklichkeit ein Ausschnitt aus dem zweiten Kapitel »Das Gesetz von Angebot und Nachfrage« (Frey 1981, 24–43). Von den zwei Graphiken, die dazu gehören, geben wir die eine an geeigneter Stelle im Text (Abb. 13), die andere (Abb. 14) etwas weiter hinten in diesem Kapitel wieder. Eine Passage zwischen den beiden Textteilen lassen wir weg, da sie für unsere lernpsychologischen Überlegungen entbehrlich ist.

»Die Preisbildung

Angebot und Nachfrage stoßen auf dem Markt zusammen. Zum besseren Verständnis stelle man sich einen italienischen Markt, auf dem noch gefeilscht wird, vor. Die Anbieter verlangen zuerst einen hohen Preis und wären auch bereit, eine große Menge zu verkaufen. Die Nachfrager demgegenüber wollen zu einem derart hohen Preis nicht soviel kaufen, wie die Anbieter abzusetzen gedenken, nennen vielmehr einen sehr tiefen Preis. Die Anbieter gehen in der zweiten Verhandlungsrunde etwas mit dem Preis zurück. Die Nachfrager sind nun bereit, etwas mehr zu kaufen, und es treten bei diesem Preis Kaufinteressenten auf. Zu Abschlüssen kommt es aber immer noch nicht. Die Wünsche der Anbieter decken sich noch nicht mit jenen der Nachfrager. Beim Preisangebot der ersteren entstünde immer noch ein Angebotsüberschuß, bei den von den Nachfragern genannten niedrigen Preisen ein Nachfrageüberschuß. Der Verhandlungsprozeß muß solange weitergehen, bis die angebotene Menge gleich der nachgefragten Menge ist. Beim betreffenden Preis, dem *Markt-* oder *Gleichgewichtspreis*, geht die Ware schließlich von den Anbietern an die Nachfrager über. .....

Mindestpreis für Butter

In praktisch allen Staaten wird das Spiel von Angebot und Nachfrage im Bereich der Landwirtschaft durch staatliche Eingriffe gestört. Um den Bauern ein höheres Einkommen zu ermöglichen, schreibt der Staat beispielsweise einen Mindestpreis für Butter vor. Dieser Mindestpreis, der nicht unterboten werden darf, ist selbstverständlich höher als der Markt- oder Gleichgewichtspreis. Wie sich anhand des Angebots-Nachfrage-Schemas zeigen läßt, hat diese staatliche Intervention eine unangenehme Nebenwirkung (vgl. Abb. 13): Es entsteht ein Angebotsüberschuß (BC). Zum Interventionspreis (OA)

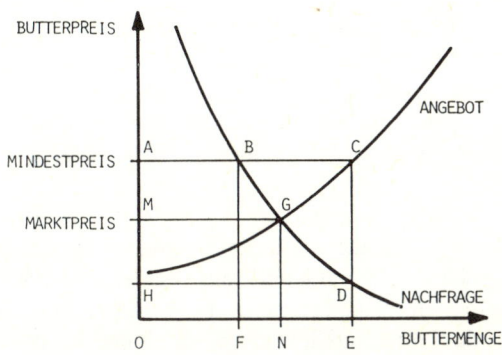

Abb. 13 Mindestpreis für Butter als staatliche Interventionsmaßnahme und Störfaktor im Spiel von Angebot und Nachfrage (aus Frey 1981, 36).

wollen die landwirtschaftlichen Produzenten eine bedeutend größere Menge an Butter absetzen (OE=AC), als die Nachfrager zu kaufen bereit sind (OF=AB). Es handelt sich dabei um den berühmten Butterberg, mit dem sich fast alle Staaten immer wieder beschäftigen müssen. Eine derartige Situation ist längerfristig nicht haltbar. Wo soll man mit der Butter auch hin? Es müssen daher ergänzende Maßnahmen ergriffen werden. Bei denjenigen, die im Vordergrund stehen und meist gemischt durchgeführt werden, handelt es sich um die folgenden drei:

1. Der Staat kauft die Überschußmenge (BC) zum Mindestpreis auf und vernichtet sie oder setzt sie zu Dumpingpreisen auf noch nicht erschlossenen Märkten, etwa im Ausland, ab. Unter Dumpingpreisen versteht man Preise, die unter den Herstellungskosten oder den Einstandspreisen liegen. Die ganze Aktion geht zu Lasten der Steuerzahler, welche die Differenz zwischen den Einnahmen aus Butterverkäufen der Bauern beziehungsweise der Käsereien (in Abb. 13: OECA) und den Verkäufen an die einheimische Bevölkerung (OFBA) finanzieren müssen (Annahme: kostenlose Vernichtung der Überschußproduktion).

2. Der Staat fordert von den landwirtschaftlichen Produzenten eine Mengenbeschränkung: Sie dürfen nur soviel anbieten, wie die Nachfrager zum Interventionspreis zu kaufen willens sind (AB). Diese Maßnahme ist in dieser extremen Form nicht praktikabel, denn sie reduziert, wie aus Abb. 13 hervorgeht, das landwirtschaftliche Einkommen erheblich, insbesondere im Vergleich zur ersten Lösung (OFBA statt OECA). Indessen ist bei preisunelastischer Nachfrage, d.h. steiler Nachfragekurve, der Erlös der Bauern immer noch höher als bei der Marktlösung (ONGM).

3. Der Staat zahlt Preissubventionen. Dies bedeutet, daß es für Butter zwei Preise gibt: einen über dem Gleichgewichtspreis (OM) liegenden Interventionspreis (OA), der für die Bauern gilt, und einen unter dem Marktpreis liegenden Preis für die Konsumenten (OH). Der Konsumentenpreis wird so festgelegt, daß die durch die Bauern angebotene Buttermenge gerade abgesetzt werden kann (AC=HD). Die Differenz zwischen Produzentenumsatz (OECA) und dem, was die Konsumenten zu zahlen haben (OEDH), muß durch den Steuerzahler getragen werden (HDCA)« (Frey 1981, 32–37).

Dieser Text wird die Grundlage für unsere weiteren Überlegungen in diesem Kapitel sein: Anhand des mittleren Teils werden wir das Problem des Verstehens von Textinformation erörtern; etwas später werden wir anhand des ersten Teils über das Lernen aus Text im engeren Sinne des Wortes sowie über das »Lesen« einer Graphik (Abb. 14) sprechen. Anschließend daran werden wir das Speichern und Abrufen thematisieren und den letzten Textteil samt der Graphik (Abb. 13) noch einmal aufgreifen. Zunächst wenden wir uns aber der Frage nach dem Lernziel zu.

Lernziele

Was ist eigentlich mit »Lernen aus Text«, insbesondere aus diesem konkreten Text, gemeint? Welchen *Inhalt* will der Leser in welcher *Form* lernen? Was will er am Schluß *können* oder *wissen*?

Für uns definieren wir das Lernziel folgendermaßen: Der Lerner soll aufgrund der Lektüre des vorliegenden Textes einem Bekannten das Problem »Der Butterberg und die staatlichen Interventionsmaßnahmen« unter Verwendung der einschlägigen Begriffe frei, d.h. ohne weitere Hilfsmittel, vortragen können.

Es gäbe freilich noch eine ganze Reihe von weiteren Lernzielen, die sich ein Leser auch selber stecken könnte:

– Ein Leser will verstanden haben und *Kernpunkte* wie »Angebotsüberschuß« wiedergeben können.

- Er will eine *Zusammenfassung* des Textes schreiben können.
- Er will die *entscheidenden Aussagen* herausgreifen können.
- Er will die wichtigsten *Begriffe* wie z.b.»Interventionspreis« nennen und aufgrund des Textes *erklären* oder *definieren* können.
- Ein weiterer Leser will in der Lage sein, ein Examen zum Thema»Preisbildung« zu bestehen und daher *Fragen*, die ihm jemand zum Inhalt des Textes stellt, *beantworten* können.
- Wieder ein anderer möchte anhand dieses Textes das *Prinzip* staatlicher Interventionsmaßnahmen und deren Folgen verstehen und auf die Milchschwemme und den Fleischberg übertragen können.
- Ist der Leser Verlagslektor, so will er wissen, ob es noch Druckfehler hat.
- Und schließlich ist es möglich, daß einer *wörtlich* wiedergeben will, was er gelesen hat.

Die zuletzt genannte Zielsetzung dürfte beim Lernen aus Text eher selten sein. Anders ist es freilich, wie wir später noch sehen werden, beim Lernen eines Gedichts (vgl. Kapitel 15). Manchmal wird allerdings auch bei einem Lernen aus Text zu einem wörtlichen Auswendiglernen Zuflucht genommen, dann nämlich, wenn der Leser den Inhalt *nicht versteht* und er weiß, daß er in der Lage sein muß, ihn irgendwie wiederzugeben!

Lernen aus Text – ein vielfältiger Prozeß

Ganz allgemein kann man sagen, daß Lernen aus Text bedeutet, ihn zu *verstehen*, ein bestimmtes *Wissen*, d.h. Bedeutungen, aus ihm herauszuholen, dieses Wissen zu *speichern* und es zum *Abrufen* bereitzuhalten (diesen Punkt haben wir schon in Kapitel 9 hervorgehoben). Es ist dann ein weiterer Schritt, wenn verlangt wird, dieses Wissen auch noch möglichst konkret anzuwenden: etwas damit zu tun, es in eine Aktivität (z.B. in eine Planung) umzusetzen.

Nach dem soeben Gesagten, ist es also angezeigt, daß wir uns zunächst einem ersten Prozeß und zugleich einer entscheidenden *Voraussetzung* für einen Wissenserwerb zuwenden, nämlich dem *Verstehen*.

Verstehen und Behalten (Speichern) sind Prozesse, die man nur analytisch auseinanderhalten kann; in der realen Situation des Lernens interagieren sie und sind unentwirrbar miteinander verknüpft.

13.3 Über das Verstehen von Text

Wie wird ein Text *verstanden*? Wenn im Rahmen dieses Buches auch keine *umfassende* Darstellung der modernen Textverstehenstheorien gegeben werden kann, so soll doch dargestellt werden, daß dem Wissenserwerb und

Behalten der entsprechenden Wissen*elemente* ein Informationsverarbeitungsprozeß zugrunde liegt, der das Verstehen einschließt, und dieses wiederum ist in vielfacher Hinsicht für das Lernergebnis mit entscheidend.

Textverstehen als »Addieren« von Bedeutungseinheiten (Propositionen)

Die folgenden Ausführungen beziehen sich auf den mittleren Teil des Textes: »Mindestpreis für Butter« (s. S. 177).

Der Leser *versteht* den Inhalt des oben vorgestellten Textes aufgrund seines *sachbezogenen Vorwissens* und seiner *aktuellen Auseinandersetzung* mit dem Text selber beim Lesen. Dazu benötigt er allerdings neben dem sachbezogenen noch weiteres Vorwissen: Er muß die Wörter der geschriebenen Sprache in seinem inneren *Lexikon* verfügbar haben, und er muß die *Syntax* der betreffenden Sprache beherrschen. Damit ist allerdings noch nicht sichergestellt, daß er aus dem Fluß der Sprachinformation auch schon deren *Bedeutung* herausholen kann.

Die meisten Theorien des Textverstehens der *frühen siebziger Jahre* gehen davon aus, daß die Bedeutungen eines Textes in *semantischen* oder *Bedeutungseinheiten* repräsentiert werden. Als Bedeutungseinheit nehmen sie die *Proposition* an. Diese ist ein Gefüge, das sich in seiner Form an die Relationenlogik anlehnt, aber aus sprachlich faßbaren, inhaltlich *spezifischen Begriffen* (Inhaltskonzepten) und einer *Relation* (Relationskonzept) besteht, die die inhaltlichen Elemente (Inhaltskonzepte) miteinander verknüpft. In bezug auf den ökonomischen Lehrtext würde die Bedeutung des Satzes »... schreibt der Staat beispielsweise einen Mindestpreis für Butter vor« durch die folgende Proposition ausgedrückt:

(1) (VORSCHREIBEN, STAAT, MINDESTPREIS, BUTTER)

Dabei sind »Staat«, »Mindestpreis« und »Butter« die spezifischen inhaltlichen Konzepte (Begriffe) oder, wie man sie auch nennt, die *Argumente*, und »vorschreiben« ist das sie verbindende *Relationskonzept*. Die ganze Proposition (1) ist also eine *Bedeutungseinheit* dieses Textes: Man erkennt dabei, daß etwas vorgeschrieben wird, von jemand, für etwas, und mit Hilfe eines ganz bestimmten Mittels.

Nun besteht aber ein Text aus vielen Sätzen und damit auch aus vielen Propositionen, die je eine Bedeutungseinheit darstellen. Entscheidend ist nun nicht bloß, daß der Leser jede einzelne Bedeutungseinheit – als eine in sich abgeschlossene Gegebenheit – versteht (d.h. mit seinem Vorwissen in Beziehung setzen kann), sondern daß er die größeren Zusammenhänge, die der Text anbietet, richtig erfaßt. Diese größeren Textzusammenhänge werden auf verschiedene Arten gewährleistet: Einmal dadurch, daß ganze Propositionen in einem ihrer Argumente gleichsam»verdichtet« werden und in dieser verdichteten Form (sozusagen als Paket) als neues Argument in eine spätere Proposition eingehen. Fassen wir Proposition (1) ins Auge und verdichten wir sie im Argument»Mindestpreis«, d.h. packen wir alle Information in den Begriff»Mindestpreis« hinein, so können wir die Bedeutung der Propositionen folgendermaßen neu formulieren:»Der Mindestpreis, *der für die Butter vom Staat vorgeschrieben wird«*. Diese Bedeutung steckt nun im Argument »Mindestpreis« unsichtbar drin. Der folgende Satz im Text beginnt mit der Formulierung»Dieser Mindestpreis...«. Mit dem Demonstrativpronomen »Dieser« wird das angedeutet, was im»verdichteten« Argument»Mindestpreis« eigentlich drin steckt und was wir oben beschrieben haben:»..., der für die Butter vom Staat vorgeschrieben wird«.

Wenn wir den dritten Satz des Textes als Bedeutungseinheit in propositionaler Form darstellen, ergibt sich folgendes Bild:

(2) (IST HÖHER ALS, MINDESTPREIS, MARKTPREIS)

Man erkennt, daß in dieser Proposition der Mindestpreis als Argument Eingang gefunden hat und daß er als solches dort drin gleichsam die ganze Proposition (1) vertritt.

Beim Lesen des dritten Satzes, in dem der Mindestpreis erneut erwähnt wird, trägt der Leser sozusagen sein gesamtes bisher erworbenes Wissen über diesen Mindestpreis mit und bringt es dort ein. Das macht den *Bedeutungs-* oder *Sinnfluß* (Aebli 1978, 1981) eines derartigen Textes aus.

Manchmal kommt es auch vor, daß ein Begriff, der in einem Satz wesentlich zur Bedeutung beigetragen hat, der also als Argument in der entsprechenden Bedeutungseinheit (Proposition) seinen Platz gefunden hat, in einem Satz wieder auftaucht, der viel später im Text steht. Er wird dann auch in der Proposition, die dem Satz entspricht, wieder drin sein und dadurch diese Proposition mit der früheren verbinden. Solche wiederholt auftauchenden Argumente stellen einen Bedeutungszusammenhang durch Überlappung der Propositionen her; man spricht von sogenannter *Argumentüberlappung*. Als Beispiel dafür könnte man in unserem Ökonomie-Text den Begriff»staatlicher Eingriff« im ersten und die synonyme Wiederholung»staatliche Intervention« im vierten Satz anführen.

Umfassendere Textbedeutungen kommen oft auch durch etwas kompliziertere Zusammenhänge zustande: In unserem Text steht beispielsweise der Satz»Es handelt sich dabei um den berühmten Butterberg, mit dem sich fast alle

Staaten immer wieder auseinandersetzen müssen«. Seine Bedeutung läßt sich in die Proposition kleiden:

(3) (SICH BESCHÄFTIGEN, STAATEN, BUTTERBERG)

Die Bedeutung, die in dieser Proposition ihren Ausdruck findet, ist ohne genauere Angaben über den Butterberg im Text (oder aufgrund von Vorwissen) gar nicht voll zu erfassen. Man muß also wissen, welche Bedeutung in »Butterberg« steckt: nämlich die eines Angebotsüberschusses an Butter! Dieser *Angebotsüberschuß* kommt nun seinerseits aufgrund einer *Verknüpfung* von zwei Propositionen zustande, deren Bedeutungen freilich dem Text entstammen.

(4) (ABSETZEN WOLLEN, PRODUZENTEN, GRÖSSERE BUTTER-MENGE)
(5) (KAUFEN WOLLEN, NACHFRAGER, BUTTERMENGE)

Die Bedeutungen dieser beiden Propositionen werden zueinander in ein *Vergleichsverhältnis* gesetzt, aus dem eine gewiße Differenz, nämlich der Angebotsüberschuß hervorgeht, und daraus ergibt sich dann die Bedeutung für das Inhaltskonzept »Butterberg«. Überdies finden wir in diesen beiden Propositionen im Element »Buttermenge« eine *Argumentüberlappung*. Der gesamte Bedeutungszusammenhang in Proposition (3) wird klar, wenn man die Propositionen (4) und (5) gleichsam »mitnimmt« und »mitdenkt«. Das ist wiederum der oben schon erwähnte Bedeutungs- oder Sinnfluß. Dadurch, daß die Propositionen, die sich aus dem Text herausarbeiten lassen, eine kohärente Ganzheit bilden, wird also die Bedeutung eines ganzen Textes erfaßbar und in sogenannten *Propositionenlisten* darstellbar (vgl. für die genaueren Details und Forschungsergebnisse u.a. Van Dijk 1977, 1984, Kintsch 1974, 1977).

Die Theorien, auf die hier Bezug genommen wird, sagen, daß sich Textbedeutung also durch eine (etwas komplizierte) *Addition von Propositionen* konstituiert. Dieses *additiv-elementaristische* Vorgehen beim Textverarbeiten und -verstehen ist dem sich Vorwärtsarbeiten des Kletterers an der Felswand vergleichbar, der sehr nahe am Stein »klebt« und sich mangels Übersicht über den ganzen Aufstieg leicht versteigt, unter Umständen zurückklettern und neu starten muß. Ein solcher »fehlender Überblick« kann sich auch beim Verstehen von Textinformation bemerkbar machen, wenn man dem Modell des Verstehens auf der Grundlage *addierter Propositionen* folgt: daß nämlich unversehens der Sinn eines Abschnittes nicht mehr mit dem Text übereinstimmt und man noch einmal von vorne mit Lesen beginnen muß!

Lassen wir es im wesentlichen bei dieser Metapher vom Kletterer, wenn wir die Unzulänglichkeiten der additiv-elementaristischen Interpretation des

Textverstehens charakterisieren (mehr Theorie dazu findet sich u.a. bei Collins, Brown & Larkin 1980, 385–406) und wenden wir uns – mit andern Autoren (z.B. Schnotz 1985, Mandl & Schnotz 1985) – einer *ganzheitlicheren* Interpretation der Prozesse des Textverstehens zu!

Textverstehen als Konstruktion eines ganzheitlichen mentalen Modells

Es ist wohl nichts Absonderliches, wenn jemand, der aus dem oben stehenden Ökonomietext lernen will, schon beim Lesen des Titels »Mindestpreis für Butter« sein *Vorwissen aktiviert* und versucht, sich ein »Bild« von der gesamten Situation zu machen, in die hinein der Text zu gehören scheint. Es gibt Theorien, die den Aufbau eines solchen Bildes noch deutlicher zu machen suchen, indem sie von »Szenarien« sprechen, die beim Verarbeiten eines Textes vom Leser aufgebaut werden (Sanford & Garrod 1981). Die oben schon genannten Autoren Collins, Brown & Larkin (1980), die zusammen mit andern die *additive* Interpretation des Textverstehens (s. letzten Abschnitt) kritisiert haben, glauben, daß aufgrund des zu verarbeitenden Textes (der eigentlichen *Datenbasis*) ein inneres *mentales Modell* aufgebaut wird, das den Sinn oder die Bedeutung des Textes darstellt. Wenn hier von »Modell« die Rede ist, so heißt das, daß die strukturellen und funktionalen Gegebenheiten *analog* zur realen Situation, d.h. in unserem konkreten Fall zu den realen ökonomischen Gegebenheiten – eben in einem Modell – innerlich repräsentiert werden. Ein solches *mentales Modell* enthält neben verbal faßbaren, relativ umfassenden Bedeutungseinheiten auch Information (etwa in Form von Vorstellungen), die den Gegebenheiten der realen Situation wirklich *analog* ist, d.h., die räumlichen und zeitlichen Relationen abbildet. Ein solches leisten propositionale Repräsentationen nicht; diese beschreiben die Realität in einer ihr eigenen Weise, gleichsam in einer »Einheitssprache« (Pylyshyn, 1973, spricht von einer »Interlingua«), die dem »digitalen« Format der Proposition entspricht. Über die diesbezüglich *beschränkten* Möglichkeiten propositionaler Repräsentation gegenüber der *analogen* Repräsentation ist denn auch in den vergangenen Jahren ein heftiger Disput entbrannt, der zur Einsicht geführt hat, daß jede dieser beiden Repräsentationsformen ihre *spezifischen Anwendungsfelder* hat und daß sie sich nicht notwendigerweise auszuschließen brauchen. (Man greife für eine Zusammenfassung dieser Diskussion zu Kosslyn, Pinker, Smith & Schwartz 1979.) So wird die Textinformation, die durch die Graphik (Abb. 13 und 14) dargestellt wird, im mentalen Modell in *analoger* Weise repräsentiert, so nämlich, daß in der Tat die Zu- und Abnahmen der realen ökonomischen Größen unmittelbar in ihren räumlichen Relationen ausgedrückt werden. Von der Repräsentation der Graphiken im mentalen Modell wird aber später ausführlicher die Rede sein.

Die Sätze des Textes bilden die *Basis* für die Konstruktion des mentalen Modells, d.h. sie treten beim Lesen in Kontakt mit Vorwissenselementen, die bereits aktiviert worden sind (z.B. durch die Überschrift) und daher schon einen Teil des zu konstruierenden Modells ausmachen. In jedem Fall handelt es sich beim mentalen Modell um eine grundsätzlich *ganzheitliche Repräsentation*, die, sobald der ungefähre Rahmen eines Textes erkannt ist, in einem gewißen Sinne ein vorstrukturiertes Gerüst darstellt, das im Verstehensprozeß nun nach und nach ausgefüllt wird. Das mentale Modell gestattet dem Textversteher einen direkten, relativ breiten Zugang, d.h. die Information kann an ganz verschiedenen Stellen des Modells integriert werden und bildet somit eine komplexe Ganzheit; sie muß nicht aus additiv zusammengefügten Propositionen abgeleitet oder erschlossen werden.

Der *analoge* Charakter von mentalen Modellen impliziert, daß die im Zusammenhang mit der Textverarbeitung visuell wahrgenommenen Gegebenheiten als Vorstellungen verfügbar sind (vgl. Johnson-Laird 1980, 1983, der *Vorstellungen* als eine *spezielle Variante von mentalen Modellen* betrachtet). Dies wird jedem Leser des obigen Lehrtextes klar geworden sein, denn der Begriff »Butterberg« hat bei ihm mit Sicherheit irgendeine, vielleicht sogar eine bizarre Vorstellung evoziert.

Textverstehen als »Analyse-durch-Synthese«

Nun ist es nötig, den *Prozeß* des Textverstehens noch etwas genauer zu betrachten. Daß unter Umständen schon *vor*, sicher aber *während* des Lesens Vorwissen aktiviert wird, haben wir gesagt. In welcher Form nun geschieht dies? Neisser (1967, 1974) hat die Ansicht vertreten, daß jegliche Information, die wir verarbeiten, also auch Textinformation, aufgrund einer *ständig ablaufenden Synthese* analysiert würde. Das klingt nun wirklich paradox! Es ist aber nicht schwierig zu verstehen: Der Leser *synthetisiert* (d.h. konstruiert) innerlich vom Moment an, wo er zu lesen beginnt, das, was mit höchster Wahrscheinlichkeit an Information (in einem sehr weiten Sinne des Wortes) auf ihn zukommen wird, d.h. er baut *Erwartungen* im Hinblick auf das zu Lesende auf. Aufgrund der Tatsache, daß er einen in seiner *Muttersprache* geschriebenen Text vor sich hat, ist das auch gar nicht so schwierig: Er weiß zunächst einmal, wie die Buchstaben aussehen, was er also an Schriftformen zu *erwarten* hat. Solche Erwartungen machen zu Beginn laufend die *Synthese* des Schriftbildes aus. Mit Hilfe des Produkts dieser Synthese (es muß sich um so etwas wie innere, vorgestellte Schriftbilder oder Schriftmuster handeln) analysiert der Leser nun den schwarz auf weiß vorliegenden Text und gibt sich permanent selber Rückmeldung darüber, ob er mit seiner Synthese richtig liegt, d.h. ob das, was er (innerlich) erwartet hat, auch tatsächlich dasteht. Das geht beim erwachsenen Leser so schnell, daß er sich darüber gar nicht erst Gedanken macht. Anders dagegen die Kognitonspsychologie: Was hier beschrieben wurde, ist die Interpretation des Verstehens nach dem *Analyse-durch-Synthese-Modell* (Neisser 1967, 1974). Freilich ist das, was wir jetzt über das Synthetisieren von Buchstabenformen oder Schriftmustern gesagt haben, erst das, was sich gleichsam auf niedrigstem Prozessniveau abspielt. In entsprechender Weise baut der Leser auch Erwartungen über die *Abfolge von Wörtern*, also über den Satzbau auf. Auch dies ist ihm leicht möglich, denn er beherrscht ja die *Syntax* seiner Muttersprache, und er kennt grammatikalische Regelmäßigkeiten wie beispielsweise die, daß im Satz »Um den Bauern ein höheres Einkommen...«, der mit »Um. . . .« beginnt, später sicher die Fortsetzung ». . .zu. . .« auftreten wird, oder daß einem »entweder« ein »oder« folgt. Selbstverständlich gehören auch die einfacheren grammatikalischen Regeln und Regelmäßigkeiten (aber auch typische Ausnahmen) zu seinem Vorwissen, die ihm für den Syntheseprozeß ungezählte Hinweise geben, was er syntaktisch, also bezüglich des Satzbaus, im Text zu erwarten hat. Auch diese Prozesse der *syntaktischen Synthese* erfolgen mit größter Selbstverständlichkeit; sie sind *überlernt*, und ein Leser wird nur dann stutzig, wenn eine grammatikalische Form nicht seinen Erwartungen entspricht, also an Stellen im Text, wo die Analyse aufgrund der Synthese (seiner synthetisierten Erwartungen) irgendwie nicht »aufgeht«. In solchen Fällen wird die dritte Ebene der Analyse-durch-Synthese manifest, nämlich die *semantische*. Der Leser baut nicht nur (synthetisiert nicht nur) visuelle Muster für Buchstaben und Wörter auf und grammatikalisch richtige, auf den Satzbau bezogene Erwartungen, sondern vor allem auch solche hinsichtlich der *Bedeutung* dessen, was im Text vor ihm liegt. Das beginnt schon damit, daß er die Thematik des Textes ungefähr abgrenzen kann: Durch den Titel werden die Synthesewahrscheinlichkeiten schon eingeschränkt: Wenn der Leser erkennt, daß er es mit nationalökonomischem Stoff zu tun hat und erst noch mit Preisfragen aus dem Landwirtschaftssektor, so ist nur noch eine beschränkte Zahl an »Wegen« offen, auf denen sich die zu verstehende und zu lernende Information bewegen wird: Es wird *nicht* über Kursschwankungen, *nicht* über Exportprobleme der Maschinenindustrie, *nicht* über Inflation gesprochen werden, sondern eben über viel Spezifischeres, das er in einem gewissen Rahmen vorwegnehmen (synthetisieren) und für die Analyse des Textes einsetzen kann.

Schematheoretische Erklärungen des Textverstehens

Die etwas jüngere Literatur (z.B. Rumelhart & Ortony 1977, Rumelhart 1980) bezeichnet die *Einheiten des Vorwissens*, die beim Lesen des Textes aktiviert werden, als »Schemata« oder »kognitive Schemata«. Mit diesem Begriff greifen die betreffenden Autoren auf einen Terminus zurück, den schon Bartlett (1932) in seinen gedächtnispsychologischen Untersuchungen eingeführt hat und der in Piagets (z.B. 1936, 1948) entwicklungspsychologischen

Untersuchungen eine zentrale Rolle spielt. (Es gibt allerdings noch frühere Verwendungen des Schema-Begriffs, z.B. bei Selz, 1913, oder gar bei Kant, 1781, auf die wir hier nicht einzugehen brauchen.) Schemata (oder in einem gewissen Rahmen gleichbedeutend: »scripts« bei Schank, 1980, und »frames« bei Minsky, 1975; s. dazu Kapitel 15) sind sozusagen – auf verschiedenen Komplexitätsstufen – die *Bausteine* für den Verstehensprozeß, und generell für jeden kognitiven Konstruktionsprozeß (also auch für ein Schlußfolgern, ein Problemlösen, ein Behalten oder ein Anwenden von Information). Man gewinnt schon etwas an Verständnis, wenn man der Erklärung folgt, ein Schema sei eine *generische (d.h. die Gattung betreffende) Wissensstruktur*. Es ist nämlich so, daß dem Schema eine gewiße *Gattungsspezifität* und damit eine gewiße *Allgemeinheit* zukommt, die ihm im Laufe der Entwicklung des betreffenden Individuums zugeordnet worden ist. Man hat auch schon auf den *Stereotyp-Charakter* der Schemata hingewiesen. Wichtiger in unserem Zusammenhang ist aber, daß man weiß, daß ein kognitives Schema eine *Organisationseinheit* in unserem Wissen ist, eine *strukturierte Ganzheit*, durch die die Komponenten, Merkmale und Zusammenhänge, die eine Realsituation ausmachen, gekennzeichnet werden (Rumelhart & Ortony 1977, Graesser 1981). (Wir hätten im letzten Kapitel auch von einem *Schema* »Jonglierperiode« sprechen können!)

Wenn man davon ausgeht, daß das Wissen eines Menschen in einem Netzwerk von Bedeutungen, einem *semantischen Netz*, repräsentiert sei, kann man sagen, daß Schemata *aktive semantische Netzwerke bzw. Netzwerkteile* seien, diejenigen Wissenseinheiten also, die zum Gebrauch aktiviert, ins Bewußtsein gerufen worden sind.

Beim Leser, der den Ökonomie-Text durcharbeitet, werden nun viele Schemata aufgrund der gedruckten Zeichen aktiviert: Bekannte Buchstaben werden identifiziert (Schema-*Identifikation*), durch sie gebildete Wörter werden erkannt (was wiederum eine Identifikation, allerdings auf einem höheren Niveau ist). Alle diese Schemata sind aber noch auf einer relativ niedrigen Verarbeitungsstufe aktiv; sie werden gleichsam von den gegebenen (gedruckten) Daten her gesteuert. Man spricht daher in der englischsprachigen Literatur auch von Schemata, die »data driven« sind, (Lindsay & Norman 1972) oder von »bottom-up«-Prozessen, die durch die physikalischen Daten (die gedruckten Buchstaben) ausgelöst werden, weil sie gleichsam »von unten« her kommen und »nach oben« zu den Bedeutungen führen.

Einen Text verstehen, ist aber keineswegs nur ein »Von-unten-nach-oben«-Prozeß; im Gegenteil: zahlreiche Schemata werden auf *Bedeutungsebene* aktiviert (z.B. beim Lesen der Überschrift); diese wirken dann, bildlich gesprochen, von »oben nach unten« (englisch »top-down«) und entsprechen dem, was wir vorhin als »Erwartungen« bezeichnet haben. Solche Schemata leiten dann die weitere *Suche* nach Information im Text, tragen dazu bei, daß z.B. in eine bedeutungsmäßige Unklarheit Licht fällt, daß über einen noch nicht eindeutig erkannten Satzbau entschieden oder ein Wort richtig gelesen werden kann. Es kommt auch vor, daß sich jemand beim Lernen aus Text *verliest*, weil er »top-down«-Schemata offensichtlich in unangemessener Weise als Erwartungen und damit als Suchhilfen für weitere Textinformation benützt! Im ganzen muß Textverarbeitung beim Verstehen als ein wechselseitiger Prozeß verstanden werden, insofern als er sowohl von unten (»bottom-up«), d.h. vom Gedruckten her, als auch von oben (»top-down« oder »concept driven«), von den Bedeutungen her, interaktiv vorwärts schreitet.

Dieser Prozeß wird einem Leser im allgemeinen kaum bewußt, es sei denn, die Situation sei eine ganz besondere: Besteht der Text beispielsweise aus einer handschriftlichen, lebenswichtigen Notiz auf einem von Näße aufgeweichten Fetzen Papier, die im flackernden Licht einer Sturmlaterne bei Wind und Schneetreiben entziffert werden muß, so wird in dramatischer Weise deutlich, daß sich aufgrund der Interaktionen von »bottom-up«- und »top-down«-Prozessen diejenigen Schemata allmählich herausheben, die die richtige Textinterpretation (oder jedenfalls eine für die gegebene Situation optimale) darstellen: Aufgrund des angenommenen Bedeutungskontexts (begriffliche, bedeutungsmäßige Schemata: »top down«) werden die kaum entzifferbaren Zeichen *gedeutet* (Schriftmuster als Eingangsinformation auf niedrigstem Niveau: »bottom up«) und in der syntaktisch und semantsich wahrscheinlichsten Form interpretiert.

Im ganzen entspricht die in diesem Moment aktivierte *Schemakonstellation* (mit Schemata auf allen drei Ebenen: Schriftbild, Satzbau oder Syntax und Bedeutung) dem bis zu diesem Zeitpunkt aufgebauten *mentalen Modell*. Es ist klar, daß unter den geschilderten erschwerten Umständen – aber auch bei normalem Lesen – viele Interaktionen zwischen den auf den verschiedenen Niveaus aktivierten Schemata stattfinden müssen, und die Lösung des Lese- bzw. Verstehensproblems bei irgendwelchen Unstimmigkeiten (z.B. bezüglich einer Wortbedeutung oder einer Satzkonstruktion) nur aufgrund vielfältiger Rückkoppelungsschlaufen gefunden werden kann.

Eine wichtige geistige Aktivität ergibt sich aus der Annahme, daß Schemata die *Tendenz nach Vervollständigung* haben, d.h. daß ein aktiviertes Schema auf hohem (Bedeutungs-)Niveau die Suche nach ganz spezifischer Information im Text *anregt*, die bisher noch nicht gefunden worden ist, damit nämlich die *Leerstellen*, über die jedes Schema verfügt, ausgefüllt werden. Wenn sich dann im Text die entsprechende Information nicht findet, ist es dem Leser meistens möglich, aufgrund seines Vorwissens *Schlüsse* (englisch: *inferences*) zu ziehen, die die Leerstellen füllen und somit die Vollständigkeit seines Modells gewährleisten.

Wenn wir uns ganz konkret wieder dem mittleren Teil unses Texts zuwenden, erkennen wir, daß der einleitende Satz verschiedene kognitive Schemata aktiviert: mit Sicherheit die Schemata »Landwirtschaft«, »Angebot und Nachfrage«, »staatliche Eingriffe« und »Staaten«. Gerade das letztgenannte Schema mag die Erwartung wecken, im Text seien Beispiele von Staaten zu finden, also Namen, die irgendwelche Staaten bezeichnen. Da das nicht der Fall ist, kann der Leser entweder darüber hinweggehen oder aber den Schluß (die *Inferenz*) ziehen, daß die Nachbarstaaten mit großem Landwirtschaftsanteil (nicht aber solche wie etwa Saudiarabien) gemeint sind. Das Schema »staatliche Eingriffe« dürfte Erwartungen wecken, die im Zusammenhang mit dem Mindestpreis für Butter bzw. dem Butterberg weniger klar sind. Hier sind viele Unbekannte, und es entsteht beim Leser die inhaltliche Erwartung (und überdies eine gewiße *Neugier*), im Text eine entsprechende Antwort zu erhalten, durch die mögliche *Leerstellen* seines Schemas »staatliche Eingriffe« gefüllt werden. Die Antwort erhält der Leser dann auch tatsächlich im dritten Textteil.

Richten wir den Blick auf das mentale Modell, das während des Leseprozesses und durch diesen aufgebaut wird, so erkennen wir, daß es andauernd dahingehend überprüft wird, ob es sowohl mit dem Vorwissen als auch mit dem Text übereinstimmt, ob es in sich *stimmig, kohärent* und *vollständig* ist. Ist die Überprüfung negativ, so wird der Leser aktiv: Er *sucht* Information im Text oder aber er *revidiert, differenziert* oder *erweitert* sein bisheriges Wissen: *Er beginnt zu lernen!*

Damit stehen wir also an der Schwelle vom Verstehen zum Lernen: Ginge es bei der Textverarbeitung nur um ein *Wiederfinden* oder ausschließlich um ein *Identifizieren* von Schemata im Text, so könnte der Leser zwar alles *verstehen*, aber er würde damit noch *nichts lernen!*

13.4 Über das Lernen aus Text – im engeren Sinn des Wortes

Mancher in Wirtschaftsfragen nicht kundige Leser hat zugegeben, daß ihm das Verstehen des Textabschnitts über den Mindestpreis für Butter einige Mühe bereitet hat, weil ihm verschiedene Begriffe im Text, aber auch einige Zusammenhänge in der Graphik (Abb. 13) recht undurchsichtig geblieben sind. (So erginge es wohl auch manchem Gewerbeschüler im Wirtschaftskundeunterricht.) Im Hinblick auf die Fälle, wo der Text tatsächlich Schwierigkeiten bereitet, kann man in der Terminologie einer kognitiven Lernpsychologie sagen, daß es diesen Lesern nicht gelungen ist, diejenigen Schemata zu aktivieren, die für die Verarbeitung der gegebenen Textinformation nötig gewesen wären. In erster Linie dürfte es hier um die Schemata von »Angebot«

und »Nachfrage« gehen bzw. um das Schema, das den ökonomisch entscheidenden *Zusammenhang* zwischen den beiden Begriffen signalisiert, also um das Schema »*Angebot und Nachfrage*« und damit auch um das Schema »Markt- bzw. Gleichgewichtspreis«.

Es wäre möglicherweise notwendig gewesen, einiges im Zusammenhang mit diesen Begriffen in noch anderer Weise zu veranschaulichen als durch Abb. 13, die doch schon eine elaborierte Darstellung der Fakten und Zusammenhänge ist. Der Autor der Einführung in die Nationalökonomie hat dieses Problem erkannt und denn auch dem Abschnitt »Die Preisbildung«, unserem ersten Textteil, eine Graphik beigefügt (Abb. 14c), die das abbildet, was zum Aufbau des kognitiven Schemas »Angebot und Nachfrage« wesentlich ist. Darauf kommen wir im übernächsten Abschnitt ausführlich zurück. Zuerst wollen wir uns nun aber dem zuwenden, was über ein Verstehen hinausgeht, nämlich dem eigentlich Neuerwerb von Wissen.

Lernen als ein Verändern von Schemata: Akkommodieren, Differenzieren, Neustrukturieren und Neuverknüpfen

Die Konstruktion des *mentalen Modells* »Butterberg und staatliche Maßnahmen« schließt *weiterführende Prozesse* als diejenigen des Verstehens ein: Die Schemata, die bis jetzt das Modell gleichsam gerüsthaft ausmachen, werden an die neueste Information aus dem Text *angepaßt*. Das ist der Prozeß der *Akkommodation* von Schemata, von dem (in entwicklungspsychologischem Zusammenhang) auch Piaget spricht. Möglicherweise müssen die Schemata etwas *erweitert* werden; vielleicht ist aber auch eine *Differenzierung* oder eine *Neustrukturierung* angezeigt. Das ist eine Form des *Lernens* (vgl. auch Rumelhart & Norman 1978), also die *Veränderung der vorhandenen Schemata*. Eine weitere, nicht minder wichtige Form im Aufbau eines mentalen Modells ist das *Neuverknüpfen von kognitiven Schemata* zu solchen höherer Ordnung, zu neuen umfassenderen, aber gleichzeitig kohärenteren Wissen- oder Bedeutungseinheiten (man könnte von Superschemata sprechen), die für das Speichern und das spätere Abrufen von ganz besonderer Bedeutung sind.

Sehen wir uns nun den ersten Textabschnitt über die Preisbildung, den wir schon kennen, unter diesen Gesichtspunkten des Lernens an!

»Die Preisbildung

Angebot und Nachfrage stoßen auf dem Markt zusammen. Zum besseren Verständnis stelle man sich einen italienischen Markt, auf dem noch gefeilscht wird, vor. Die Anbieter verlangen zuerst einen hohen Preis und wären auch bereit, eine große Menge zu verkaufen. Die Nachfrager demgegenüber wollen zu einem derart hohen Preis nicht soviel kaufen, wie die Anbieter abzusetzen gedenken, nennen vielmehr einen sehr tiefen Preis. Die Anbieter gehen in der zweiten Verhandlungsrunde etwas mit dem Preis zurück. Die Nachfrager sind nun bereit, etwas mehr zu kaufen, und es treten bei diesem Preis Kaufinteressenten auf. Zu Abschlüssen kommt es aber immer noch nicht. Die Wünsche der Anbieter decken sich noch nicht mit jenen der Nachfrager. Beim Preisangebot der ersteren entstünde immer noch ein Angebotsüberschuß, bei den von den Nachfragern genannten niedrigen Preisen ein Nachfrageüberschuß. Der Verhandlungsprozeß muß solange weitergehen, bis die angebotene Menge gleich der nachgefragten Menge ist. Beim betreffenden Preis, dem *Markt-* oder *Gleichgewichtspreis*, geht die Ware schließlich von den Anbietern an die Nachfrager über« (Frey 1981, 32).

Wir gehen hier also davon aus, daß bei einem Leser ein noch nicht vorhandenes Vorwissen zum Themenbereich »Preisbildung« aufgebaut werden müsse, damit ihm die nachfolgenden Textteile durchsichtig werden.

Möglicherweise der erste, mit Sicherheit aber der zweite Satz des Textes lösen beim Leser den Aufbau eines ganzheitlichen kognitiven Modells aus, zumindest dann, wenn der beschriebene Erlebnishintergrund (italienischer Markt) vorhanden ist. Zunächst aktiviert der Leser die Schemata der ganz konkreten Marktsituation und damit zumindest implizit auch die Schemata »kaufen« und »verkaufen«. Mit diesen hängen die Schemata von »Ware« und »Preis« sowie – und darauf kommt es beim Verstehen des Textes an – »Angebot« und »Nachfrage« zusammen. Man kann sich ungefähr vorstellen, wie die genannten Schemata miteinander zusammenhängen. Nehmen wir an, es würde noch nicht verkauft, sondern erst angeboten, so könnte man die Bedeutung eines Teils des bereits konstruierten mentalen Modells folgendermaßen in eine Proposition fassen:

(6) (ANBIETEN, ANBIETER, NACHFRAGER, WARENMENGE, PREIS)

In Umgangssprache formuliert, hieße das: Ein Anbieter (oder Händler) bietet einem Nachfrager (oder Käufer) eine Ware(nmenge) zu einem bestimmten Preis an.

Faßt man die Tatsache ins Auge, daß hier etwas angeboten wird und »verdichtet« man Proposition (6) sozusagen in die Tatsche des Anbietens hinein, so entsteht, das, was man in der Umgangssprache eben »Angebot« nennt (vgl. auch Aebli 1978, 1981). Fokussiert man auf den Nachfrager und greift man *seine* Aktivität heraus, nämlich das *Nachfragen*, so läßt sich die Proposition auch in dieses *Nachfragen* hinein verdichten, und es entsteht der Begriff »Nachfrage«. Die Begriffe »Angebot« und »Nachfrage« lassen sich demnach sprachlich als *Substantivierungen der Aktivitäten* der an diesem potentiellen Geschäft Beteiligten herausarbeiten, und die Aktivitäten dieser Beteiligten werden jeweils die Relationskonzepte der entsprechenden Propositionen bzw. die Relationen der betreffenden aktivierten Schemata. Nach Rumelhart (1980, Rumelhart & Ortony 1977) lassen sich Schemata ähnlich wie Propositionen darstellen: Im Zentrum steht eine *Relation*, z.b. das Verb ANBIETEN; diese Relation hat mehrere Leerstellen, die nach Ausfüllung drängen: z.b. einen *Aktor*, der anbietet, einen *Empfänger*, der nachfragt, *Objekte*, d.h. eine Ware, und weitere instrumentelle, zeitliche oder örtliche Bestimmungsstücke (vgl. dazu die hier zugrundeliegende *Fall-Grammatik* von Fillmore 1968).

Man mag sich fragen: Ist kognitives Lernen tatsächlich ein derart komplizierter Prozeß? Vieles von dem, was hier *ausführlich* beschrieben werden muß, läuft in Wirklichkeit sehr leicht und rasch ab. Es geht hier darum zu zeigen, wie aufgrund des Vorwissens, das in einem provisorischen mentalen Modell aktiviert ist, die für das Lernen aus Text relevanten Schemata aufgebaut werden, denn wir haben gesehen, daß der Textabschnitt »Mindestpreis für Butter« nur unter ganz bestimmten Voraussetzungen begrifflichen Wissens verstanden werden kann. Beide kognitiven Schemata (oder Begriffe) »Angebot« und »Nachfrage« müssen in ihrem Zusammenhang mit den andern beiden Schemata »Preis« und »(Waren-)Menge« verstanden werden. Und dies wird nun zunächst über die konkrete Verbindung mit denjenigen Menschen gewährleistet, die etwas anbieten bzw. nachfragen. In das Verständnis gehen nämlich die Wünsche bzw. Absichten der Nachfrager und Anbieter ein, ohne die die Tatsache, daß sie sich an einem bestimmten Punkt treffen, nicht einsichtig wird. Eine entsprechende Proposition müßte man sich so vorstellen:

(7) (SICH TREFFEN, ANBIETER, NACHFRAGER, PREIS)

Würde die Bedeutung dieser Aussage im Sich-Treffen verdichtet, so ergäbe sich – wiederum nach einer Substantivierung – ein *Treffpunkt*, in Form eines Preises, der dann gleichbedeutend mit dem Begriff »Markt- oder Gleichgewichtspreis« ist. Man erkennt dabei erneut, daß die Bedeutung, die in Proposition (7) enthalten ist, erst so richtig wirksam wird, nachdem sie einer ganz *spezifischen sprachlichen Umformung* unterzogen worden ist (s. wiederum auch Aebli 1978, 1981). Solche Umformungen vollziehen sich aber in unserem Denken und Lernen offensichtlich mit großer Selbstverständlichkeit.

Blicken wir auf das bisher in diesem Abschnitt Gesagte zurück, so sehen wir, daß grundlegende Schemata aufgebaut werden, die als Vorwissen in einem mentalen Modell zum Verarbeiten des nachfolgenden Textes »Mindestpreis für Butter« aktiviert werden müssen.

Das Lesen der Graphik und die Integration ihrer Bedeutung in das mentale Modell

Wie schon gesagt, hat der Autor des Lehrbuches dem ersten Textteil über die Preisbildung eine *Graphik* beigefügt (Abb. 14c), und es stellt sich die lernpsychologisch relevante Frage nach ihrer Bedeutung für die Konstruktion des mentalen Modells von »Preisbildung«. Steckt denn nicht schon alles in der verbalen Erklärung? Bringt die Graphik mehr Einsicht, weil noch etwas »gesehen« werden kann? Bringt die Darstellung eine *analoge* Abbildung der Realität so, wie es für mentale Modelle charakteristisch sein soll?

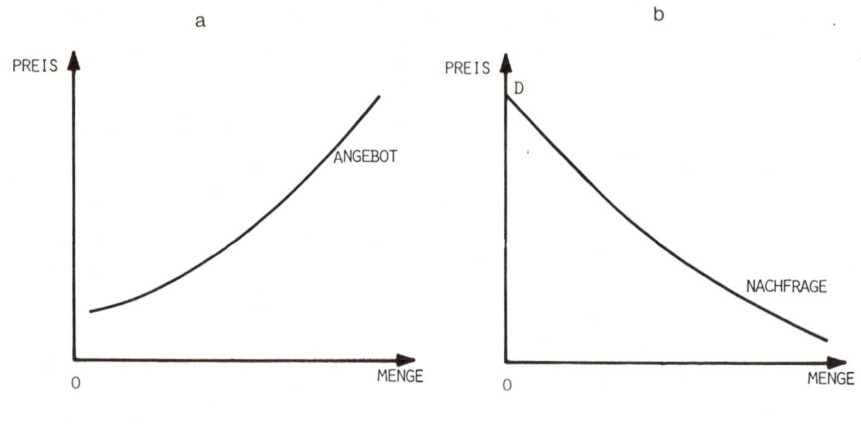

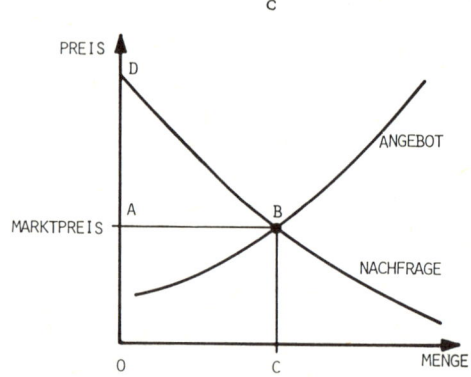

Abb. 14 Angebot und Nachfrage

14a Die Angebotskurve

14b Die Nachfragekurve

14c Das Spiel von Angebot und Nachfrage: Erreichen eines Markt- oder Gleichgewichtspreises (Frey 1981, 33).

192

Tatsächlich läßt sich aus der Abbildung verschiedenes herauslesen, sofern man sich zunächst Klarheit über die abgebildeten elementaren Gegebenheiten verschafft. Grundsätzlich werden auf Abszisse (X-Achse) und Ordinate (Y-Achse) Menge und Preis aufgetragen. Ihr spezifisches Verhältnis zueinander wird nun aus der Sicht (1) der Händler (Anbieter, Verkäufer) und (2) der Käufer (Nachfrager, Kunden) abgebildet. Wir betrachten vorerst einmal die beiden Kurven, die Angebots- und die Nachfragekurve, getrennt voneinander. In Abb. 14a ist die Angebotskurve dargestellt. Es ist wichtig, daß verschiedene Punkte auf dieser Kurve fokussiert, miteinander verglichen und in Worten charakterisiert werden: Richtet man den Blick oben rechts auf das Ende der *Angebotskurve*, so läßt sich dieser Endpunkt auf der Ordinate einem hohen Preis und auf der Abszisse einer großen Menge zuordnen. Diese visuelle *doppelte* Zuordnung entspricht genau dem Satz im Lehrtext »Die Anbieter verlangen zuerst einen hohen Preis und wären auch bereit, eine große Menge zu verkaufen«. Die Graphik hat also eine *abbildende* oder *darstellende Funktion* (Levin 1981), wie man es von ihr spontan auch erwartet. Die Wirkung der Graphik liegt bezüglich des Lernprozesses darin, daß sie es dem Leser ermöglicht zu überprüfen, ob er die Elemente, von denen er gelesen hat, dort auch tatsächlich vorfindet. Die entsprechende Rückmeldung kann durchaus verstärkenden Charakter haben. Hätte er beim Lesen Vorstellungen von entsprechenden Kurven generiert, was allerdings von einem ökonomischen Laien nicht zu erwarten ist, so könnte er diese in der Graphik nun überprüfen. Im wesentlichen hat die figurale Darstellung die Funktion des »doppelten Nähens«, d.h. sie wirkt aufgrund einer Wiederholung, stellt also eine redundante Informationsquelle dar (Ballstaedt, Molitor & Mandl 1987). Wir werden aber sehen, daß der Graphik im Hinblick auf das Speichern und Abrufen von Information noch eine sehr wichtige weitere Rolle zugewiesen werden kann!

Die Interpretation von Abb. 14a ist allerdings noch nicht erschöpft: Was würde denn ein Punkt am *andern* Ende der Angebotskurve abbilden? Erst wer erklären kann, was wesentliche Punkte auf der Kurve (beispielsweise die Extrempunkte und ein mittlerer Punkt) eigentlich darstellen, hat die Kurve verstanden. Ein Punkt am linken unteren Ende würde bedeuten, daß die Anbieter zu einem so niedrigen Preis überhaupt nicht gewillt sind, irgend etwas anzubieten.

Entsprechende Überlegungen sind nun auch bezüglich der Nachfragekurve nötig. Richten wir den Blick nach oben links, wo die Kurve beginnt (Abb. 14b), so erkennen wir, daß dem hohen Preis auf der Nachfragekurve eine Menge von null (auf der Abszisse) zuzuordnen ist: Zu diesem Preis kaufen sie nichts! Der rechte Endpunkt der Kurve zeigt dagegen an, daß sie zu einem sehr niedrigen Preis sehr wohl bereit wären, eine sehr große Menge zu kaufen. Die verbalen Aussagen, die wir bisher für die beiden Kurven gemacht haben, können bestimmten Punkten zugeordnet werden und umgekehrt. In Bruners Terminlogie würde man formulieren, daß dieselbe strukturelle Gegebenheit sowohl *ikonisch* als auch *symbolisch* (sprachlich) dargestellt werden könne (vgl. dazu auch die Kapitel 3 und 17).

Nun kombinieren wir die beiden Kurven (Abb. 14c) so, wie sie der Autor in seinem Lehrbuch abgebildet hat, und gehen mit unserem Blick dorthin auf der Angebotskurve, wo die Anbieter zu einem hohen Preis gern gewillt sind, viel Ware anzubieten (etwa auf der Höhe des A von ANGEBOT). Lenken wir unseren Blick nun in horizontaler Richtung nach links hinüber, bis wir auf die *Nachfragekurve* stoßen, und ordnen wir diesem Punkt auf der Ordinate den Preis und auf der Abszisse die betreffende Warenmenge zu, so erkennen wir die verbale Entsprechung im Text: »Die Nachfrager demgegenüber wollen zu einem derart hohen Preis nicht soviel kaufen . . .«.

Solche *Blickwechsel* (Piaget spricht beim Aufbau von Erkenntnissen – in entwicklungspschologischem Zusammenhang – von *Dezentrierungen*) wie beispielsweise derjenige von oben rechts nach oben links (von einem Punkt der Angebots- zu einem entsprechenden auf der Nachfragekurve und von dort weiter nach links zum Preis bzw. senkrecht nach unten zur Menge) erfolgen meist nicht automatisch. Entweder ist ein Leser gewohnt, seinen Blick systematisch zu *dezentrieren* und damit solche Vergleiche in einem Diagramm bzw. einer Graphik vorzunehmen, oder er hat – zum ersten Mal – durch den vorliegenden Text den Anstoß dazu erhalten.

Ein Blick auf die unteren Enden der Kurven gibt noch mehr Aufschluß über die Zusammenhänge bzw. über die zum gegenwärtigen Zeitpunkt bei Anbietern und Nachfragern vorherrschenden Wünsche und Absichten: Schweift der Blick des Lesers der Nachfragekurve entlang nach unten rechts, so entspricht dem Endpunkt die Aussage im Text: »(Die Nachfrager)…nennen vielmehr einen sehr tiefen Preis.« Der Vergleichsblick nach unten links auf die Angebotskurve läßt den Willen der Anbieter ablesen, daß diese zu einem so niedrigen Preis lieber nichts verkaufen. Dem linken unteren Ende der Angebotskurve entspricht auf der niedrigen Höhe des Preises, den die Nachfrager anbieten, praktisch die Menge Null! Explizit steht dies nicht im Text.

Wenn die Graphik in dieser dynamischen Weise verarbeitet bzw. »gelesen« wird, wird ihre *organisierende Funktion* (Levin 1981) deutlich: Das Bild stiftet innert kürzster Zeit (durch die Blickwechsel) Zusammenhänge, organisiert also gewiße wichtige Inhalte, die in dieser Art durch den Text allein nicht organisiert werden.

In der konkreten Marktsituation ist es nun ganz sicher so, daß die Anbieter *verkaufen* wollen, deshalb gehen sie »in der zweiten Verhandlungsrunde etwas mit dem Preis zurück«. Bewegen wir unseren Blick auf der Angebotskurve an einen Ort zwischen ihrem oberen Ende und dem mit B bezeichneten Punkt, so befinden wir uns an der Stelle des »etwas zurückgenommenen Preises«. Gehen wir nun horizontal nach links hinüber (auf die Nachfragekurve), so erhalten wir, wenn wir den betreffenden Punkt auf der Nachfragekurve interpretieren, eine Aussage über die Kaufbereitschaft der Nachfrager: Der Preis läßt sich einer bestimmten Menge an Ware zuordnen; soviel sind sie offenbar bereit zu kaufen (Wert auf der Abszisse irgendwo zwischen 0 und C); das ist aber bei weitem nicht die Menge, die man dem gerade zuvor ins Auge gefaßten Punkt auf der Angebotskurve (bei zurückgenommenem Preis) zuordnen müßte. Diese *Differenz* in den Mengenvorstellungen bei Nachfragern und Anbietern, die der Interpret dieser Graphik auf der Abszisse abschätzen kann (sie ist ja nicht präzis eingetragen), macht das aus, was im Text als »Angebotsüberschuß« bezeichnet wird. Hier haben wir möglicherweise einen etwas besonderen Fall der *interpretativen Funktion* der Graphik (Levin 1981) vor uns: Ein Element kann aufgrund seiner Verräumlichung *als etwas* (als Angebotsüberschuß) *interpretiert* werden. (Nachdem diese Möglichkeit entdeckt worden ist, kann die betreffende Größe auch in die Graphik eingetragen werden. Man findet sie tatsächlich anderer Stelle wieder, nämlich als Strecke BC in Abb. 13.)

Der Begriff des *Angebotsüberschusses* wird im mentalen Modell, so wird angenommen, *analog*, d.h. unter Wahrung der »sichtbaren« räumlichen Verhältnisse abgebildet. Der Zugriff zu dieser Information im mentalen Modell läuft auf diese Weise nicht mehr ausschließlich über Beschreibungen (und Propositionen, in denen die entsprechenden Bedeutungen gefaßt sind); er ist vielmehr *unmittelbar* in der analogen Repräsentation des Modells in gewissem Sinne metrisch gegeben. Die Graphik geht damit in ihrer Anschaulichkeit über den Text hinaus.

Entsprechend läßt sich auch der »Nachfrageüberschuß« *analog abgebildet* finden: Angenommen, die Nachfrager drücken den Kaufpreis auf eine Höhe, die auf der Nachfragekurve zwischen ihrem rechten Ende und dem Punkt B liegt. Zu diesem Preis würden die Nachfrager den Anbietern eine recht große Menge abnehmen, fast soviel, wie diese anzubieten haben. Lenken wir nun aber den Blick horizontal nach links hinüber, bis wir die Angebotskurve erreichen, so erkennen wir, daß die Anbieter zu diesem Preis nur eine beschränkte Menge anbieten würden (entsprechender Punkt auf der Abszisse!). Diese räumlich wahrnehmbare Distanz (oder Differenz) zwischen dem Punkt rechts auf der Nachfragekurve und dem entsprechenden links auf der Angebotskurve bildet den *Nachfrageüberschuß* ab.

Wenn die Nachfrager mehr haben wollen, müssen sie mehr zu bezahlen bereit sein (siehe Angebotskurve), und wenn die Anbieter mehr verkaufen wollen, müssen sie den Nachfragern mit dem Preis noch etwas entgegenkommen. Wie weit eigentlich? Das läßt sich nur relativ kompliziert beschreiben; es läßt sich leichter graphisch darstellen. Hier erscheint erneut die *organisierende Funktion* der Graphik. Der Ort, an dem sich Interessen und Bereitschaften beider Seiten treffen, liegt dort, wo sich die beiden Kurven schneiden: im Punkt B. Dieser Punkt B enthält diese Einsicht bzw. steht als Ausdruck für den Begriff »Markt- oder Gleichgewichtspreis«. Für ein Verstehen dieses Konzepts muß aber die Voraussetzung erfüllt sein, daß der dynamische Mechanismus von Angebots- und Nachfragepreis und -menge verstanden worden ist. Und dies ist dann am ehesten der Fall, wenn der Leser oder Interpret der Graphik die *vergleichenden Überlegungen* (einschließlich der oben beschriebenen *Blickwechsel* oder *Dezentrierungen*) tatsächlich angestellt, d.h. die *organisierende Funktion* der Graphik optimal genutzt hat. Die geschilderten Wahrnehmungsaktivitäten, die höchstens *implizit* im Text drin stecken, sind für das Verständnis konstituierend; sie müssen unter Umständen durch einen Tutor (oder Lehrer) angestoßen werden. Das macht uns deutlich, daß Graphiken als integrale analoge Bestandteile von aufzubauenden mentalen Modellen nur dann fruchtbar werden, wenn die ihnen inhärenten »Ableseprozesse«, diese spezifischen Aktivitäten, tatsächlich vollzogen werden können. Auch diesen Aktivitäten entsprechen bestimmte kognitive Schemata: vor allem das Schema »Sich in einem zweidimensionalen Koordinatensystem zurechtfinden«. Es handelt sich dabei um ein *prozedurales Schema*, das ganz bestimmtes Verfahrenswissen aktiviert. Wer darüber nicht schon verfügt, also das Verfahrens*vorwissen* noch nicht besitzt, wird auch aufgrund des sehr konkreten Lehrtextes nur an die Graphik heran-, aber gleichsam nicht in sie hinein oder durch sie hindurch blicken können! Ihm wird die Graphik nicht *transparent*! Für ihn wird, mit andern Worten, weder ihre organisierende noch ihre interpretative Funktion wirksam. (Das gilt freilich ganz generell für die von Levin, 1981, für Illustrationen und Graphiken herausgestellten Funktionen.)

Damit sind wesentliche Voraussetzungen deutlich gemacht, denen die sogenannte *Anschaulichkeit* unterliegt, und es wird klar, daß nicht alles, was »vor den Augen steht«, auch schon *einsehbar* oder *einsichtig* ist (vgl. dazu auch Kapitel 17 und 19). Wirklich einsichtig wird die Graphik nur, wenn sie in ihrem oben (für ein paar ausgewählte Punkte) beschriebenen *dynamischen Zusammenspiel* erfaßt wird. Der Interpret muß diese *Dynamik* in die an sich *statische Graphik* selber hineinlegen, wenn er sie verstehen und aus ihr einen Nutzen für seinen Wissenserwerb ziehen will, das er aufgrund des Textes zu erwerben trachtet.

Die Graphik stellt eine Anzahl von Zusammenhängen zwischen bestimmten Elementen dar (ikonische Repräsentation). Diese stehen gleichsam »eingefroren« als statisches Bild zur Verfügung. Erst eine gewisse *Dynamisierung* bringt die Elemente in zeitlich so dichter Abfolge zueinander und in solche räumliche Nähe, daß die Zusammenhänge auch wirklich wahrgenommen werden können. Die *spezifische Wahrnehmungsaktivität* ist wohl die Voraussetzung für ein »Sehen« vieler sogenannt *anschaulich* gegebener Zusammenhänge (vgl. Kapitel 17) wie auch für eine *Umstrukturierung des Wahrnehmungsfeldes*, wie die Gestaltpsychologen sie für ein Problemlösen bzw. ein *einsichtiges Lernen* sehen (vgl. Kapitel 19).

Man erkennt, daß in dem Moment, in dem ein mentales Modell solche Zusammenhänge enthält, auch die *zeitliche Dimension* der Realität analog abgebildet werden kann (das Feilschen um Preis und Menge erfolgte ja ursprünglich in einem gewissen *zeitlichen* Ablauf).

Mit der »Dynamisierung« der statischen Graphiken sprechen wir einen Punkt an, der gleichzeitig die Konstruktion mentaler Modelle *und* die graphische Darstellung von physikalischen Geräten, von Fabrikationsabläufen, von chemischen Prozessen u.ä. betrifft: die Dynamisierung ist nichts anderes, als was De Kleer & Brown (1983) eine »mentale Simulation« oder, noch präziser, eine »qualitative Simulation« (eines Gerätes, eines Ablaufs) genannt haben (vgl. auch Steiner 1988).

13.5 Spezifische Prozesse beim Wissenserwerb aus Text

Wenn wir uns im ersten Teil dieses Kapitels so ausführlich dem *Verstehen* eines Textes und den Voraussetzungen dazu zugewandt haben, dann freilich nicht ohne Grund. Für viele Forscher, besonders ausdrücklich für Kintsch (1982), geht aus den empirischen Forschungsarbeiten ganz klar hervor, daß schon ein sicheres Verstehen bzw. die entsprechenden Informationsverarbeitungsprozesse Wesentliches zum *Behalten* der betreffenden Information und damit zu einem *Wissenserwerb* beitragen. Wir sagten, daß ein Lernen aus Text Wissenserwerb sei. Wir wollen nun im folgenden unser Augenmerk auf diejenigen Prozesse richten, die dem Wissen*erwerb* und dem *Behalten dieses Wissens* ganz besonders förderlich sind. Es sind dies im wesentlichen drei Gruppen von Prozessen (vgl. insbesondere Ballstedt, Mandl, Schnotz & Tergan 1981, Resnick 1985, Mandl & Friedrich 1986): (1) elaborative, (2) reduktive und (3) metakognitive Prozesse. Innerhalb dieser Prozesse finden aber auch die Prozesse des Kodierens (vor allem des semantischen Kodierens) und des Abrufens ihren Platz.

Elaborative Prozesse

Schon beim Verstehen von Text werden, wie wir gesehen haben, Elemente des Vorwissens (Schemata, »scripts«, »frames«, Bausteine für kognitive

197

Aufbauprozesse) aktiviert. Sie treten während des Verarbeitens (Lesens) der Textinformation in Interaktion mit dem Text. Diese Verbindung von *Vorwissen* (von kognitiven Strukturen, über die der Lernende schon verfügt) mit dem *neuen Stoff* im Text kann sehr bewußt vorgenommen werden. Die Prozesse, die dabei ablaufen, werden als *elaborative Prozesse* bezeichnet. Das heißt, die Textinformation wird insofern *elaboriert*, als mit ihr passende Elemente des Vorwissens verbunden werden, wodurch sie in der einen oder andern Weise erweitert, eben *elaboriert* wird. Elaborationen gibt es also auch schon beim Verstehen!

Solche Elaborationen sind *teils unbedingt nötig, teils einfach ergänzend.* Oft setzt ein Lehrtext ein Wissen voraus, das der Lerner schon hat, nun aber selber mehr oder weniger ausführlich einbringen muß, wenn er verstehen will. Durch diese Art der Elaboration wird »Altes« mit »Neuem« verbunden, und es ist plausibel, wenn man annimmt, daß ein Wissenserwerb umso erfolgreicher ist, je intensiver und vielfältiger die Elaborationen, d.h. die Verknüpfungen mit dem Vorwissen sind. Schon Ausubel (1968, 1974) hat darauf aufmerksam gemacht, daß ein fruchtbares Lernen eine *Verankerung* des neuen Stoffes im bereits vorhandenen Wissensbestand erfordert und daß *vorstrukturierende Lesehilfen* (engl. *advance organizers*) dazu höchst hilfreich sein können.

Die Wirkung intensiver und vielfältiger Elaborationen dürfte in einer entsprechenden Verfügbarkeit von Teilstrukturen des Wissens begründet sein, die bei einem Wiedererinnern der *Rekonstruktion* von behaltenen Wissenselementen dienen. Oder anders formuliert: Diese Teilstrukturen spielen die Rolle von »retrieval cues«, von *Hinweisreizen* für einen *Abruf* aus dem Gedächtnis.

Die Konsequenz für ein effizientes Lernen ist die, daß zu Beginn der Arbeit an einem Text möglichst *viel Vorwissen* verfügbar gemacht und zugänglich gehalten wird, damit intensive elaborative Prozesse ablaufen können. Zu diesem Zweck werden u.a. von Ballstedt, Mandl, Schnotz & Tergan (1981) dreierlei Maßnahmen vorgeschlagen, die wir im folgenden auf unseren Text anwenden wollen:

(1) Das Stellen von *vorbereitenden Fragen*: Was weißt du schon über Preisbildung? Über Angebot und Nachfrage? Über den Butterberg? Über die Stellung der Regierung in landwirtschaftlichen Produktionsfragen? Ein derart systematisches Fragen, bei dem der Aufbau wichtiger Begriffe vorbereitet werden kann, empfehlen auch Diekhoff, Brown & Dansereau (1982).

Die Einleitungen, die in diesem Buch jedem Kapitel vorangestellt werden, verfolgen ebenfalls das Ziel, Vorwissen zu aktivieren, zwar nicht aufgrund von Fragen, sondern einer knappen Vorwegnahme dessen, was an lernpsychologischen Überlegungen und Begriffen kommen wird.

(2) Eine andere Möglichkeit, Vorwissen zum Zwecke der Elaboration zu aktivieren, besteht im Präsentieren von Information, die *neugierig* macht, weil sie etwas Unwahrscheinliches suggeriert oder weil sie Erstaunen auslöst, also gewißermaßen *Diskrepanzen* zum bisherigen Wissen und den aus diesem abgeleiteten Erwartungen einführt (»Ein gelernter Herzinfarkt?«). Derartige Maßnahmen sind aus der didaktischen Literatur zur Lernmotivation bestens bekannt (siehe beispielsweise Copei 1950, Wagenschein, Banholzer & Thiel 1973, Neber 1973, Brunnhuber & Czinczoll 1974). Das Stellen von Fragen und das Provozieren von kognitiven Dissonanzen (Widersprüchen, Ungereimtheiten usw.) dürfte wohl vor allem Vorwissen auf einem begrifflichen, also einem hohen Niveau der Informationsverarbeitung aktivieren.

Die ersten beiden Arten von elaborativen Prozessen führen beide dazu, daß der Leser Erwartungen aufbauen kann, und dieser Aufbau entspricht, wie wir wissen, dem Syntheseprozeß in Neissers Modell von Analyse-durch-Synthese.

(3) Die dritte Möglichkeit hingegen, das *Generieren visueller Vorstellungen*, spielt sich auf einem niedrigeren, subtileren Niveau der Informationsverarbeitung ab, und betrifft die »Mikroprozesse« des Kodierens, Dekodierens und Umkodierens von Information. Die »Kraft« des Vorstellens ist für das Lernen von verbalen Einzelelementen oder Wortpaaren ausführlich untersucht worden (vgl. Paivio 1971, Bower 1972); sie läßt sich aber auch im Kontext von wesentlich komplexerer verbaler Information, etwa beim Problemlösen (Steiner 1980), wiederfinden, und sie besteht auch hinsichtlich des Elaborierens von Text. Allerdings scheint es so zu sein, daß eher »unverdorbene« Lerner, d.h. Jugendliche und Kinder, davon profitieren. Der Grund dafür mag darin liegen, daß es für erwachsene Lerner immer schwieriger wird, ihre elementaren kognitiven Prozesse (oder Mikroprozesse, wie sie beim Vorstellen ablaufen), zu verändern.

Reduktive Prozesse

Das Aktivieren von Vorwissen durch Elaborieren bringt eine *Zunahme* von Information, die das Gedächtnis (genau: das Arbeitsgedächtnis) momentan sehr stark belasten kann. Nun steckt aber in den Lehrtexten selber schon eine Fülle von Information, die zu bewältigen ist. Dazu ist nun zu sagen, daß die Verarbeitung von Information, auch wenn sie noch durch Elaborationen angereichert ist, gleichsam »paketweise« erfolgt – ja, der begrenzten Kapazität des Arbeitsgedächtnisses wegen, erfolgen *muß* (vgl. auch Kapitel 14 und 20). Das menschliche Informationsverarbeitungssystem ist offensichtlich bestrebt und auch dazu geeignet, große Informationsmengen zu *reduzieren* bzw. zu *komprimieren*. Allerdings erfordern diese Prozesse erhebliche konstruktive Aktivitäten von seiten des lernenden Individuums.

Es ist klar, daß die Informationsfülle eines Lehrtextes zum Zweck des Abspeicherns in großem Umfang *reduziert* werden muß. Wir haben schon anläßlich der Ausführungen über das *Verstehen* an verschiedenen Stellen angedeutet, daß komplexe, bedeutungsabbildende Strukturen (verknüpfte Schemata) *verdichtet* werden und im Bedeutungs- oder Sinnfluß der Auseinandersetzung mit dem Text gleichsam als einfache Elemente mitgenommen und mitgedacht werden. Dabei können solche Elemente, wenn es nötig wird, wieder *entfaltet* werden, so daß ihr Bedeutungsgehalt in ausgebreiteter Form zugänglich ist, wie er es beim Wissenserwerb anfänglich auch war, nämlich in Form des ausführlichen Texts. Für das Verdichten von verknüpften Bedeutungselementen (oder von semantischen Netzwerkteilen) verwendet Aebli (1978, 1981) den Begriff der »Objektivierung», d.h. die umfangreiche Teilstruktur kann unter einem bestimmten Gesichtspunkt als »kleineres« Informationspaket (englisch *chunk*) oder eben als »Objekt« für weitere semantische Verknüpfungen verwendet werden. Es belastet damit das Arbeitsgedächtnis weniger, kann als »dichtes« Informationselement unter einer verbalen Etikette (meist einer Begriffsbezeichnung wie »Angebot« in unseren früheren Ausführungen) ins Langzeitgedächtnis übernommen und dort als Wissenselement gespeichert und abrufbar gehalten werden.

Die *Informationsreduktion in Texten* muß im Normalfall durch gezielte *reduktive Prozesse* bewerkstelligt werden. Die einfachste Form von Reduktion ist das *Weglassen* von Inhalten, die *in bezug auf die Zielsetzung* des Lerners für unwichtig gehalten werden können. Das Weglassen ist gleichsam eine negative Maßnahme. Das positive Gegenstück ist das *Aufsuchen, Identifizieren und Herausgreifen* von (wiederum im Hinblick auf die Zielsetzung) wichtiger Information.

Andere reduzierende Prozesse sind kognitiv aufwendiger und verlangen komplexe *kontrollierende Aktivitäten* wie etwa das *Subsummieren* unter einen Oberbegriff oder das *Umschreiben* mit Hilfe einer reduzierten Anzahl von Wörtern, was ein konstruktiver Prozeß für sich ist. Das *Zusammenfassen von Text* zu kürzeren Aussagen muß eigens geplant werden. Vor allem ist eine hohe *Sensiblität für das Wichtige* erforderlich. Was wichtig ist, kann im allgemeinen nur aufgrund von Vorwissen und im Zusammenhang mit der individuellen Zielsetzung des Lerners entschieden werden.

Daß dies auch für lernende Erwachsene ein echtes Problem darstellt, läßt sich dort erkennen, wo sie, in Situationen, in denen sie das Unterstreichen oder das Markieren mit Leuchtstiften als informationsauswählende (und damit -reduzierende) Methode verwenden, ungefähr die Hälfte des Textes auf diese

Weise hervorheben, was freilich nicht zu einer genügenden Reduktion für ein effizientes Lernen führt. Das Verdichten größerer Bedeutungseinheiten zu ganz wenigen oder sogar nur zu einem einzigen Stichwort muß eigens gelernt und geübt werden.

In der Forschungsliteratur sind zahlreiche Regeln zum Reduzieren von Information untersucht worden, auf die wir in unserem Zusammenhang nicht näher eingehen wollen. Man greife für eine ausführlichere Darstellung zu Van Dijk (1980) oder Brown & Day (1983).

Möglichkeiten des Speicherns und Abrufens

Im Hinblick auf das Speichern solcherart verdichteter Information werden die zuvor genannten elaborativen Prozesse wieder relevant: Diese tragen ja dazu bei, daß die neuen Wissenselemente – jetzt in ihrer verdichteten und reduzierten Form – in das Vorwissen integriert werden. Auch wenn dies glückt, ist damit der Lernprozeß insofern noch nicht ganz abgeschlossen, als noch nicht sichergestellt ist, daß die nun verstandenen und gespeicherten Elemente auch wieder *abgerufen* werden können. Will sich ein Lerner beispielsweise auf ein Examen vorbereiten (Kapitel 9) oder will er etwas lernen, das er früher oder später in seiner beruflichen Praxis braucht, so muß er sich selber prüfen, wieviel vom Gelernten er in *freiem Erinnern* (also ohne daß jemand helfende Hinweise, *cues*, anbietet) wiedergeben oder rekonstruieren kann.

Man sollte auch eines nicht vergessen: daß nämlich auch höhere Lernprozesse, wie solche des Wissenserwerbs aus Text es sind, auf *Wiederholung* angewiesen sind. Nur wenige Leser und Lerner sind in der Lage, nach einer ersten Lektüre schon alle wesentlichen Inhalte zu verstehen, abzuspeichern und jederzeit auch wieder abzurufen. Es ist also durchaus denkbar, daß begriffliche Inhalte zum Zwecke eines leichten Abrufs auf eine recht mechanische Weise eingeprägt werden.

Im Falle unseres nationalökonomischen Textes ist es denkbar, die als wesentlich erachteten Begriffe wie z.B. *Interventionspreis, Überschußmenge, Produktionsmengenbeschränkung, Preissubvention, Konsumentenpreis, Produzentenumsatz u.a.* auf die Vorderseite einer Karte zu schreiben, auf der Rückseite eine *Definition* oder zumindest eine *angemessene Umschreibung* zu notieren und beides einander zugeordnet zu lernen. Dabei wird nicht mehr die Bedeutung der Begriffe, sondern ein Wortlaut für eine adäquate Erklärung eingeprägt. Diesem Einprägen ist allerdings ein Verstehen bereits vorausgegangen! Solches gehört dann zum Lernprozeß, wenn über das Thema»Der Butterberg und die staatlichen Interventionsmaßnahmen« referiert werden soll, wie wir es uns im Lernziel vorgenommen haben. (Über ein effizientes Lernen mit der Kärtchenmethode kommen wir in Kapitel 14 zurück.)

Ferner ist es im Hinblick auf unser Lernziel denkbar, die erlernten Inhalte auf eine kleine Zahl von *Merksätzen* zu reduzieren, die als Quintessenz behalten und ungefähr im Wortlaut auch wiedergegeben werden können; beispielsweise in der folgenden Form:

1. Der Butterberg ist der Angebotsüberschuß an Butter, der dadurch entsteht, daß der Staat einen Interventions- oder Mindestpreis für die Produzenten festlegt, den die Abnehmer nicht zahlen wollen.
2. Der Interventionspreis wird festgelegt, um den Produzenten (Bauern) ein Mindesteinkommen zu sichern.
3. Der Staat kauft die Überschußmenge (den Butterberg) und verkauft oder vernichtet sie. Nachteil: Der Steuerzahler muß für den Aufkauf der Überschußmenge aufkommen.
4. Der Staat fordert eine Produktionsmengenbeschränkung. Nachteil: Das Einkommen der Bauern wird reduziert. Das widerspricht Punkt 2.
5. Der Staat zahlt Preissubventionen. Nachteil: Der Steuerzahler muß die Differenz zwischen Produzenten- und Konsumentenumsatz bezahlen.

Es wäre auch möglich, sich die *Graphik* (Abb. 13) als *analoges Modell* einzuprägen, dies aber in intensiver Interaktion mit der gelernten Begrifflichkeit: Zum einen müßten die Begriffe, wie wir sie oben aufgezählt haben, in der Graphik gezeigt werden können; zum andern müssten die Elemente der Graphik benannt und allenfalls erläutert werden können. Letzteres könnte man als ausgesprochenes *Abruftraining* bezeichnen. Die Aufgabe, die sich der Lerner selber stellt, würde etwa lauten:»Benenne die folgenden Elemente (Strecken und Flächen) der Graphik (Abb. 13) und erkläre ihre Entstehung!«

OM	OE	ONGM
OA	AC	OFBA
BC		OEAC
OH		OEDH

Die Elemente der Graphik könnten auch als Hinweisreize für weiterführende Rekonstruktionsprozesse dienen, denen entlang der Lerner in der (für sich selber simulierten oder echten) Testsituation sein Wissen wiedergeben kann. Die Graphik *so* zu nutzen, würde der vierten von Levin (1981) unterschiedenen, nämlich ihrer *transformierenden* Funktion entsprechen. Das heißt, der Lerner würde gleichsam seiner Vorstellung von der Graphik»entlang denken« und laufend seine Aussagen formulieren.

Eine weitere Möglichkeit, Textinformation zum Zwecke des Behaltens zu reduzieren, die gewissermaßen zwischen den Merksätzen und der Graphik anzusiedeln wäre, ist das sogenannte»mapping«, ein räumlich-figurales

202

Darstellen von Wissenselementen und Zusammenhängen zwischen diesen in einem graphischen Netzwerk, beispielsweise einem *Kästchen-* oder einem *Flußdiagramm* oder einer andern Form eines *graphischen Schemas* (z.B. Pflugradt 1985). Die Struktur solcher Diagramme kann Netz- oder hierarchischen Baumcharakter haben. Wesentlich ist einerseits, daß die Begriffe, die als Knoten des Netzwerks oder des Baumes abgebildet werden, durch klar *bezeichnete* Relationen miteinander verbunden werden, d.h. konkret durch Pfeile oder Verbindungslinien, die Zusammenhänge abbilden wie». . . folgt auf. . .«, ». . . ist ein. . .«oder». . . hat zur Folge. . .« im Sinne der *benannten Assoziationen* (Norman & Rumelhart 1975, 1978); andererseits gibt es Hinweise darauf, daß es wichtig ist, daß der Lerner genügend *individuelle* Wissens- und Vorwissenselemente in das *mapping* einbringen kann. Andernfalls scheinen die Verbindungen von Neuem mit Altem nicht in genügendem Maße gewährleistet und dadurch das Abrufen oder Rekonstruieren erschwert zu sein.

Eines darf man sowohl bei solchen reduzierenden als auch bei den oben besprochenen elaborierenden Verfahren nicht vergessen: Es handelt sich dabei um Techniken, die anspruchsvoll sind und von einem Lerner eine grundsätzliche *Bereitschaft* und *Motivation für die Verbesserung der eigenen Lernstrategien* sowie sehr viel Selbstdisziplin (hohe Anforderungen an die *Selbstinstruktion*) beim Erwerb der betreffenden Technik erfordern. Erwachsene Lerner finden im allgemeinen, ihre Lernstrategien hätten sich eigentlich in genügendem Maße bewährt und seien nur bedingt revisionsbedürftig; sie sind aus diesem Grund – oft verständlicherweise! – nicht bereit, viel Aufwand in eine Optimierung ihrer Lernfähigkeiten zu investieren. In der Tat muß man daran denken, welch lange Lerngeschichte ein erwachsener Mensch schon hinter sich hat, in deren Verlauf sich kognitive Mechanismen für das Verarbeiten, Speichern und Abrufen von Information eingeschliffen haben, die zu verändern ein komplexes Unterfangen ist (hohe *Änderungskonsistenz*, vgl. Pflugradt 1985).

Metakognitive Prozesse

Wer als Lerner sporadisch oder systematisch elaborierende oder reduzierende Prozesse beim Lernen aus Text einsetzt, wird sich mit seinem eigenen Lernen als einem Vorgang mehr oder weniger bewußt auseinandersetzen. Diejenigen Denkprozesse, die sich mit dem eigenen Lernen und Denken, dem eigenen Erwerb von Wissen und dem eigenen Problemlösen befassen, sind *metakognitive Prozesse*. Sie sind die dritte Art von Prozessen, die einen relativ unmittelbaren Einfluß auf das Lernen aus Text haben können. Soll der Lernprozeß im Sinne eines »Lerne zu lernen!« verbessert werden, so genügt es nach Ansicht vieler Autoren nicht, einfach Strategien kennen zu lernen;

vielmehr muß man über diejenigen Prozesse etwas wissen, die den Einsatz der Strategien leiten und kontrollieren (siehe u.a. Fischer & Mandl 1983, Weinert & Kluwe 1983 oder Büchel 1984). Nach Flavell (1978), der vor allem die Entwicklung metakognitiven Wissens bei Kindern untersucht hat, handelt es sich (1) um *Wissen über sich selber (Personvariablen* wie z.b. was man selber weiß, was man sich zutraut, welches die eigenen Stärken und Schwächen beim Lernen sind usw.), (2) um Wissen über Aufgaben, d.h. um Kenntnisse, welches im allgemeinen leichte oder schwierige Aufgaben sind (*Aufgabenvariable*), und (3) um Kenntnisse über die zu verwendenden kognitiven Strategien, von denen oben die Rede war (elaborative und reduktive Prozesse). Die metakognitiven Prozesse, die einer Erleichterung des Lernens und der Effizienzsteigerung dienen sollen, können sich nun im praktischen Vollzug auf die genannten verschiedenen Variablen richten. Im Gegensatz zu Flavell (1978, 1979) gewichtet Brown (1978) die *Prozesse des Vollzugs* (die *executive processes*) eigener kognitiver Aktivitäten wesentlich stärker. Ihrer Ansicht nach müssten die Lernfähigkeiten dadurch erhöht werden, daß dem Lerner außer den Strategien zur Bewältigung konkreter Lernaufgaben vor allem die *Steuerungs-* oder *Kontrollmechanismen* beigebracht werden, die den Vollzug des Lernens *planen, zeitlich strukturieren* und im gesamten Zusammenspiel auch *koordinieren*. Zahlreiche Untersuchungen (Brown, Palincsar & Armbruster 1984, s. auch Mandl, Stein & Trabasso 1984) haben belegt, daß metakognitive Steuerungsprozesse eingeübt und angewendet werden können. Es zeigt sich aber auch hier, daß es für Erwachsene schwierig ist, ihre längst schon ausgeprägten Lernmechanismen einer massiven Revision und Neuorganisation zu unterziehen.

Angesichts dieser Erkenntnis, die uns schon im Zusammenhang mit den elaborativen und reduktiven Prozessen aufgefallen ist, muß man sich fragen, ob ein Lerne-zu-lernen aus Text (im Sinne der drei Prozeßarten, von denen hier die Rede war) nicht viel früher geschult werden müßte, d.h. ob nicht der Leselernprozeß, der sich ja über mehrere Jahre hinweg erstreckt, von einer entsprechenden Schulung strategischer bzw. metakognitiver Fähigkeiten begleitet werden müßte.

13.6 Memo

1. Lernen aus Text ist ein vielfältiger Prozeß; er schließt das Verstehen der Textinformation, deren Speicherung und die Fähigkeit der Wiedergabe ein.
2. Bedeutungen von Sätzen können in Propositionen repräsentiert werden.
3. Propositionen sind Bedeutungseinheiten mit einer bestimmten formalen Struktur, die der Relationenlogik entliehen ist. Sie enthalten ein Rela-

tionskonzept und Inhaltskonzepte. Das Relationskonzept verknüpft die Inhalte.

4. Größere Bedeutungszusammenhänge – der Bedeutungs- oder Sinnfluß im Textverstehen – ergeben sich aufgrund von Argumentüberlappungen oder von Verdichtungen ganzer Propositionen zu neuen Argumenten (Elementen), die in spätere Propositionen wieder aufgenommen werden.

5. Bedeutungen ganzer Texte können in Propositionenlisten dargestellt werden.

6. Verstehen erfolgt je nach theoretischem Ansatz aufgrund einer Addition von Bedeutungseinheiten, aufgrund einer Integration einzelner Bedeutungseinheiten in ein ganzheitliches mentales Modell, aufgrund eines Analyse-durch-Synthese-Prozesses oder aufgrund von aktivierten Schemata, an die die Textinformation assimiliert wird.

7. Gemäß der Schematheorie sind die Schemata die Organisationseinheiten oder Bausteine für das Verstehen insofern, als Vorwissen in Form von Schemata aktiviert wird und neues Wissen an diese Schemata assimiliert wird. In dem Maße, als dies möglich ist, wird der Text verstanden.

8. Schemata sind aktive semantische Netzwerke oder Netzwerkteile.

9. Lernen aus Text ist aber mehr, als was das Verstehen impliziert; es besteht im weitern in einem Anpassen der Schemata an die Gegebenheiten der Textinformation (Akkommodation der Schemata) und überdies in einem Verknüpfen von Schemata zu solchen höherer Ordnung. Diese Prozesse konstituieren den Aufbau eines mentalen Modells.

10. Lernen aus Text kann durch Illustrationen oder Graphiken unterstützt werden. Es können ihnen vier Funktionen zukommen: Aufgrund der darstellenden Funktion werden Elemente des Textes räumlich-visuell präsentiert (Wiederholungseffekt); die organisierende Funktion ermöglicht das Herstellen von Zusammenhängen (Dezentrierungsaktivitäten); die interpretative Funktion bringt verbal kaum darstellbare Gegebenheiten (z.B. schwierige Begriffe) zum Ausdruck, und die transformierende Funktion ermöglicht Umkodierungen für die Speicherung (vgl. auch Punkt 13).

11. Der Wissenserwerb aus Text macht elaborative Prozesse nötig, d.h. solche, mit deren Hilfe die neue Information mit dem Vorwissen verbunden werden kann: vorstrukturierende Fragen und Überlegungen (z.B. aufgrund eines Titels), spezifische, z.B. die Neugierde weckende Formulierungen im Text, und das Generieren von Vorstellungen vor und während des Lesens.

12. Die Fülle der Textinformation muß beim Lernen reduziert werden. Dies geschieht aufgrund reduktiver Prozesse: Verdichten, Weglassen oder Selektion von (wichtigen) Inhalten.

13. Das Speichern und Abrufen der verstandenen Textinformation kann in verschiedener Weise geübt werden: aufgrund eines mechanischen Zuord-

nens und Einprägens von einschlägigen Begriffen zu deren Definitionen und umgekehrt; aufgrund von Merksätzen sowie aufgrund von gegenseitigen Zuordnungen von Begriffen und entsprechenden Elementen der Graphik.

14. Die Graphik kann als Basis für eine Rekonstruktion des mentalen Modells »Der Butterberg und die staatlichen Interventionsmaßnahmen« verwendet werden. Die einzelnen Elemente wirken als Abrufreize (retrieval cues).

15. Die metakognitiven Prozesse fokussieren auf das eigene Lernen: auf die Eigenschaften des zu lernenden Materials (Materialvariable), die eigenen Lernfähigkeiten (Personvariable) und den Einsatz eigener Lernstrategien (z.B. Strategien des Speicherns und Abrufens).

14. Vokabeln lernen! – Mechanisches Lernen und das Elaborieren von semantischen Netzwerken

14.1 Einleitung

Vielleicht wird das Vokabellernen, das in diesem 14. Kapitel thematisiert wird, von vielen Menschen deshalb als unangenehm erlebt, weil sie es *ausschließlich mechanisch* betreiben und *zu wenig mit Sinn füllen*. Je mehr *Bedeutungsstiftung* in das Lernen von Fremdsprachenvokabeln investiert wird, desto interessanter und effizienter wird es, weil dann nämlich nicht nur isolierte Wortpaare gelernt werden, sondern ein Netz von Bedeutungen, ein *semantisches Netz* aufgebaut wird. In dieses hinein können die Vokabeln integriert und aus diesem heraus können sie über *eingeübte Abrufpfade* auch wieder erinnert werden.

Es wird im folgenden dargestellt, welche lernpsychologischen Implikationen verschiedene Arten des in vielen Lebensbereichen unvermeidlichen *wiederholenden Lernens* haben, wie sich die Fremdsprachenvokabeln allmählich von ihrer Bindung an die muttersprachlichen Äquivalente lösen und sich *innerhalb eines fremdsprachlichen semantischen Netzwerks* organisieren, das über spezifische innere Schlüsselreize, ohne die muttersprachlichen Äquivalente, zugänglich ist.

Zu den wichtigen Begriffen dieses Kapitels gehören das *Paarassoziieren*, das *Generieren von Vorstellungen*, das *Konstruieren von Eselsbrücken*, das *Erinnern auf Stichwort* und das *freie Erinnern, wiederholendes Lernen, selektives Lernen, systematische semantische Elaboration*, der *Aufbau semantischer Netzwerke*, das *linguistische und das semantische Gruppieren* und das *Substantivieren von Verben*.

Fremdsprachenvokabeln lernt nicht nur der Schüler. Manch einer muß es ein Leben lang tun, um auf dem laufenden zu bleiben, gleichgültig ob er sich mit Zeitungsinformationen, mit Fachzeitschriften oder mit Baudelaire in der Originalsprache auseinandersetzt. Es lohnt sich, die entsprechenden Lernprozesse einmal aus der Nähe anzusehen!

Für den interessierten Fremdsprachenlehrer sei angemerkt, daß es mir bewußt ist, daß Fremdsprachvokabellernen nicht identisch ist mit dem Lernen der Fremdsprache als ganzer; aber ein wichtiger Bestandteil davon ist es zweifellos.

14.2 Was ist zu lernen?

Blick in ein Lehrmittel

Lektion 13 des»Lernwörterbuches in Sachgruppen – Emploi des mots« für die deutschen Gymnasien enthält folgende Wörter und Ausdrücke (Lübke 1975, 3–4):

Lumière électrique - elektrisches Licht

la lampe	die Lampe	la ⟨ ⟩ de poche
le bouton (élec-trique)	der Schalter	tourner le ⟨ ⟩/appuyer sur le ⟨ ⟩
allumer	anmachen	⟨ ⟩ la lampe/⟨ ⟩ le feu/⟨ ⟩ une bou-gie (Kerze)
éteindre	ausmachen	⟨ ⟩ la lampe/⟨ ⟩ le feu/⟨ ⟩ la lumière
une ampoule	eine Glühbirne	l'⟨ ⟩ fonctionne/changer une ⟨ ⟩
éclairer	erhellen	la lampe ⟨ ⟩ la chambre
la prise de courant	die Steckdose	brancher une lampe sur la ⟨ ⟩
le fil électrique	die Leitung	
le courant (élec-trique)	der Strom	le ⟨ ⟩ alternatif/un ⟨ ⟩ de 110 volts
l'électricité f.	die Elektrizität	une machine qui marche à l'⟨ ⟩
électrique	elektrisch	le circuit ⟨ ⟩ (Stromkreis)
l'énergie	die Energie	l'⟨ ⟩ électrique
la centrale	das Kraftwerk	la ⟨ ⟩ produit l'électricité
le barrage	der Staudamm	un ⟨ ⟩ sur la Durance (Flußname)
la pile	die Batterie	des ⟨ ⟩s pour le transistor
un électricien	ein Elektriker	faire réparer la lampe par l'⟨ ⟩

Lübke, der Bearbeiter dieses»Lernwörterbuches« macht die folgenden drei Anregungen zum Lernen der Vokabeln:

Die Vokabelzusammenstellungen bieten drei Möglichkeiten des Vokabel-lernens:

1. Der Schüler verdeckt die französischen Vokabeln der linken Spalte und nennt sie mit Hilfe der beiden übrigen Spalten aus dem Gedächtnis.
2. Der Schüler verdeckt die deutschen Bedeutungen und nennt sie aus dem Gedächtnis, wiederum mit Hilfe der anderen Spalten.
3. Der Schüler verdeckt die französischen Vokabeln der linken Spalte und vervollständigt die Anwendungsbeispiele, wo an der Stelle der Vokabel meist nur das Zeichen ⟨ ⟩ steht. (Dies ist die wirksamste Art des Vokabel-lernens mit diesem Wörterbuch, besonders wenn man die Anwendungsbei-spiele dabei laut spricht.)

14.3 Lernen für ein Erinnern auf Stichwort (Abrufreiz)

Paarassoziationslernen?

Der ersten Anregung entsprechend wird das *Fremdwort* gelernt. Zunächst werden *Wortpaare* miteinander *assoziiert*: ein bereits bekanntes, deutsches Wort mit einem noch nicht bekannten, eben zu lernenden französischen Wort. Es gibt in der lernpsychologischen Forschung ein bekanntes *Paradigma des verbalen Lernens*: das *Paarassoziieren (paired associate learning)*, d.h. das *Auswendiglernen von Wortpaaren*, meist von Substantiven, wie z.B. *WAL* und *ZIGARRE* (Simon 1972). Im Gedächtnistest wird dann eines der beiden Wörter, im allgemeinen das erste, vom Versuchsleiter genannt, und die Versuchsperon muß dann das zweite wiedergeben. Läuft es nicht beim Vokabellernen genauso, außer, daß der Versuchsleiter der Lehrer und die Versuchsperson der Schüler ist? Nein! Während beim Paarassoziationslernen Wortelemente (allgemein: Items, es können nämlich auch Bilder sein) von unterschiedlicher Bedeutung, unterschiedlichem Klang und Schriftbild und damit auch von unterschiedlicher (motorischer) Schreibweise gelernt werden, geht es beim Vokabellernen grundsätzlich um etwas anderes: Es sollen zwei Items miteinander verknüpft werden, die üblicherweise *hinsichtlich ihrer Bedeutung identisch* sind, die sich aber typischerweise im Klang wie auch im Schriftbild voneinander unterscheiden.

Während im Falle des Paarassoziierens jedem der beiden Items ein *eigenes Begriffs- oder Bedeutungsnetz*, ein eigenes *semantisches Netzwerk* entspricht, sind beim Vokabellernen die beiden Wörter zwei gleichsam *verschiedene Etiketten* ein und desselben *semantischen Netzes*. Dementsprechend verändern sich auch die Lernmöglichkeiten: Manches, was beim Paarassoziationslernen durchaus ratsam ist, fällt beim Vokabellernen als Möglichkeit zum Einprägen weg: Weder kann man aus den beiden Items, z.B. lumière und Licht, einen *sinnvollen Satz* bilden, noch kann man die den beiden Wörtern entsprechenden Objekte in einer *visuellen Vorstellung* verbinden. Ein solches Verbinden zweier vorgestellter Objekte zu einem *Gesamtbild* gilt als eine der wirksamsten gedächtnistechnischen (sog. *mnemotechnischen*) Methoden beim Paarassoziationslernen (vgl. etwa Paivio 1971, Bower 1972, Steiner 1980). Sie taugt aber in dieser einfachen Form zum Vokabellernen nicht! Selbstverständlich kann man sich Vorstellungen von Lichtern, von *Licht* und *lumière* machen, aber diese Vorstellungen spielen als Schlüsselreize für den Abruf des *einen* Items des Wortpaares *Licht – lumière* bei der Nennung des andern keine wirksame Rolle – ganz im Gegensatz zum Paarassoziationslernen, wo die Nennung des einen Items, z.B. *WAL*, sehr wohl als Abrufreiz (englisch: *retrieval cue*) für *ZIGARRE* funktioniert, wenn die Vorstellung z.B. eines Zigarre rauchenden Wals beim Lernen des Wortpaares gebildet worden ist. Das also hilft beim Lernen der Französischvokabeln nicht.

Mehr als Assoziationen

Üblicherweise werden die Vokabeln einfach durch unmittelbar nacheinander erfolgende Nennung, also auf der Basis von *raum-zeitlicher Nähe* oder Kontiguität assoziiert werden. Wir dürfen aber annehmen, daß außer der raum-zeitlichen Kontiguität andere, wesentlich stärker differenzierende und damit auch stärker verknüpfende Merkmale der zu lernenden Wörter mit im Spiel sind.

Licht und *lumière* beginnen beide mit dem Laut »L«. Man kann also dieses Merkmal beim Lernen durch deutliches Artikulieren bzw. durch lautes Sprechen hervorheben: *L-icht* und *l-umière*. Dabei wird wohl beim bereits bekannten Wort *Licht* die Tatsache mitkodiert, daß das zu lernende französische Wort mit dem gleichen Buchstaben beginnt. Das ist wichtig, denn was außer dem »L« sollte denn sonst der auslösende Schlüsselreiz für das *Abrufen* des entsprechenden Wortes sein? Vielleicht ist aber die Kodierung, die mit dem Wort »Licht« verbunden wird, ausführlicher, etwa so: Das französische Wort beginnt mit »l«, geht dann aber nicht mit dem Klang »i«, sondern mit »ü« weiter! Und im übrigen heißt doch der Erfinder der Kinematographie so: Louis Lumière (1864–1948)!

Oder: *die Lampe – la lampe.* Das ist genau dasselbe Wort, nur (1) spricht man es typisch französisch mit einem Nasallaut aus, und (2) schreibt man es (wie schon *lumière*) klein; (3) hat es den Artikel »la«, ist also weiblich wie *die Lampe* im Deutschen. Letzteres nimmt man zur Kenntnis, muß es sich aber *nicht eigens einprägen*, denn es genügt wohl, wenn man sich die *Ausnahmen* einprägt, bei denen das Geschlecht *nicht* übereinstimmt.

Eselsbrücken oder die Schlüsselwortmethode

Der Schalter – le bouton: Die beiden Wörter sind völlig verschieden voneinander, sowohl bezüglich des Schriftbildes als auch des Klangs! Dasselbe gilt in dieser Lektion auch für *anmachen – allumer, die Steckdose – la prise de courant, der Strom – le courant, eine Glühbirne – une ampoule* und viele andere.

Das letzte Beispiel eröffnet eine vielen Lesern vertraute Möglichkeit: Das französische Wort weckt sofort die Erinnerung an das gleichstämmige und ganz ähnlich klingende deutsche Wort *Ampulle*. Der Lernende kann also entsprechend der »Schlüsselwortmethode« (vgl. Paivio 1971, Atkinson 1975, Wippich 1984) eine *akustische Brücke* schlagen: *ampoule – Ampulle.* Nun ist aber das Lernen durch ein zusätzliches Wort belastet, und man kann sich fragen, ob dies angesichts der ohnehin schon großen Wortfülle und Verwechslungsgefahr überhaupt sinnvoll ist. Das entscheidende Moment ist hier die *Elaboration* (*elaborative Prozesse* vgl. Kapitel 13), die das neue Wort mit dem bereits bestehenden Wissen in Verbindung bringt: Ampulle, als Element des bereits vorhandenen Wissensbestandes tritt tatsächlich mit dem neuen Wort *ampoule* in eine (akustische) Beziehung! Im weitern kommt dem Lerner noch eine Methode zuhilfe, die wir oben im Zusammenhang mit dem Paarassoziationslernen schon erwähnt haben: Er stellt sich sowohl die Glühbirne als auch die Ampulle *visuell* vor und bildet ein »Gesamtbild«, d.h. eine Vorstellung, in der die beiden Objekte, die durch die Items bezeichnet werden, miteinander interagieren (vgl. auch das oben erwähnte Beispiel mit dem Zigarre rauchenden Wal). Dieses interagierende Vorstellungsbild enthält die beiden gläsernen Objekte, freilich von Lerner zu Lerner in etwas unterschiedlicher Weise, bei allen aber in einer bestimmten räumlichen, vielleicht auch instrumentellen oder kausalen Relation zueinander, die Glühbirne wohl etwas größer als die Ampulle, ihre Formen verschieden, aber das Material in beiden Fällen glänzend. Im weitern gehört zum Vorwissen des Lerners, daß beide mit Bedacht zu handhaben sind! Mit dem Vorstellen eines Gesamtbildes hat der Lerner – in einem zweiten Schritt – eine *bildhafte Brücke* zwischen dem Schlüsselwort *Ampulle* und dem zu lernenden französischen Wort für *Glühbirne* geschlagen. Durch die vorstellungsmässige Verbindung von Glühbirne und Ampulle entsteht aus den beiden Informationselementen *ein* neues Element, *eine* Vorstellung der beiden Elemente, *eine* neue Bedeutungseinheit, die das Gedächtnis kaum stärker belastet als das Item *Glühbirne* allein.

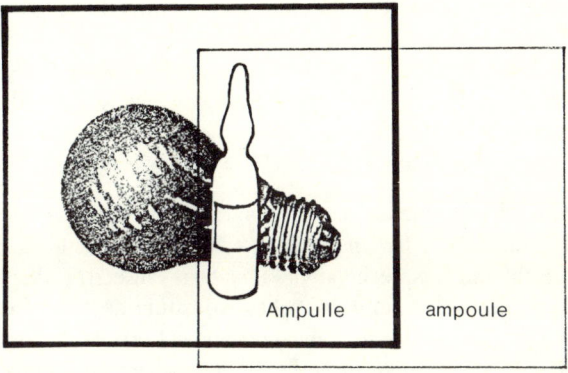

Abb. 15   Beispiel einer Eselsbrückenbildung: *Ampulle* tönt wie das zu lernende französische Wort *ampoule* (Glühbirne). Die rechte Umrahmung deutet die akustische Ähnlichkeit und die darauf beruhende Assoziation an. Das Bild der Ampulle kann mit dem Bild einer Glühbirne in einem interaktiven Vorstellungsbild eine Bedeutungseinheit bilden, angedeutet durch die linke Umrahmung. Die Ampulle, das Schlüsselwort, hat also Beziehungen zu beiden zu lernenden Vokabeln: Bei der Nennung von *Glühbirne* wird das Bild einer *Ampulle* (zusammen mit dem der *Glühbirne*) wachgerufen; dieses ruft das klangähnliche Wort *ampoule* wach, womit das Wortpaar *Glühbirne – ampoule* abrufsicher gelernt ist!

211

Nun müssen wir uns auf den Grund zurückbesinnen, warum wir dieses Paarassoziieren, dieses vorstellungsmässige Verbinden zweier, in dieser Paarung eigentlich gar nicht zu lernender Items überhaupt vorgenommen haben: Weil wir auf diese Weise einen Abrufreiz erhalten können: *Glühbirne* ruft aufgrund der gespeicherten Vorstellung *Ampulle* ab und damit – über die akustische Brücke – das ganz ähnlich klingende französische »ampoule«.

Zusammen mit dem deutschen Item »die Ampulle« muß freilich mitgespeichert werden (aber das gehört sehr bald zu den Selbstverständlichkeiten!), daß das französische Wort *anders tönt* als das deutsche und überdies anders geschrieben wird, als es tönt! (Über das Erlernen spezifischer Schreibweisen wird noch einiges zu sagen sein!)

Der Umweg über die Paarassoziation *Glühbirne–Ampulle* ist für den kognitiven Lernpsychologen eine *Elaboration* und für die Alltagssprache das, was man eine *Eselsbrücke* nennt. In der Literatur heißt dieses Vorgehen auch *Schlüsselwortmethode* (Atkinson 1975, Atkinson & Raugh 1975, Wippich 1984). Nicht immer ist das vermittelnde Element (oder das *Schlüsselwort*), hier »die Ampulle«, fast identisch mit dem zu vermittelnden (*une ampoule*); oft ist es nur entfernt ähnlich im Klang oder weist irgendeine andere Eigenschaft auf, die im zu lernenden französischen Item wieder auftritt. Die eigentlichen Brückenglieder haben die Aufgabe zu erfüllen, auf der auditiven oder der visuellen Ebene als Hinweisreize für das entsprechende Fremdwort wirksam zu werden. Mit dem deutschen Wort können sie in unterschiedlicher Art und Weise verbunden sein: in einer Gesamtvorstellung oder in einem andern Bedeutungszusammenhang.

Levin (1982) weist darauf hin, daß Illustrationen als visuelle Eselsbrücken wirksam werden können; der Aufwand für ein Zeichnen solcher Illustrationen beim Vokabellernen wäre aber wohl etwas hoch. Lebendige Vorstellungen erfüllen den Zweck ganz ausgezeichnet!

Zu recht wird immer wieder darauf hingewiesen, daß die Methode der Eselsbrücke beim Vokabellernen nur dann erfolgversprechend ist, wenn man sie gut beherrscht und entsprechend viel Phantasie einsetzt. Dabei spielt es in der Tat keine Rolle, welch »umständliche« Konstruktionen die Eselsbrücken erfordern. Wichtig ist, daß sie für den betreffenden Lerner – und nur für ihn! – angemessen, d.h. mit seinem bisherigen Wissensbestand kompatibel sind! Die Prozesse des Bauens von Eselsbrücken sind sehr individuell geprägt *(idiosynkratisch)*.

Nun gibt es aber eine Vielzahl von Wörtern, für die sich nicht ohne weiteres spontan eine Eselsbrücke herstellen läßt, z.B. für *der Schalter – le bouton, die Kerze – la bougie* etc. Vielleicht braucht es bei diesen mehr Zeit oder Aufwand, oder es muß ein anderes Verfahren gewählt werden. Sehen wir einmal einem Schüler beim Lernen zu!

Wiederholungen schaffen Möglichkeiten für Elaborationen

Mit einem 3–5 cm breiten und vielleicht 15 cm langen Kartonstreifen deckt der Lerner gemäß der Anweisung (von Lübke 1983) jeweils ein Wort der französischen Spalte auf, nachdem er die Übersetzung aus dem Deutschen vor sich hin gesprochen hat. Mit einem Streifen, der spezifisch zugeschnitten ist, kann er es noch etwas eleganter haben: die Stufe im Karton erlaubt zu lesen: *die Lampe*. Er braucht sich nicht lange zu besinnen, denn *la lampe* ist eine leicht zu findende Lösung. Sobald er deutlich, am besten laut, *la lampe* ausgesprochen hat, richtet er seinen Blick auf die noch verdeckte Lösung, schiebt den Karton nun einige Millimeter nach unten und findet seine Lösung bestätigt. Gleichzeitig wird schon das nächste deutsche Wort sichtbar: *der Schalter*, für den es keine (oder zumindest keine einfache) Eselsbrücke gibt. Unser Schüler weiß die Lösung nicht, richtet seinen Blick dorthin, wo sie erscheint, schiebt seinen Karton nach unten, sieht die Lösung *le bouton* und liest sie sich laut vor, in der Hoffnung, es beim folgenden, zweiten Durchgang noch zu wissen. Es ist klar, daß er beim allerersten Durchgang keine der Lösungen weiß, denn er *lernt* sie ja erst.

Abb. 16   Wiederholendes Lernen mit Hilfe des Abdeckverfahrens

Mit jedem Durchgang aber nimmt die Zahl der richtig gewußten Items zu, bis schließlich nur ein paar »schwierige« übrigbleiben. In unserer Lektion dürften wohl die Wörter *éteindre, le bouton* und *la pile* diejenigen sein, die am meisten Lerndurchgänge brauchen, die also vielleicht erst beim vierten oder fünften Mal mit sicherem Gefühl genannt werden können.

Dabei wird der Lerner eine interessante Beobachtung machen: Mit einem Mal fällt ihm auf, daß *le bouton* mit ...*ton* endet, wie das deutsche *Ton*. »Klar, der Schalter macht einen *Ton*, wenn ich ihn einschalte!« Und von da an löst *der Schalter* die Erinnerung an *Ton* aus und auch daran, daß das französische Wort genau so aufhört: *bou–ton*! Das ist eine *Elaboration*, die zu einer etwas andern Art von Eselsbrücke führt, als wir sie oben dargestellt haben.

Jeder Leser hat erlebt, daß gewisse Wörter vom zweiten Durchgang an bereits im Gedächtnis haften bleiben, so daß jede korrekte Wiederholung einen unausgesprochenen Erfolg darstellt. Zu Recht kann man sich allerdings fragen, wie lange es sich wohl lohnt, Gewußtes noch und noch in jedem Lerndurchgang mitzuschleppen; ob es nicht effizienter wäre, sich von einem bestimmten Punkt an nur noch auf die »schwierigen« Vokabeln zu konzentrieren.

Orthographisch schwierige Wörter müssen früher oder später auch *geschrieben* werden, damit eine entsprechende visuelle (ev. motorische) Kodierung vorgenommen werden kann. Der Schüler hat die Möglichkeit, *alles* aufzuschreiben, d.h. anstatt daß er die französischen Wörter einfach laut spricht, schreibt er sie gleich nebenan auf ein Blatt oder auf eine »Wachstafel«, wie sie in Warenhäusern erhältlich ist, und korrigiert sie jeweils, wenn er seinen Karton nach unten schiebt. Er kann das Schreiben auch auf den Moment aufsparen, wo er glaubt, daß er *mündlich* alle Wörter beherrscht. Ferner hat er die Möglichkeit, grundsätzlich nur *die* Wörter aufzuschreiben, die vom Schriftbild her irgendwelche besondere Beachtung verdienen, sei es, daß sie *accents* haben (wie électricité), sei es daß auf Endungen (Mehrzahl-s!) besonders geachtet werden muß.

Wer auf diese Weise sorgfältig lernt und wem es nicht einfach darum geht, die »Büffelei« hinter sich zu bringen, hat immer wieder Gelegenheit, beim Sprechen oder Schreiben eines Wortes in seinem Denken eine *bedeutungsreiche Verbindung* zu einem schon bekannten Ausdruck herzustellen: zu einem Wort, das ähnlich tönt, ähnlich aussieht oder etwas Ähnliches bedeutet. »*Chômage* paßt vom Klang her zu *chaumière*, das wir kürzlich gelernt haben, aber Vorsicht, die Schreibweise und die Bedeutung ist eine andere!«
In solchen Fällen können sehr wohl auch *visuelle Vorstellungen* als Elaborationen eine Bedeutung erlangen, wie wir es oben im Zusammenhang mit den *Eselsbrücken* schon gesehen haben. Mit andern Worten, durch derartige *Elaborationen* werden im semantischen Netz, das die Vokabeln allmählich bilden (es ist zu Beginn freilich ein noch locker geknüpftes Netz, aber das tut nichts zur Sache!), neue Verbindungen geschaffen, die für den Lernenden sowohl für ein Kodieren und Speichern als auch für ein Abrufen von Bedeutung sein können. Man kann dem Lernenden nur empfehlen, beim sicher notwendigen *wiederholenden Lernen* Elaborationen *systematisch* vorzunehmen und sich zur Gewohnheit zu machen.

Verstärkung

Wir haben bisher Gewicht gelegt auf eine optimale *Kodierung auditiver, visueller, motorischer* und – mit Hilfe von Eselsbrücken und anderen Elaborationen – auch *semantischer* Art. Im weitern hat sich zwangsläufig ein Plädoyer für ein *wiederholendes Lernen* bzw. ein *wiederholendes Üben* ergeben, für eine Art von Lernen, die heutzutage nicht gerade ein hohes Ansehen genießt – völlig zu Unrecht, wie ich meine, vor allem, wenn man die im letzten Abschnitt (wie auch in Kapitel 13) vorgetragenen Überlegungen bedenkt!

Wir haben dabei ein zentrales lerntheoretisches Prinzip, nämlich das der *Verstärkung*, noch nicht zur Sprache gebracht, und auch über die *Dauer des Lernens* und die *Größe* der zu bearbeitenden Lerneinheiten (man braucht nicht von »einzutrichternden« Vokabelpaketen zu sprechen) haben wir bisher noch nichts gesagt. Wir wenden uns zuerst der Verstärkungsthematik zu und kommen in einem späteren Abschnitt auf das heikle Problem der Größe der zu lernenden »Informationspakete« zurück.

Der Schüler sollte sich *bei jedem richtig gewußten Wort* verstärken, indem er sagt oder denkt: »Gut!« oder »O.k.!« oder »Prima!« Er soll sich zumindest gleichsam innerlich zunicken und seine guten Kenntnisse auf diese Weise bekräftigen. Wenn er die Anforderungen steigern will, wird er sich freilich nur noch nach einer halben oder einer ganzen Lektion verbal verstärken oder nur noch für die Wörter, die ihm wirklich Mühe bereiten. Zu Beginn aber kann die Verstärkung nach *jedem* richtig genannten Wort durchaus angemessen sein.

Was aber soll er tun, wenn er ein Wort nicht mehr weiß, es auch nach angemessenem Nachdenken fehlerhaft oder unvollständig nennt, oder wenn er es mit einem ähnlichen oder einem ganz anderen, aus welchen Gründen auch immer, verwechselt? Er soll sich selber auf keinen Fall blamieren oder tadeln (»Ich bin eben dumm.« Vgl. Kapitel 11 zum Thema *Ursachenzuschreibung bei Mißerfolg). Vielmehr soll er den Lernprozeß in aufmerksamer Weise wiederholen,* d.h. konkret, das deutsche und das französische Wort laut nacheinander sprechen, wenn nötig die Eselsbrücke explizit machen und sie vielleicht sogar in extenso verbalisieren. Je nach Fehler oder Unvollständigkeit kann das *Schreiben* als visuelle und motorische Kodierung hinzukommen. Im Falle von Verwechslungen müssen die beiden beteiligten Wortpaare *konstrastiv* herausgehoben werden. Lautete die (falsche) Antwort auf *hören – écouter,* so ist eine saubere Differenzierung nötig:

hören i.S. von *hören können* → *entendre*

dagegen

hören, zuhören, hinhören → *écouter*

An diesem Beispiel wird deutlich, was beim Vokabellernen oft der Fall ist: daß nämlich nicht einfach Wortpaare, sondern eine *ganze Gruppe* von gleichbedeutenden oder in ihrer Bedeutung nur ganz leicht differierenden Wörtern *einem* einzelnen Wort der Fremdsprache zugeordnet werden muß: *écouter* heißt *hören, zuhören oder hinhören*. In umgekehrter Richtung gilt dies natürlich auch, nur kommt dies in Lehrmitteln nicht sehr oft zum Ausdruck!

Das bisher geschilderte Vorgehen läßt sich auch im Sinne von Anregung 3 des Bearbeiters von »Emploi des mots« in einer nächsten Phase anwenden: Anstatt auf das gelesene Wort mit dem französischen Wort zu reagieren, kann auch eines oder mehrere Beispiele abgerufen werden, wie sie in der rechten Spalte auf jeder Seite zu finden sind (siehe zu Beginn dieses Kapitels!).

Freilich gehört zum Vokabellernen auch das entsprechende Abfragen in der Schule. Wer die Vokabeln seriös lernt, verdient auch Lob vom Lehrer oder gute Noten für schriftliche Leistungen!

Symmetrie und Loslösung von muttersprachlichen *cues* anpeilen!

Wenn der Schüler vom deutschen Wort ausgeht und jeweils das entsprechende französische dazu nennt, baut er eine Art von *Asymmetrie* auf, daher ist es wichtig, wie Anregung 2 dies empfiehlt, auch in der Gegenrichtung, also vom französischen Wort ausgehend, zu lernen und somit eine gewiße *Symmetrie* zu erreichen.

Das Verfahren entspricht, soweit wir es bisher erfaßt haben, dem Paradigma des *Lernens auf Stichwort oder Schlüsselreiz (cued recall)*, wie es aus der Gedächtnisforschung bzw. den Arbeiten über *verbales Lernen* bekannt ist. Es gibt noch eine andere Art von Schlüsselreizen, die ebenfalls den Abruf der gelernten Wörter auslösen kann: bildhafte *cues*. Ein gutes Lehrmittel könnte als Testform zu jedem Thema ein Bild vorlegen (ähnlich den Bildseiten des Bilder-Duden); die abgebildeten Objekte und Tätigkeiten der Personen sowie bestimmte Eigenschaften müßten dann benannt oder beschriftet werden. Das Material könnte auch Lücken aufweisen; dann könnte der Schüler selber seine Vorstellungen aktivieren, was vermutlich, wenn er es gewißenhaft macht, zu noch besseren Ergebnissen führt, da die kognitive Aktivität größer ist als beim bloßen »Lesen« eines vorgegebenen Bildes. Ein solches Abrufen von Wortmaterial macht von einem eng an muttersprachliche Abrufreize gebundenen Denken allmählich frei: Die visuell im gegebenen Bild wahrgenommenen Schlüsselreize lösen mit der Zeit die fremdsprachlichen Reaktionen unmittelbar ohne Zwischenglied aus.

14.4 Mit System lernen: die 6 »S«

Wir sind von der Technik des Abdeckens im Lehrbuch ausgegangen. Das ist eine wirksame Methode. Eine damit verwandte, die *Kärtchenmethode*, ist aber unter Umständen für viele Schüler noch effizienter, sofern sie richtig gehandhabt wird.

(1) S wie System

Der Schüler braucht dazu kleine, sauber geschnittene Blätter oder eben Kärtchen vom Format A7 (halbe Postkarte). Auf die Vorderseite schreibt er das deutsche Wort auf (dazu eventuell auch Synonyme); auf die Rückseite das entsprechende französische. Er lernt also beim ersten Aufschreiben und *gleichzeitigen lauten Sprechen* die Wörter einer Lektion kennen. Er wird natürlich peinlich darauf achten, daß die *Schreibweise* korrekt ist, um sich keine falschen Formen einzuprägen. Von den 16 Wörtern der 13. Lektion könnte er *la lampe* von Anfang an als bereits gelernt ausscheiden. Er wird also mit *System* an die Arbeit gehen, das als Lernstoff wählen, was für ihn relevant ist und sich das Ziel stecken, 100% richtige Lösungen zu lernen.

(2) S wie Selbstdisziplin

Wenn alle Kärtchen geschrieben sind, beginnt das Lernen. Das Verfahren erfordert wie schon dasjenige mit dem Kartonstreifen ein respektables Maß an *Selbstdisziplin*: Wesentlich ist vor allem, daß vom zweiten Durchgang an das Kärtchen zur Kontrolle erst dann umgekehrt wird, wenn zu jedem deutschen Wort die französische Übersetzung (oder umgekehrt!) als verbindlich genannt oder das verlangte Beispiel in definitiver Form formuliert worden ist. Man soll sich die Suche im Gedächtnis nicht zu leicht machen und erst *dann* mit der Lösung auf dem Kärtchen vergleichen, wenn man sich um eine eigene Lösung bemüht hat.

(3) S wie Selbstverstärkung

Hat man das richtige Wort oder den korrekten Ausdruck genannt, so verstärkt man sich:»Gut!« oder»Prima!«, bevor man das Kärtchen hintenan legt und weitergeht. Hat man eine falsche Lösung genannt, so wiederholt man sowohl das deutsche als auch das fremdsprachige Wort ein- oder besser gleich zweimal und geht dann *ohne jede Kritik am eigenen Unwissen* weiter. Mit der *Selbstverstärkung* bekräftigt man also die richtigen Reaktionen und löscht – einerseits durch Nichttadeln und andererseits durch eine angemessene Maßnahme – die falschen.

Noch einmal: System

Nach wenigen Durchgängen, wenn man sich schon ordentlich sicher fühlt, empfiehlt sich eine Variante, die beim Lernen aus dem Buch nicht möglich ist, die aber für ein *systematisches* Lernen typisch ist: Man mischt die Karten so, daß die einzelnen Wörter nun in einer *andern Reihenfolge* erscheinen. Damit lernt man ein einzelnes Item unabhängig vom jeweils vorangehenden und vermeidet so einen Reihenfolgeeffekt, der beim Abrufen eine Abhängigkeit vom vorangegangenen Item bewirken kann. Lernt man mit gemischten Karten, so werden die Wörter für den Alltagsgebrauch unabhängig voneinander.

(4) S wie Symmetrie

Das Kärtchenmaterial legt auch ein Lernen auf *Symmetrie* nahe, d.h. vom muttersprachlichen zum fremdsprachlichen *und* umgekehrt. Ein solches Lernen empfiehlt sich grundsätzlich, auch wenn man weiß, daß in der Schule nur in einer Richtung abgefragt wird! Die Sprechsituation im entsprechenden Sprachgebiet fordert ja ein *Produzieren* der Fremdsprache wie auch ein *Rezipieren* derselben, also beide Richtungen des Abrufens bzw. des Aktivierens von Sprachelementen.

(5) S wie Selektivität

Mit jedem Durchgang wird sich die Zahl der mit sicherem Gefühl gewußten Vokabeln erhöhen. Die Kärtchenmethode ermöglicht es, diese gewußten Wörter nun beiseitezulegen und sich – selektiv – auf diejenigen zu konzentrieren, die Mühe bereiten, sei es, daß sie öfter wiederholt oder aber elaboriert (u.a. durch Aufschreiben zusätzlich visuell und motorisch kodiert) werden müssen. Diese Kärtchen sind es (manchmal systematisch gesammelt über mehrere Lektionen), die man im Bus, im Wartezimmer beim Zahnarzt oder an andern Örtchen solange bei sich hat und braucht, bis man die entsprechenden Wörter kann.

(6) S wie spontane semantische Elaboration

Wer aufmerksam lernt, erkennt sehr rasch, daß er nicht einfach mechanisch Itempaare einander zuzuordnen lernt, sondern daß er bei fast allen Paaren *spontan* semantische Elaborationen vornimmt, die den Abruf erleichtern; dies oft ohne größeren Aufwand so, daß es zu eigentlichen Operationen wie dem Aufbauen von Eselsbrücken kommt.

Wird die Kärtchenmethode im Sinne der 6 »S« eingesetzt, so rechtfertigt sich ihr Aufwand. Die Vorteile liegen in der Systematik (u.a. der Unabhängigkeit von Wortreihenfolgen), der Symmetrie und der Möglichkeit, sehr selektiv und damit effizient zu lernen. Wenn das keine guten Gründe sind!

Mit derselben Systematik können auch andere Inhalte eingeprägt werden: so beispielsweise die Begriffe und deren Definitionen, die wir in Kapitel 13 aufgezählt haben; Nomenklaturen und ihre Bedeutungen, wie sie im Materialkundeunterricht an der Gewerbeschule vorkommen; die Farbcodes in der Elektronik (an Widerständen etc.) und was sie anzeigen; Befehle auf einem Computer und was sie auslösen, wenn auch letzteres wohl vor allem durch Tun gelernt wird.

Wichtig ist bei all diesen Inhalten, daß sie in ihren Zusammenhängen oder zumindest in ihrer Funktion verstanden worden sind, so daß sich der Lerner keine sinnlosen Items einprägen muß und er sich *niemals an ein Lernen von bedeutungsleeren Inhalten gewöhnt!*

14.5 Abruf-*cues* nach innen verlegen!

Das Maß, in dem Wörter und ganze Ausdrücke (s. Spalte rechts in unserer Musterlektion zu Beginn des Kapitels) *frei* verfügbar sind, ist ein möglicher Gradmesser für die erworbene Sprach- bzw. Vokabelkenntnis. Es ist unbedingt nötig, daß der Prozeß des Abrufens im *freien Erinnern* (*free recall*) eigens geübt wird: Wieviele von den Beispielen (den Ausdrücken) der Lektion kann ich als Lerner frei wiedergeben und nicht nur, wenn man mir das deutsche Wort zuerst nennt? Wieviele von den Vokabeln kann ich *aufgrund einer vorgestellten Szene* abrufen und notieren? Der Lernprozeß muß diese Schritte unbedingt enthalten, damit sich die Abrufmechanismen von den jeweiligen cues, die das Buch oder der prüfende Lehrer liefert, lösen und sich auf *innere cues*, eben zum Beispiel auf Vorstellungen einstellen. Ein derartiger *free-recall*-Test könnte sich an das Lernen der Vokabeln unmittelbar anschließen. Allzu oft wird das Buch nach dem Lernen zugeschlagen, ohne daß sich der Lerner vergewissert hat, was er *ohne* Vorgabe von Stichwörtern (die deutschen Vokabeln wären solche!) aus dem Gedächtnis *frei* abrufen kann. Hier gibt es also Gelegenheiten zur Optimierung!

Die bisherigen Ausführungen sind vorwiegend Verfeinerungen oder Elaborationen dessen, was man schon immer unter Vokabellernen verstanden hat. Allerdings haben wir besonderes Gewicht auf die lerntheoretischen Grundlagen und auf bestimmte Erkenntnisse über das Kodieren und Abrufen aus der neueren Gedächtnispsychologie gelegt. Gerade aus der semantischen Gedächtnisforschung müßten aber weitere Erkenntnisse für das Fremdsprachenlernen nutzbar gemacht werden und hierfür liegen auch entsprechende brauchbare Erkenntnisse aus der Forschung vor. Darauf kommen wir im übernächsten Abschnitt wieder zurück.

14.6 Wie groß sollen die zu lernenden Informationspakete sein?
– Wenig praktikable Antworten!

In Gedächtnisexperimenten hat sich als obere Grenze für das Lernen einer Wortliste die Zahl von 20 Wörtern bewährt, wenn jede Sekunde *ein* Wort präsentiert wird. Diese Zahl darf uns keinesfalls im Hinbklick auf ein Lernen irreleiten, denn sie ist für *Experimente* typisch, bei denen es dem Versuchsleiter darum geht, keine sogenannten Deckeneffekte zu bekommen, m.a.W., wo er vermeiden will, daß *alle* seine Versuchspersonen in kürzester Zeit *alles* können.

In Vokabellernexperimenten haben z.b. Atkinson & Raugh (1975) 40 verschiedene russische Vokabeln lernen lassen, allerdings in einem typisch experimentellen Verfahren: Die russischen Wörter wurden für alle Versuchspersonen gleich dreimal über einen Kopfhörer vorgelesen, und die Versuchspersonen mußten jeweils die englischen (d.h. die muttersprachlichen) Übersetzungen in den Computer tippen.

Beim nicht-experimentellen, schulischen Vokabellernen sieht die Sache anders aus. Es wird individuell gelernt, die Wörter werden zum einen nicht einfach aus irgendwelchen Listen aufgenommen, von denen man weiß, daß man sie nach dem Gedächtnistest getrost wieder vergessen darf; jedenfalls dürfte dies nicht die Einstellung des Lerners sein! Und zum andern sollen *alle* Wörter und nicht (etwa aus irgendwelchen experimentellen Gründen) nur 75% von ihnen gelernt werden. Ziel ist das 100%ige Beherrschen, d.h. ein langfristiges Abrufenkönnen der Wörter (engl. *mastery level*).

Die traditionelle Gedächtnisforschung der frühen siebziger Jahre hat zwar außerordentlich viele interessante Ergebnisse über die Bedingungen des Speicherns und Abrufens, auch über Fragen der zeitlichen und mengenmäßigen Kapazitätsgrenzen für ein Verarbeiten von verschiedenartigstem Material (sprachliches Material, Bilder usw.) gebracht. Aber leider gibt es bis heute keine Arbeiten, die uns mit Sicherheit etwas Genaues über das Problem der Größe der zu lernenden Einheiten, angewandt auf das Vokabellernen, sagen könnten. Was wir im folgenden an Überlegungen vortragen, sind eher waghalsige Extrapolationen aus der experimentellen Forschung bzw. mehr oder weniger plausible Spekulationen.

Vielleicht könnte man sich an Millers (1956) magische Zahl 7 ± 2 halten. Sie ist ein Maß für die *Anzahl von Infomationseinheiten* (engl. *chunks*), die jemand beim Lernen im Kurzzeitgedächtnis behalten kann. Weil anzunehmen ist, daß einige der zu lernenden Vokabeln sehr einfach sind (*la lampe – die Lampe*), könnte man 7 ± 2 großzügig auslegen und sagen, daß es angemessen wäre, 9 schwierige Wörter aufs Mal lernen. Das bedeutet, daß man eine entsprechende Anzahl von Vokabeln bzw. Vokabelpaaren (das *Paar* ist hier wohl die Informationseinheit) aufs Mal lernen kann. Die Konsequenz daraus wäre, daß Lektionen, die erheblich mehr Items enthalten, aufgeteilt werden müßten.

Millers magische Zahl gibt aber ein Maß für Infomationseinheiten an, die ähnlich den Ziffern einer Telefonnummer kurzzeitig im Gedächtnis behalten werden müssen. Bei genauem Hinsehen erkennen wir, daß diese Art des Informationsspeicherns dem Vokabellernen gar nicht entspricht, denn während man die Telefonnummer nach dem Einstellen meist wieder vergessen darf, will man die Wörter doch eben behalten. Immerhin könnte die Millersche Zahl den ablaufenden Gedächtnisprozessen solange angemessen sein, als man die zu lernenden Wörter durch Wiederholen in eine länger dauernde Speicherung überzuführen sucht.

Es stellt sich im weitern die Frage, wieviele Lerndurchgänge hintereinander ausgeführt werden sollen und ob das Lernen unterbrochen und später wieder aufgenommen werden soll (vgl. die Ausführungen dazu in Kapitel 15). Rund 10 Itempaare zu lernen, nimmt meistens nicht viel mehr als fünf Minuten in Anspruch, also kann dies sicher in *einem* Zuge vorgenommen werden. Eine andere Frage ist die, ob ein einmaliges Lernen in einer der oben ausgeführten Arten hinreichend für ein lebenslanges Behalten der zu einem bestimmten Thema gehörenden Wörter ist oder nicht. Eine Wiederholung zu einem späteren Zeitpunkt und ein Gebrauchen der gelernten Wörter ist zweifellos nötig. Bedenkt man nämlich, wie rasch gelernte Elemente faktisch vergessen werden (wer hat es nicht schon am eigenen Leib erfahren?), so empfiehlt es sich, sie innerhalb eines Tages noch einmal zu repetieren. Läßt man nämlich längere Zeiten verstreichen, ist wahrscheinlich der Lernaufwand von erheblicher Größe, wenn man wieder auf ein hohes Behaltensniveau kommen möchte. Bei dieser Aussage lehnen wir uns allerdings wiederum an *experimentelle,* außerhalb schulischer Situationen gewonnene Erkenntnisse an, und erst noch an sehr alte (Ebbinghaus 1885), die beim Lernen von sinnlosen Silben gewonnen worden sind und vermutlich wenig Aussagekraft für unsere Problematik haben.

Das Vokabellernen impliziert, vor allem, wenn es sorgfältig und mit günstiger Lernmotivation durchgeführt wird, neben einem Abspeichern der Elemente im Kurzzeitspeicher und einem allfälligen *inneren (leisen) Wiederholen* (engl. *rehearsal*) vor allem die genannten *Elaborationen.* Diese sind entscheidend für eine Überführung der Wörter von einem Kurzzeit- in einen Langzeitspeicher. Hier könnte allenfalls die neuere Arbeitsgedächtnisforschung (z.B. Baddeley & Hitch 1975, Baddeley & Liberman 1980, Broadbent 1981) einen Beitrag leisten.

Aufgrund ausführlicher und komplexer Untersuchungen nimmt sie an, daß neben einem *kurzzeitigen Speicher* eine Instanz oder ein »Ort« postuliert werden muß, wo die Elaborationen ablaufen. Diese beruhen ja zumindest teilweise darauf, daß Information aus einem langzeitigen Speicher abgerufen wird (Vorwissen des Lernenden), die dann mit der zu lernenden Information in ganz bestimmter Weise verknüpft wird. Man nimmt an, daß dies im sog. *Arbeitsgedächtnis* geschieht, das sowohl einer Speicherung als auch einer Verarbeitung von Information Raum gewährt. Die Antwort auf die Frage, wieviele Items aufs Mal gelernt werden können bzw. wie groß die zu lernenden »Pakete« sein dürfen, wird also davon abhängen, wie leicht eine Elaboration eines zu lernenden Wortes vonstatten geht, wieviel Raum bzw. Verarbeitungskapazität dieser Elaborationsprozeß im Arbeitsgedächtnis beansprucht und wieviel daneben gleichzeitig für eine kurzzeitige Abspeicherung von Information zur Verfügung gestellt werden muß. Man muß in diesem Zusammenhang wohl auch mit Unterschieden zwischen den einzelnen Lernern bezüglich ihres Gedächtnisraumbedarfs für Elaborationen rechnen, und es wird beim heutigen Wissensstand die beste Methode sein, wenn jeder Lernende für sich ausprobiert, welches *seine* optimale Zahl zu lernender Wörter ist. (Wir kommen in Kapitel 20 noch einmal auf dieses Thema zurück!)

14.7 Langzeitiges Behalten durch systematische semantische Elaboration

Was langzeitig behalten werden soll, muß wenn immer möglich in bereits vorhandene Wissensbestände integriert werden. Mit andern Worten, es müssen viele und explizite Verknüpfungen zwischen Neuem und Altem (Elaborationen) hergestellt werden. Davon war bereits die Rede. Die Integration von zu lernendem Stoff in das bereits aufgebaute Wissen erfolgt im Rahmen der Konstruktion von *semantischen Netzwerken*, von *Bedeutungsnetzen*, wie sie uns die neuere *semantische Gedächtnistheorie* vorschlägt und wie wir sie (z.B. in Form von mentalen Modellen) in Kapitel 13 kennen gelernt haben oder mit den *numerischen Netzwerken* und den *kognitiven Karten* (in Kapitel 16 und 18) noch behandeln werden.

Mit der Wahl von *Gesamtthemen* für jede Lektion im Lehrmittel wird versucht, für den Aufbau eines Bedeutungsnetzes einen *Rahmen* abzustecken. Dieses didaktisch einfache, aber wirksame Mittel müßten sich noch viele Lehrmittelautoren merken! Eine vorstellbare Gesamtszene füllt diesen Rahmen aus; was aber oft noch fehlt, sind die *explizit* hergestellten Zusammenhänge, vor allem solche sprachlich-semantischer und speziell solche linguistischer Art (z.B. auf den *Wortstamm* bezogene).
Die Beispiele der jeweils 3. Spalte in »Emploi des mots« sind eine elementare Form dieses Aufbaus von Zusammenhängen: Neu gelernte Substantive werden mit Verben kombiniert und bilden somit einfache Sätze (oder

zumindest *Phrasen* im Sinne der Linguistik), oder Verben erhalten ein Objekt und bilden damit linguistisch ebenso größere Einheiten.

Es gibt freilich noch weitere Möglichkeiten, sprachliches Material mit der Absicht zu lernen, ein Bedeutungsnetz aufzubauen, wenn etwa ein Wort wie im folgenden Beispiel »passer« ins Zentrum gesetzt und seinem Wortstamm entsprechend eine ganze Wortfamilie aufgebaut wird.

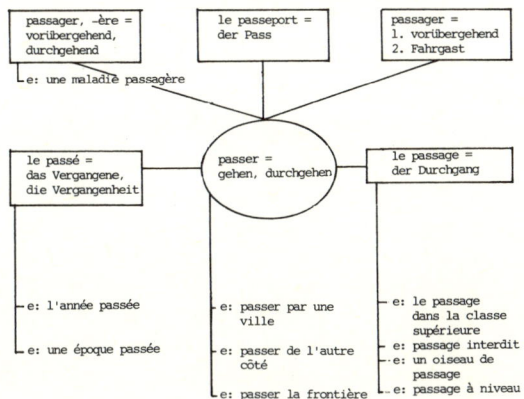

Abb. 17   Schema der fremdsprachlichen »Wortfamilie« *passer* (nach Büchel, Burri & Frackmann 1984, 6); »e:« bedeutet »exemple«.

Es ist sicher angezeigt, daß fremdsprachige Wortfamilien aufgebaut werden, da es ja darum geht, das entsprechende Sprachgefühl in einer Fremdsprache zu entwickeln. Es ist wichtig festzuhalten, daß es hier nicht um ein Lernen einzelner Vokabeln, sondern einer ganze Gruppe von sprachlich miteinander zusammenhängenden Wörtern geht. Ziel ist es denn auch, nicht bloß auf ein perfektes Erinnern auf Stichwort hin (*cued recall*) zu lernen, sondern zu überprüfen, wie umfaßend man als Lernender die ganze Familie der französischen Wörter samt ihren deutschen Übersetzungen *frei erinnern* (*free recall*) kann; anspruchsvoll wird diese Aufgabe, wenn gleich auch noch entsprechende Beispiele frei abgerufen werden sollen, Beispiele, für die, wie in unserem Falle, gar nie explizit eine deutsche Übersetzung angeboten worden ist.

Mit dem freien Erinnern ist etwas ganz Entscheidendes nicht nur für das Fremdsprachenlernen, sondern für jegliches Lernen von begrifflich-sematischer Information angesprochen: die Tatsache nämlich, daß der Lernende nicht bloß auf das Kodieren und das Speichern Gewicht legt, sondern daß er sich ganz bewußt dem *Abrufen* (engl. *retrieval*) zuwenden und dieses gezielt einüben muß. Vor allem das freie Erinnern zwingt ihn, die kodierte und abgespeicherte Information aktiv zu reproduzieren und dabei die Abrufmechanismen *einzuüben* (s. auch Kapitel 9 und 13).

Um noch einmal auf die in Abb. 17 zusammengestellten Wörter zurückzukommen: Wie werden diese zum geistigen Besitz? Auch die einzelnen Mitglieder solcher Wortfamilien müssen einmal *gelernt* werden! Wie schon beim oben erörterten Vokabellernen mit dem Ziel »freies Erinnern« kann auch hier das *Generieren von Vorstellungen* einiges helfen. Doch dürfte dieses Verfahren relativ begrenzt sein in seiner Wirkung: *le passage, le passeport* und *le passager* sind sicher vorstellbar in einer Gesamtszene; weniger dagegen die Adjektivform *passager, -ère* und *le passé*.

Selbstverständlich kann auch hier die Kärtchenmethode erfolgreich eingesetzt werden. Als Alternative oder eher als Zusatz wäre wohl die Variante nützlich, wiederholt das leere Diagramm auszufüllen oder einfach das vorhandene Wissen als Diagramm darzustellen (*mapping*, vgl. Kapitel 13), also eine (freilich mehr oder weniger willkürliche) *Verräumlichung* der Wortfamilie als zusätzliche Kodierungs- und Abrufmöglichkeit mitzulernen.

Aüfgrund der Erkenntnisse aus der neueren Theorie des kognitiven Aufbaus (Aufbau von Begriffen, z.B. in Erklärungen eines Lehrers) dürfen wir annehmen, daß der Substantivierung von Verben für das Verfolgen und Verstehen des Sinn- oder Bedeutungsflußes beim Lernen aus gesprochenem oder gelesenem Text eine große Bedeutung zukommt (vgl. Kapitel 13 sowie Aebli 1978, 1981). Es ist also sinnvoll, beim Fremsprachenlernen auf entsprechende linguistische Transformationen hinzuarbeiten, wie sie in Abb. 17 (und 18) dargestellt sind. Grundsätzlich wäre es wohl klug, von einem bestimmten, relativ frühen Sprachfähigkeitsniveau an, zusammen mit den Verben gleich auch immer ihre Substantivierung mitzulernen: *passer – le passage, chanter – le chant, la chanson; marcher – la marche* (*le marché* wäre kontrastiv dazu als etwas anderes zu speichern), *courir – la course* usw.

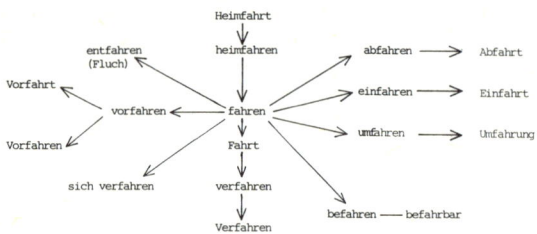

Abb. 18   Schema der muttersprachlichen »Wortfamilie« *Heimfahrt*

Man kann im Fremdsprachenunterricht durchaus voñ *muttersprachlichen Wortfamilien* ausgehen, da diese als kohärente linguistische und semantische Netzwerke im Vorwissen bereits abgespeichert sind. Werden nun die fremdsprachlichen Äquivalente gelernt, so läuft dies zwar auf ein Erinnern auf

224

Stichwort (*cued recall*) hinaus, auf ein Erinnern allerdings, – und das ist hier entscheidend – bei dem die Stichwörter (*cues*) in einer leicht abrufbaren Struktur vorhanden sind. Das heißt nichts anderes, als daß *Abrufpfade* verfügbar gehalten werden, die zur Aktivierung der entsprechenden französischen Wörter führen. Diese sind semantisch, nicht aber unbedingt auch linguistisch miteinander verknüpft. So liegen *rentrer (heimfahren)* und *partir (abfahren)* einander als Gegenüberstellungen *semantisch* recht nahe, sind aber *linguistisch* weit voneinander entfernt.

Eine andere Art, *Abrufpfade* aufzubauen und bei Bedarf zu aktivieren, ergibt sich aus dem folgenden Schema (Abb. 19). Hier werden systematisch *Sinnzusammenhänge* hergestellt und dem entsprechenden Lernen als Struktur von Hinweisreizen (als ein Netz von Pfaden) für das Abrufen zugrunde gelegt.

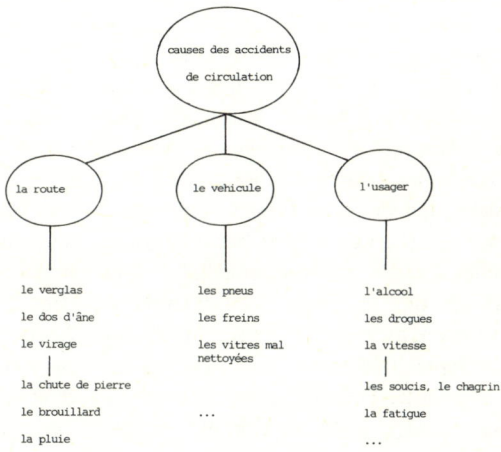

Abb. 19   Kategorien zur Strukturierung (Gruppierung) von Begriffen (Substantiven) aus dem Themenbereich »Unfallursachen« (*causes des accidents*), nach Rohrer 1978, 73

Wenn Vokabeln auf diese Weise gelernt werden, findet als Lernstrategie ein Gruppieren statt (englisch: *clustering*). Für dieses Gruppieren können wie im vorliegenden Beispiel *semantische Kategorien* gewählt werden. Wir haben aber früher schon gesehen, daß auch nach phonetischen, graphischen oder linguistischen Kriterien *clusters* gebildet werden können (Bower 1970). Der Lernerfolg aufgrund eines bedeutungsmäßigen *Gruppierens* beruht darauf, daß ein *Abrufplan* entwickelt wird, der *semantische cues* liefert, gleichsam Leerstellen signalisiert, in die hinein die fremdsprachigen Elemente versorgt werden können und die beim Durchschreiten eines elaborierten semantischen Netzwerks abgerufen werden können. Allerdings kommt der Lerner nicht darum herum, die französischen Wörter selber (ihren Klang, ihr Schriftbild) und nicht nur ihre Bedeutung an der bestimmten Stelle im Diagramm zu

225

lernen, mit andern Worten, entscheidende Merkmale wie den Artikel (das Geschlecht), die Aussprache und die Orthographie im semantischen Netz mitzukodieren. Damit ist die Verbindung zu früher Gesagtem hergestellt!

Schließlich sei noch ein weiteres Lernen erwähnt, bei dem – wie oben schon erwähnt – eine semantische Nähe bei gleichzeitiger linguistischer Ferne gegeben ist: das Lernen von *Synonymen*. Sprachliches Ausdrucksvermögen baut unter anderem auf dem Verfügen über Synonyme oder bedeutungsmäßig nahestehende Wörter auf, so daß es durchaus als ein Ziel betrachtet werden kann, zu möglichst vielen Substantiven, Verben und Adjektiven entsprechende Synonyme in der Fremdsprache mitzuerwerben. Im gleichen Atemzug sind auch die *Antonyme* (Gegenteile wie schwarz – weiß oder geben – nehmen) zu nennen. Antonyme haben »verwandte« semantische Netze: Die Bedeutungselemente sind oft dieselben, die Relationen, z.B. die Handlungsrichtungen sind aber gegensätzlich (starten – landen; kaufen – verkaufen; Aufstieg – Abstieg; Frage – Antwort etc.). Mit dieser Zielsetzung ist allerdings noch überhaupt nicht gesagt, auf welche Art und Weise derartige Synonym- oder Antonympaare eingeprägt werden können, denn sehr oft bietet sich keine besondere auditive oder visuelle Kodierung an, die hilfreich sein könnte. Zu Beginn wird sicher die Phase des Assoziierens der beiden fremdsprachigen Wörter mit den jeweiligen deutschen Übersetzungen stehen, und diese werden dann als Hinweisreize zum Abruf der beiden fremdsprachigen Items (Synonyme oder Antonyme) dienen. Später wird dann das eine fremdsprachige Item das andere aktivieren, wenn sich der fremdsprachige Wortschatz mehr und mehr vom muttersprachlichen löst. Das Lernen beginnt sich damit in den semantischen Netzen der Fremdsprache zu bewegen und ist so weit über das Lernen mehr oder weniger isolierter Vokabeln hinausgewachsen. (Für weitere höchst bedenkenswerte Vorschläge greife man zu Rohrer 1978!)

14.8 Memo

1. Obwohl es beim Vokabellernen um ein Verknüpfen von Wortitems zu Wortpaaren geht, kann es nicht mit dem Paradigma des Paarassoziierens aus der Theorie des verbalen Lernens erklärt werden.
2. Vokabellernen beruht auf vielfältigen Verknüpfungen der Wortitems, z.B. auf der Grundlage des Klangs oder des Schriftbildes und entsprechenden auditiven, visuellen oder (beim Schreiben) motorischen Kodierungen.
3. Fehlen unmittelbare Klang- oder Schriftbildähnlichkeiten, so können andere Beziehungen durch Vermittlung von Schlüsselwörtern hergestellt (Schlüsselwortmethode) und zur Konstruktion von Eselsbrücken verwendet werden.
4. Beim Verwenden der Schlüsselwortmethode, d.h. beim Konstruieren von

Eselsbrücken, wird ein Bindeglied, das Schlüsselwort, verwendet, das dem zu lernenden fremdsprachigen Wort akustisch ähnlich ist und mit dem muttersprachlichen Wort in einer Gesamtvorstellung verbunden werden kann. Wird das Wort in der Muttersprache genannt, so erinnert der Lerner die generierte Gesamtvorstellung, in der auch das Schlüsselwort erscheint, das dann seinerseits die Erinnerung an das ähnlich klingende Wort in der Fremdsprache wachruft.

5. Elaborationen, auch andere als die Eselsbrücken, dienen der Verknüpfung der zu lernenden Elemente untereinander, vor allem aber der Verknüpfung mit Elementen des Vorwissens.

6. Wiederholendes Lernen ist unumgänglich; es kann aber zum Zwecke des Auffindens von Elaborationen eingesetzt werden, d.h. das mechanische Auswendiglernen kann durch das Anreichern der Items mit Bedeutung zu einem höheren Lernprozeß, zum Aufbau semantischer Netze umgestaltet werden.

7. Mechanisches Lernen kann (z.B. mit der Kärtchenmethode) mit System betrieben und dadurch in seiner Effizienz optimiert werden. Die 6 »S« stehen für die Stichworte System, Selbstdisziplin, Selbstverstärkung, Symmetrie, Selektivität und spontane semantische Elaboration.

8. Jedem zu lernenden Item entspricht ein semantisches Netz, das Teil eines umfaßenderen Netzwerks werden kann. Durch das Vokabellernen entstehen zwei aufeinander abgebildete Netzwerke, ein muttersprachlich und ein fremdsprachlich etikettiertes. Nach einem effizienten Lernen können die Vokabeln der einen Sprache vom Netz der andern Sprache her abgerufen werden. Ziel des Fremdspracherwerbs ist es aber, daß die Vokabeln ausschließlich aufgrund der Verknüpfungen innerhalb des fremdsprachig etikettierten Netzes abgerufen werden können.

9. Der Aufbau eines Netzes, in dem dies möglich ist, muß über Prozesse des systematischen linguistischen bzw. semantischen Verknüpfens der zu lernenden Items erfolgen. Die dabei verwendeten linguistischen oder semantischen Zusammenhänge wirken später als Abrufpfade beim Erinnern der Items.

15. Theodor Fontanes »John Maynard« – Über globale und spezifische Lern- und Gedächtnishilfen

15.1 Einleitung

Ein Gedicht rezitieren lernen – das ist das Thema dieses 15. Kapitels – ist mehr als zu lernen, welches Wort dem jeweils vorangehenden folgt. Darin gleicht das Gedichtlernen dem Lernen einer sinnvollen Bewegungsabfolge wie derjenigen des Jonglierens. Gedichtlernen setzt zunächst das *Aktivieren eines Bezugsrahmens* voraus, innerhalb dessen sich der Ablauf aufgrund eines *Plans* vollzieht. Beim Lernen des Gedichts bildet der Bezugsrahmen ein *spezifisches semantisches Netz* mit *aktiven Vorstellungen vom Verlauf des Geschehens* von Strophe zu Strophe, die den *Kern eines Ablaufplans* bilden, und *Rhythmus* und *Reim* gewährleisten die *Abrufprozesse der kleineren sprachlichen Einheiten* wie der einzelnen Strophen sowie der Zeilen und Wörter dieser Strophen. Das Lernen setzt voraus, daß die im Gedicht .vorkommenden *Begriffe verstanden*, d.h. daß die entsprechenden *begrifflichen Schemata* aufgebaut sind oder werden. Hier begegnet uns also dieselbe *Zweiteilung des Lernprozesses in Verstehen und Behalten* (einschließlich Abrufen) wieder, die wir vom Lernen aus Prosatext (Kapitel 13) schon kennen, auch wenn es sich im Falle des Gedichtlernens um eine *spezifische* Auseinandersetzung mit Text handelt.

Es ist ein Merkmal des Gedichtlernens als eines höheren Lernprozesses, daß sowohl Verstehen als auch Einprägen umso leichter vonstatten gehen, als *bedeutungsstiftende Aktivitäten* vorgenommen werden.

Als wichtige Begriffe dieses Kapitels werden dem Leser viele bereits bekannte begegnen wie beispielsweise derjenige des *semantischen Netzwerks*, des *Schemas*, des *Ablaufsplans*, des *wiederholenden Übens (bzw. Lernens)*, der *Antizipation* und der *Synthese*. Auch wird erneut inmitten höherer Lernprozesse von *operanter Verstärkung* ganz spezifischer Verhaltensweisen auf einem elementaren, nahezu physiologischem Niveau die Rede sein. Aber auch der Begriff *script* (ein semantisches Netz mit einer bestimmten Handlungs- oder Ablaufstruktur) wird wieder auftauchen, und neu die *reaktionsbedingte Ermüdung*, *massiertes* versus *verteiltes Üben*, *Lern- oder Gedächtnishilfen*, *interindividuelle Unterschiede* und schließlich der *Erwerb sozialer Kompetenzen*!

228

John Maynard

John Maynard!

„Wer ist John Maynard?"

„„John Maynard war unser Steuermann,
Aus hielt er, bis er das Ufer gewann,
Er hat uns gerettet, er trägt die Kron',
Er starb für uns, unsre Liebe sein Lohn.
John Maynard.""

*   *   *

Die „Schwalbe" fliegt über den Eriesee,
Gischt schäumt um den Bug wie Flocken von Schnee;
Von Detroit fliegt sie nach Buffalo —
Die Herzen aber sind frei und froh,
Und die Passagiere mit Kindern und Fraun
Im Dämmerlicht schon das Ufer schaun,
Und plaudernd an John Maynard heran
Tritt alles: „Wie weit noch, Steuermann?"
Der schaut nach vorn und schaut in die Rund':
„„Noch dreißig Minuten ... Halbe Stund'.""

Alle Herzen sind froh, alle Herzen sind frei —
Da klingt's aus dem Schiffsraum her wie Schrei,
„Feuer!" war es, was da klang,
Ein Qualm aus Kajüt' und Luke drang,
Ein Qualm, dann Flammen lichterloh,
Und noch zwanzig Minuten bis Buffalo.

Und die Passagiere, buntgemengt,
Am Bugspriet stehn sie zusammengedrängt,
Am Bugspriet vorn ist noch Luft und Licht,
Am Steuer aber lagert sich's dicht,
Und ein Jammern wird laut: „Wo sind wir? wo?"
Und noch fünfzehn Minuten bis Buffalo. —

Der Zugwind wächst, doch die Qualmwolke steht,
Der Kapitän nach dem Steuer späht,
Er sieht nicht mehr seinen Steuermann,
Aber durchs Sprachrohr fragt er an:
„Noch da, John Maynard?"

         „„Ja, Herr. Ich bin.""
„Auf den Strand! In die Brandung!"

         „„Ich halte drauf hin.""
Und das Schiffsvolk jubelt: „Halt aus! Hallo!"
Und noch zehn Minuten bis Buffalo. — —

„„„Noch da, John Maynard?"" Und Antwort schallt's
Mit ersterbender Stimme: „„„Ja, Herr, ich halt's!""
Und in die Brandung, was Klippe, was Stein,
Jagt er die „Schwalbe" mitten hinein.
Soll Rettung kommen, so kommt sie nur so.
Rettung: der Strand von Buffalo!

      *   *   *

Das Schiff geborsten. Das Feuer verschwelt.
Gerettet alle. Nur einer fehlt!

      *   *   *

Alle Glocken gehn; ihre Töne schwell'n
Himmelan aus Kirchen und Kapell'n,
Ein Klingen und Läuten, sonst schweigt die Stadt,
Ein Dienst nur, den sie heute hat:
Zehntausend folgen oder mehr,
Und kein Aug' im Zuge, das tränenleer.

Sie lassen den Sarg in Blumen hinab,
Mit Blumen schließen sie das Grab,
Und mit goldner Schrift in den Marmorstein
Schreibt die Stadt ihren Dankspruch ein:
„Hier ruht John Maynard! In Qualm und Brand
Hielt er das Steuer fest in der Hand,
Er hat uns gerettet, er trägt die Kron',
Er starb für uns, unsre Liebe sein Lohn.
        John Maynard."

15.2 Ein (fast) vollständiges Lernprotokoll

Schülerin: Acht Mal habe ich den »John Maynard« laut für mich gelesen; ich glaube, jetzt kann ich's. Hörst du mir einmal zu?

John Maynard! »Wer ist John Maynard?«

. . . .

Den Prolog rezitiert das Mädchen (6. Schuljahr) fehlerfrei. Bei der ersten Strophe wird der Fluß erstmals abgebremst.

Die »Schwalbe« fliegt über den Eriesee, . . .

. . .

Immer an dieser Stelle bleibe ich stecken, ich mußte hier schon beim Lesen immer besonders gut hinsehen, und als ich es auswendig probierte, mußte ich immer an dieser Stelle einen Blick ins Buch werfen.

Mutter: (hilft flüsternd) Gischt . . .

Schülerin: (findet den Anschluß noch nicht)

Mutter: (flüstert etwas stärker) Gischt schäumt . . .

Schülerin: Gischt schäumt um den Bug wie Flocken und Schnee

Mutter: . . . Flocken *von* Schnee . . .
Sag' doch die ganze Zeile noch einmal! Gischt . . .

Schülerin: Gischt schäumt um den Bug wie Flocken von Schnee;
Von Detroit fliegt sie nach Buffalo –
Die Herzen aber sind froh
Und die Passagiere mit den Kindern und Frauen
Im Dämmerlicht schon das Ufer anschauen.

Mutter: Wart' schnell, Erika! Es heißt:
Die Herzen aber sind frei und froh.
Andernfalls ist deine Zeile zu kurz.
Und unten mußt du aufpassen: Und die Passagiere mit Kindern und Fraun.
Wenn du sagst »mit den Kindern und Frauen«, dann hinkt dein Vers!

Schülerin: Ich komme überhaupt nicht draus; ich dachte, das seien Zugvögel, die Schwalben, die wie bei uns im Spätsommer wegziehen gegen Süden. Was die Passagiere sollen, ist mir nicht klar!

Mutter: Aber oben ist doch von einem Steuermann die Rede, von John Maynard. Hast du denn das Ganze nicht einmal für dich durchgelesen?

Schülerin: Aha, dann ist das ein Schiff, das überhaupt nicht fliegt; ein Schiff auf irgendeinem See. Ach ja, Max hat im Bus behauptet, der Eriesee sei in Amerika, und dort seien auch die Niagarafälle.

Mutter: (Sie hat den Atlas geholt und zeigt Erika die Doppelseite mit dem
            großen Nordamerika-Ausschnitt)
            Jetzt such' einmal bei den großen Seen den Eriesee!
Schülerin: Da ist Buffalo und der Eriesee, aber an diesem See gibt es kein
            Detroit. Ach da, viel weiter oben liegt Detroit. Das ist aber weit!
Mutter: Also, noch einmal!
Schülerin: Die »Schwalbe« fliegt über den Eriesee,
            Gischt schäumt um den Bug... wie Flocken und Schnee...
Mutter: Flocken *von* Schnee!
Schülerin: ...wie Flocken von Schnee;
            von Detroit fliegt sie nach Buffalo –
            . . .
            Und plaudernd tritt alles an John Maynard heran:
            »Wie weit ist es noch, Steuermann?«
            Der schaut nach vorn und schaut in die Runde:
            »Noch dreißig Minuten, eine halbe Stunde.«
Mutter: Nein, paß' auf, so heißt es:
            Und plaudernd an John Maynard heran
            Tritt alles: »Wie weit noch, Steuermann?«
Schülerin: Und plauderndan John Maynard heran
            Tritt alles: »Wie weit noch, Steuermann?«
Mutter: Sei vorsichtig: Nicht »plauderndan«, das ist kein deutsches Wort;
            sondern:
            Und plaudernd (kurze Zäsur!) an John Maynard heran
            Tritt alles: »Wie weit noch, Steuermann?«
            Stell' dir doch die Passagiere vor, die stundenlang auf dem kleinen
            Dampfer zusammengepfercht endlich das Ende einer nicht sehr
            angenehmen Seereise herannahen sehen. Sie werden wieder ge-
            sprächig; sie bewegen sich, wollen etwas sehen und wissen.
            Wohin gehen oder treten sie dann am besten? An John Maynard
            heran! Also:
            Und plaudernd an John Maynard heran
            Tritt alles: »Wie weit noch, Steuermann?«
            Mach' lieber eine kleine Pause, eine Zäsur nach »Und plaudernd«;
            und das »... heran« ziehst du etwas zu »Tritt alles...« hinüber.
            Sag's noch einmal!
Schülerin: (Diesmal klappt es.)
            . . .
            Alle Herzen sind frei, alle Herzen sind froh –
            Da klingt's aus dem Schiffsraum her wie ein Schrei,
            »Feuer!« war es, was da klang,
            Ein Qualm aus Kajüte und . . .
            Das komische Wort vergesse ich immer!

Mutter:	Luke! Weißt du denn nicht, was eine Luke ist?
Schülerin:	Nein. Weißt du, wir haben noch nicht sehr viel über das Gedicht geredet, das kommt erst morgen. Luke wird eine Lücke sein.
Mutter:	Natürlich haben Luke und Lücke entfernt miteinander etwas zu tun; eine Luke ist eine Öffnung im Deck des Schiffes, auch eine Öffnung in der Schiffswand kann es sein! »Feuer!« war es, was da klang, Ein Qualm aus Kajüt und Luke drang...
Schülerin:	»Feuer!« war es, was da klang Ein Qualm aus Kajüt und Luke drang, Ein Qualm, dann Flammen lichterloh, und noch zwanzig Minuten bis Buffalo.

15.3 Der semantische Kontext als Lernhilfe – *scripts*

Haupterschwernis für Erika war zweifellos der fehlende Kontext. Sie hat beim Lesen die Anführungs- und Schlußzeichen bei der »Schwalbe« übersehen, das Wort »fliegt« zu wörtlich genommen und sich, ohne einen Zusammenhang zum Prolog hergestellt zu haben, eine völlig *inadäquate Interpretation des gesamten Kontexts* zurechtgelegt. Da mußte die Mutter ganz gehörig nachhelfen. Zu Recht fragt sie, ob Erika denn nicht das ganze Gedicht einmal durchgelesen habe. Das war ja auch nicht die Hausaufgabe (zu diesem Thema vgl. Steiner 1975, 87–103). Auf die Andeutung eines Vorwissens hat die feinhörige Mutter (und wohl nicht jede hätte das getan) zum Atlas gegriffen und die Geschichte von John Maynard geographisch lokalisiert. Dabei ist der Schülerin auch klar geworden, wie weit es von Detroit, das nicht direkt am See liegt und nur durch einen Kanal mit diesem verbunden ist, nach Buffalo ist (gegen 400 km, was wohl über 20 Stunden Fahrt in Anspruch genommen hat!).

Das Wissen um die gesamte Situation schafft den *Bezugsrahmen* »Schiffahrt auf einem der großen nordamerikanischen Seen«. Dieses Wissen umfaßt Inhalte in bezug auf die Geographie, die Schiffahrt, vor allem die technischen Möglichkeiten (Dampfmaschinen, Kohleheizung) in der zweiten Hälfte des letzten Jahrhunderts, und das Reisen ganz allgemein zu jener Zeit. Ein solches Wissen ist als *semantisches Netz* organisiert, in welchem Begriffe die »Knoten« bilden, die durch ganz bestimmte Relationen miteinander verbunden sind (vgl. Kapitel 13 und 14 über den Aufbau von mentalen Modellen und semantischen Netzwerken). Die Aktivierung eines derartigen semantischen Netzwerkes, das, wie wir vorhin sagten, einen Bezugsrahmen bereitstellt, ermöglicht das Herstellen von Zusammenhängen zwischen der aktuellen (gelesenen) Gedichtinformation und dem in diesem Bezugsrahmen bzw.

sematischen Netz bereits vorhandenen Wissen. Die moderne Gedächtnistheorie spricht von »frames«, also von Rahmen (Minsky 1975), oder von »scripts« (Schank & Abelson 1977), wenn sie sich auf derartige Bezugssysteme bezieht. *Scripts* sind umfassende Systeme von Schemata (vgl. Kapitel 13), die das Gerüst für alltägliche, immer ungefähr *in gleicher Weise ablaufende Ereignisse* repräsentieren. Mit ihrer Hilfe lassen sich Abläufe verstehen, Schlüsse ziehen, wenn die Information unvollständig ist, und aufgrund von script-gebundenen Antizipationen Handlungen planen.

Die Zufallsinformation, die Erika im Bus von ihrem Mitschüler erhalten hat, ruft bei ihr möglicherweise ein bereits vorhandenes *script*, nämlich »Reisen auf einem See«, im Gedächtnis wach, das zwar für ein Verstehen des »John Maynard« noch nicht ausreicht, das aber immerhin erste Elemente eines neuen, angemesseneren Rahmens liefern könnte, der dann zum Verstehen des Gedichts ausgebaut wird. Das wäre allerdings die vorbereitende Aufgabe des Lehrers im Spachunterricht.

Verstehen heißt auch in diesem Zusammenhang, das Neue (hier die Gedichtinformation) in das Alte (d.h. das schon vorhandene Wissen) zu integrieren, was etwa durch Bemerkungen quittiert wird wie: »Ach ja, Buffalo, das kenn' ich schon, eine Stadt in der Nähe der Niagarafälle, und davon habe ich ein Bild im Jugendlexikon!«

Für Erika geht es nicht nur um das Schaffen eines Bezugssystems oder eines Rahmens im Großen, sondern ebensosehr um ein Entfalten vieler Teilbegriffe (oder *Schemata*) innerhalb dieses Rahmens oder semantischen Netzes: Es ist der Schülerin noch nicht möglich, Begriffe wie *Gischt, Luke*, später im Gedicht auch *Bugspriet* zu integrieren, weil notwendige und passende begriffliche Elemente im Netz einfach fehlen. Mit andern Worten, die Mutter muß die noch nicht bekannten Begriffe erklären oder, falls sie es nicht weiß, wie etwa im Falle von *Bugspriet*, Erika in einem Lexikon (Bilder-Duden) nachsehen lassen. Wenn *Gischt, Luke* etc. als Begriffe bekannt sind, ist die Wahrscheinlichkeit sehr hoch, daß die Bedeutungen dieser Wörter an der betreffenden Stelle im Gedicht abgerufen werden können, nicht zuletzt, weil möglicherweise auch eine Vorstellung etwa vom gischtenden Wasser gebildet und in diesem Kontext das Bild von den »Flocken von Schnee« verstanden werden kann. Es wird dann auch nicht mehr von »Flocken und Schnee« als von zwei verschiedenen Dingen, die herumfliegen, gesprochen werden.

15.4 Leitende Pläne

Man muß Gedichte allerdings unbedingt auch als Sprachsequenzen betrachten, die ähnlich wie Handlungssequenzen gelernt werden können (vgl. Kapitel 12). Nur trifft die alte *Erklärung der Assoziationstheoretiker* von der Ver-

234

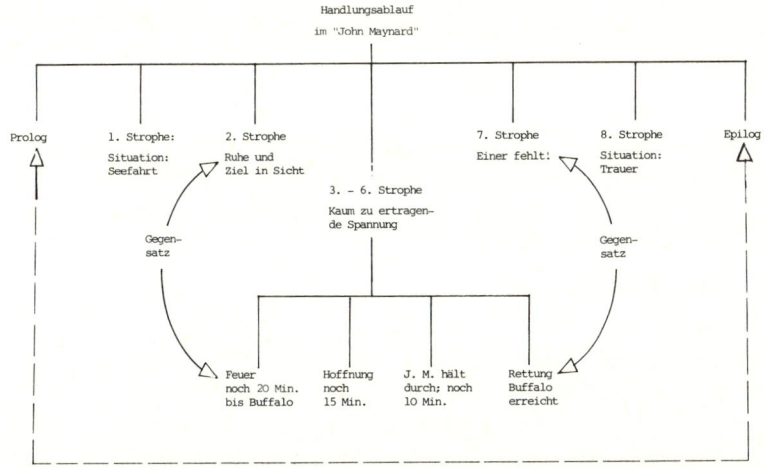

Abb. 20   Gedichtstrophen-Struktur (Handlungsablauf) des »John Maynard«

knüpfung der einzelnen Elemente miteinander »in horizontaler Weise« auch hier nicht zu. Diese Theorie würde nämlich aussagen, daß einfach jedes Wort das nächste ruft, und wenn nicht jedes Wort, so jede Wortgruppe, die für eine Idee steht (vgl. Bower & Hilgard 1983, 243). Da wir einen *Bezugsrahmen* annehmen, innerhalb dessen das Geschehen abläuft, das im Gedicht geschildert wird, nehmen wir auch einen *Plan* an, der den Ablauf der Sprachsequenz »John Maynard« leitet. Was also verknüpft ist, sind zunächst nicht einzelne Wörter, sondern *Handlungseinheiten*, wie sie in den einzelnen Strophen zum Ausdruck kommen (s. Abb. 20). Diese Handlungseinheiten machen zusammen das Gedicht aus. Die einzelnen Strophen sind ihrerseits thematisch unterteilt, wie Abb. 21 für die 1. Strophe zeigt.

Der *Plan*, der die gesamte Sprachsequenz »John Maynard« leitet, liegt in der Hierarchie, die schon vom Dichter in sein Werk hineingelegt worden ist. Der semantische Rahmen und die geeigneten Vorstellungen, die sich ein Lernen-

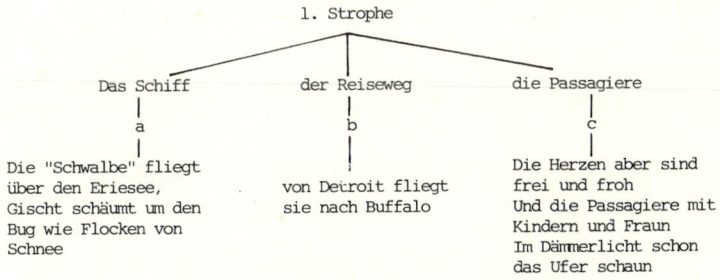

Abb. 21   Struktur innerhalb der 1. Strophe

235

der von den einzelnen Handlungseinheiten aufbauen kann, konstituieren diesen Plan. Die Verbindung zwischen den einzelnen Elementen oder Subplänen (a, b, c ...) sind nicht einfach Assoziationen, d.h. bloße raum-zeitliche Verbindungen von Wörtern, die hintereinander gelernt werden. Die Bedeutungshaltigkeit des Gedichttextes bedingt eine Vielzahl von verschiedenartigen Verknüpfungen, die unterschiedliche Arten von Beziehungen (u.a. kausale, instrumentelle, zeitliche, räumliche, einschränkende, implikative) zwischen den Ideen ausdrücken.

Mit dieser Interpretation eines leitenden Plans gehen wir weit über das hinaus, was die Theoretiker des klassischen verbalen Lernens gefunden haben. Sie waren primär der *behavioristischen* Tradition verpflichtet, mentalen Konstrukten wie Vorstellungen oder Einsicht abhold und sträubten sich zum Teil vehement gegen die mentalistischen Konstrukte, die wir hier vertreten: Organisation, Struktur oder Plan, und wollten auch von den *Gestalt-* oder *Ganzheitseigenschaften* von Reizmengen (wie z.b. einer ganzen Gedichtzeile) wenig oder nichts wissen (vgl. Bower & Hilgard 1983, I, 240). Sie haben allerdings auch nicht das verbale Material untersucht, das in *schulischen Situationen* vorkommt: Sachtexte, Prosa oder Gedichte; sie haben vor allem mit einzelnen Wörtern, sogar mit sinnlosen Silben und mit Listen von Wörtern und Silben gearbeitet und sich selber oder ihre Versuchspersonen beim Erlernen derselben beobachtet. Sie haben dabei eine Menge interessanter Tatsachen gefunden über die Wirkung von früher gelernten Wörtern auf solche, die später gelernt werden (proaktive Interferenzen), oder über die Behaltensintervalle und über die Zahl der Wiederholungen, die für ein Behalten nötig waren. Obwohl dabei eine Vielzahl bedeutender Erkenntnisse über das Lernen von verbalem Material gewonnen worden ist, läßt sich für das *Lernen eines Gedichts* wenig davon brauchen.

Wenn auch ein Plan das Einprägen des Gedichts leitet, bleiben immer noch alle die Teilsequenzen und die sprachlichen Verbindungen zwischen ihnen zu lernen, und das ist es, was der Schüler im allgemeinen als Hausarbeit, allein im stillen Kämmerlein zu erledigen bekommt. Ob dabei effizient gelernt wird, hängt maßgeblich von der Vorarbeit ab, die in der Schule geleistet worden ist. In unserem Fall stellt sich die Frage: Ist Erikas Methode, die vier ersten Strophen einfach acht Mal laut zu lesen, günstig?

15.5 Rhythmus und Reim als spezifische Lern- und Steuerungshilfen

Mit dem aufgebauten Rahmen ist der Boden bereitet für ein Verstehen und wohl auch für ein Einprägen des Szenarios bzw. des Handlungsablaufs des

»John Maynard«, wobei dieser aber ebensogut in Prosaform aufgeschrieben sein könnte. Es soll aber hier ein *Gedicht*, dazu noch das eines namhaften Dichters auswendig gelernt werden, und das stellt noch andere, spezifischere Anforderungen.

Daß dem so ist, erkennt man an Erikas Rezitation nur allzu gut. Trotz mehrfachen Lesens schlägt an verschiedenen Stellen die Grammatik bzw. der Satzbau der *Prosa* durch. Es ist, als ob der Inhalt des Gedichts gar nicht in Versform, sondern in Form eines Prosatexts gespeichert worden wäre und nun entsprechend abgerufen wird. Der Gedächtnisinhalt ist an die von der gesprochenen Sprache her gewohnten *Schemata* angepaßt worden (Bartlett, 1932, hat auf derartige Verformungen von Gedächtnisinhalten aufmerksam gemacht): »Die Herzen aber sind froh« liegt Erika näher als »frei und froh«, und die Formen »Frauen« und »anschauen« liegen eben dem alltäglichen Sprachgebrauch wesentlich näher als die hier für das Versmaß notwendigen Verkürzungen zu »Fraun« und »anschaun«.

Die Mutter korrigiert hier richtig, indem sie auf das *Versmaß* bzw. den *Rhythmus* aufmerksam macht, ohne über theoretische Grundlagen des Versmasses zu sprechen; sie sagt nur, daß der Vers »hinkt«. Mit dem Hinweis auf den *rhythmischen Ablauf* jeder Gedichtzeile gibt sie Erika eine wichtige *Lernhilfe*. Wem der Rhythmus einmal vertraut ist, für den ist er sowohl eine *antizipatorische Hilfe* für das Rezitieren als auch eine *Kontrolle* (demnach eine *retrospektive Hilfe*) in den Fällen, wo etwas wirklich »hinkt«.

Beim Lesen dient die antizipatorische Hife der *Synthese* im Sinne von Neissers (1967, 1974) Analyse-durch-Synthese-Modell (vgl. Kapitel 13).

Außer der Rhythmik ist natürlich in Gedichten dieser Art der *Reim* eine ganz bedeutende Lernhilfe. Bower (1970) zählt den Reim zu den besonders wirksamen *Gedächtnistechniken* (engl. *mnemonics*).

In unserem Gedichtbeispiel folgt Erika zu Beginn der 3. Strophe einem früheren Muster der Wortstellung: »Alle Herzen sind frei, alle Herzen sind froh«, wie es schon in der 1. Strophe geheißen hatte, und realisiert nicht, daß der Dichter diesmal die Reihenfolge von »frei« und »froh« umkehrt, damit »frei« auf »Schrei« reimt:

Alle Herzen sind froh, alle Herzen sind frei,
Da klingt's aus dem Schiffsraum her wie Schrei, . . .

Das Wissen um die Reimabfolge *a a b b c c* innerhalb jeder Strophe gestattet ein *Antizipieren eines Klangs* und mit Hilfe desselben, das richtige reimende Wort abzurufen bzw. zu spüren: »So ist es richtig«, was zweifellos von Zeilenpaar zu Zeilenpaar eine *verstärkende* Wirkung hat in dem Sinne, als die Erwartung (die Antizipation) in Erfüllung geht, Soll- und Ist-Wert übereinstimmen! Reim und richtig im entsprechenden Versmaß gelesener Text erleichtern zweifellos das Lernen ganz bedeutend.

Besonders schwierig wird die Dichtersprache für den lernenden Schüler dort, wo Wortstellungen und Satzbau von der Alltagssprache *sehr stark* abweichen wie an der Stelle, wo es heißt:

Und plaudernd an John Maynard heran
Tritt alles:»Wie weit noch, Steuermann?«

Die Mutter erkennt, daß Erika mit der Wortfolge Mühe hat. Zugegeben, »logisch« ist diese Folge nicht. Die Mutter geht zunächst nicht analytisch an das Problem heran, sondern bietet sich als *Modell* zum Anhören an:»Und plaudernd an...«. Dann sprechen sie die Zeilen gemeinsam. Dabei bemerkt die Mutter, wie Erika versucht, sich dadurch zu behelfen, daß sie »plaudernd« und »an...« klanglich so eng miteinander verbindet, daß ein neues Wort entsteht:»plaudernan«. Hier erkennt die Mutter, daß im Grunde *Unverstandenes verfestigt* wird und gibt erneut *Rückmeldung (feedback)*:»Plaudernan« sei kein deutsches Wort. Dann aber greift sie zu einem anderen Mittel: Sie versucht einerseits, die Stelle »und plaudernd« durch eine Vorstellung von der aktuellen Situation hervorzuheben; dazu schildert sie das Geschehen, die Stimmung kurz vor der Ankunft am lang ersehnten Ziel Buffalo. Andererseits aber versucht sie auch, »an John Maynard heran« als *sinnvolle* sprachliche Einheit zu festigen, wenn sie diese Phrase (im linguistischen Sinne) als Antwort auf ihre Frage »Wohin gehen oder treten sie dann am besten?« hervorhebt:»...an John Maynard heran«!

Was die Mutter hier tut, ist etwas, was für höhere Lernprozesse außerordentlich charakteristisch ist: Sie versucht, die sprachlich schwierig formulierte Gedichtstelle für ein leichteres Lernen mit *Bedeutung* zu füllen, sowohl bezüglich des Handlungskontexts als auch im Hinblick auf die sprachliche Gliederung. Es braucht hier nicht darüber debattiert zu werden, ob die Hilfestellungen der Mutter optimal gewesen seien oder ob man eher satzanalytisch »Und plaudernd« ... »tritt alles« ... »an John Maynard heran« hätte vorgehen müssen und dann die Umstellung hätte erklären sollen.

Die Möglichkeit des Generierens von Vorstellungen, von der oben die Rede war, könnte ohne weiteres noch weiter elaboriert werden. Die Schülerin könnte und sollte sich das gesamte Geschehen immer *wie einen Film* vor den Augen ablaufen lassen. Dies gäbe die nötige Sicherheit, die einzelnen »Akte« in der richtigen Reihenfolge miteinander zu verbinden. Hier schien Erika keine Mühe zu haben; solches wird meist auch erst beim Vortragen des ganzen Gedichts zum Problem (Was kommt jetzt?). Die Vorstellungen tragen zwar zu einer Erleichterung des *Findens* der richtigen Abfolge bei; ihre Wirkungsgrenze liegt aber dort, wo es um sprachliche Details geht wie beispielsweise um die Wortwahl, um Wortstellungen im Satz und andere linguistische Spezialitäten wie die oben erörterten. Das Vorstellungsbild kann dort »versagen«, wo es mit einem Synonym des richtigen Begriffs, den es abbildet, verknüpft wird.

Was die Modell-Rolle der Mutter betrifft, gibt es etwas Wichtiges zu beachten: Soll das Modell eine Wirkung haben, muß garantiert werden, daß es tatsächlich nachgeahmt wird und daß auch entsprechende *aktuelle Verstärkungen* eingesetzt werden. Die Mutter bietet z.b. eine Sprechvariante an, zwei ganze Gedichtzeilen; Erika muß aber *wirklich* wiederholen, und zwar unmittelbar danach, solange das klanglich Wesentliche noch »im Ohr« ist. Angesichts dieser Notwendigkeit erkennt man, daß es sich um eine spezifische Art des Lernens am Modell handelt. Ohne diese *unmittelbare* Nachahmung wäre nämlich die Kodierung (vor allem der Tonfall, die Phrasierung, die Zäsuren) nicht sichergestellt, und damit würde auch die Möglichkeit einer späteren *inneren Wiederholung* entfallen, wie sie für ein typisches Lernen am Modell konstituierend ist (vgl. Bandura 1979; auch Memo zu Kapitel 8, Punkt 4). Eines muß man sich vor Augen halten: Lediglich dem Modell zuhören und darüber reden, wie eine Gedichtstelle tönen *sollte* und warum, reicht für eine Verbesserung der Qualität der Rezitation nicht aus.

Oftmals geht es gerade beim Erlernen des Rezitierens dichterischer Sprache um metrische Feinheiten (die sog. Prosodie), um Zäsuren im Sprachfluß, um Betonungen oder um die Atemtechnik, um Verhaltensweisen, die leichter nachgeahmt als erklärt werden können, so daß es wichtig ist, spontan gute (oder annähernd gute) Verhaltensvarianten *sofort* (nach dem *operanten* Konditionierungspradigma) zu verstärken.

So hätte also die Mutter, nachdem sie das Wort »plauderndan« korrigiert und die beiden Zeilen noch einmal vorgesprochen hatte, Erika unbedingt wenigstens einmal, nötigenfalls auch mehrmals, wiederholen lassen und seine Reaktion verstärken müssen. Sie hätte aber etwas später, nachdem sie noch einmal die Zäsur nach »Und plaudernd« erklärt hatte, die zwei Zeilen noch einmal deutlich vorsprechen müssen, damit Erika ein wirklich gutes Modell erlebt hätte. Das hätte die Kodierung bedeutend erleichtert.

Die Aufbauarbeit, die die Mutter in dieser intensiven Viertelstunde geleistet hat, ist enorm. Sie hat – lernpsychologisch – mindestens fünf Dinge ganz vortrefflich gemacht: (1) Sie hat in aller Ruhe dem Kind den Weg zu einem noch besseren Rezitieren geebnet; sie hat keinerlei *aversive Reize* gegeben, d.h. vor allem, keine Ungeduld signalisiert. (2) Sie hat einen bedeutungsmäßigen Rahmen aufgebaut und die Methode des *bildhaften Vorstellens* für ein *elaboriertes* Verständnis des Inhalts eingesetzt. (3) Sie ist als *Modell* aktiv geworden. (4) Sie hat gute Hinweise auf *Lernhilfen* gegeben (Rhythmus und Reim), und (5) hat sie wo immer nötig *bedeutungsstiftend* gewirkt. Bedenklich am ganzen ist allenfalls das bildungspolitisch relevante Faktum, daß in unserem Fall die *entscheidenden Lernprozesse an das Elternhaus delegiert* worden sind! Welche Lernprozesse setzt ein Kind, dem keine engagierte Mutter zur Seite steht? Ein Einzelfall?

15.6 Lernen durch Wiederholen

Die Frage der Ermüdung bei wiederholendem Lernen

Ohne Wiederholung lassen sich die Strophen oder Abschnitte des vorliegenden Gedichts auch von einem sehr begabten Schüler nicht lernen. In diesem Zusammenhang interessiert uns vor allem die Frage, *wie dicht* und *wie lange* wiederholt werden soll. Freilich gilt diese Frage auch für andere Fähigkeiten, die erlernt werden sollen, wie etwa für das Jonglieren (Kapitel 12). Im wesentlichen geht es um den *Effekt der Ermüdung* bei zu intensivem, zu lange andauerndem Wiederholen oder Üben, was zu einem *Leistungsabfall* führen könnte.

Hulls Modell

Daß die Ermüdung beim Lernen ein wichtiger Faktor sein kann, hat schon Hull (1943), der große Systematiker unter den behavioristischen Lerntheoretikern, formal dargestellt. Seine Formel für die »Netto-Reaktionsstärke«, für die effektiv beobachtbare Art und Intensität, mit der ein Verhalten abläuft, heißt:

$$E = H \text{ (habit)} \times D \text{ (drive)} - (_sI_r + I_r)$$

Das heißt: Die Stärke E einer Reaktion ergibt sich aus der gelernten, d.h. konditionierten Gewohnheit H (*habit*), multipliziert mit dem Antrieb D (*drive*) zu dieser Handlung, wobei dieser Antrieb einem Bedürfnis entspringt. Wo keine gelernten Gewohnheiten oder kein Antrieb zu einer Handlung vorhanden ist, zeigt sich auch keine Reaktionsstärke: die Multiplikation mit dem Faktor H = 0 oder D = 0 führt zu einem Ergebnis von 0! Lernen ist denn auch nach Hull dann am stärksten, wenn die Bedürfnis*reduktion* am stärksten ist, d.h. wenn die Verstärkung *groß* ist und *rasch* erfolgt.

Nun stehen aber noch zwei weitere Faktoren in Hulls Formel drin: eine konditionierte Hemmung – $_sI_r$ – und eine aus der Reaktion selber stammende Hemmung: I_r. (»I« steht für *inhibition*, »s« für *stimulus* und »r« für *response*, d.h. für *Reaktion*.) Beide Hemmungen vermindern die Reaktionsstärke, im Extremfall bis auf Null, nämlich dann, wenn sie allein oder zusammen den Wert des Produkts H × D annehmen. $_sI_r$ ist eine konditionierte Hemmung, die sich aus *fehlender Verstärkung* ergibt. Wir erinnern uns daran, daß sich eine konditionierte Reaktion, die nicht immer wieder verstärkt wird, allmählich abschwächt. Die erste der beiden Hemmungen bewirkt in bestimmten Fällen also die Extinktion eines Verhaltens. Das entspricht der Ansicht, daß die Extinktion die Gewohnheit nicht *löscht*, sondern durch eine Hemmung an ihrem Auftreten hindert. Die zweite Hemmung dagegen, I_r, entspringt einer *Reaktionsmüdigkeit*. Aus der Tatsache, daß I_r ebenfalls die gesamte Reaktionsstärke reduzieren kann, ergibt sich der Schluß, daß ein zu lange dauern-

240

des Wiederholen zu einer zu starken Hemmung von der Art von I_r führt und daß aus diesem Grund rechtzeitig Pausen eingeschaltet werden müssen.

Daß sich nach längeren Übungspausen *Erholungen* einstellen, ist schon aus dem klassischen Konditionieren bekannt: Extingierte Verhaltensweisen treten nach längerer Pause (während der keine Verstärkungen mehr verabreicht wurden) spontan in voller Stärke wieder auf. (Davon war in den Ausführungen über die Extinktion in den Kapiteln 1 und 2 nur kurz die Rede.)

In diesem Zusammenhang sollte auch noch ein anderer Aspekt beachtet werden: Schon Thorndike (1913, 1931) hat darauf hingewiesen, daß durch Wiederholung allein nichts gelernt werden könne. Er dachte dabei allerdings in erster Linie an das Erlernen von Gewohnheiten aufgrund reiner Wiederholung – ohne jegliche Verstärkung. Immerhin ist es in unserem Zusammenhang angemessen zu fragen, was man denn als günstige Verstärkung beim Gedichtlernen ansehen kann. Wir werden sehen, daß schon die Annäherung an das Ziel, das Gedicht nun »zu können«, verstärkend wirken kann.

Massiertes versus verteiltes Üben

Was nun die Pause nach häufigem Wiederholen oder, wie man es auch nennt, nach *massiertem Üben* betrifft, haben pädagogische Psychologen wie z.b. Aebli (1976) die Konsequenzen gezogen und für ein *verteiltes Üben* plädiert. Er stellt das Problem des *massierten* versus *verteilten* Übens so dar, wie Abb. 22 es zeigt (aus Aebli, 1976, 243).

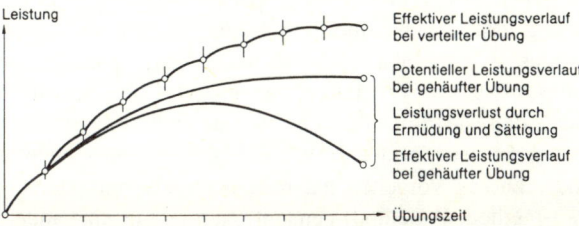

Abb. 22 Leistungsverlauf bei massiertem oder gehäuftem gegenüber verteiltem Üben.

Die unterste der drei Kurven zeigt das von Hull schon beschriebene Phänomen des Leistungsrückgangs bei massiertem und zu sehr ermüdendem Üben. Das Ergebnis liegt erheblich unter demjenigen, das man theoretisch aufgrund von üblichen Lernkurven erwarten würde: Es tritt von einem bestimmten Zeitpunkt an Ermüdung ein, eben Hulls I_r, und das Ergebnis verschlechtert sich. Jeder Leser kennt aus eigener Erfahrung solche Momente, wo nichts mehr in den Kopf geht oder wo man, z.b. beim Üben einer Klavierpassage, mehr Fehler macht als zuvor.

241

Wird das Lernen oder Üben nun über längere Zeiträume hinweg verteilt, dafür aber in kürzeren Einzelphasen durchgeführt, so daß einer möglichen Ermüdung vorgebeugt wird, so ergibt sich ein interessanter Effekt, der in der obersten Kurve dargestellt ist: Zwar wird intensiv (und sicher auch etwas ermüdend!) geübt, aber die Pause zur Erholung setzt früh genug ein, bevor Anzeichen eines Leistungsverlusts (Tempoverlust, gehäufte Fehler etc.) auftreten. Wenn dann nach einer Pause (von sehr variabler Länge, von wenigen Minuten bis zu Tagen) die Übung wieder einsetzt, kann praktisch auf dem Leistungsniveau bzw. dem Lernstand weitergefahren werden, auf dem man unterbrochen hat. Die allmähliche Verflachung der Kurve drückt die Annäherung an eine Asymptote, das *individuelle Lernmaximum* bzw. das *Beherrschen (mastery)* der Aufagbe aus. Verteiltes Üben erweist sich demnach, wie diese Kurve illustriert, als wirkungsvoller als massiertes Üben. Allerdings gilt es zu beachten, daß trotz der Verteilung wirklich *intensiv* geübt wird. Einen Lauf auf dem Klavier oder einem anderen Instrument gerade nur zwei- oder dreimal zu üben oder einige Gedichtstrophen nur gerade zwei- oder dreimal herzusagen und dann, um des verteilten Übens willen (!) zu unterbrechen, ist freilich zu wenig. Der Erholungseffekt nach einer Pause stellt sich nur ein, wenn man sich tatsächlich von etwas erholen kann, d.h. wenn zuvor wirklich angestrengt geübt und wiederholt worden ist.

G-Methode oder T-Methode?

Aebli weitet das Thema in seiner früheren Fassung der »Grundformen des Lehrens«, die auch Formen des *Lernens* implizieren, folgendermaßen aus (1976, 243–244): »Wenn eine Versuchsperson einen längeren Reaktionsablauf auswendig lernen muß – meistens handelt es sich um das Memorieren eines Gedichtes, es kann aber auch um das Erlernen eines längeren Bewegungsablaufes, etwa einer Freiübung, gehen – wird sie in den meisten Fällen so vorgehen, daß sie Teil für Teil bis zur vollständigen Beherrschung memoriert und die neuerlernten Teile abschnittsweise zusammenfügt, bis das Ganze 'sitzt'. Dieses Vorgehen hat man die ›Teil-Methode‹ (T-Methode, englisch Part-method, P-method) genannt. Nun gibt es eine andere Methode des Auswendiglernens, die darin besteht, daß immer die ganze Gegebenheit durchgelesen oder durchexerziert wird. Es dauert auf diese Weise relativ lange, bis ein Lernerfolg sichtbar wird. Dann aber ist plötzlich die ganze Aufgabe gelöst. Das Vorgehen, bei dem immer das Ganze durchlaufen wird, hat man die G-Methode, (engl. Whole-method, W-method) genannt. Und nun das überraschende Ergebnis: die G-Methode ist in sehr vielen Fällen rationeller als die T-Methode. Ob wir einfach die Zeiten vergleichen, die zur Bemeisterung zweier gleich schwerer Stoffe notwendig sind, oder ob wir im einzelnen feststellen, wie häufig ein jedes Element der Gegebenheit gelesen oder ausgeführt werden muß, das Lernen im Ganzen ist häufig ökonomischer als das Lernen in Teilen (Ebbinghaus 1979; Hilgard & Bower 1970).

Einige genauere Bestimmungen dieses Gesetzes geben zugleich Hinweise auf seine mögliche Begründung. Einmal hat sich die G-Methode vor allem bei Stoffen bewährt, denen eine einheitliche Bedeutung innewohnt. So ist es vorteilhafter, ein Gedicht mit der G-Methode auswendig zu lernen als eine Liste von fremdsprachigen Wörtern mit ihren muttersprachlichen Übersetzungen. Der Grund liegt auf der Hand: indem der Schüler das ganze Gedicht durchliest, erfaßt er den Ablauf des Ganzen, und die Teile erhalten von daher einen Sinn, der weniger sichtbar wird, wenn er Teil für Teil memoriert. Wenn andererseits die Teile wie im Falle der Wortlisten keine Beziehungen unterhalten oder das Ganze so umfangreich ist, daß es vom Lernenden nicht überblickt werden kann, wenn weiter die Teile Schwierigkeiten des Verständnisses in sich schließen, die sich klären, wenn man sich wiederholt mit ihnen beschäftigt, so ist es besser, Teil für Teil zu lernen. Es ist weiter anzunehmen, daß beim Lernen nach Teilen falsche Assoziationen entstehen, die beim Erlernen des Ganzen vermieden werden. Insbesondere werden die Übergänge von Teil zu Teil mit der G-Methode besser eingeprägt. Schließlich ist anzunehmen, daß sich der Vorteil der verteilten Übung auch zugunsten der G-Methode auswirkt. In der Tat bedeutet das Memorieren eines Teiles bis zur vollständigen Beherrschung ja seine gehäufte Wiederholung. Wird das Ganze durchlaufen, so vergeht immer eine gewiße Zeit, bis der einzelne Teil wieder drankommt. Sättigungsvorgänge, die bei gehäufter Rezitation des Teils auftreten, sind daher von geringerer Bedeutung. Wenn immer das Ganze durchlaufen wird, geht der Lernende frischer an den Teil heran, als wenn er diesen hintereinander immer wieder durchläuft (Hovland 1951, 640–642).«

Man kann aber aus der Lerntheorie auch ableiten, daß es vernünftig ist, ein größeres Gedicht in Abschnitte von 3–5 Strophen zu verpacken. Bekanntlich wirkt eine Verstärkung auf die Reaktionen in Zielnähe stärker als auf die frühen Reaktionen, die weit vom Ziel entfernt sind: Die letzten Zeilen eines Gedichts werden am schnellsten gelernt, weil sie in unmittelbarer Zielnähe sind. Als Verstärkung wirkt die Tatsache, fertig zu sein, eine Leistung vollbracht zu haben, die überdies Spaß macht, nämlich das Gedicht nun auswendig vortragen zu können. Mit einer klugen Unterteilung in mehrere, allerdings nicht allzu kleine (!) Pakete werden *Teilziele* für den gesamten Lernprozeß gesteckt, für die jeweils der *Verstärkungseffekt* durch die jeweils *relative Zielnähe* erhöht werden kann.

Leider gibt es bis heute aus der empirischen Forschung nur wenige konkrete Hinweise darauf, wie ein *verteiltes Üben* für verschiedene Inhalte (also nicht nur für Gedichte, Instrumentalspiel oder Schreibmaschineschreiben; Baddeley 1979, 34–48), vor allem für anspruchsvolle Lernstoffe auszusehen hätte – bezüglich einer zeitlichen Optimierung wie auch in bezug auf die Größe der Informationspakete, die zu verarbeiten bzw. zu lernen wären. Dabei müßten selbstverständlich auch *interindividuelle Unterschiede* beim Lernen hinsichtlich Auffassungsgabe und Lerntempo berücksichtigt werden.

Ungeachtet dieser von der Wissenschaft noch zu lösender Probleme, hat unsere Schülerin aber das Gedicht auswendig gelernt und in der Schule vortrefflich vorgetragen:

John Maynard

John Maynard!
»Wer ist John Maynard?«
»John Maynard war unser Steuermann,
Aushielt er, bis er das Ufer gewann,
Er hat uns gerettet, er trägt die Kron,
Er starb für uns, unsre Liebe sein Lohn.

John Maynard.

Wer unter den Lesern den »John Maynard« nicht mehr auswendig kann, der teste sich einmal, ob er es mit dem soeben erworbenen lernpsychologischen Wissen fertig bringt.

15.7 Epilog

Ja, in der »guten, alten Zeit«, da wurden in der Schule noch Gedichte gelernt! Wer als *Lehrer* dieses Kapitel gelesen hat, erkennt vielleicht in verschiedener Hinsicht eine Chance: So altmodisch ist Gedichtelernen nämlich nicht! Beachtet man die lerntechnischen Möglichkeiten, die man einem Schüler mitgeben kann, so darf man ruhig sagen: Hier liegt für viele eine Gelegenheit bereit, sich im *Lernen* als einem Prozeß zu üben, *das Lernen zu lernen*, wenn hier auch in einem spezifischen Bereich!

Vielleicht sind aber gewiße *soziale Kompetenzen* noch bedeutsamer, die im Zusammenhang mit dem *Vortragen* von Gedichten erworben werden können: Wer ein Gedicht für sich allein *sicher* vortragen kann, hat eine wichtige Voraussetzung erworben (Ressourcen, wie sie auch der sichere Jongleur hat), sich vor eine Gruppe von Leuten hinzustellen, ihnen in die Augen zu blicken und mit Vortragen zu beginnen. Allerdings muß auch solches eingeübt, gelernt werden. Vielleicht nimmt diese Fähigkeit in einer ganz kleinen Gruppe ihren Anfang, in der Modelle, die schon über ein relativ sicheres Auftreten verfügen, eine günstige Wirkung auf eher schüchterne oder ängstliche Kinder haben. Sich ruhig zu bewegen, d.h. *ohne stereotype Gesten*, und den Blick gelöst zu den Zuhörern gehen zu lassen, mit andern Worten, sich als

Vortragender wirklich *mitzuteilen*, ist ein Können, das im Rahmen des Gedichtelernens bzw. -vortragens erworben werden kann und für manchen Schüler eine Fähigkeit darstellt, die er auf Situationen übertragen kann, wo er sie dringend braucht. Abgesehen davon kann auch ein erheblicher Anteil Sprachästhetik in den Vortrag hineingelegt werden. Man erkennt deutlich: Im Gedichtelernen stecken Chancen, die es zu nutzen gilt!

15.8 Memo

1. Das Rezitierenlernen eines Gedichts erfordert zuerst das Erinnern eines semantischen Netzes zum betreffenden Thema als provisorischen Bezugsrahmen für das Verstehen des Handlungsablaufs. Ist kein solcher vorhanden, muß einer aufgebaut werden.
2. Oft verfügt der Lerner über derartige Bezugsrahmen. Im Alltag sind es solche für das Aufstehen am Morgen, das Kaffeekochen, einen Restaurant- oder einen Gottesdienstbesuch. Die neuere semantische Gedächtnisforschung (Schank & Abelson 1977) spricht von *scripts*, d.h. von semantischen Netzwerken, die einen spezifischen, relativ stereotypen Handlungsablaufs implizieren.
3. Das Gedichtlernen schließt den Aufbau von Ablaufplänen ähnlich denen von Handlungsabläufen ein, von Plänen, die den Abruf der sprachlichen Information sowohl auf dem Niveau der Strophen als auch auf dem der einzelnen Zeilen sichern. Die Steuerung von Strophe zu Strophe wird gelenkt vom semantischen Netz, in dem die Gesamtbedeutung des Gedichts verankert ist, während die Steuerung innerhalb der Strophen durch Rhythmus und Reim weitgehend sichergestellt wird.
4. Rhythmus und Reim sind Lern- bzw. Gedächtnishilfen während der Lern- oder Rezeptionsphase. Beim Rezitieren, d.h. in der Produktionsphase übernehmen Rhythmus und Reim einen Teil der Ablaufsteuerung: Sie ermöglichen ein Antizipieren von sprachlichen Elementen und führen zu einer Verstärkung, wenn sich die Antizipationen bestätigen.
5. Gedichtlernen ist ein höherer Lernprozeß. Dabei impliziert Lernen ein systematisches Stiften von Bedeutungen: schwierige Begriffe oder schwieriger Satzbau müssen durch Akte der Bedeutungsstiftung in bestehende kognitive Strukturen (semantische Netze) integrierbar gemacht werden. Diese Bedeutungsstifung ist ein typisches Merkmal höherer Lernprozesse.
6. Betonungen, Phrasierungen und andere elementare phonetische, physiologisch bedingte Gestaltungsformen des Rezitierens werden durch Nachahmung (Lernen am Modell) und operante Verstärkung gelernt. Erneut zeigt sich, daß auf niedrigen Niveaus der Verhaltensorganisation elemen-

tare Formen des Lernens (hier operante Konditionierungen) als Teilprozesse höherer Lernprozesse fungieren (vgl. Memo zu Kapitel 7, Punkt 10 sowie zu Kapitel 10, Punkt 8).

7. Außer den Verstärkungen auf der Basis operanter Konditionierung gibt es die Verstärkung durch die Bestätigung von Antizipationen (Erfüllung von Erwartungen; s. oben unter Punkt 4). Eine weitere Verstärkung beim Gedichtlernen ergibt sich aufgrund der Zielnähe. Die Empfehlung, ein Gedicht beim Lernen in einige wenige große Teile zu unterteilen, um diesen Verstärkungseffekt mehrmals auszunützen, ist allerdings nur bei sehr langen Gedichten angezeigt (vgl. den folgenden Punkt).

8. Der Ganzheitscharakter eines Gedichts legt die Verwendung der G-Methode für das Lernen nahe, d.h. das Ganze sooft durchzulesen, bis es eingeprägt ist; im Gegensatz dazu verspricht für ein Lernen von Fremdsprachvokabeln die T-Methode mehr Erfolg; bei ihr werden die einzelnen gelernten Vokabelpakete nachträglich zu einem Ganzen (zu einer Lektion) zusammengefügt.

9. Wiederholendes Lernen ist für ein Gedichtlernen unumgänglich. Es unterliegt aber Ermüdungseffekten: vor allem Hulls I_r, der reaktionsbedingten Inhibition. Um diese gering zu halten, empfiehlt sich ein verteiltes (gegenüber einem massierten) Lernen (Üben).

10. Ein Gedicht vortragen zu lernen impliziert ein Lernen verschiedener sozialer Teilkompetenzen, die über das Gedichtlernen hinaus generalisierbar sind: das sichere, unverkrampfte Auftreten vor einer Gruppe von Menschen und das Herstellen eines Kontakts, vor allem eines Augenkontakts, zu den Zuhörern.

16. Rechnen lernen: Aufbau numerischer Netzwerke – Ansätze aus Piagets genetischer Erkenntnistheorie

16.1 Einleitung

In diesem 16. Kapitel wird dargestellt, wie ein ganz spezifisches semantisches Netzwerk, nämlich ein *numerisches Netz*, die Grundlage für sämtliche arithmetischen Operationen, aufgebaut wird. Da Zahlen einfachere und wohl auch *transparentere* Begriffe sind als diejenigen unserer Alltagssprache (z.B. »Inflation«), kann dieser Aufbau besonders leicht nachvollzogen werden.

Aus *Piagets genetischer Erkenntnistheorie* übernehmen wir den *Handlungsbezug arithmetischer Operationen*, den *Systemcharakter* der aufzubauenden Strukturen, des numerischen Netzwerks also, und den *didaktisch* fruchtbaren Begriff der »mise en relation«.

Begrifflich wichtig werden u.a. die folgenden Termini sein: die *Unterscheidung* zwischen »mise en relation« und »lecture des données«, *arithmetischer Bezugsknoten, Iteration*, die Operationen des *Halbierens* und *Verdoppelns, operatives Denken*, das *mnemonische System*, die *Pluralität der Lösungswege*, die *Automatisierung*, die *Autonomie des Lerners* sowie *Selbstkontrolle* und *Selbstverstärkung*.

Rechnen ist unendlich mehr als das Assoziieren zweier Ziffern und Operationszeichen mit einem Resultat: Es ist das *Aufbauen, Erweitern und Durchschreiten numerischer Netzwerke: L'arithmétique n'est pas la logique du pauvre* (vgl. Steiner 1973, 54) oder deutsch: Die Arithmetik ist nicht die Logik der Dummen!

16.2 9x8=72, vielleicht auch 74!

Der Zweitklässler hat heute tatsächlich die 8er-Reihe gelernt. Man hat einen »süßen Weg« eingeschlagen. Die Lehrerin hatte feine, quadratisch geschnittene Honigbiskuits mitgebracht; immer 8 paßten genau in eine vorbereitete Schachtel. Die erste Schachtel enthielt 8 Stück, die zweite natürlich auch, aber wenn man die beiden zusammenfaßte, waren das im ganzen schon 16: 2x8=16. Drei Schachteln enthielten 8 mehr, also 24. Sicherheitshalber wurde noch abgezählt, bevor man »24« als dritte Station der Reihe auf ein Kärtchen schrieb: 24, und man sagte dazu oder dachte dabei: 3x8=24. Die drei Schachteln sollten zu einem Block, jede neue unterhalb der vorangegangenen, auf den Tisch gelegt und nebendran jeweils mit dem richtigen Ergebnis markiert werden: 8, 16, 24 usw..

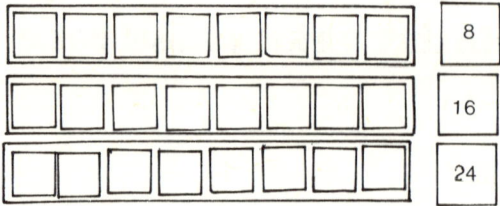

Abb. 23 Die Anordnung der Biskuitschachteln zum Erlernen der 8er-Reihe

Als man bei 80 angelangt war, konnte man die ganze Reihe hersagen. Einzelne Kinder sprachen sie vor, dann wurde sie auch an die Tafel und von dort ins Heft geschrieben, und wer jedesmal leise mitgesprochen hatte, der konnte mit Sicherheit schon die Hälfte der Reihe auswendig, so bis 5x8 oder 6x8! Frau Braun legte Wert darauf, daß auch mit den Schachteln geübt wurde: Immer wieder durfte ein Kind die Schachteln hinlegen und dazu sprechen:»lx8=8, 2x8=16« usw., bis alle 10 schön da lagen. Die Schachteln sollten nicht aufeinandergetürmt, sondern untereinander gelegt werden, weil das die Übersicht erhöhte. Dann durften alle ein vorbereitetes Blatt bemalen, auf dem die 10 Schachteln mit den je 8 Biskuits vorgedruckt waren. Die ersten 8 wurden dunkelbraun, die zweiten hellbraun angemalt, damit man die 8er-Pakete deutlich voneinander unterscheiden konnte. Frau Braun hatte dazu eigens neue hellbraune Farbstifte verteilt; die Freude der Kinder war groß, konnte man die Farbe doch auch für das Kolorieren anderer Dinge gut gebrauchen. Natürlich mußte zu jeder der bemalten Schachteln die passende Rechnung mit dem entsprechenden dunkel- oder hellbraunen Stift geschrieben werden. Die letzten fünf Minuten dieser Einführungslektion galten einer, wie man sagt, spielerischen Vertiefung: Die Kinder begannen zunächst im Chor noch einmal:»1x8=8, 2x8=16, 3x8=24, 4x8=32«, und so weiter, bis »10x8=80«. Dann machte es die Lehrerin schwieriger: Sie wischte an der Wandtafel, wo alle Rechnungen standen, das Ergebnis von 3x8, also 24, aus, und wieder begannen die Schüler im Chor:»1x8=8, 2x8=16, 3x8=24 . . .«– »Das könnt ihr ja schon wunderbar«, lobte Frau Braun und wischte gerade zwei weitere Resultate, nämlich 40 und 72 weg. Lautstark ging es los: »1x8=8«, nur bei 9x8 wurde die Lautstärke und das Unisono des jungen Arithmetikerchores etwas schwächer. Die einen zogen es vor, lieber nichts Lautes zu sagen, andere entschieden sich für 74 und wieder andere zogen durch mit 9x8=72! Genau dann läutete die Pausenglocke, und das war nicht einmal die größte Belohnung; es gab nämlich für jeden der famosen Rechner ein Biskuit, eine positive Verstärkung für 9x8=72 oder 74 oder auch »Mhm?«, je nachdem, wofür man sich gerade hatte entschließen können, und da in der Pause ein spannendes Spiel die Hauptbeschäftigung war, war auch dafür gesorgt, daß die letzte arithmetische Reaktion, eben das Resultat für die 9x8-Rechnung mit keiner andern arithmetischen Überlegung mehr interferierte und so mit dem zuletzt gewußten, erahnten oder auch verschwiegenen Ergebnis assoziiert blieb. Der Leser wird sich erinnern, daß dies Guthries Interpretation der Verstärkung und ihres Effektes ist (vgl. Kapitel 4 und das entsprechende Memo, Punkt 4)!

16.3 Der didaktische Ansatz der Lehrerin: assoziative Verknüpfungen als Grundlage für das Rechnenlernen

Diese letzte Assoziation der Rechenstunde war freilich, auch wenn sie falsch war, kein großes Unglück, denn am nächsten Tag wurden die nötigen Wiederholungen und Revisionen schon vorgenommen.

Die Lehrerin geht in ihren *didaktischen Annahmen* davon aus, daß jede 1x1-Reihe eine *Abfolge von Zahlen bzw. Rechnungen* ist, die sich im Grunde genommen auf die *wiederholte Addition* eines gleichen Postens, hier 8, zurückführen läßt. Die Reduktion der Multiplikation auf eine wiederholte Addition ist sicher *eine* Möglichkeit der Erklärung, und sie reicht auch aus, die Multiplikation in fast allen Alltagsfällen anzuwenden (ausgenommen die Situationen, wo die Multiplikation über das *cartesische Produkt* interpretiert werden muß, wenn man sich etwa überlegt, wieviele Händedrücke zwischen 5 schweizerischen und 8 deutschen Diplomaten möglich sind!). Soweit die arithmetische Sachstruktur einer Multiplikationsreihe.

Was nun die Vermittlung bzw. das Übernehmen dieser multiplikativen Struktur durch den Schüler betrifft, verläßt sich die Lehrerin (1) auf die Attraktivität des Materials, (2) auf die übersichtliche Anordnung der jeweils 8 Elemente in jeder Schachtel, (3) auf die Abzählbarkeit dieser Elemente, (4) auf die klare Wahrnehmbarkeit der Resultatzahlen, die jeweils aufgeschrieben und der Reihe nach neben jede Schachtel gelegt werden, (5) auf die Tatsache, daß die Rechensätze mehrmals *laut und leise* gesprochen und so eingeprägt werden, vor allem wenn (6) die richtigen Ergebnisse oft genug durch entsprechendes Lob verstärkt werden.

Drei dieser Grundlagenpunkte entstammen der alten (u.a. der behavioristischen) Lerntheorie: einmal die Attraktivität des Materials, das als *Anreiz* für ein Mitmachen angesehen werden kann; möglicherweise erkennen die Schüler aufgrund früherer Erfahrungen (als z.B. Kirschenpaare für die Einführung der 2er-Reihe verwendet worden waren) die Biskuits als Anreiz! Zum zweiten wirkt die *Wiederholung* als Mechanismus des Lernens, vor allem, und das ist der dritte Punkt, bei angemessener Verstärkung. Damit sind auch Thorndikes Bedenken gegenüber einem Lernen durch *Wiederholung allein* ausgeräumt (vgl. dazu Kapitel 3).

Der Annahme, von der die Lehrerin stillschweigend ausgeht, daß sich die 8er-Reihe einprägt, wenn sie nur oft genug gesprochen wird, muß sicher mit Vorbehalt begegnet werden. Man mag an dieser Stelle einwenden, daß entscheidend sei, *was* und *auf welche Weise* wiederholt würde; der oben erwähnte Punkt (2) bringe das Wichtigste, daß eben *gute figurale Anordnungen* bei jeder Wiederholung gesehen würden und daß schließlich auch die Ergebniszahlen gut sichtbar seien, diese würden sich eben auch *einprägen*; und im übrigen seien gerade diese Ergebniszahlen nicht einfach Kodes, die man sich zu merken habe, wie andere Leute sich heute Computerzeichen merken; sie seien vielmehr das Resultat eines jederzeit wiederholbaren Abzählprozesses. Bei diesen Begründungen ist allerdings Vorsicht am Platz! Im weitern gehe es – immer nach der didaktischen Überzeugung der Lehrerin – um eine *multimediale Abbildung* der Rechnungen, d.h. die Resultate würden *räumlich* in einer gewißen Anordnung *und als Ziffern* von ganz bestimmtem Aussehen kodiert, und zum andern würden sowohl die Rechnung als auch das Ergebnis auch *auditiv* kodiert (durch das »Einsprechen«). Wenn nötig könne sogar noch eine weitere Kodierung, nämlich eine *motorische* hinzukommen, dadurch nämlich, daß die 8er-Pakete bemalt und die entsprechenden Rechnungen dazu geschrieben würden.

Es ist kaum zu bestreiten, daß beim Lernen des 1x1 bzw. in unserem Fall der 8er-Reihe auf die geschilderte Weise *verschiedenartige Kodierungen* (visuelle, auditive, motorische) vorgenommen werden. Nur stellt sich sofort die Frage, welcher Mechanismus innerhalb eines Kodierungsprozesses beispielsweise dafür sorgt, daß auf 4x8 tatsächlich 32 und auf 7x8 wirklich 56 als Ergebnis abgerufen wird. Man erkennt, daß die Zuordnung der Resultate zu den Rechnungen nicht von der *Art der Kodierung*, soweit sie bis jetzt genannt worden ist, abhängt.

Bei diesem Vorgehen der Lehrerin, die 8er-Reihe aufzubauen, werden die jeweils ersten beiden Zahlen (z.B. die 7 und die 8 für 7x8) mit einer dritten, mit 56 *assoziiert*, und wer peinlicherweise die 56 nicht mit der 7 und der 8 zusammen abgespeichert hat und daher auch nicht abrufen kann, ist eben kein guter Rechner; umgekehrt gilt als guter Rechner, wer die richtigen Assoziationen rasch und korrekt abrufen kann.

16.4 Assoziative Verknüpfungen genügen auch hier nicht

Daß eine solche Assoziation nicht genügt, zeigt sich (1) wenn sie nicht spontan gefunden werden kann und *gesucht* werden muß. Dann bleibt dem Schüler oft nichts anderes übrig, als die ganze Reihe »abzuspulen« und darauf zu hoffen, daß er unterwegs das richtige Resultat antrifft. Die 1x1-Reihe hat dann den Charakter einer Reiz-Reaktions-Kette, bei der eine Reaktion als Reiz für eine nächste Reaktion wirkt, und Zwischenglieder nur (oder wenigstens am besten) abgerufen werden können, wenn die ganze davor liegende Kette aktiviert wird.

(2) Daß die Assoziation aber auch dann nicht genügt, zeigt sich oft daran, daß der Schüler nach dem Nennen des Resultats bange auf die Reaktion des Lehrers oder der Mitschüler wartet, die ihm über »richtig« oder »falsch« Auskunft gibt – nicht aber darüber, *warum* sein Ergebnis richtig oder falsch ist!

(3) Entscheidend ist aber, daß die bloße Assoziation eines Zahlenpaares mit einer dritten Zahl, nämlich der Ergebniszahl, von einem *Verständnis* dafür wegführt, was die Zahlen und die Operationszeichen eigentlich bedeuten. Solches bemerkt man zwar erst, wenn ein Zweitklässler angesichts der Rechnung 7x8 völlig hilflos fragt: »Ist das *mal* oder *und*?« Spätestens in diesem Moment müßte klar geworden sein, daß jedes Zeichen der Multiplikation 7x8=56 *für etwas* steht, *Symbol* für etwas ist, also etwas *abbildet*, auf das das Kind eigentlich jederzeit sollte zurückgreifen können.

16.5 Arithmetische Operationen und ihre Handlungsgrundlage

Alle arithmetischen Operationen haben eine *Handlungsgrundlage*; sie zu lernen heißt, die zugrundeliegenden Handlungen beherrschen. Also muß sichergestellt sein, daß die Zweitklässler, die die 1x1-Reihen lernen, den *Handlungscharakter der Multiplikation* sicher erfassen und u.a. mit dem *Handlungscharakter der Addition* kontrastieren können. Im Gegensatz zum Pluszeichen (+) bei der Addition signalisiert das Malkreuz (x) oder der Malpunkt bei der Multiplikation, daß die erste Zahl, der *Multiplikator*, eine ganz andere *Funktion* hat als die zweite, der *Multiplikand*: Die erste Zahl symbolisiert einen *Operator*, einen Mechanismus sozusagen; sie steht für die Anzahl der auszuführenden Handlungen: acht mal etwas tun (etwas nehmen, bringen, holen etc.). Die zweite Zahl bezeichnet einen *Zustand*; sie sagt, wie groß (anzahlmäßig) dieses Etwas ist. Das Verständnis dieses Unterschiedes zwischen den beiden Größen der Multiplikation ist die Voraussetzung dafür, daß mit Sicherheit zwischen 7x8 und 7+8 unterschieden werden kann, aber auch, wie wir später noch sehen werden, wenn von 7x8 auf 8x8 geschlossen werden soll, oder auf 8x7!

Den Handlungscharakter der Multiplikation erfassen, heißt demnach, das, was später die mit Zahlen symbolisch dargestellte Rechnung *abbildet*, wirklich jederzeit *tun* oder sich die entsprechende Handlung *vorstellen* zu können.

16.6 Der Systemcharakter von arithmetischen Operationen

Nun hat uns die entwicklungspsychologische Forschung, vor allem aus dem Umkreis von Piaget in Genf (vgl. Steiner 1973) nicht nur auf die *Handlungsgrundlage* vieler wesentlicher Erkenntnisse (Zahlbegriff, räumliche und logische Begriffe) hingewiesen, sondern auch auf deren *Systemcharakter*. Mit andern Worten: Das *Lernen von arithmetischen Operationen*, auf die wir in diesem Kapitel unser Interesse richten, beruht nicht bloß auf einem Handeln, sondern besteht wesentlich zunächst im *Aufbau von kohärenten Handlungssystemen* und später von *arithmetischen Denksystemen*.

Lassen Sie mich dies, bevor ich zum Problem der 1x1-Reihen zurückkehre, an *elementaren Operationen* erläutern, die in gewisser Hinsicht die lernpsychologischen Voraussetzungen für die Reihen sind, und lassen Sie mich überdies mit einem Nachtrag zum Thema des Aufbaus von begrifflichen Strukturen oder semantischen Netzen beginnen, der mir hier im Zusammenhang mit numerischen Netzwerken am richtigen Ort zu stehen scheint. (Der Nachtrag bezieht sich auf die Kapitel 13, 14 und 15).

Begriffliche Systeme oder semantische Netzwerke

Die Zahlen (wie auch die Operationen mit ihnen), über die wir hier sprechen, sind *Begriffe* (vgl. Piaget & Szeminska 1965), wenn auch Begriffe von ganz besonderer Art, verglichen etwa mit andern Begriffen wie demjenigen des »Angebots«, der »Nachfrage« oder der »Inflation«. Was das *Lernen* von Begriffen (wie den zuletzt genannten) betrifft, sagt uns die moderne *semantische Gedächtnistheorie*, wie man sie als Elemente des Wissens oder der Erkenntnis erfassen oder verstehen kann. Begriffe sind *Teile von umfassenderen Wissenssystemen*, mit andern Worten, Teile von *semantischen Netzen*, d.h. von *Bedeutungsnetzen*. Begriffe wie »Inflation« schließen andere, elementare Begriffe als *Bausteine* oder *Elemente* ein, die durch eine Menge von verschiedenen Relationen (Verbindungen) miteinander verknüpft sind. So sind innerhalb des Begriffs der Inflation die Begriffe »Geld«, »Ware«, »Dienstleistungen«, dann aber auch – auf höherem Niveau – »Geld-Waren-Kreislauf« und andere als Teile vorfindbar. Als Gesamtheit konstituieren sie den Inflations-Begriff. Begriffe können auf jeder Stufe mit andern Begriffen verknüpft werden, so daß auf *höherer Stufe* neue Begriffe gebildet werden wie z.B. derjenige der »Geldpolitik«, wenn man »Inflation« mit entsprechenden anderen Begriffen (wie z.B. »Intervention der Notenbank«) verbindet.

Begriffliche Elemente werden durch *benannte Assoziationen* miteinander verbunden, d.h. durch Relationen von ganz verschiedener Art wie z.B. »gehört zu« oder »ist ein« oder irgendein Tätigkeitswort, das ein grammatikalisches Subjekt mit einem Objekt verbindet, wie z.B. »hat«, »enthält«, »braucht« oder »schlägt« (vgl. Kapitel 13).

Zwei Dinge seien hier hervorgehoben: (1) Begriffe eines Bedeutungsnetzes (oder: eines semantischen Netzes) können *ausgefaltet* werden, so wie man etwa den Begriff »Inflation« in die Aussage bringen kann »Denjenigen Tatbestand nennt man Inflation, bei dem zu viel Geld im Umlauf ist, verglichen mit den zur Verfügung stehenden Gütern und Dienstleistungen, so daß der Wert einer Geldeinheit abnimmt«. (2) Ein Netzwerkteil, der aus mehreren begrifflichen Elementen und Beziehungen zwischen ihnen besteht, kann *verdichtet* (*objektiviert*, vgl. Aebli 1978, 1981, vgl. Kapitel 13) und als ein neues, gleichsam kompakteres begriffliches Element weiter verwendet werden, das nun seinerseits mit andern begrifflichen Elementen wieder Verbindungen eingehen kann. *Begriffliches Lernen ist demnach der Prozeß des Verknüpfens von Elementen zu neuen Netzwerkteilen*, wobei sowohl Verdichtungen als auch Ausfaltungen vorkommen können.

Die Vielfalt der Elemente in einem Bedeutungsnetz wie auch die Zahl und Vielfalt der Relationen zwischen ihnen ist unbegrenzt. Das Hauptmerkmal der begrifflichen Lernprozesse ist, daß sie *konstruktiv* sind. An dieser Stelle berühren sich die kognitive Lerntheorie und die Entwicklungstheorie bzw. die genetische Erkenntnistheorie von Piaget.

Numerische Netzwerke

Auch Zahlen, so sagten wir, sind *Begriffe*. Sie sind in ihrer *Anzahl* unbegrenzt; nicht so in ihrer *Vielfalt*; diese ist nämlich streng limitiert auf die natürlichen Zahlen, die ganzen Zahlen, die rationalen, die irrationalen, die imaginären und ganz wenige weitere Arten von Zahlen. Auch ist die Anzahl der Relationen, die man zwischen den Zahlen etablieren kann, relativ beschränkt oder zumindest eintönig im Vergleich zu den unendlich vielen und vielfältigen Relationen in einem nicht-numerischen, nicht-arithmetischen, einem sprachlichen Bedeutungsnetz. Wir können daher erwarten, daß numerische Bedeutungsnetze eher von einfacher Art sind, leichter zu überblicken und transparenter als umgangssprachliche semantische Netze, in denen unser *Weltwissen* repräsentiert ist.

Zahlen als begriffliche Elemente können durch arithmetische Operationen miteinander *verknüpft* werden, so daß *neue Elemente* entstehen. Sie können aber auch *ausgefaltet* werden (im englischen Sprachgebrauch ist das der *unfolding process*), so daß ihre *konstituierenden Elemente* samt ihren verbindenden Relationen zum Vorschein kommen. So kann beispielsweise die Zahl 8 in verschiedene Elemente und Relationen ausgefaltet werden, und jedesmal ergibt sich eine Darstellung für »8«:

8 ist 1 mehr als 7	$8=7+1$	
8 ist 1 weniger als 9	$8=9-1$	
8 ist die Hälfte von 16	$8=16:2$ oder $8=1/2\text{x}16$	H. v. 16
8 ist das Doppelte von 4	$8=2\text{x}4$	D. v. 4
8 ist ein Drittel von 24	$8=24:3$ oder $8=1/3\text{x}24$	

Auf höheren Stufen:

8 ist die Quadratwurzel aus 64 $\qquad\qquad 8=\sqrt[3]{64}$
8 ist die 3. Wurzel aus 512 $\qquad\qquad\quad 8=\sqrt{512}$
8 ist 2 in der 3. Potenz $\qquad\qquad\qquad 8=2^3$
8 ist der Zehnerlogarithmus von 100000000

Natürlich ist die Anzahl solcher Ausagen theoretisch unendlich groß. Wollte man eine zeichnerische Darstellung davon machen, so würden sich alle im Netzwerkknoten »8« treffen, und das Bild käme einem begrifflichen Netzwerk gleich, wie man es aus der semantischen Gedächtnistheorie kennt (vgl. u.a. Aebli 1980, 1981, Norman & Rumelhart 1975). Was durch die Vielzahl von Aussagen, die die 8 mit einer Fülle von andern Zahlen verbinden, konstituiert wird, ist nichts anderes als die *Bedeutung von 8*. Dabei erkennt man, daß diese immer noch mehr erweitert werden kann. Überdies enthält das numerische Netzwerk wie alle begrifflichen Netzwerke *verborgene Information* (»tacit information«), die unter bestimmten Umständen aus dem Gegebenen *erschlossen* werden kann: *Wenn* beispielsweise 8 1 weniger ist als 9 und 9 1 weniger als 10, *dann* ist 8 2 weniger als 10. Rechnen lernen heißt demnach lernen, *numerische Netzwerke zu konstruieren und sie zu durchschreiten*. Damit bewegen wir uns in einem Bereich des *elementaren kognitiven Lernens*.

16.7 Über den Aufbau kohärenter numerischer Netzwerke

Didaktisch fruchtbare Begriffe

Piagets (z.B. 1947) konstruktive Theorie der Entwicklung (vgl. dazu Steiner 1973, Fatke 1983) enthält einige Begriffe, die ich im Hinblick auf das Rechnen*lernen* für äußerst fruchtbar halte. Ein numerisches Netzwerk kann man als Piagetsche *Gesamtstruktur* betrachten oder, wie er sie nennt, als eine »structure d'ensemble«. Freilich ist die theoretische Koinzidenz von Piagets *Gesamtstruktur* und *semantischem Netzwerk*, die ich hier postuliere, bei weitem keine perfekte. Netzwerke sind wesentlich umfaßender und besser geeignet als Piagets Gesamtstrukturen, *offene Prozesse* wie das Rechnen zu erklären.

Ein zweiter Piagetscher Begriff ist noch wichtiger: das, was er »mise en relation« nennt, also das *In-Verbindung-zueinander-Setzen*. Zwei oder mehr

Elemente werden zueinander in Verbindung gesetzt oder miteinander *verknüpft*. Dieses In-Verbindung-Setzen hebt er von einem bloßen »Ablesen der Gegebenheiten« ab (»lecture des données«). Beim Rechnenlernen geht es nun darum, numerische Verbindungen herzustellen, d.h. numerische Elemente durch – ursprünglich handlungsbezogene – Relationen miteinander zu verknüpfen.

Die Iteration der natürlichen Zahlen

Die elementaren Relationen des Erstrechenunterrichts sind die ± 1-Beziehungen, die in der *Iteration* der auf- und absteigenden Reihe der natürlichen Zahlen impliziert sind: 8 ist 1 mehr als 7, 7 ist 1 mehr als 6 usw. Die Iteration und die damit verbundenen Beziehungen werden nicht durch den Zählprozeß allein bestimmt. Die Iteration schließt nämlich eine gewiße *Reversibilität* ein, das Realisieren der Wechselseitigkeit nämlich: Wenn 8 1 weniger ist als 9, so ist 9 1 mehr als 8.

Verdoppeln und Halbieren

Die Iteration gestattet das Erschließen des natürlichen Zahlenraumes und des Bereichs der ganzen Zahlen in *kleinen* Schritten. Sie führt zu den additiven und subtraktiven Aspekten des Rechnens. Die Relationen der »Hälfte« und des »Doppelten« bzw. die Operationen des *Halbierens* und *Verdoppelns* nehmen eine interessante Zwischenstellung zwischen Addition und Subtraktion einerseits und Multiplikation und Division andererseits ein. Sie gestatten ein Eindringen in den Zahlenraum in *größeren* Schritten als die ± 1-Iteration, bringen neu ein *wiederholtes* Hinzufügen bzw. Wegnehmen eines *gleich großen Teils*, der größer als 1 ist, und bereiten damit die multiplikativen Operationen vor. Überdies implizieren sie ebenfalls eine *Reversibilität*: 8 ist das Doppelte von 4; 4 ist die Hälfte von 8! Eine Zahl verdoppeln (bzw. eine Anzahl von Objekten verdoppeln) heißt eine Anzahl (von Objekten) wählen, noch einmal (wohl anfänglich in einer Eins-zu-eins-Korrespondenz) die gleiche Anzahl hinzufügen und nicht mehr auf die Ausgangsmenge, sondern auf das *Ganze* fokussieren: Dieses Ganze ist dann nämlich das Doppelte von dem, was am Anfang da war. Voraussetzung für das Erlernen einer solchen Operation sind die *Zahlinvarianz* (Piaget & Szeminska 1941), die *Eins-zu-eins-Zuordnung* sowie ein Verständnis des Verhältnisses von *Teil zu Ganzem*.

Konkrete elementare Aufbauprozesse

Die Iteration und die Operation des Verdoppelns sind gleichsam die Ausgangsoperationen für den Einstieg ins rechnerische Beherrschen des elementaren Raumes der natürlichen Zahlen. Wie soll nun das numerische Netzwerk aufgebaut werden, von dem ich sagte, sein Aufbau (und das Durchschreiten desselben) mache das Lernen des Rechnens aus? *Bereits bekannte Gegebenheiten können mit noch unbekannten oder wieder vergessenen Gegebenheiten in eine Beziehung gebracht werden.* Wenn beispielsweise 3+3=6 bekannt ist (aufgrund welcher Lerngeschichte auch immer; möglicherweise als »das Doppelte von 3 ist 6«), kann das in eine Beziehung zum vielleicht noch nicht bekannten 3+4 gesetzt werden. Natürlich ist dies ein *sehr elementares* Beispiel, aber in derart elementaren Beispielen spielt sich das Rechnenlernen am Anfang ab. Ein erster Lern- oder Erkenntnisschritt ist nun der, daß 3+4 *nicht dasselbe* ist wie 3+3. Das Ergebnis von 3+4 *muß* ein anderes sein als das von 3+3! (Für geistig behinderte Kinder kann dies schon ein großer und wichtiger Erkenntnisschritt in Richtung auf die Konstruktion eines *kohärenten numerischen Netzwerkes* sein.) Der nächste Lernschritt ist der, daß 3+4 *mehr* sein muß als 3+3, weil 4 mehr ist als 3; und der dritte Schritt schließlich, daß 3+4 genau *1* mehr ist. (Hier steckt die Iterationserkenntnis der Reihe der natürlichen Zahlen drin, von der oben die Rede war.) Auf analoge Weise lassen sich 5+6 oder auch 5+4 mit dem bereits bekannten 5+5 in Beziehung setzen und lösen. Möglicherweise sind die Verdoppelungen der ersten natürlichen Zahlen (das Doppelte von 1, 2, 3.... oder 1+1=2, 2+2=4, 3+3=... bis 10+10=20 und die Iteration ±1 die Säulen, auf die sich die Konstruktion eines numerischen Netzwerkes am Anfang stützen kann.

Betrachten wir nun aber einige Prozesse des Rechnenlernens an elementaren Beispielen aus der Nähe, weil sich vieles im Bereich des Reihen-Lernens wiederholt! Wie soll beispielsweise Piagets Unterscheidung zwischen »mise en relation« und »lecture des données« nutzbar gemacht werden? Was die Unterscheidung für die Begriffsentwicklung bedeutet, hat die entwicklungspsychologische Forschung ausführlich demonstriert (vgl. dazu Piaget & Szeminska 1965 als eine von vielen möglichen Quellen). Uns interessiert die Unterscheidung im Hinblick auf das *schulische Rechnenlernen*.

Abb. 24 Verschiedene Arten von Rechenhilfsmaterial: Spielmarken und Cuisenaire-Stäbe (Farbstäbe von Georges Cuisenaire): Darstellung der Addition 5+3.

Viele Rechenlehrgänge schreiben ein besonderes Veranschaulichungsmaterial vor oder empfehlen es zumindest, z.B. Spielmarken (Batzen) oder Farbstäbe (Abb. 24). Es besteht eine nicht geringe Gefahr, daß Kinder, die sich an die Verwendung solchen Materials gewöhnen, nicht wirklich *Beziehungen* zwischen den Zahlen oder den Aussagen über die betreffenden Zahlen *herstellen*, sondern gewiße Längen einer bestimmten Stäbe-Konfiguration oder Gegebenheiten einer Spielmarkenreihe einfach *ablesen*, weil das verwendete Material bzw. die entsprechende bildliche Konfiguration dies nahelegt, geradezu suggeriert oder zumindest ermöglicht. (Hier erkennt der Leser eine Gefahr des Veranschaulichens, die vielen Lehreren und Didaktikern zu wenig bewußt ist, und die auch von der kognitiven Lernforschung bei weitem nicht geklärt ist. Vgl. dazu Kapitel 13; in den Kapiteln 17 und 19 kommen wir noch einmal auf dieses Thema zurück.)

Gerade dieses »Ablesen der Gegebenheiten« (hier der *numerischen* Gegebenheiten) ist es, was Kinder häufig daran *hindert*, Fortschritte im Aufbauen von numerischen Strukturen (Netzen) zu machen; das Ablesen führt *nicht* zu *neuen Beziehungen* zwischen den Elementen (den Zahlen) und damit *auch nicht* zu neuen Teilen von numerischen Netzwerken. Lehrer müssen sehr sorgfältig Situationen vorbereiten, in denen ihre Schüler wirklich Beziehungen herstellen können, und wenn es noch so einfache sind (*einfach* sind sie übrigens höchstens für den Erwachsenen!). Vor allem ist es Aufgabe des Lehrers, *Ablesestrategien* (auch das Abzählen von Elementen, insbesondere das Zählen der Finger sind solche) zu verhindern, wenn ihm daran gelegen ist, daß der Aufbau von numerischen Netzwerken wirklich gelingt. Am leichtesten (und wirklich zwingend!) erreicht er dies dadurch, daß er die Konfigurationen, etwa mit Rechenstäbchen (aber auch mit andern Elementekonfigurationen), *räumlich* voneinander trennt (Abb. 25). Dann ist ein Ablesen gar nicht mehr möglich.

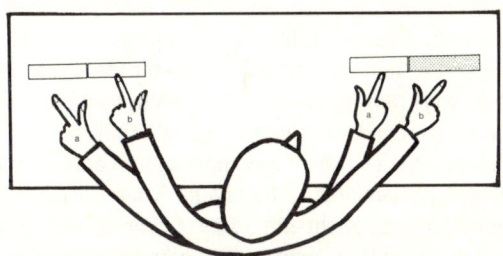

Abb. 25   Wie die »mise en relation« forciert wird: Die beiden Konfigurationen werden relativ weit auseinander auf den Tisch gelegt. Durch Zeigen mit den Fingern der linken und der rechten Hand können Beziehungen markiert werden: So kann beispielsweise gleichzeitig gezeigt werden, was gleich (a) und was nicht gleich ist (b). Dann kann aufgrund von Iterationswissen ausgesagt werden, warum und um wieviel etwas nicht gleich ist, und schließlich kann aufgrund dieser Überlegungen auf das Resultat geschlossen werden. Die Verknüpfung kann auf diese Weise in unterscheidbaren Schritten aufgebaut, kann aber nicht »abgelesen« werden; »lecture des données« ist unmöglich!

16.8 Kognitiver Aufbau und individuelle Autonomie des Lerners

Ein numerisches Netzwerk zu konstruieren heißt nicht primär, ein richtiges Resultat für eine Rechenaufgabe zu finden, sondern Beziehungen zu andern Zahlen oder wie hier zu *benachbarten* Rechnungen (d.h. arithmetischen Aussagen) zu finden. Es geht für den Schüler also beispielsweise nicht darum, primär 5+6=11 zu *wissen*, sondern 5+6 mit 5+5 in eine Beziehung zu bringen, wenn er 5+5 schon kennt, um auf diese Weise ein noch nie errechnetes Ergebnis zu finden; oder, wenn er sich absolute Sicherheit über die Richtigkeit von 5+6=11 verschaffen will, diese Rechnung mit 5+5=10 zu *vergleichen*. Dem *arithmetischen Bezugsknoten 5+5=10* (im numerischen Netzwerk) kann der Schüler auch 6+5, 4+5, 5+4 oder sogar 4+6 zuordnen, letztere Aussage als Beispiel einer *Kompensation:* 4 ist 1 kleiner als 5, 6 dagegen 1 größer als 5 und deshalb muß 4+6 gleichviel ergeben wie 5+5! Oder, ausgehend von der Verdoppelung von 5 (d.h. von 5+5=10) bzw. von der Halbierung von 10 (10−5=5), kann 10−6 mit 10−5 in eine Beziehung gebracht werden oder 10−4 oder 11−5 oder 9−5, alle diese Aussagen hingeordnet auf 10−5=5 als *arithmetischen Bezugsknoten*. Immer geht es darum, eine Rechnung, deren Lösung entweder noch gesucht wird oder aber auf ihre Richtigkeit hin überprüft werden soll, mit einer bekannten in Verbindung zu bringen:»Wenn 10−5 5 gibt, und ich 10−6 rechnen muß, dann weiß ich, daß das *nicht gleichviel* geben kann; es muß *weniger* geben, denn ich nehme ja *mehr* weg.« Damit ist im Grunde genommen der wesentliche Aufbauschritt verbalisiert.»Es gibt also nicht fünf, sondern 1 weniger, also 4!« Und »10−6=4«, lautet dann das Fazit für den Schüler; er hat sein numerisches Netzwerk durchschritten. Ein solches rechnerisches Verfahren führt zu einer ausgesprochenen *Autonomie* des Schülers, d.h. er befreit sich damit von *externen Urteilen* (ob ein Ergebnis stimmt oder nicht) und wird von *externer Verstärkung* unabhängig; die eigene Kontrolle über die Richtigkeit seiner Überlegungen ermöglicht ihm, *sich selber zu verstärken*. Wäre der Begriff nicht so abgegriffen, würde ich hier gern von »Emanzipation« sprechen! Der Aufbau numerischer Netzwerke kann demnach systematisch betrieben, zu einem *System von Selbstverstärkungen* führen, was freilich von größter Bedeutung für die Entwicklung entsprechender kognitiver Fähigkeiten und Motivationen eines Schülers ist.

Die oben erörterten arithmetischen Überlegungen basieren alle, wie bereits früher angedeutet, auf einer *Handlungsgrundlage*. Das Kind muß handelnderweise erlebt haben, daß es insgesamt mehr erhält, wenn es zu einer gegebenen Menge mehr hinzutut, als wenn es nur wenig hinzutut. Es muß aber auch erlebt haben, daß dies bei der Subtraktion *nicht* so ist, daß es dort am Ende weniger hat, wenn es vergleichsweise viel wegnimmt! Was es handelnderweise also lernt (und wohl nur so lernen *kann*!), ist die *Richtung* der Veränderung. Es ist dann *vor* allem Ausrechnen in der Lage zu sagen:»Es muß mehr (als hier) geben...«Das ist *operatives Denken*, auf Handlung beruhendes und in ein *umfaßenderes System* integriertes Denken! Zugleich ist dies auch das Kernstück der Anwendung von Piagets Theorie!

16.9 Der Aufbau eines elementaren multiplikativen Netzes

Nach diesen grundlegenden Ausführungen über die Prozesse des *Aufbaus numerischer Netzwerke* und die elementaren arithmetischen Operationen sind wir bereit, uns nun wieder dem 1x1 bzw. der 8er-Reihe zuzuwenden.

Es gibt auch im Bereich der Multiplikationen die»Säulen«, auf die sich ein Zweitklässler beim 1x1-Lernen stützen kann, und es gibt auch hier die elementaren Operationen der *Iteration* und des *Verdoppelns* und *Halbierens*. Die Iteration schreitet allerdings etwas anders vorwärts und rückwärts, nämlich nach Maßgabe der Größe des Multiplikanden. Im Falle der 8er-Reihe sind es Schritte von ±8. Wer 5x8=40 als Bezugspunkt (als Knoten im numerischen Netz) *hat*, kann diese Aussage zu 6x8 in Beziehung setzen und durch den iterativen Schritt 40+8 das Endergebnis 48 entweder finden oder es überprüfen, um sich selber zu verstärken:»Das ist richtig, prima!«.

Ist dem Zweitklässler das Verdoppeln (die wiederholte Addition gleicher Zahlen) vertraut, so lassen sich aufgrund der Verdoppelungsoperation (oder des *Verdoppelungsalgorithmus*) viele Rechnungen der 8er-Reihe *auf dem Weg durch das numerische Netz* konstruieren: Ausgangspunkt könnte 2x8=16 sein. Wenn man doppelt soviel Mal 8 nimmt, also *4*x8, muß es das Doppelte des letzten Ergebnisses geben: 32. Von 2x8=16 gelangt man durch den iterativen Schritt +8 zu 3x8=24. Wenn man dann wieder doppelt sooft 8 nimmt, also *6*x8, erhält man doppelt soviel wie zuvor, also 48. Mit der inversen Operation, dem Halbieren, geht es natürlich auch: Wenn man 10x8 nimmt, gibt es 80. Nimmt man nur halb sooft 8, nämlich 5x, so gibt es auch bloß die Hälfte, nämlich 40!

Auch hier ist es wichtig, daß *Beziehungen zwischen arithmetischen Aussagen* (Rechnungen oder Elementen von solchen) hergestellt werden; es geht also auch hier in der Aufbauphase nicht primär um ein rasches Assoziieren von Resultaten mit den Zahlen der Rechenaufgabe, sondern um das bewußte Herstellen von Relationen und das *Verbalisieren* derselben.

In diesem Zusammenhang kann freilich dem Unterrichtsmaterial eine wichtige Bedeutung zukommen.»Mise en relation« versus »lecture des données« heißt die Devise. Ein Herstellen von Beziehungen setzt, wie wir bei den elementaren Additionsbeispielen schon gesehen haben, immer eine Vergleichsmöglichkeit voraus. Es braucht also einen doppelten Satz von Schachteln mit Biskuits. Von einem soeben erarbeiteten Netzwerkknoten (z.B. 2x8=16) kann nun über die Verdoppelung der nächste, noch unbekannte Knoten angepeilt werden (Abb. 26).

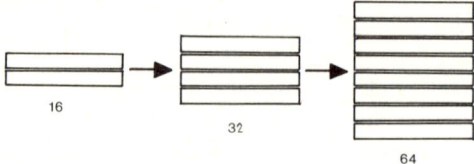

Abb. 26 Verdoppeln beim Aufbau eines elementaren multiplikativen Netzes

Wenn nicht die Biskuits einzeln abgezählt werden, ist ein *Ablesen* der Gegebenheiten praktisch ausgeschlossen. Für die Kinder ist es wesentlich, daß sie sich nicht auf eine einzige richtige und mögliche Konfiguration der 4x8 fixieren. Es empfiehlt sich daher, verschiedene *Alternativen* von Anordnungen zu wählen, um deutlich zu machen, daß nicht die Konfiguration, sondern allein die Beziehung zum bereits gewußten 2x8=16 das Entscheidende ist.

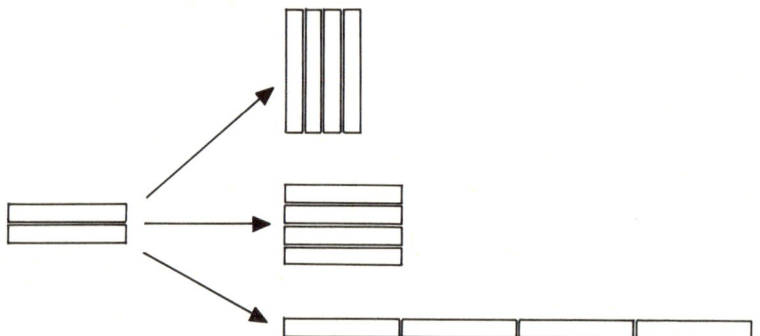

Abb. 27 Verschiedene Konfigurationen zur Sicherstellung des Bildens von multiplikativen »mise en relation«-Situationen

Der grundlegende Unterschied zwischen dem Aufbau von numerischen Netzwerken und dem von der Lehrerin eingangs skizzierten Verfahren liegt im *Systemcharakter* des Lernens. An die Stelle von vielen mehr oder weniger stark isolierten Assoziationen tritt das multiple Verknüpfen von arithmetischen Aussagen. Überdies verschiebt sich das Gewicht von der Vielfalt von visuellen, auditiven und allenfalls motorischen Kodierungen auf *semantische Kodierungen*, d.h. auf das Bereitstellen und Abspeichern von arithmetisch-numerischen Zusammenhängen, was später ein bewegliches Durchschreiten von Wegen des numerischen oder arithmetischen Netzes garantieren soll.

Wie ich bereits angedeutet habe, befähigt diese Art des Rechnenlernens den Schüler, *Kontrollwege* einzuschlagen, 9x8 über 10x8 minus 8 oder 8x8 plus 8 zu überprüfen, was ihm aufgrund der *Kohärenz* seines numerischen Netzes Sicherheit verleiht (Unabhängigkeit von den Urteilen Aussenstehender und Möglichkeit der Selbstverstärkung). Das sind Effekte eines gut geplanten Lernens von nicht zu überschätzendem Gewicht. Ein solches Lernen kann als eine Form von *Lerne-zu-lernen* interpretiert werden, die schon der elementare Grundschulunterricht vermitteln kann – und meines Erachtens *muß*!!

Aufbau, Ausbau und Automatisierung

Gute Rechner unterscheiden sich von den schwächeren zum einen darin, daß sie *vollständigere* und *kohärentere numerische Netzwerke* aufgebaut haben (wir werden später von einer *vollständigen Datenbasis* sprechen!): Sie haben ein besseres *mnemonisches System* (vgl. auch Ericsson 1985). Zum andern zeichnen sie sich dadurch aus, daß sie dieses System *leichter* und *schneller* durchschreiten können. Sie wissen genau, welches die relevanten Schlüsselreize für einen Abruf (*retrieval cues*) sind, weil sie diese beim Lernen semantisch kodiert, d.h. durch vielfältige Beziehungen im Netz verankert haben. Sie haben, um es mit andern Worten noch einmal zu formulieren, ihren numerischen Aktivitäten erheblich mehr *Bedeutung* verliehen als ihre schwächeren Klassenkameraden.

Mit dem Auf- und Ausbau der numerischen Netzwerke sind die Voraussetzungen für das geschaffen, was die Lehrerin in unserem Fallbeispiel anstrebte: die *Automatisierung* des Abrufs richtiger Multiplikationsergebnisse. Man erkennt, wo für Hilfestellungen bei schwächeren Schülern angesetzt werden muß: Zuerst muß sichergestellt sein, daß überhaupt Abrufwege im numerischen Netzwerk vorhanden sind, d.h. daß Beziehungen von bereits Gewußtem zu nicht Gewußtem oder nur unsicher Gewußtem hergestellt sind. Damit wäre dann das Niveau des (grundsätzlichen) *Meisterns* der Aufgaben (engl. *level of mastery*, vgl. dazu u.a. Kapitel 12) erreicht. Beim schwachen Rechner muß das Vorhandensein der »leichten« 8er-Rechnungen überprüft werden, die als *Bezugspunkte oder -knoten im Netz* eingesetzt werden sollen (1x8, 2x8, 10x8, 5x8; vgl. Abb. 28). Dann müßten die Beziehungen von »leichten« zu abgeleiteten Aufgaben kontrolliert werden: Von 10x8 zu 9x8, von 5x8 zu 6x8 und zu 7x8. Es wird bei dieser Art der Betrachtung auch klar, warum die 7x-Rechnungen jeder Multiplikationsreihe relativ schwierig sind. Sie benötigen in jedem Fall den *längsten Abrufweg* im numerischen Netz: Entweder
(1) über 10x8 zu 9x8 und 8x8 und von da zu 7x8 oder
(2) über 3x8 zu 6x8 und von da zu 7x8 oder
(3) über 5x8 zu 6x8 und von da zu 7x8 oder
(4) schließlich über 4x8 zu 8x8 und zu 7x8.

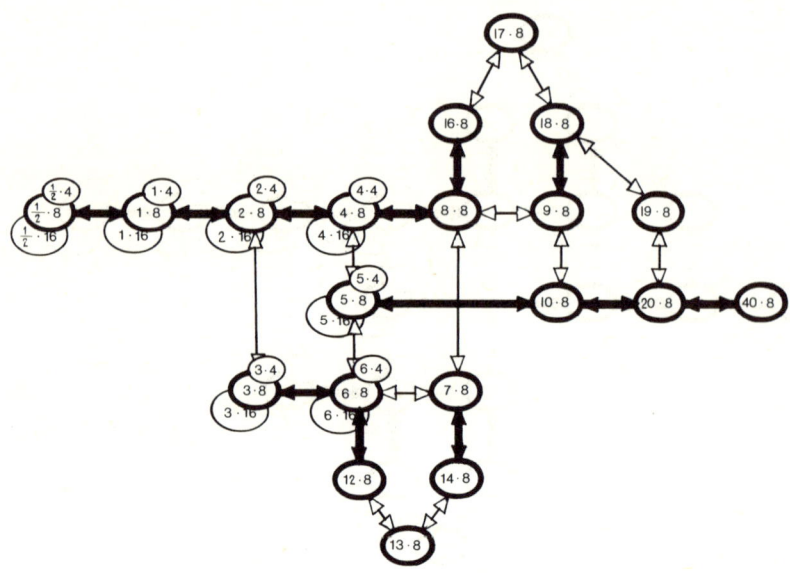

Abb. 28   Pfeildiagramm, das einen Ausschnitt aus dem multiplikativen Netz der 8er-Reihe abbildet. Man erkennt die vielfältigen Zusammenhänge: Die Verdoppelungen sind durch dicke, die iterativen (Nachbar-) Beziehungen durch dünne Pfeile gekennzeichnet. Es ist aus Darstellungsgründen nicht möglich, *sämtliche* denkbaren Zusammenhänge im Diagramm abzubilden. Im linken Teil der Netzdarstellung wird versucht, die Beziehungen zur 4er- bzw. 16er-Reihe auf einer oben und einer unten liegenden Ebene darzustellen; auf die Darstellung der entsprechenden Relationspfeile innerhalb dieser Reihen ist aus Übersichtsgründen verzichtet worden.

Vor dem Hintergrund unserer Kenntnis semantischer Repräsentation von Multiplikationen in einem numerischen Netzwerk heißt *Automatisieren* der 1x1-Rechnungen vor allem das Auffinden und Beschreiten des *kürzesten Weges* im Netz und nur ausnahmsweise einen etwas längeren zu brauchen. Im weitern bedeutet *Automatisieren* auch ein *rascheres* Beschreiten des Weges durch das numerische Netz, weil man ihn öfter gegangen ist und ihn daher besser kennt. Hier dürfte wiederholendes Üben mit unmittelbarer Verstärkung im Gefolge eine gewiße Rolle im Lern- bzw. Automatisierungsprozeß spielen – allerdings erst, wenn das *Niveau des Meisterns* erreicht ist. Untersuchungen haben interessanterweise gezeigt, daß »große« Rechnungen längere Abrufwege haben als kleinere (8x16 länger braucht als beispielsweise 3x16), daß das Durchlauftempo also gewißen systemimmanenten Beschränkungen unterliegt. Der Lernerfolg für das einzelne Kind in der *Automatisierungsphase* muß einerseits in Funktion der Häufigkeit gesehen werden, mit der es sein numerisch-arithmetisches Netz durchschritten hat; andererseits in Funktion der Qualität seines Netzes, der daraus entspringenden Übersicht und der verfügbaren und jederzeit zugänglichen *Abrufreize (retrieval cues)*.

Üben und Verstärken

Wenn der Lehrer mit der ganzen Klasse übt, muß eine hohe Selbstdisziplin der Schüler vorausgesetzt werden können, daß nämlich *alle* mitrechnen, nicht bloß jeweils einer, der gerade an der Reihe ist. Der Lehrer wird, auch wenn er nun *auf Tempo* drängt, jeweils warten, bis fast alle Hände oben sind. Wenn das Resultat genannt wird, sollte sich jeder Schüler selbst für die gute Antwort bzw. das rasche Abrufen, auf das es jetzt ankommt, *verstärken.* Diese Verstärkung muß aber in irgendeiner Form *institutionalisiert* werden (z.B. einen Strich auf ein Blatt schreiben). Dabei ist allerdings darauf zu achten, daß diese Art der Verstärkung tatsächlich eine *Selbstverstärkung* bleibt, daß das Ergebnis nachträglich nicht publik gemacht werden *muß.* Noch oekonomischer und wohl effizienter dürfte das Üben in der Automatisierungsphase wohl in Kleingruppen oder im eingespielten Zweierteam sein, weil damit die Wahrscheinlichkeit am größten wird, daß sehr *viele* Rechnungen gelöst werden. Nur muß auch hierbei sichergestellt sein, daß die Kleingruppe gut »funktioniert« und daß die positive Verstärkung regelmäßig, sofort und natürlich nur auf korrekte Ergebnisse gegeben wird. Ein solches Verfahren muß eigens eingeübt werden. Es lohnt sich aber, weil die *Notwendigkeit von Übungen im kleinen Team* im Unterricht immer wieder auftritt. Für sehr gute Teamleistungen (oder auch im Team entstandene Einzelleistungen) können auch Zusatzverstärkungen gegeben werden, wie Skinner sie im Rahmen seiner Überlegungen zum programmierten Unterricht empfiehlt (vgl. Bower & Hilgard I, 1983, 279).

Skepsis verständlich, aber letztlich unberechtigt!

Ein Vergleich des aufwendigen Aufbaus eines numerischen Netzwerks mit der Art und Weise, wie Erwachsene ihre 1x1-Kenntnisse abrufen und einsetzen, führt immer wieder zur Frage, ob das Rechnenlernen als Konstruktion numerischer Netze *ökonomisch* und überhaupt *sinnvoll* sei; wichtig sei doch letztlich nur die Fähigkeit eines raschen Abrufs korrekter Ergebniszahlen.

Zunächst sei daran erinnert, daß das 1x1-Wissen im Rahmen der *schriftlichen* Rechenoperationen zwei Schuljahre später tatsächlich wieder gefragt ist. Dort sind die 1x1-Überlegungen Prozesse eines dannzumal relativ niedrigen Niveaus, die im Gesamtzusammenhang der schriftlichen Operationen *Subroutinecharakter* haben und sehr rasch aktiviert werden müssen. In diesen Fällen ist tatsächlich nur der *rasche Abruf* wesentlich. Man kann noch einen Schritt weiter gehen und fragen, ob bei den heutigen Möglichkeiten mit den handelsüblichen Taschenrechnern dem 1x1-Wissen überhaupt noch eine Bedeutung zukomme. Als Antwort auf diese letzte Frage wie auch auf die nach der Ökonomie und dem *Sinn eines Lernens*, wie wir es oben ausgeführt haben, muß daran erinnert werden, daß beim Aufbau numerisch-arithmetischer Netzwerke dem *Etablieren von Beziehungen zwischen Zahlen oder arithmetischen Aussagen* Priorität zukommt, daß beim Herstellen von Beziehungen die wesentlichen *Richtungen der Veränderung der Größenverhältnisse* im arithmetischen Geschehen erkannt, d.h. die operativen Grundlagen erfaßt werden; daß ferner jederzeit *Selbstkontrollen*, aber auch *Selbstverstärkungen* möglich werden, mit andern Worten, daß sich der Lerner von externaler Kontrolle *befreit*. (Die Stichworte »Lerne-zu-lernen« und »Emanzipation« habe ich bereits gegeben.)

Neben dem zuletzt genannten motivationalen Aspekt bezieht sich der kognitive Aspekt auf die Prozesse des *Durcharbeitens* (Aebli 1983) von numerisch-arithmetischen Netzwerken versus einem Auswendiglernen vieler Aufgaben oder Aussagen, die mehr oder weniger isoliert nebeneinander stehen. Daß es sich dabei immer mehr um ein *Lernen von Denk- und Problemlösefähigkeiten* handelt, läßt sich an den analogen Prozessen auf etwas höheren Stufen des arithmetischen (und später des mathematisch-algebraischen) Denkens erkennen: Ein Durcharbeiten von numerischen Netzwerken erlaubt es beispielsweise einem Viert- oder Fünftklässler, *Vorhersagen* über komplexere Rechenoperationen zu machen, wenn er etwa vom Wissen ausgeht, daß 4704:48=98 (das hat er ausgerechnet oder mit dem Taschenrechner festgestellt), und nun schließt, daß dann 4705:48 das Ergebnis 98 Rest 1 geben muß oder daß 4703:48 nicht mehr ganz 98, sondern nur noch 97 gibt, allerdings mit einem *großen* Rest von . . .? Oder daß er sich überlegen kann, wie groß der Dividend sein müßte, damit er, dividiert :48, zu einem Ergebnis von 99 oder 100 führt (vgl. dazu auch Fricke 1970). Auch solche Überlegungen sind nichts anderes als das Beschreiten eines oder mehrerer Wege im numerischen Netzwerk. Sie belegen dem Lerner die Tatsache, daß man sich alles, was mit derartigen arithmetischen (später algebraischen) Problemen zusammenhängt, *überlegen* kann, daß es folglich für jedes Problem dieser Art einen Lösungsweg, oft sogar mehrere Wege gibt (wie das obige Beispiel 7x8=? schon illustriert hat, wo es vier Möglichkeiten gab). Das Wissen um eine solche *Pluralität von Lösungswegen* und vor allem deren Einsatz wirkt der Aussage eines manchen jungen Rechners entgegen, der angesichts einer Aufgabe sagt: »Das kann ich nicht!« Mit andern Worten, eine gut eingeübte Pluralität von Lösungswegen wirkt einer auf fast allen Stufen zu beobachtenden *Unfähigkeit entgegen*, überhaupt *keine* Lösung für ein arithmetisches Problem zu finden. Zugleich stellt dieses Wissen und Können eine Fähigkeit auf einer höheren Stufe als derjenigen der Rechenoperationen selber dar (Metakognition) und relativiert Fragen wie die nach der Ökonomie im Aufbau von numerischen Netzwerken. Die Ökonomie hat, wie wir oben gesehen haben, ihren Stellenwert. Hier aber geht es um ganz andere Aspekte des kognitiven Lernens sowie um motivationale Phänomene, die aus diesen resultieren.

Man darf wohl auch behaupten, daß die Fähigkeit, mehrere Wege zum Lösen eines (noch so elementaren) arithmetischen Problems einschlagen zu können, eine Form der *Kreativität* ist. Das Fördern dieser Fähigkeiten beim Schüler stellt freilich einige Anforderungen an den Lehrer. Die entscheidende ist die, daß er selber in der Phase des *Aufbaus* numerischer Netzwerke beim Schüler auf die Aufbau*prozesse* und nicht auf die Rechen*ergebnisse* fokussiert (prozessorientierte Unterrichtsziele; Unterrichtsziel »Verstehen«, Aeschbacher 1986) und daß er wenn nötig seinen Unterricht entsprechend den fortschreitenden Aufbauprozessen bei den Schülern *individuell differenziert*.

16.10 Memo

1. Numerische Netzwerke sind Spezialfälle semantischer (begrifflicher) Netzwerke. In ihnen werden die Bedeutungen von Zahlen und arithmetischen Operationen repräsentiert. Die Bedeutung einer Zahl ist durch ihren Knoten im numerischen Netz bestimmt und kann durch unendlich viele Operationen ausgedrückt werden, die mit dem betreffenden Knoten verbunden sind.

2. Rechnen lernen ist mehr als ein assoziatives Verknüpfen von Aufgabenzahlen, Operationszeichen und Resultatzahlen. Es ist ein Aufbauen, Erweitern und Durchschreitenlernen numerischer Netzwerke.

3. Der Aufbau numerischer Netzwerke ist das Ergebnis von vielfältigen Verknüpfungsprozessen zwischen numerischen Elementen (Zahlen) durch arithmetische Relationen.

4. Die elementaren arithmetischen Relationen werden durch die ± 1-Iteration der natürlichen Zahlen, die Grundrechenoperationen und Operationen wie das Halbieren und Verdoppeln ausgedrückt.

5. Rechnen lernen als höherer Lernprozeß impliziert das Ausstatten der Zahlen und Operationen mit Bedeutung. Dies wiederum impliziert Verknüpfungsprozesse, die auch heuristisch (und in diesem Sinne kreativ) und nicht nur algorithmisch sind und in vielen Fällen eine ausgesprochene Pluralität von Lösungswegen gestatten.

6. Piagets genetischer Erkenntnistheorie entnehmen wir zur Erklärung des Aufbaus elementarer numerischer Netzwerke (1) den Handlungsbezug aller arithmetischen Operationen, (2) deren Systemcharakter sowie (3) den didaktisch fruchtbaren Begriff der »mise en relation« (Verknüpfung).

7. Für den Lernprozeß ist in didaktischer Hinsicht zwischen »mise en relation« und »lecture des données« deutlich zu unterscheiden.

8. Der Aufbau numerischer Netzwerke führt, vor allem, wenn er prozeßorientiert vorgenommen wird, zu einem operativen Denken, zur Fähigkeit, verschiedene Lösungswege zu beschreiten sowie zur Möglichkeiten der Selbstkontrolle und Selbstverstärkung.

9. Operatives Denken nimmt seinen Ausgang beim Handlungsbezug arithmetischer Operationen; es ist ein verinnerlichtes arithmetisches Handeln, das elementare Erkenntnisse über die Veränderungen von Zuständen (Zahlenwerten) durch Operationen sicherstellt. Die Verinnerlichung der ursprünglichen Handlungen erfolgt über Vorstellungen und Versprachlichungen derselben.

10. Gute Rechner unterscheiden sich von schwachen (1) aufgrund der Qualität ihres mnemonischen Systems bzw. aufgrund der Kohärenz ihres numerischen Netzwerks, (2) der Fähigkeit, aufgabenbezogene retrieval-cues, d.h. numerische Knoten im Netz, verfügbar und zugänglich zu halten, und (3) dadurch, daß sie die arithmetischen Beziehungen rasch abrufen können.

11. Dieses rasche Abrufen ist die Grundlage für ein automatisiertes Rechnen. Es ergibt sich aufgrund einer hohen Verfügbarkeit der numerischen Elemente und Relationen im Netz sowie der Tatsache, daß dieses Netz sehr oft durchschritten wird und die kürzesten Wege vertraut sind.

17. Wie anschaulich ist anschauliches Lernen, zum Beispiel in Geometrie? – Begriffliche und figurale Komponenten des Lernens

17.1 Einleitung

Das geometrische Problem, auf dessen Lösung der Blick in Kapitel 17 gerichtet ist, besteht auf den ersten Blick aus lauter *anschaulich* gegebenen Elementen: Punkten, Linien (Strecken, Geraden und Kurven) und Winkeln. Wir werden aber sehen, daß das Wahrnehmen, Verstehen und Verwenden dieser anschaulichen Gegebenheiten sehr viel *begriffliches* Wissen voraussetzt. Zu lernen, wie man ein geometrisches Problem, z.b. eine Dreieckskonstruktion, löst, heißt daher zunächst lernen, eine möglichst vollständige *Datenbasis*, d.h. eine vollständige *Wissensrepräsentation* über die vorliegenden Elemente und die zwischen diesen bestehenden Relationen bereitzustellen. Auf dieser Grundlage lassen sich Fragen und *Hypothesen* bezüglich gesuchter Bestimmungsstücke aufstellen, d.h. eine *Voraussetzungs- und Zielanalyse* vornehmen. Daran anschließend läßt sich das Problem lösen, wobei entscheidende Lösungsschritte aufgrund von Antizipationen (Erwartungen, Vorstellungen) »gesehen« werden können. Bezeichnend ist aber, daß dieses »Sehen« (man spricht ja auch von Ein*sicht*!) nur aufgrund von hinreichendem Wissen, mit andern Worten, von *aktivierten Schemata* zustandekommt.

Schlüsselbegriffe werden in diesem Kapitel sein: *vollständige Datenbasis, Inferenzprozesse, Schemata als aktivierte Teile von semantischen Netzwerken*, das *Bezeichnen von Elementen* und das *Erkennen von deren Doppelfunktionen, Voraussetzungs-* und *Zielanalyse, begriffliches* und *prozedurales Wissen* sowie *Antizipationen*.

17.2 Das bildhaft-figurale oder »ikonische« Moment

Ein Blick auf frühere Ansätze

Es gibt zahllose Beispiele, die uns zeigen können, daß ein Problem leichter zu lösen ist, sobald man es *anschaulich* darstellt. Wertheimer (1945) hat in seinem Buch über das *produktive Denken* anhand von ausgewählten Beispielen gezeigt, daß *Einsichten* durch das *Umstrukturieren der Wahrnehmungsge-*

gebenheiten geradezu schlagartig auftreten können (vgl. dazu auch Kapitel 19 sowie Duncker 1935). Bekannt ist auch Bruners (1966) Ansatz der »ikonischen Repräsentation», d.h. der bildhaften Darstellung von Gegebenheiten zur *simultanen* Erfassung von deren Struktur, die einer »symbolischen«, d.h. sprachlichen Darstellung derselben Gegebenheiten in gewißen Fällen überlegen ist. (Es ist ein Kennzeichen von Bruners Repräsentationsbegriff, daß dieser sowohl für die innere Repräsentation im Sinne einer Gedächtniskodierung als auch für die äußere Form der Darstellung einer Situation oder eines Problems verwendet wird.) Eines seiner bekannten Beispiele ist dasjenige mit den Flugverbindungen

a

Amsterdam — Berlin
Berlin — Köln
Köln — Basel
Amsterdam — Köln
Basel — Köln
Köln — Wien
Berlin — Amsterdam
Amsterdam — Wien

b

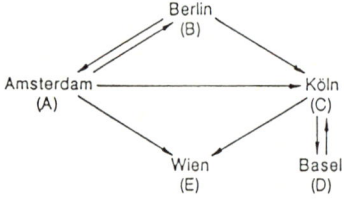

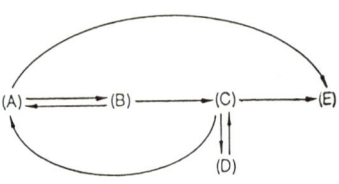

Abb. 29   Der Unterschied zwischen symbolisch und ikonisch repräsentierter Probleminformation. Die Aufgabe heißt: Finde die beste Verbidnung von Basel nach Berlin, d.h. diejenige Verbindung, bei der du am wenigsten umsteigen mußt.

29a   Die symbolische Repräsentation der Flugverbindungen in Form einer Liste von bilateralen Verbindungen erfordert eine sequentielle Verarbeitung der Information, d.h. ein systematisches Absuchen der Verbindungen, am ehesten vom Ziel her.

29b   Zwei Formen von ikonischer Repräsentation, die einen beinahe simultanen Zugriff zur Information und daher eine rasche Lösungsfindung gestatten: Es gibt aufgrund der Gegebenheiten keine Verbindung von Basel nach Berlin.

zwischen verschiedenen Städten. Werden die Städtenamen bloß aufgelistet, so wird die Aufgabe, eine günstige Verbindung zwischen zwei bestimmten Städten zu finden (s. Abb. 29a), die man nicht *direkt* anfliegen kann, in hohem Maße unübersichtlich. Stellt man die Städte und die vorhandenen Verbindungen aber in einem Pfeildiagramm dar (Abb. 29b, c) d.h. in Bruners Terminologie *nicht* in »symbolischer«, sondern in »ikonischer Repräsentation«, so springt die Lösung fast unmittelbar ins Auge (Bruner 1966, s. auch Steiner 1973, 211).

17.3 Gemeinsamkeiten zwischen geometrischen, numerischen und begrifflichen Aufbauprozessen

Geometrische Darstellungen sind das Resultat von Konstruktionen mit Zirkel und Lineal, das *Ergebnis von Handlungen* also. Die bildhaft-figuralen Konfigurationen weisen demnach einen *Handlungsbezug* auf, ähnlich demjenigen der arithmetischen Operationen (vgl. Kapitel 16). Wie in den arithmetischen, so werden auch in den geometrisch-räumlichen Operationen *Elemente* durch spezifische (räumliche) *Relationen* miteinander zu einem *System* verknüpft. Dieser *Prozeß des Verknüpfens* ist dem Aufbau *begrifflicher* (Kapitel 13-15), *numerischer* (Kapitel 16) und *geometrischer* Netzwerke gemeinsam; er kennzeichnet gleichermaßen begriffliche Aufbauprozesse wie arithmetische und geometrische Operationen.

17.4 Der Aufbau der Datenbasis

Wenden wir uns zunächst der semantisch-begrifflichen Komponente zu, der Bedeutungshaltigkeit geometrischer Gegebenheiten, wohl ahnend, daß diese, sobald sie sich auf räumliche Aspekte bezieht, mit der figuralen Komponente in Interaktion tritt.

Aufgrund des *kognitiven Schemas* »Dreieck« beim Problemlöser, (vgl. Norman & Rumelhart 1975, Rumelhart & Ortony 1977, Rumelhart 1980), das umso vollständiger ist, je sorgfältiger der Aufbau im Unterricht vonstatten gegangen ist, können ausgehend von *gegebenen* Größen (Ecken, Seiten, Winkeln usw.) oder gestützt auf Konventionen (beispielsweise: »Großbuchstaben bezeichnen im Dreieck die Ecken«) andere Bestimmungsgrößen *explizit gemacht* und deren Position *erschlossen* werden. Diese Schluß- oder *Inferenzprozesse* (engl. *inferences*) laufen allerdings nicht automatisch ab; die Fähigkeit dazu muß eigens *erlernt*, d.h. zu einer *systematisch angewendeten Denkgewohnheit* gemacht werden.

Im Geometrieunterricht des 8. oder 9. Schuljahres wird die Dreiecksgeometrie unter verschiedenen Aspekten thematisiert (Dreieckskonstruktionen, Kongruenzsätze u.a.m.). Nehmen wir folgende Problemsituation an: » Gegeben sind die Seite a, der Winkel γ und ϱ (rho), der Radius des Inkreises. Konstruiere das ganze Dreieck samt Inkreis!«

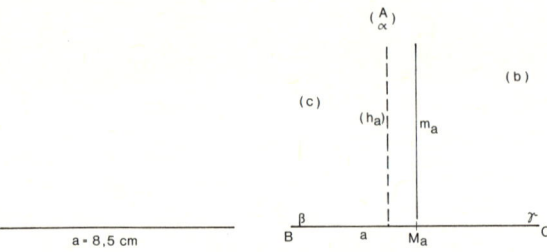

Abb. 30 Gegeben ist a = 8,5 cm. In Wirklichkeit ist viel mehr gegeben, nur nicht explizit! Wenn man das Schema »Dreieck« und einiges an zusätzlichem konventionellem Wissen über Dreiecke aktiviert und es auf a anwendet, so ergibt sich eine reiche Fülle von erschlossener Information: die Ecken und die Position der entsprechenden Winkel, M_a als Mitte von a und die von dort ausgehende Mittelsenkrechte m_a; ferner das Wissen, daß irgendwo senkrecht auf a auf h_a, die Höhe auf a (oder ihrer Verlängerung) steht, sowie das Wissen über die ungefähre Lage der Seiten b und c und der Ecke A mit dem entsprechenden Winkel α.

Wäre gerade nur die Seite a gegeben, so wäre das zwar sehr wenig, und die Figur wäre in keiner Weise (außer durch a) bestimmt; trotzdem ließen sich viele verschiedene Dreiecke zeichnen, und vor allem könnte der Schüler *sehr viel weitere* Information aus seinem Wissen, d.h. aus seinem *kognitiven Schema* »Dreieck« abrufen: Elemente und Relationen (samt ihren Bezeichnungen). Er weiß, daß die Enden von a die Dreiecksecken B und C sind. Die entsprechende Relation, die B und C verbindet, heißt ». . . liegt zwischen . . .«, nämlich »a liegt zwischen B und C«. Damit ist auch schon bestimmt, wo die Seiten b und c liegen werden, nämlich durch die Relation ». . . gegenüber von . . .«, d.h. »b liegt gegenüber von B«, und daß der Schnittpunkt von b und c, dessen Position allerdings nicht bekannt ist, die Ecke A sein wird; ferner daß sich die Winkel β und γ bei B bzw. C befinden und sich weitere Winkelangaben auf α beziehen. Falls β und γ bekannt wären (auch ohne bestimmte Länge von a), könnte auf α geschlossen werden (Winkelsumme!).

Die gegebene Dreiecksseite a impliziert allerdings noch mehr, beispielsweise M_a, die Mitte oder den Mittelpunkt von a, von wo die Mittelsenkrechte m_a ausgehen würde, die für die Konstruktion des *Umkreises* von Bedeutung wäre.

Schließlich ist auch bekannt, daß die Höhe h_a dieses noch völlig unbestimmten Dreiecks irgendwo, vor allem aber *senkrecht* auf a oder deren Verlängerung steht und durch A, die gegenüberliegende Ecke des Dreiecks geht. Das sind im Moment lauter scheinbar irrelevante Angaben; aber sie aktivieren, sofern es sich um *Elemente* handelt, das *Wissen um gewisse*

Relationen zwischen diesen Elementen. Die Winkelsumme von 180 °, die vorhin angesprochen wurde, wäre ein Beispiel dafür. Wenn es sich hingegen bei diesen scheinbar irrelevanten Angaben um *Relationen* handelt, so aktivieren diese ein entsprechendes *Wissen über die dazugehörenden Elemente*. So aktiviert beispielsweise die Relation». . . gegenüber von . . .« das Wissen um das Zusammengehören einer Seite und einer Ecke mit gleicher Bezeichnung (z.B. a und A).

Die *anschaulich gegebene* Dreiecksseite a impliziert also eine Fülle von Informationen, die zum Teil alltagssprachlich, *symbolisch* im Sinne Bruners (1964, 1966), zum Teil in Form einer *Kunstsprache* zum Ausdruck kommt (z.B. die Benennung der Ecken, Winkel, Seiten etc.). Dieselbe Information kann aber auch bildhaft-figural, eben *ikonisch* in Bruners Terminologie, dargestellt werden, vieles davon erst annäherungsweise, da noch einiges für die Konstruktion des ganzen Dreiecks fehlt.

Das gesamte Wissen, das ausgehend von a aktiviert wird, macht die *Datenbasis* aus, die nun freilich durch das Wissen über den Winkel γ und den Inkreisradius ϱ erweitert wird.

Die kognitive Psychologie fragt in neuerer Zeit immer wieder nach den Unterschieden zwischen *Novizen* und *Experten*, wenn es darum geht, charakteristische Denkabläufe oder Problemlöseverfahren herauszuarbeiten (vgl. dazu Newell & Simon 1972, Chase & Simon 1973, aber auch die Kapitel 12 und 20). Die Schwierigkeit für den Novizen (den schwachen Schüler oder den Anfänger) angesichts einer solchen Aufgabe besteht vor allem in der Unangemessenheit bzw. der *Unvollständigkeit seiner Datenbasis*, und nicht etwa in der Beschränktheit seiner Verarbeitungsfähigkeiten etwa im Sinne des Einsatzes von Problemlöseheuristiken (Glaser 1984). Grundlage für ein erfolgreiches Lösen einer derartigen Aufgabe ist demnach eine *vollständige Datenbasis*, mit andern Worten, das *erschöpfende Aktivieren* der entsprechenden Schemata, ausgehend von den gegebenen Elementen.

Für den Lernprozeß, um den es hier geht, ist es zum einen wichtig, aufgrund von gegebenen Dreieckselementen das erschöpfende Aufbauen der *Datenbasis* zu üben, einschließlich das Beschriften der betreffenden Elemente. Dadurch wird der vollständige Satz der *begrifflichen* Bestimmungsstücke bereitgestellt. Zum andern aber ist es wichtig, daß entsprechende *Vorstellungen* der nicht vorhandenen Elemente generiert werden (Dreieckskonstituenten wie z.B. die Lage der Ecke A). Damit geht der Schüler über die semantisch-begriffliche Komponente hinaus und wendet sich der figuralen Komponente der Aufgabe zu: Er bringt Elemente in seiner Vorstellung aufgrund räumlicher Relationen, die Teil der aktivierten Schemata sind, in die *räumlich richtige* oder zumindest in eine *räumlich mögliche* Position (vgl. Abb. 31).

Das Aufbauen der Datenbasis, einschließlich des Erschließens von nicht explizit gegebenen Bestimmungsstücken, macht auf fehlende und für eine Problemlösung dringend benötigte Elemente und Relationen aufmerksam. Diese zu *definieren*, ist nun ein nächster Schritt.

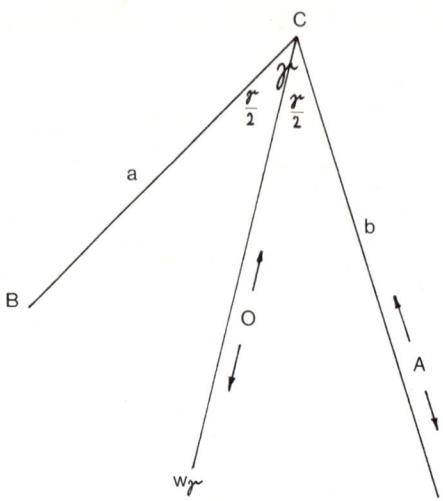

Abb. 31   Was alles erschlossen werden kann, nachdem a und γ als Ausgangsgegebenheiten ausgewertet worden sind: $\frac{γ}{2}$ und die entsprechende Winkelhalbierende $w_γ$; die Richtung der Seite b mit der Lage von A irgendwo auf b, sowie die Lage von O irgendwo auf $w_γ$.

17.5 Voraussetzungs- und Zielanalyse für das Problemlösen: fortgesetztes Definieren der fehlenden Elemente

Mit Sicherheit sind die Ecken B und C auszumachen, womit die *Position* von γ gegeben ist. Die Größe des Winkels γ ist ja gegeben; jetzt ist auch seine *Lage* bekannt. Weiter: a ist der eine Schenkel des Winkels γ, b ist folglich der andere. Die Länge von b ist leider unbekannt. Hätte man sie, wäre die Dreieckskonstruktion bereits bestimmt. An dieser Stelle erkennt man, daß es möglich ist, bestimmte Beziehungen aufzubauen – *Wenn...dann-Beziehungen*: Wenn die Länge von b bekannt wäre, dann...., oder aber zu fragen: Was muß ich wissen, um b zu finden? Welches Wissen hilft weiter? Was könnte sonst noch gesucht werden, das mir weiter hilft? Man kann bis jetzt sagen: b ist gesucht oder, es wäre gut, b zu haben. Wie könnte ich b bekommen?

Wenn ich wüßte, wo A liegt, das Ende von b und zugleich die dritte Ecke des Dreiecks, dann wüßte ich, wie groß b ist. Doch wer definiert mir die Lage von A? Es ist der Schnittpunkt von b mit c. Leider ist auch c unbekannt. Gesucht ist also auch c! Wer könnte mir c bestimmen? Nun kann uns ein *spezifisches Wissen* zugute kommen, das zur Datenbasis oder zum Informationsbestand des *Schemas* »Dreieck« (als einem *aktiven semantischen Netzwerksteil*) gehört, das aber eigens abgerufen werden muß: *c ist nicht nur Dreiecksseite, sondern zugleich auch Schenkel des Winkels* β. Wenn ich also β hätte, dann könnte ich c konstruieren. Also: Gesucht ist β. Damit haben wir ein wichtiges Teilziel definiert. Die *Zielanalyse*, die wir bis jetzt vorgenommen haben (vgl. Duncker 1935, 1974), läßt uns vom Zwischenziel her das Problem gleichsam nach rückwärts lösen (*working backwards*; Wickelgren 1974). An dieser Stelle ist die Informationssuche, ausgehend von a und γ aber *erschöpft* (Abb. 32).

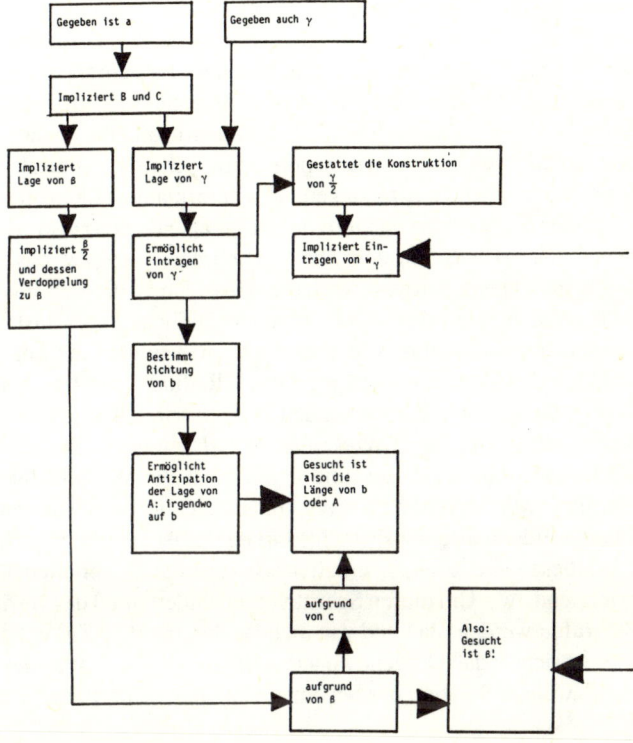

Abb. 32 Problemlösediagramm (1. Teil): Voraussetzungs- und Zielanalyse (vgl. Duncker 1935, 1974; zum *working backward*, Wickelgren 1974). Aufgrund von a und γ können weitere Bestimmungsstücke erschlossen werden. Dies ermöglicht es, nach fehlenden Teilen zu fragen: nach β und damit nach c (Ziel!) Wie aber sind diese zu finden bzw. zu konstruieren? Bis zu dieser Frage kommt der Problemlöser von den bisher benutzten gegebenen Stücken aus. Die von rechts her eintreffenden Pfeile deuten an, daß noch weitere Information benötigt wird: solche, die von einem weiteren gegebenen Element her (ϱ) im Wissen um das Ziel gefunden werden kann.

Vergessen wir nicht, daß noch etwas Weiteres gegeben ist, nämlich ϱ! Nun ist ϱ als Längenmaß keine *anschauliche* Gegebenheit, denn ϱ ist der Radius eines Kreises, der vollständig im Inneren des Dreiecks liegt, aber eines Dreiecks, das es noch gar nicht gibt. Wie soll sich der Schüler einen Kreis vorstellen, der in einem eben erst zu konstruierenden Dreieck eingeschrieben sein soll? ϱ darf und kann, auch wenn er als eine Strecke durchaus gezeichnet werden kann, nicht als *anschauliche* Gegebenheit interpretiert und verwendet werden. ϱ ist ein Element, das ohne *relationale Verbindungen* zu andern Elementen keine brauchbare Information liefert.

Nun ist aber ϱ ein *Begriff*, für den der Schüler wohl vor nicht allzu langer Zeit das Schema »Inkreisradius« bzw. das umfassendere Schema »Inkreis« aufgebaut hat. In dieses Schema sind *begriffliche Elemente* und *Relationen* eingegangen, wie dies beim Aufbau *jedes* Begriffsnetzes der Fall ist. Viele der Relationen sind in *Konstruktionen*, also in *räumlichen Operationen* mit Lineal, Zirkel und Bleistift, und in zeichnerischen Darstellungen impliziert, und es geht jetzt darum, dieses damals aufgebaute Schema mit seinen begrifflichen und konstruktiven (räumlich-figuralen) Anteilen wieder zu aktivieren, zu durchlaufen und – wie schon beim Schema »Dreieck« – alle vorhandene, aber noch nicht explizit gemachte Information, Elemente und die sie verbindenden Relationen, abzurufen oder zu erschließen, also wiederum die *Datenbasis zu vervollständigen*. Das semantische Netz bzw. das Schema »Inkreis« ist im Schema »Kreis« enthalten: Als Kreis hat der Inkreis ein *Zentrum*. Das ist bereits eine zwar selbstverständliche, aber bisher nicht explizit gemachte Information. Was wissen wir *explizit* über die Lage dieses Zentrums? Lediglich, daß dort der (gegebene!) Radius ϱ ansetzt – immerhin soviel! Da es sich um einen Inkreis handelt, wissen wir, daß sein Zentrum auf dem Schnittpunkt O der (drei) *Winkelhalbierenden* unseres Dreiecks liegt. Nun existiert aber dieses Dreieck und damit auch die Winkelhalbierenden nicht. Allerdings würden schon *zwei* Winkelhalbierende zur Bestimmung von O ausreichen. Leider haben wir sie nicht! *Ein Winkel* ist allerdings vorhanden: γ. Wenn wir diesen *halbieren*, so erhalten wir zweimal $\frac{\gamma}{2}$, vor allem aber die Winkelhalbierende w_γ. Um diesen Schritt vorzunehmen, muß das *Verfahrenswissen* abgerufen werden, daß und wie man Winkel mit dem Zirkel halbieren kann. Eines ist sicher: daß O irgendwo auf w_γ liegt. Aber wo? Welches andere Element oder welche Relation des Schemas »Inkreis» determiniert O auf w_γ?

Das Schema »Inkreis« ist noch nicht erschöpfend auf implizite Information »abgeklopft« worden. *Zentrum, Radius* und die *generelle Lage des Inkreises* sind in Erwägung gezogen worden, nicht aber der Kreis selber, d.h. sein *Umfang*. Was ist über ihn bekannt? Seine Länge: $2\pi\varrho$, ja, aber diese sagt uns über die Position und über das Verhältnis zum Dreieck nichts aus! Das ist diesbezüglich in der Tat *irrelevante* Information. Welches ist die Beziehung des Inkreises zum Dreieck? Man kann hier räumliche Relationen etwas hinter die semantischen zurücktreten lassen! Dabei wird ganz besonders deutlich, daß ein *recht vollständiges Wissen, eine vollständige Datenbasis*, nötig ist, wenn man in der Kette der Überlegungen weiterkommen will. Der Inkreis berührt jede Dreiecksseite an *einer* Stelle. An jener Stelle ist die Dreiecksseite *nicht bloß Dreiecksseite*, sondern auch *Tangente* an den Inkreis. Hier kann weitergedacht werden!

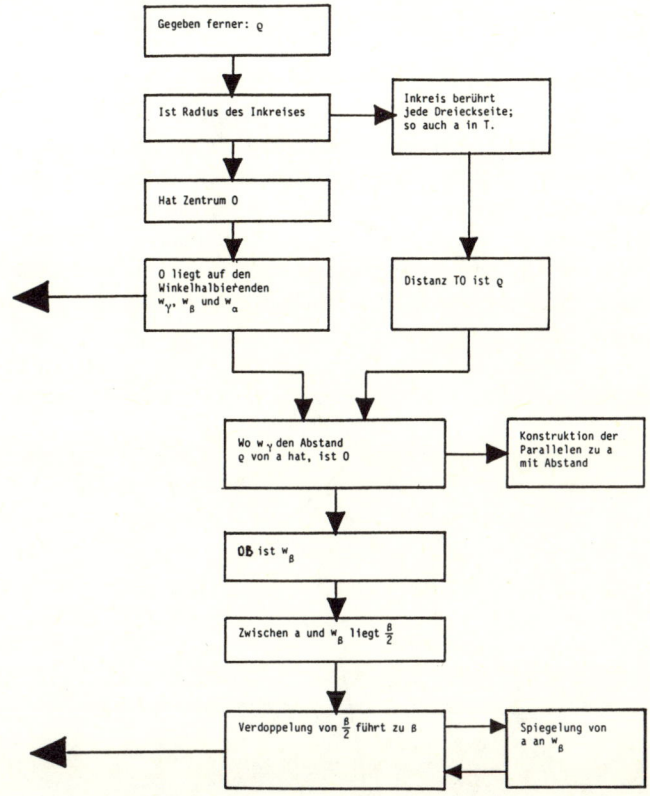

Abb. 33   2. Teil des Problemlösediagramms: Hier wird ϱ als zusätzliche Information nutzbar gemacht. Das führt zu einer Beantwortung der in Abb. 32 gestellten Frage nach dem Erreichen des Ziels aufgrund von β bzw. c.

17.6 Doppelbedeutungen und Doppelfunktionen von figuralen Elementen

Wenn wir auf die bisherigen Überlegungen zurückblicken, so fällt auf, daß an zwei Stellen *ein Element eine Doppelbedeutung* hatte: Die Dreiecksseite c war

275

zugleich Seite und der eine Schenkel des Winkels β, und wenn dieser bekannt wäre, so sagten wir uns damals, könnte mit diesem einen Schenkel die dritte Ecke des Dreiecks, A, bestimmt werden.

Die zweite Doppelbedeutung bezieht sich wieder auf eine Dreiecksseite, die dort, wo sie den Inkreis berührt, zu einer *Tangente* wird. (Das gilt natürlich für jede Dreiecksseite!) Da in unserem Beispiel nur a als Dreiecksseite gegeben ist, kommt nur a als eine Tangente an den Inkreis in Frage.

Nun wenden wir uns einem dritten Schema, demjenigen von »Tangente« zu. Hier geht es wieder darum, daß der Schüler *begriffliches Wissen* abruft: Die Tangente berührt den Kreis in einem Punkt, und der Radius, der das Zentrum mit diesem Berührungspunkt verbindet, steht senkrecht zur Tangente. Dort entstehen also rechte Winkel. Mittlerweile ist so viel Information aus den drei Schemata »Dreieck«, »Inkreis« und »Tangente« aktiviert worden, daß unbedingt abgeklärt werden muß, was aus dieser Fülle in die räumliche Darstellung unserer Geometrieaufgabe übertragen werden kann. Da ϱ als Maß bekannt ist,

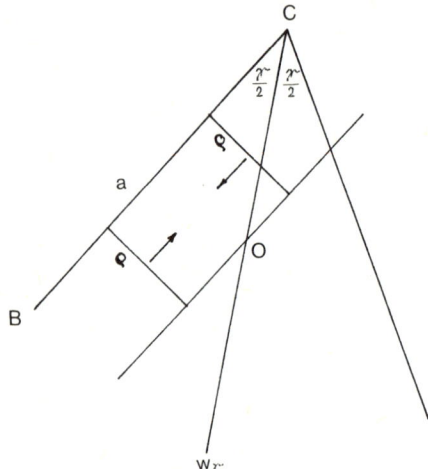

Abb. 34 Die Konstruktion des Inkreismittelpunktes O durch Abtragen von ϱ irgendwo senkrecht zu a. Der Problemlöser erkennt, daß er ϱ so verschieben kann, daß er w_γ berührt. Das Verfahren wird aber eleganter, wenn eine Parallele zu a im Abstand ϱ konstruiert wird. Der Schnittpunkt dieser Parallelen mit w_γ ist O, der Mittelpunkt des Inkreises.

könnte er *irgendwo* rechtwinklig zu a aufgetragen und solange verschoben werden, bis sein im Innern des Dreiecks liegendes *Ende* die Winkelhalbierende w_γ genau berührt, denn als Radius des Inkreises liegt ϱ (in Punkt O) ja auf w_γ. Der Ort aller Punkte, die von einer gegebenen Geraden denselben Abstand haben, ist die *Parallele* zu dieser Geraden mit dem betreffenden Abstand (hier

ϱ). Wenn dieser Satz (d.h. das Schema »Parallele«) bekannt ist, kann ein eleganteres Konstruktionsverfahren zum Auffinden der Position von O auf w_γ verwendet werden als das soeben beschriebene: Es wird eine Parallele zu a mit Abstand ϱ konstruiert, die w_γ schneidet (wobei das *prozedurale Wissen* für die Konstruktion mit Zirkel und Lineal vorausgesetzt sei). Der Schnittpunkt wird O sein. Der so gewonnene Punkt O führt zum nächsten Konstruktionsschritt: Die Verbindung von B mit O liefert w_β, denn die Geraden durch die Dreiecks-Ecken und durch O sind die *Winkelhalbierenden* des Dreiecks und gleichzeitig *Schenkel* der halben Winkel! Damit ist $\frac{\beta}{2}$ gefunden. Durch Spiegelung von a an w_β kann β gefunden und – mit dessen einem Schenkel – zugleich c konstruiert werden (auch hier wieder eine Doppelfunktion!). Beide, β und c waren bisher *gesuchte* Größen, die die ebenfalls gesuchte Ecke A und mit ihr die Seite b und so die Konstruktion des ganzen Dreiecks liefern. Heureka!

Noch einmal prozedurales Wissen

Sollte nun vielleicht der Berührungspunkt T des Inkreises mit der Seite a ganz genau und ohne Verwendung eines Zeichendreiecks (für das Einzeichnen des rechten Winkels) konstruiert werden, so ist weiteres *begriffliches und prozedurales Wissen* notwendig: im Schema »Thaleskreis«. Damit kann über BO ein rechtwinkliges Dreieck konstruiert werden: Dort, wo der Thaleskreis die Seite a schneidet, liegt T und bei T ein rechter Winkel in Dreieck BTO. Damit kann auch der Inkreis perfekt von O aus geschlagen werden.

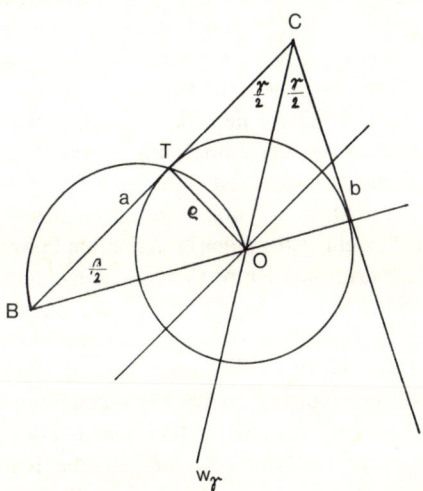

Abb. 35   Konstruktion des Thaleskreises über BO und des Inkreises. Um ohne Winkel, d.h. nur mit Zirkel, Maßstab und Bleistift den Inkreisradius ϱ einzuzeichnen, muß über BO ein Thaleskreis geschlagen werden. In T wird die Seite a zur Tangente an den Inkreis; dort steht der Radius ϱ senkrecht zu a.

17.7 Über das »Sehen« von figuralen Elementen und räumlichen Relationen

Mit dem Problem des »Sehens« von Bestimmungsstücken für die Dreieckskonstruktion und von räumlichen Zusammenhängen, die für das Lösen der Aufgabe von größter Bedeutung sind, fokussieren wir auf den Kern der Fragestellung dieses Kapitels. Die Gestaltpsychologen verwenden dafür einen ihrer wichtigsten Begriffe, nämlich den der *Einsicht*. Es scheint mir daher durchaus richtig, das Wesen dieses »Sehens« anhand entscheidender Situationen aus dem nun bekannten Problemlöseprozeß genauer zu betrachten.

Vom begrifflichen Wissen her geleitetes »Sehen«

Welches sind die *Voraussetzungen*, daß die genaue Position von O, also des Zentrums des Inkreises, »gesehen« wird? (Die Anführungs- und Schlußzeichen sollen deutlich machen, daß O »gesehen« werden soll, bevor er gezeichnet und als Stimulus *wirklich* visuell wahrgenommen werden kann.)

Da ist doch zunächst einmal dieses begriffliche, unanschauliche *Wissen*, daß O als Inkreismittelpunkt durch die Winkelhalbierenden bestimmt ist und daß ferner in der Aufgabe nur die Winkelhalbierende von γ gezeichnet werden kann. Daraus ergibt sich die *Erwartung*, von der schon die Rede war, daß O irgendwo auf w_γ liegt. Diese Erwartung führt leicht zur Antizipation von O, und diese realisiert sich wohl in einer mehr oder weniger lebendigen Vorstellung, mit deren Hilfe O gleichsam auf w_γ projiziert wird. Dabei entsteht gleichsam ein »Verschnitt« von Wahrnehmung und Vorstellung (vgl. Chase's, 1973, »*hybrid images*«): w_γ sieht man, O »sieht« man!!

In unserem konkreten Fall geht dem »Sehen« der genauen Position von O das Wissen voraus, daß der Inkreis die Seite a in einem Punkt (T) berührt und daß dieser Punkt in der gegebenen Entfernung ϱ von O liegt. Da aber O in seiner Position noch nicht bekannt ist, muß er einer der unendlich vielen Punkte sein, die sich im Abstand ϱ von a befinden. Das Wissen besteht aus drei Teilen: Der erste bezieht sich auf den antizipierten Punkt auf a, der zweite auf den auf w_γ, und der dritte auf den Abstand zwischen diesen beiden: ϱ. Das gestattet nun möglicherweise zu Beginn noch unsicher oder rudimentär das »Sehen« der Position von O, dem dann die Konstruktion folgt.

Das »Sehen« geht hier also vom *Wissen* aus, das seinerseits ein Antizipieren ermöglicht. Antizipationen können als *Vorstellungen* von räumlich angeordneten Elementen lebendig werden. So ist das »Sehen« ein inneres Sehen, das gleichsam nach außen in die Konfiguration und die Konstruktion hinein projiziert wird. In Begriffen der neueren kognitiven Pychologie ausgedrückt, ist das »Sehen« vom Wissen, d.h. von den Bedeutungen her geleitet, demnach von einem hohen Niveau der Informationsverarbeitung aus! Zahlreiche Autoren sprechen von *begriffsgeleiteten* (engl. *concept driven*) Verarbeitungsprozessen, die eine Wirkung auf niedrigere Prozeßniveaus (hier auf die Interpretation der anschaulich gegebenen figuralen Elemente und Relationen zwischen ihnen) haben. In der englischsprachigen Literatur (z.B. Lindsay & Norman 1972, Norman & Rumelhart 1975) werden solche begrifflich geleitete Prozesse auch als »top-down«-Prozesse bezeichnet (vgl. auch Kapitel 13).

Von den wahrgenommenen Daten (den figuralen Elementen) her geleitetes »Sehen«

Es gibt aber auch den umgekehrten Weg, den Weg »von unten«, über den das »Sehen« nicht begrifflich, sondern von den *visuell wahrgenommenen* Gegebenheiten (Daten) wie Seiten, Winkelhalbierenden oder andern Konfigurationen ausgeht: Wenn O und B aufgrund einer Dezentrierung praktisch gleichzeitig wahrgenommen werden, wird die Verbindung zwischen diesen beiden Punkten erkannt und deren Bedeutung erfaßt. (Das ist die *organisierende Funktion* der zeichnerischen Darstellung, wie Levin, 1981, sie betont hat; vgl. Kapitel 13). Die Verbindung BO, die »gesehen« wird, noch bevor sie eingezeichnet ist, ist eine Gerade von größter Wichtigkeit für den Fortgang der Problemlösung: Sie kann, wenn sie »gesehen« wird, nicht nur eingezeichnet, sondern als eine zweite *Winkelhalbierende interpretiert* werden. (Die Zeichnung erhält damit ihre *interpretative Funktion*, Levin 1981.) Die Interpretation dieser Geraden hängt allerding davon ab, ob sie spontan (oder wenigstens sehr bald) als w_β benannt und beschriftet wird.

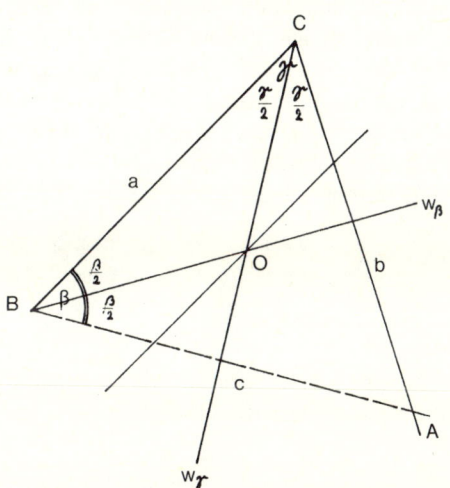

Abb. 36 Die Darstellung zeigt den Moment in der Problemlösephase, in dem die Verdoppelung von $\frac{\beta}{2}$ durch Spiegelung von a an w_β erfolgen muß, womit der ganze Winkel β und die Seite c zur Fortsetzung und zum Abschluß der Dreieckskonstruktion gefunden wird.

Ganz ähnlich wie die Punkte B und O als Daten in der Konfiguration der Ausgangspunkt für das »Sehen« der Winkelhalbierenden w_β waren, kann in der Fortsetzung des Problemlöseprozesses der Winkel $\frac{\beta}{2}$ der Ausgangspunkt für das »Sehen« von β sein, als Ausgangspunkt für eine antizipierte Verdoppelung durch Spiegelung von a an w_β, die in der Vorstellung duchaus »gesehen« werden kann. Ob ein Seitenblick auf w_γ und $\frac{\gamma}{2}$ als Auslöser für diese datengeleiteten (oder, wie sie auch heißen: »bottom up«-) Prozesse dient oder gar Voraussetzung ist, wissen wir im Einzelfall nicht.

Vielleicht trägt auch die Bezeichnung $\frac{\beta}{2}$ (»beta halbe«) in Analogie zu $\frac{\gamma}{2}$ (»gamma halbe«), dazu bei, daß der Schnittpunkt von a und c bei B nicht einfach als Schnittpunkt von Geraden, sondern als *Winkel* fokussiert, interpretiert und eben auch »gesehen« wird. Damit hätten wir allerdings wiederum einen begriffsgeleiteten Prozeß vor uns, da der implizit aktivierte Begriff »Winkel« das »Sehen« auslösen würde.

Man kann sich fragen, warum man denn diese figurale Anordnung mit dem Winkel β bei B nicht ohne weiteres (»automatisch«) als Winkel versteht. Es mag verschiedene Erklärungen dafür geben. Eine davon ist die, daß üblicherweise im Dreieck die *ganzen* Winkel und *nicht ihre Hälften* eine Rolle spielen; folglich kommt der Erwartung *ganzer* Winkel eine höhere Priorität zu; die halben Winkel werden nicht mit Sicherheit als halbe realisiert und führen deswegen nicht automatisch zum Schritt der Verdoppelung. Solche implizite Prioritätensetzungen werden im Unterricht oft vorgenommen, ohne daß sich jemand dessen bewußt ist und vor allem ohne daß jemand die Folgen antizipieren würde – nämlich aus diesem Grund gewiße Elemente oder Zusammenhänge eben *nicht* zu »sehen«, für sie »blind« zu sein!

Man erkennt, daß nicht-anschauliches Wissen und Anschaulichkeit der geometrischen Gegebenheiten in einem komplexen Wechselspiel zueinander stehen, daß, anders formuliert, für ein »Sehen« von figuralen Elementen und räumlich relevanten Zusammenhängen die *top-down-* und die *bottom-up-Prozesse* interagieren.

17.8 Die notwendigen Lernprozesse

Stellt man die Frage, was der Schüler *lernen* müsse, um solche Probleme lösen zu können, so kommt man mindestens auf die folgenden sechs Punkte:

(1) Vorwissen mobilisieren: spezifische Schemata aktivieren

Das Lösenlernen geometrischer Probleme wie etwa des vorliegenden setzt einiges an *Vorwissen* voraus. Wir haben erkannt, daß der Schüler eine Anzahl von begrifflichen Schemata aufgebaut haben muß: die Schemata »Dreieck«,

»Winkelhalbierende«, »Inkreis«, »Tangente«, »Thaleskreis« und »Parallele« samt dem in verschiedenen Schemata enthaltenen *prozeduralen* Wissen.

(2) Vollständige Datenbasis aufbauen: erschöpfendes Aktivieren der Schemata

Voraussetzung für ein Erschließen fehlender bzw. nicht explizit gegebener Teile oder Größen ist die Fähigkeit des Schülers, die kognitiven Schemata *erschöpfend* zu aktivieren. Mit andern Worten: Er muß jederzeit in der Lage sein, Bezeichnungen von Elementen zu nennen, die nicht gegeben sind (aufgrund des Wissens, *daß* es sie gibt) und diese Elemente zu lokalisieren. Seine Aufgabe wird leichter, wenn er den Bestimmungsstücken eines Dreiecks »entlang denkt« und auf diese Weise seine Repräsentation vervollständigt. Er muß sich darin üben, sich nicht explizit gegebene Elemente lebhaft *vorzustellen*. Daraus resultiert die vollständige Datenbasis des guten Problemlösers.

(3) Voraussetzungs- und Zielanalyse: Fragen und Hypothesen bezüglich gesuchter Bestimmungsstücke aufstellen

Mit dem Erschließen nicht explizit gegebener Stücke und dem Bezeichnen derselben wird dem Problemlöser klar, was ihm an Stücken für die Lösung noch fehlt. Auf dieser Grundlage kann er dann systematisch nach vorwärts oder rückwärts *Fragen* bezüglich gesuchter Bestimmungsstücke *ableiten*, *Hypothesen aufstellen* (Wenn ich das ... hätte, dann ...) und die *einzelnen Problemlöseschritte einleiten* (vgl. noch einmal Abb. 32 und 33).

Um noch einmal den Zusammenhang mit dem vorangegangenen Abschnitt herzustellen, kann man sagen, daß der Verlauf des Problemlöseprozesses sehr schön zeigt, daß beispielsweise *nicht* oder auch *nicht korrekt* bezeichnete Elemente das ganze Vorwärtsschreiten massiv hemmen können: Wenn beispielsweise $\frac{\beta}{2}$ nicht bezeichnet wird, kommt es höchst wahrscheinlich nicht zum entscheidenden Schritt der Konstruktion von β und damit von c und damit von A! Dasselbe gilt auch für *nicht lokalisierte* Elemente (wenn man z.B. nicht weiß, wo der Inkreisradius ϱ abgebildet werden *kann*).

(4) Doppelfunktionen erkennen lernen

Wie wir gesehen haben, kommt es immer wieder vor, daß ein figurales Element nicht bloß *eine* Bedeutung oder Funktion (und auch nicht bloß *eine* Bezeichnung) hat, ihm vielmehr eine Doppelbedeutung oder Doppelfunktion zukommt. Solches unterliegt nicht irgendwelchen Zufälligkeiten, sondern ist ein Charakteristikum dieser Aufgaben. So sind beispielsweise Dreiecksseiten immer zugleich auch Schenkel von Winkeln, ebenso die Winkelhalbierenden, die Schenkel von halben Winkeln sind. Die folgende Sequenz aus dem oben beschriebenen Lernprozeß ruft uns das in Erinnerung: In Analogie zu $\frac{\gamma}{2}$, der durch Halbieren von γ beim Eintragen von w_γ entstanden ist, kann auch w_β bezeichnet werden. w_β ist also nicht nur Winkelhalbierende, sondern auch *Schenkel* eines Winkels, typischerweise Schenkel der *Hälfte* desjenigen Winkels, den sie selber halbiert. Das Wissen, daß man aus halben Winkeln durch Verdoppelung die ganzen Winkel (hier β) machen kann (sofern man das Konstruktionsverfahren mit dem Zirkel beherrscht), ist kein anschauliches, sondern ein *prozedurales Wissen*, das allerdings anschaulich wird, sobald es externalisiert wird (Zeichnung!). Allerdings gehört auch hier zuerst das unanschauliche *Erkennen der Doppelfunktion* des konstruierten Winkelschenkels von β dazu: Er ist sowohl Schenkel von β als auch die gesuchte Seite c des Dreiecks, die, wenn sie b schneidet (und zu diesem Zweck muß der konstruierte Winkelschenkel lang genug gezeichnet werden) die Dreiecksecke A markiert. Daß A irgendwo auf b liegen würde, haben wir in den ersten Überlegungsschritten zur Lösung dieser Aufgabe antizipiert und zur Skizze geschrieben ($\longleftarrow$A$\longrightarrow$, s. Abb. 31).

Für ein Lösenlernen von geometrischen Aufgaben der vorliegenden Art wird es unumgänglich sein, systematisch die betreffenden Dreiecksteile nach derartigen Doppelfunktionen abzusuchen, sie sich ausdrücklich bewußt zu machen und sie jeweils adäquat zu bezeichnen – am besten immer wieder in etwas abgeänderten Konfigurationen, um einerseits reine Wiederholungseffekte (vgl. Punkt 6) zu vermeiden, andererseits aber doch eine gewisse Leichtigkeit und Geläufigkeit im Fokussieren auf die eine oder die andere Bedeutung bzw. Funktion zu erlangen.

(5) Figurale Elemente und räumliche Relationen »sehen« lernen

Die Vollständigkeit der semantischen Netze (Resultat guter Aufbauprozesse im Unterricht) bürgt dafür, daß ein abrufbares Wissen *verfügbar* ist; das Aktivieren der betreffenden Schemata durch erschöpfendes Bezeichnen der Elemente sichert aber erst die *Zugänglichkeit* der betreffenden Information. Das ist die Voraussetzung für ein »Sehen« von figuralen Elementen und räumlichen Zusammenhängen.

Oft muß durch *Dezentrieren* von bestimmten wahrgenommenen Elementen (Daten) auf andere eine räumliche Relation entdeckt werden (davon war schon in Kapitel 13 beim »Lesen« der Graphik in Abb. 13 und 14 die Rede); solches kann bereits im Rahmen des systematischen Bezeichnens und Beschriftens von figuralen Elementen eingeübt werden. In andern Fällen nimmt das »Sehen« seinen Weg vom begrifflichen Wissen über Antizipationen in Form von Vorstellungen. Dem *Einüben von Vorstellungen* (vgl. auch Punkt 2) kommt für den Problemlöselernprozeß demnach eine nicht geringe Bedeutung zu.

(6) Sich von »absoluten« Anordnungen lösen lernen

Genauso wie der Schüler lernen muß, nicht nur ganze Winkel im Dreieck zu erwarten, sondern durchaus auch halbe (d.h. man muß die Bezeichnung »Winkelhalbierende« erst nehmen), genauso muß er lernen, die Konstruktionen *unter anderen räumlichen Orientierungen* vorzunehmen. Zwar gibt es sowohl sinnvolle Usanzen wie etwa die, geometrische Formen immer im gleichen Drehsinn (im Uhrzeigersinn) zu benennen, als auch bequeme Konstruktionsweisen, die ein Handhaben von Zirkel und Lineal erleichtern. Aber der Schüler prägt sich gern »Standardpositionen« von figuralen Konfigurationen ein, die eigentlich jeder Berechtigung entbehren und ihn wegen der dadurch entstehenden Unbeweglichkeit in beträchtliche Schwierigkeiten führen können, wenn Aufgaben unvermittelt eine ganz andere räumliche Orientierung haben. Von diesem Mangel an Flexibilität beim Schüler profitiert manche Lehrerlist! Was der Schüler demnach lernen muß, ist der flexible Umgang mit räumlichen Aufgabenstellungen, in denen die Orientierung stark wechselt, so daß die Schritte des Bezeichnens der figuralen Elemente, das Erschließen impliziter Information und das Feststellen der Unbekannten unter veränderten räumlichen Bedingungen ohne größere Probleme vonstatten gehen kann. Was trotz veränderter Orientierung im Raum beim Lösen der Probleme gleich bleibt, das sind die *Invarianten*, die der Schüler erkennen muß. Sie sind in den oben stehenden Punkten über das, was zu lernen ist, enthalten.

17.9 Memo

1. Ikonische Repräsentationen (im Sinne Bruners) gewähren einen simultanen Zugang zur Information, die verarbeitet werden muß, und erleichtern dadurch oft eine Problemlösung, während symbolische Repräsentationen weniger übersichtlich sind und eine sequentielle Verarbeitung verlangen, was eine Problemlösung erschweren kann.
2. Geometrischen, numerischen und begrifflichen Aufbauprozessen sind die Prozesse des Verknüpfens von Elementen durch spezifische Relationen gemeinsam.
3. Beste Voraussetzung für das Lösen geometrischer Probleme der vorliegenden Art ist eine vollständige Datenbasis. Diese ist die Ganzheit aller aktivierten Schemata eines gewißen aufgabenrelevanten Bereichs. In der Vollständigkeit und Angemessenheit der Datenbasis unterscheidet sich primär der gute Problemlöser (der Experte) vom schwachen (Novizen).

4. Schemata sind aktive semantische Netzwerkteile.
5. Die einzelnen Problemlöseschritte ergeben sich aus der Definition von Zwischenzielen; diese werden aufgrund einer progressiven Voraussetzungsanalyse gefunden.
6. Der Prozeß des »Sehens« figuraler Elemente oder räumlicher Relationen, die in der Aufgabenstellung nicht enthalten sind, ist das Ergebnis interagierender begriffs- und datengeleiteter Prozesse (top-down- und bottom-up-Prozesse).
7. Begriffsgeleitete Prozesse führen von einem spezifischen begrifflichen Wissen zu Antizipationen und Vorstellungen von gesuchten Elementen und Relationen, zu einem inneren Sehen derselben.
8. Datengeleitete Prozesse führen meist durch Dezentrierung zu einem »Sehen« von räumlichen Zusammenhängen zwischen den fokussierten Daten (figuralen Elementen).
9. Die Anschaulichkeit des Lernens wird vom Lerner selber in dem Maße gestiftet, als er aufgrund seiner aktivierten Schemata begriffs- und datengeleitet die Elemente und Relationen »sieht« (vgl. Punkte 7 und 8).

Es gibt auch andere Lösungsmöglichkeiten für das hier erörterte Problem!

18. Stadtgeographie für einen Taxifahrer – Über den Aufbau von »kognitiven Karten«

18.1 Einleitung

Das 18. Kapitel behandelt den Aufbau von ganz spezifischen Strukturen: von sogenannten »kognitiven Karten« oder »Landkarten«. Sie repräsentieren *begriffliches und räumliches Wissen* über die nähere oder weitere Umwelt und leiten das Verhalten in dieser Umwelt: das *Planen und Durchführen von Ortsveränderungen*, das *Antizipieren der Lage von Örtlichkeiten* sowie das *Abschätzen von Distanzen* und *Zeiten* innerhalb der betreffenden Umwelt.

Die wichtigen Begriffe dieses Kapitels werden sein: *kognitive Karten, Merkpunktwissen, Routenwissen* und *Übersichtswissen; räumliche Relationen: räumliche Inklusionen, metrische und Proximitätsrelationen; analoge und propositionale Repräsentation, hierarchische Integration, räumlicher Bezugsrahmen, Aktivieren von Handlungsplänen, Verdichten und Entfalten von begrifflich-räumlicher Information.*

18.2 Umweltlernen – Ortslernen – Stadtgeographie lernen

Häufiger als uns im allgemeinen bewußt ist, stehen wir vor einer ähnlichen Aufgabe wie ein junger Taxifahrer, wenn wir uns nämlich in einer neuen räumlichen Umgebung zurechtfinden müssen. *Umweltlernen* (engl. *environmental learning*), nennen es die einen Autoren, *Ortslernen* (*place learning*) die andern. Etwas umfassender kann man von *räumlicher Kognition* (*spatial cognition*) sprechen, d.h. vom Erwerb von Kenntnissen über unsere nähere oder weitere räumliche Umgebung und vom Gebrauch dieser Kenntnisse.

Daß wir Örtlichkeiten einer Stadt mit einer Präzision lernen müssen, wie wir es von einem guten Taxifahrer erwarten würden, kommt sicher nicht allzu oft vor, aber wir wollen uns beispielsweise in einer *fremden* Stadt ohne allzu viele Narrengänge bewegen können, oder wir müssen uns in einem neuen Quartier oder rund um einen neuen Arbeitsplatz zurechtfinden. »Zurechtfinden« bedeutet, die anliegenden Straßen kennen, wissen, welche Geschäfte, Haltestellen öffentlicher Verkehrsmittel, Parkmöglichkeiten für den Privatwagen und ähnliches sich dort befinden; *Zurechtfinden* heißt auch, ungefähr abschätzen, wie weit es vom Standort bis zu einem der Punkte ist, und sagen können, in welcher Richtung er ungefähr liegt, wenn man ihn nicht direkt sehen kann.

Wir müssen uns aber nicht nur in relativ *weiträumigen Umgebungen* (*large space environments*) auskennen lernen, sondern auch in *eingeschränkteren*: in einem umgebauten Warenhaus, im neuen Coop oder Kaufhof, in einem Do-it-yourself- oder Garten-Zentrum, in einem Bürohochhaus, einer neu bezogenen Wohnung (beobachten Sie einmal, wie sich Kleinkinder in einer neuen Wohnung anfänglich kaum zurechtfinden und immer wieder rufen müssen) oder, im *kleinräumigen Bereich*, in der umgebauten eigenen Küche oder dem umorganisierten eigenen Arbeitszimmer!

Bleiben wir aber beim Taxifahrer und versuchen wir, uns darüber klar zu werden, was es braucht, wenn jemand die *Geographie einer Stadt* erlernen muß, um Mitmenschen bei Bedarf möglichst rasch und sicher an jeden Ort innerhalb ihrer Gemarkungen zu bringen.

Wir dürfen zunächst davon ausgehen, daß der Taxifahrer erkannt hat, daß er seine Tätigkeit besser ausüben kann, sie ihm mehr Spaß bereitet und seine Kunden zufriedener sind, wenn er sich *perfekt* auskennt. Die *Motivation*, Stadtgeographie zu lernen, ist also vorhanden, d.h. er macht sich bewußt daran, alles Nötige zu lernen. Darin unterscheidet er sich von andern Menschen, die Örtlichkeiten gleichsam *beiläufig* lernen und sich auch kaum bewußt sind, daß sie sich allmählich in einem bestimmten Gebiet, sei es nun das Firmengebäude, in dem sie arbeiten, oder ein Quartier, in dem sie Wohnsitz genommen haben, immer sicherer bewegen.

18.3 Kognitive Landkarten als Thema in der Psychologie

Stadtgeographie lernen heißt im wesentlichen, eine *innere Landkarte* oder, wie die moderne Psychologie heute sagt, eine *kognitive Karte* oder *Landkarte* (*cognitive map*) aufzubauen, die jederzeit nach Orten, Richtungen oder Distanzen befragt werden kann und die damit das Verhalten in der räumlichen Umwelt steuert. Der Lernprozeß oder die Lernart, von der in der Folge die Rede ist, ist das *Aufbauen einer kognitiven Karte* (*cognitive mapping*); das Produkt dieses Lernprozesses ist die kognitive Karte (im folgenden immer als KK bezeichnet), verstanden als eine spezifische kognitive Struktur, eine innere, wohl organisierte Repräsentation eines Teils der räumlichen Umwelt eines Menschen.

Frühe Untersuchungen

Räumliches Lernen oder das Lernen von Örtlichkeiten oder das Aufbauen von KK hat bereits eine Tradition in der Lernpsychologie, wenn auch die spezifischen Prozesse dieser Art von Lernen erst in den letzten Jahren Gegenstand von präzisen Untersuchungen geworden sind. Obwohl schon in den ersten

Jahrzehnten unseres Jahrhunderts über räumliches Lernen gearbeitet worden ist (Galton 1872, Claparède 1903, Gulliver 1908, vor allem Trowbridge 1913), hat erst Tolman (1948) das Phänomen der KK in die Lernpsychologie eingeführt und systematisch dargestellt, und zwar in einem Aufsatz, der zu einem Markstein in der neueren Geschichte der Psychologie geworden ist. »Cognitive maps in rats and men« war sein Titel. Lashley (1929) hatte schon 20 Jahre zuvor beobachtet, wie Ratten, die das Durchschreiten eines Labyrinths bis zum Futterkästchen gelernt hatten, die Abdeckung in der Nähe des Startraumes wegschoben, herauskletterten und quer über das Labyrinth direkt zum Futter liefen. Solche und ähnliche Beobachtungen deuteten für Tolman darauf hin, daß Ratten tatsächlich relativ umfassende »Landkarten« aufbauen, die eben *mehr* enthalten als die Reiz-Reaktions-Verbindungen, die sie beim mehrfachen Ablaufen eines Labyrinthweges erlernen. Tolman, Ritchie & Kalish (1946) haben mit Hilfe einer spezifischen Versuchsanordnung das Vorhandensein solcher räumlicher Repräsentationen (*cognitive maps*) bei den Versuchstieren nachgewiesen. Sie trainierten ihre Ratten (Abb. 37a)

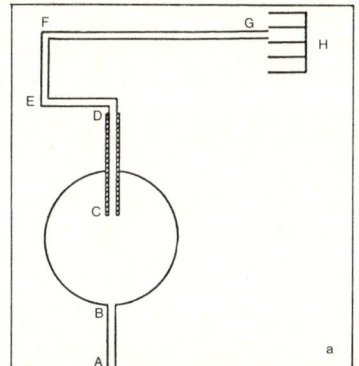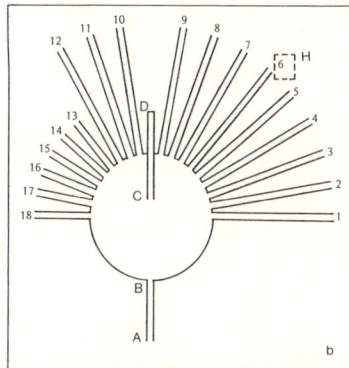

Abb. 37 Zwei Versuchsanordnungen mit Ratten. Der Wechsel von der einen zur andern Situation hat zur Entdeckung der kognitiven Karten (cognitive maps) geführt.

37a Die Lernsituation der Rattte für das Auffinden des Futters (nach Tolman, Ritchie & Kalish 1946, 16).

37b Die neue Situation für die Ratte (nach Tolman, Ritchie & Kalish 1946, 17).

ausgehend von A über B und die offene Fläche (Tisch) durch den Gang C über D, E und F nach G zu laufen. Die Wegstrecke F–G war durch die Lampe H beleuchtet. Nach dem Training wurde die Anordnung räumlich völlig umgestaltet (Abb. 37b). Die Startsituation war dieselbe, aber der ursprüngliche Gang C war jetzt blockiert. Statt dessen strahlten ein Dutzend lange und 6 kurze Gänge radial vom Tisch aus in alle Richtungen von 90° links bis 90° rechts vom ursprünglichen Gang C, der zum Futter führte. Die Tiere rannten, wie sie es gelernt hatten, in den ursprünglichen Gang C, kehrten aber auf den freien Platz zurück, als sie merkten, daß sie in C nicht weiterkamen. Darauf explorierten sie jeden Gang, allerdings nur auf einer kurzen Strecke und wählten dann einen, dem sie auf seiner ganzen Länge folgten. Über ein Drittel aller Ratten (18 Tiere) wählten Gang 6, d.h. denjenigen, der am nächsten an die Stelle heranführte, wo sich im Training das Futter befunden hatte. Die zweitgrößte Gruppe (9 Tiere) benützte den Gang 1, der in derselben Richtung wie der während des Trainings ausgeleuchtete Gang von F nach G lief. Die übrigen Tiere (49%) entschieden sich für die übrigen 10 langen Gänge, wobei es dort keine so deutlichen Präferenzen wie für die Gänge 1 und 6 gab. »Als Ergebnis aus ihrem ursprünglichen Training hatten die Ratten offenbar nicht bloß eine Ablaufkarte (strip map) und damit einen Pfad, der dem ursprünglichen Training entsprechend, zum Futter führte, sondern vielmehr eine umfassendere Karte mit der Information, daß das Futter in einer ganz bestimmten Richtung im Versuchsraum zu finden sei« (Tolman 1948, 204).

Aufgrund von Tolmans Arbeiten wurde allerdings bei weitem nicht klar, was für eine Art von Repräsentation eine »cognitive map« eigentlich war. Weder deren Aufbau noch deren Wesen oder deren Gebrauch war von Tolman spezifiziert worden. Vielmehr hat er selber den Begriff damals in einer recht eigenartigen Weise zur Interpretation psychoanalytischer Begriffe wie Regression, Fixation oder Aggressionsverschiebung verwendet (vgl. Tolman 1948, 205–208). Seine Idee aber, daß *komplexe* kognitive Prozesse in Form von »kartenartigen« Repräsentationen zwischen Reizkonfigurationen und Reaktionen *intervenieren*, wurde aufgenommen und in vielfältiger Weise weitergeführt (Menzel 1973, 1978 mit Schimpansen; Kozlowski & Bryant 1977 mit Menschen).

Das Aufbauen von KK ist eine Art des Lernens, die sich von einem Reiz-Reaktions-Lernen deutlich abhebt. Wir wollen uns nun anhand der Aufgabe, die der Taxifahrer zu erfüllen hat, fragen, was dieses Lernen beinhaltet. Eines kann man wohl zu Beginn schon sagen, nämlich daß es sich um einen *komplexen Lernprozeß* handelt, in den verschiedene Sub- oder Mikroprozesse eingehen, die voneinander nicht unabhängig sind.

18.4 Das Produkt »kognitive Karte«

Fassen wir das angestrebte Ergebnis, eine möglichst vollständige und kohärente KK der Stadt, ins Auge, so können wir drei relevante Inhalte festhalten, die zu lernen sind:

(1) Information, die angibt, *was* es in dieser Karte gibt (es gibt Autoren wie Downs & Stea 1973, 1977, die von »Was-heiten« sprechen).

(2) Information, die die *Position* im Raum all derjenigen Elemente spezifiziert, die Bestandteil der KK sind (»Wo-heiten«) und

(3) Information darüber, wie man die einzelnen Positionen überhaupt erreichen kann.

Räumliches und nicht-räumliches Wissen

Schon diese eher globale Gliederung macht deutlich, daß die aufzubauende KK nicht ausschließlich räumliche Information enthält, sondern sehr viel Wissen von *nicht-räumlicher, nicht-dimensionaler Art* (Thorndyke 1981). Der größte Teil dieses nicht-räumlichen Wissens sind Namen, verbunden freilich mit entsprechenden Bedeutungen: Namen von Örtlichkeiten, Einrichtungen öffentlicher Art und natürlich eine Menge Straßennamen. Diese Namen muß der künftige Taxifahrer zunächst lernen und wiedererkennen, d.h. er muß wissen, daß es eine Muba (Mustermesse Basel), einen Badischen Bahnhof oder ein Gartenbad Eglisee, nicht aber eine Züspa-Halle, ein Landesmuseum oder einen Sportplatz Hardturm gibt; ferner daß es eine Gotthelf-, eine Gottfried-Keller- und eine Schillerstraße, nicht aber eine Thomas-Mann- oder eine Friedrich-Dürrenmatt-Straße gibt. Da von Fahrgästen oft spezifische Lokalitäten als Ziele angegeben werden wie das Bethesdaspital, das »Crazy Girl« (Nightclub) oder das Hotel Rochat, sind Kenntnisse dieser Art nötig; sie müssen nicht einmal unbedingt mit Straßennamen assoziiert sein. Jedermann merkt sogleich, daß in solchen Fällen ein Wissen über das *Wo* dieser Lokalitäten vorhanden sein muß und daß wohl auch relativ reiches Wissen anderer (emotionaler, wertmäßiger) Art damit verbunden ist. Darauf werden wir zurückkommen. Man kann sagen, daß Örtlichkeiten der genannten Art die Elemente oder *Grundeinheiten* einer KK sind. Dazu können weniger leicht benennbare oder aber nur kompliziert beschreibbare Elemente wie bestimmte Straßen*abschnitte* oder Kreuzungen, Einmündungen und Abzweigungen kommen. Auch wahrnehmungsmäßig hervorstechende Gebäude (Hochhäuser, Brücken) oder Naturobjekte (Felsen, Bäume, Wasserläufe) oder symbolisch bedeutsame Objekte (Notfallstationen, historische Monumente) sind Elemente einer KK, ja ganze Quartiere oder Stadtteile (wie z.b. Großbasel und Kleinbasel, die durch den Rhein getrennt werden).

Aus städteplanerischer Sicht hat Lynch (1960) versucht, Elemente für den Aufbau von KK zu isolieren. Er hat *markante Punkte* (*landmarks*), Wege oder *Routen*, *Knotenpunkte* (Kreuzungen), *Abgrenzungen* und *Bezirke* unterschieden. Diese Taxonomie der Kartenelemente bezieht sich wohl eher auf die geographischen oder *topologischen* Gegebenheiten und weniger auf die psychologischen Prozesse des Aufbaus und der Verwendung von KK, denn unter diesem letztgenannten Aspekt können ganze Quartiere oder Bezirke, aber auch ein Briefkasten oder eine Blumenschale an der Straßenecke ein Element einer KK sein. Die Elemente unterliegen offensichtlich einem Maßstab: Sowohl das Basler Münster als ganzes als auch die Sandsteinfigur des heiligen Martin am Fuße des Martinsturmes können je ein Element sein. Das Beispiel macht deutlich, das schon das *nicht-räumliche* oder *nicht-dimensionale* Wissen nach semantischen Gesichtspunkten bzw. nach Gesichtspunkten des begrifflichen Aufbaus (vgl. z.B. Aebli 1978, 1981) organisiert ist. Eine *hierarchische Organisation* drängt sich beim Lernen der Stadtgeographie geradezu auf. Da besteht einmal die Möglichkeit einer groben geographischen Aufteilung nach Großbasel, Kleinbasel und den Landgemeinden Riehen und Bettingen; dazu kommen wohl noch die stadtnahen Gemeinden des Nachbarkantons Basel-Land wie Binningen, Münchenstein, Birsfelden und andere. Innerhalb Großbasels lassen sich entweder Großbasel-Ost und -West gemäß der Einteilung der Schulkreise unterscheiden, oder man kann die Quartiere der Reihe nach, z.B. von Ost nach West anordnen: Breite, Gellert, Gundeldingen, Bruderholz, Neubad, Bachletten, Paulus und so fort. Diesen schließlich können die Straßen zugeordnet werden, wobei die großen Verkehrsadern als Basis- oder Ausgangslinien für die Seitenstraßen dienen.

In der Praxis wird die Stadt allerdings kaum konsequent und ausschießlich in dieser Weise strukturiert und zwar deswegen nicht, weil es eben nicht nur nüchterne geographische Kriterien sind, die einer Strukturierung zugrundeliegen. Die Elemente einer KK haben freilich eine geographische Lage, sie haben aber außer der Lage und dem Namen noch andere, vielleicht recht gewichtige Eigenschaften: Wahrnehmungsmerkmale, besondere *Funktionen* oder eine spezifische *Attraktivität*. Man kann die Stadt unter dem Gesichtspunkt der Notfallhilfe strukturieren; dann steht die *Funktion* von Örtlichkeiten im Vordergrund, wo medizinische, technische oder andere Hilfe zu bekommen ist. Man kann aber selbst im puritanischen Basel eine Strukturierung unter dem Gesichtspunkt der Kulinarik und der Vergnügungen (wenn auch nicht gerade der Ausschweifungen) vornehmen.

Vieles spricht dafür, daß ein Wissen und Kennen von Namen, Wahrnehmungseigenschaften, Funktionen und Werten von Örtlichkeiten in einem gewißen Maße unabhängig von ihrer Lage (dem *Wo*) gelernt werden. Es ist auch sicher so, daß sich das Wissen über diese Örtlichkeiten beim Taxifahrer immer mehr erweitert, ohne daß ihre geographische Lage dadurch subjektiv tangiert wird. Aber diese Unabhängigkeit des *Was* vom *Wo* ist relativ. Alle Örtlichkeiten lassen sich räumlich zueinander in eine bestimmte Beziehung setzen, was für den Aufbau einer KK fundamental ist. Die schwedische Forschergruppe von Gärling (z.B. Gärling, Böök & Lindenberg 1984) unterscheiden drei mögliche Arten von räumlichen Relationen zwischen den Elementen, auf die wir im folgenden eingehen wollen.

Räumliche Relationen zwischen Elementen der KK

(1) *Räumliche Inklusionen*, d.h. Einschachtelungen von der bereits erwähnten Art des markanten Briefkastens an einer bestimmten Straßenecke; eines bestimmten Büros in einem Amtsgebäude usw.. Räumliche Inklusionen sind die Folge der Möglichkeit, daß wir je nach Bedarf Objekte in unterschiedlichem Maßstab zu Elementen unserer inneren Repräsentationen machen können.

(2) *Metrische räumliche Relationen*, d.h. Informationen über Richtungen und Distanzen zwischen Paaren von Orten der KK. Da KK eine Fülle von Örtlichkeiten enthalten, wird mit Bestimmtheit nicht zwischen *allen* möglichen Punktepaaren Information über Richtung und Distanz gespeichert; wohl aber darf man annehmen, daß zwischen ganz wichtigen Objekten, die als Bezugspunkte dienen, explizite metrische räumliche Relationen bestehen. Solche Bezugspunkte können verkehrsstrategisch wichtige Punkte sein wie ein Bahnhof oder ein Buslinienknotenpunkt, aber auch ein wahrnehmungsmäßig auffälliger Punkt wie ein Stadttor, ein Fersehturm, eine Kirche; auch nur für einzelne Individuen wichtige Örtlichkeiten werden zu Bezugspunkten: das Haus, in dem der Freund wohnt, das Geschäft eines sympathischen Onkels und ähnliches.

In diesem Zusammenhang stellt sich natürlich die Frage nach der *Richtigkeit* und *Verläßlichkeit* von KK. Wir werden sehen, wenn wir uns den Prozessen des *Aufbaus* von KK zuwenden, daß man sich unter Richtigkeit einer KK nicht eine »vollständige Identität zwischen den Merkmalen und den Anordnungen der räumlichen Umgebung einerseits und den Merkmalen und Anordnungen in der kognitiven Repräsentation andererseits« (Downs & Stea 1977, 99) vorstellen darf. Eine KK enthält nur eine Auswahl aus der Fülle der Umweltinformation, zudem eine Auswahl, die sich von Fall zu Fall (je nach Inhalt, Aufgabe und Zielsetzung) sehr stark unterscheiden kann. Die Frage nach der Richtigkeit der KK muß zu einer Frage nach der *Angemessenheit* werden: Enthält sie tatsächlich *die* Information, die es jemand erlaubt, die Probleme zu lösen, die ihm die räumliche Umgebung aufgibt? Die Richtigkeit einer KK bemißt sich demnach am *Erfolg*, den man mit ihrem *Gebrauch* hat.

(3) Eine dritte Art räumlicher Relationen in KK sind die sogenannten *Proximitätsrelationen*, Relationen des nahe-beisammen-Seins. Von vielen Orten, die keineswegs den Status von wichtigen Bezugspunkten haben, wissen wir, daß sie »nahe bei...« einem andern, wichtigen Ort oder Objekt sind: Das englische Reisebüro befindet sich *nahe beim* Bahnhof, das Kino Rex ist *nahe beim* Barfüsserplatz. Orte, die durch Proximitätsrelationen mit andern verbunden sind, können unter Umständen in *ordinale räumliche Sequenzen* gebracht

werden. Gleichsam als Ersatz für fehlende metrische Information kann aufgrund der Ordnungsreihe angegeben werden, was weiter entfernt ist von einem gegebenen Punkt, und was näher liegt.

Man kann sich fragen, ob nicht alle Distanzinformation in KK von dieser ordinalen Art sei und ob sie wirklich metrische Information enthalte. Wie Kosslyn (1980) und auch andere gezeigt haben, kann metrische Information tatsächlich repräsentiert werden, obwohl wir nicht über ein sehr gut entwickeltes Vokabular verfügen, diese Information auch entsprechend auszuformulieren.

18.5 Der Aufbau von kognitiven Karten

Der Aufbau KK schließt Prozesse des *verbalen Lernens*, *interaktive Prozesse* mit der spezifischen räumlichen Umwelt, Prozesse der *Selektion* und der *Integration* oder *Organisation* ein.

Ich habe bereits darauf hingewiesen, daß der angehende Taxifahrer gut daran tut, sich die Namen der Straßen der Stadt zu merken, zu wissen, daß es Straßen, Gassen, Plätze, »Ringe« (z.B. Steinenring) oder »Raine« (z.B. den Bruderholzrain) gibt. Dies ist primär ein nicht-räumliches *verbales* Lernen, das aber verschiedene Möglichkeiten des *Strukturierens* wie auch des *Elaborierens* impliziert; im übrigen muß es nicht unbedingt völlig losgelöst vom Lernen der Positionen erfolgen. Man kann beispielsweise die Straßen mit Dorfnamen aus dem stadtnahen Elsaß zu einer Gruppe zusammenfassen: die Ensisheimer-, die Hegenheimer- oder die Colmarerstraße. Zahlreiche Namen lassen sich, der jeweiligen Allgemeinbildung entsprechend, semantisch elaborieren: zum Beispiel die Karl-Jaspers-Allee, die Arnold-Böcklin-Straße, die Paracelsus-Straße und der Erasmus-Platz.

Dieses verbale Lernen mag manchem Leser als Trockenübung vorkommen und wenig nützlich erscheinen. Dem ist aber nicht so. Es geht ja darum, zunächst einmal Paare zu bilden, nämlich von jeweils einem wirklichen geographischen Element der räumlichen Umwelt einerseits und einem dazugehörigen, völlig willkürlichen Namen. Beides ist unter Umständen neu: Die Straße ist an Ort und Stelle noch nie gesehen und ihr Name noch nie gehört worden. Geht oder fährt unser Taxifahrer nun durch die noch völlig oder relativ unbekannten Quartiere, und kennt er bereits die möglichen Namen, so fällt es ihm leichter, den jeweiligen Namen mit dem spezifischen Aussehen der betreffenden Straße zu assoziieren. Es wäre wesentlich schwieriger, sich beides gleichzeitig einprägen zu müssen. Er befindet sich hier in der gleichen Situation wie der Lehrer, der die 40 Schüler seiner zwei neuen Klassen zu

Beginn des Schuljahres möglichst leicht und rasch kennen lernen will. Der Lehrer erleichtert sich nämlich seine Aufgabe ganz beträchtlich, wenn er, bevor er seinen Schülern zum ersten Mal begegnet, weiß, daß er einen Tobias Keller, eine Isabelle Schneider, einen Daniel Müller und einen Daniel Schuster usw. in der einen und eine Anna-Katharina Schumacher usw. in der andern Klasse haben wird. Mit andern Worten, er lernt die eine Hälfte der Namen-Schüler-Paare auswendig, um dann das Wahrnehmungs- bzw. sehr bald das Vorstellungsbild des betreffenden Schülers damit zu verknüpfen. Ziel dieses *Paarassoziationslernens* ist es ja, in einem *cued-recall*-Prozeß beim Erscheinen eines Gesichts den richtigen Namen abzurufen oder beim Hören oder Lesen eines Namens die richtige Vorstellung vom Gesicht des Schülers oder seiner großen Gestalt zu generieren.

Der Taxifahrer, der solcherart mit verbalem Wissen ausgestattet durch die Quartiere fährt, wird die Straßennamen lesen und die Paarbildungen (*Straße* und Straßen*name*) leichter vornehmen können. Seine interaktiven Lernprozesse, d.h. das Erleben der räumlichen Gliederung der Stadt wird ihm dadurch leichter fallen.

Wer in London Taxifahrer werden will, muß während mindestens 12 Monaten die riesige Stadt mit einem Motorfahrrad erkunden, damit er sich wirklich auskennt. Es ist höchst wahrscheinlich, daß dieses interaktive Lernen, dieses *learning by doing*, wesentlich effizienter gestaltet und auch verkürzt würde, wenn eben die Straßennamen und die Namen anderer gewichtiger Gegebenheiten im voraus gelernt und dadurch die zahlreichen notwendigen Paarassoziationen erleichtert würden.

Das ist freilich eine Idealforderung an den Taxifahrer. Er wird es in Wirklichkeit nicht so machen, sondern diejenigen Namen von Orten allmählich lernen, die er immer wieder hört oder sieht. Optimal ist dieses Lernverfahren aber nicht, und er könnte sich wenigstens während der Wartezeiten einige der Straßennamen einzuprägen versuchen, vielleicht zusammen mit dem Studium des Stadtplans!

Das Lernen markanter Punkte *(landmarks)*

Das »Er-Fahren« einer Stadt mit einem langsamen Fahrzeug (oder auch das Er-Wandern der Stadt) hat freilich eine wichtige Bedeutung: Es schafft Gelegenheit und vor allem die notwendige minimale Zeitdauer für ein *Kodieren* der wahrnehmungsmäßig auffallenden oder der funktional bedeutsamen Elemente. Lag vorhin das Gewicht auf den *Namen* der Elemente, d.h. von Straßen usw., so liegt es jetzt auf diesen Elementen selber. Es ist ja nicht denkbar, die ganze Fülle an verfügbarer Information, die in einer Straße, einem Platz etc. steckt, zu kodieren; vielmehr wird unser Taxifahrer sehr *selektiv* das herausgreifen, was ihm als Orientierungsmöglichkeit dient und alles andere weglassen. Die Selektionskriterien sind die folgenden:

(1) die *wahrnehmungsmäßige Diskriminierbarkeit* oder die *Vorstellbarkeit*, d.h. der Fahrer wird Merkmale der räumlichen Umwelt auswählen, die durch ihre Größe hervorstechen und von weitem schon sichtbar sind oder die sich von der Umgebung deutlich abheben und deshalb leicht erkennbar sind, auch wenn der Verkehr seine Aufmerksamkeit in Beschlag nimmt. Solche Objekte werden auch diejenigen sein, die er sich leicht vorstellen kann, die dann möglicherweise als visuelle Vorstellungen für eine Straße oder einen bestimmten Straßenabschnitt stehen und mit dem entsprechenden Straßennamen assoziiert werden. Gibt es in einer Straße wenig oder keine hervorstechenden Merkmale, so wird der Taxifahrer auch Merkmale wählen, die auf den ersten Blick nicht ins Auge stechen, vor allem solche, die er während relativ langer Zeit immer wieder ansehen muß, weil er beispielsweise durch Verkehrslichter oder Stopsignale dazu gezwungen wird. Die *relative Expositionsdauer* kann demnach zur Selektion gewisser Merkmale beim Lernen der räumlichen Gliederung der Stadt führen.

(2) Das zweite Selektionskriterium ist die *funktionale Wichtigkeit* von Merkmalen. Unser Fahrer wird daher auch relativ unauffällige Merkmale kodieren, weil sie ihm sagen, daß er sich in ganz bestimmter Weise verhalten muß: Die Plakatsäule, die ihn auf das richtige Einspuren aufmerksam macht; das völlig krumm stehende Verkehrslicht, das ihn an die Gefährlichkeit der Kreuzung erinnert usw..

(3) Damit verbunden ist das dritte Selektionskriterium: die *Werthaltigkeit* bestimmter Orte für den Fahrer (und vielleicht nur für ihn!): beispielsweise die unscheinbare Anlage mit den Blumenrabatten an der Benkenstraße, wo er vor kurzem das großzügigste Trinkgeld seiner Karriere erhalten hat. Die Benkenstraße wird mindestens für eine gewisse Zeit ein gewichtiges Element seines *episodischen Gedächtnisses* sein (vgl. Tulving 1972).

Es ist also ein erster Schritt im Aufbau einer KK, daß markante Punkte ausgewählt, als mehr oder weniger lebendige Vorstellungen kodiert und mit einem Namen assoziiert werden. Wird ein solcher Name von einem Fahrgast genannt, so kann eine entsprechende Vorstellung vom Fahrziel generiert werden, oder fährt unser Taxichauffeur an einem der markanten Punkte vorbei, so kommt ihm der Name wieder in den Sinn, was zur *Konsolidierung* seiner Stadtkenntnis beiträgt, und als *Rückmeldung* und *Verstärkung* zugleich dafür dienen kann, daß er beispielsweise, wenn er an diesem Punkt vorbeikommt, auf der richtigen Route oder zumindest auf einem günstigen Weg ist. Mit den *markanten Punkten* werden die Elemente eines *räumlichen Bezugs-*

rahmens aufgebaut, in den später immer mehr Details integriert, an den immer mehr Bereiche angegliedert werden können und der schließlich (das wäre die letzte Stufe des Lernprozesses, auf die wir zurückkommen) eine *Übersicht* über weite Teile der Stadt erlaubt, die ihrerseits räumliche Schlußfolgerungen hinsichtlich Orientierungen, Richtungen und Distanzen ermöglicht.

Das Lernen von Routen

Markante Punkte werden ganz sicher nicht als isolierte räumliche Gegebenheiten eingeprägt. Von allem Anfang werden zumindest benachbarte Punkte durch die sie verbindenden Verkehrswege zueinander in eine Beziehung gesetzt, und diese Verbindungen werden mitgelernt. Das ist das *Routenlernen*. Es geschieht weitgehend spontan im Bemühen, das räumliche Wissen über die Stadtgeographie auch anwenden zu können. Man kann dieses räumliche Assoziieren von Örtlichkeiten als das Lernen von *Produktionsregeln* verstehen oder als den Aufbau von *Marschplänen*. Produktionsregeln bestehen aus einer Serie von *Situations-Handlungs-Paaren* von der folgenden Art: Wer (startend bei der Universität) zum Bahnhof fahren will, muß an der Ecke bei der Alten Gewerbeschule (Situation) nach rechts abbiegen (Handlung). Auf der Höhe der Drogerie auf der rechten Straßenseite (Situation) muß er links einspuren (Handlung) und beim Spalenbrunnen (Situation) nach links abbiegen (Handlung). Sobald das Verkehrslicht die Fahrt freigibt (Situation), biegt er links (Handlung) in den Cityring (neue Situation) ein. Die gegebene Beschreibung ist sehr ausführlich, muß es aber gar nicht unbedingt immer sein. Man kann durchaus auch eine Route *kennen*, ohne daß man sie so beschreiben kann: Vor Jahren mußte ich täglich von Carouge, einer Vorortsgemeinde von Genf, nach Budé in der Nähe des Flughafens fahren. Mein Zimmervermieter hatte mir die Strecke in seinem Auto vorgefahren. Ich kannte praktisch keinen Straßennamen, konnte aber unmittelbar danach und von da an jeden Tag den richtigen Weg finden. Schwierigkeiten gab es allerdings, wenn ich gezwungen war, hinter dem Trolleybus oder einem Lastwagen zu fahren. In diesem Fall waren nämlich die Situationen mit ihren Schlüsselreizen (*cues*) zum Abrufen der Situations-Handlungs-Paare entweder gar nicht zu sehen oder schlecht wiederzuerkennen, und damit der Abruf der Produktionsregeln gefährdet.

Für eine *geordnete Produktion* (Thorndyke 1981, 140) ist es unbedingt nötig, daß die handlungsauslösenden Situationen (*cues*) frühzeitig und richtig erkannt werden. Daß eine verbale Wiedergabe der einzelnen Paare einer Produktionsregel nicht unbedingt notwendig ist, manifestiert sich im weitern in der Aussage eines Befragten:»Ich kann Ihnen nicht erklären, wie Sie dorthin kommen, aber ich kann Sie schnell dorthin fahren.«

Das Lernen von räumlichem Übersichtswissen

Die Verbindungen zweier oder mehrerer markanter Punkte durch Routen stellen eine *erste Form der Organisation* der räumlichen Gegebenheiten dar. Damit verbunden ist freilich auch das Erleben von Distanzen und ungefähren Richtungen. Die entscheidende Frage ist nun, wie aus einer immer reicheren Fülle an Kenntnissen von verschiedenen Routen eine KK entsteht, die eine umfassendere *Übersicht* gestattet – möglicherweise zuerst nur skizzenhaft mit wenigen, aber doch kohärenten räumlichen Beziehungen, ein weitmaschiges Netz sozusagen, das durch weiteres Lernen immer enger, detaillierter und kohärenter wird. Es scheint ein Stadium im Aufbau einer KK einer Stadt zu geben, in dem die *Verknüpfung von Routen* noch nicht stattgefunden hat und einzelne Routen noch auf die Assoziation von Produktionsregeln angewiesen sind. Das Kind, das von der Mutter seines Freundes nach Hause gefahren wird (Abb. 38), gibt ein beredtes Zeugnis von diesem Stadium.

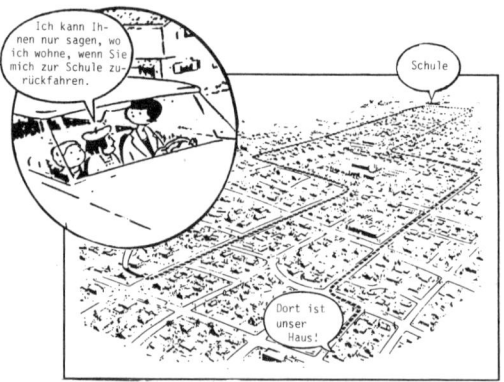

Abb. 38   Hier sind drastisch die Konseqenzen aus dem Faktum dargestellt, daß das Kind erst über Merkpunkt- und ausgeprägtes Routenwissen verfügt, daß es dieses aber noch nicht zu größeren Systemeinheiten verknüpft hat (nach Downs & Stea 1977, 14).

Theoretisch könnte man annehmen, daß das räumliche Netzwerk, das eine KK charakterisiert, aufgrund von *Überschneidungen* einzelner Routen aufgebaut wird, etwa wenn verschiedene Routen zu demselben Ziel führen oder wenn Routen von demselben Standpunkt ausgehen und sich irgendwo treffen, um von dort in verschiedenen Richtungen ihrem je verschiedenen Ziel zuzustreben. Eine wesentliche Rolle spielen dabei die relativ wenigen, dafür aber umso bedeutenderen Objekte, die als Bezugspunkte dienen, und, wenn sie durch metrische räumliche Relationen miteinander verknüpft sind, als konstituierende Teile eines *gerüsthaften Bezugsrahmens* fungieren. Solche Bezugspunkte sind in Basel wie in andern Städten die wichtigen Plätze, die durch ein markantes Objekt noch verstärkt werden: der Bahnhofplatz mit dem nahegelegenen Hochhaus der Bank für Internationalen Zahlungsausgleich, die Markthalle in der Fortsetzung des Bahnhofgebäudes, die Pauluskirche und der Straßenzug, der die beiden letztgenannten Punkte miteinander verbindet: das Viadukt und der Steinenring.

Das *räumliche Netz* oder *Bezugssystem* wird wohl auf mehrfache Art und Weise in teilweise parallel ablaufenden Prozessen aufgebaut: zum einen sicher durch das Befahren verschiedener, sich teilweise überschneidender Routen, zum andern aber möglicherweise in der Auseinandersetzung mit dem gedruckten Stadtplan.

Im ersten Fall wird das aktuelle Verhalten, nämlich das Befahren verschiedener Routen, mit der internalen Informationsverarbeitung durch das *Aktivieren von Handlungsplänen* verbunden. Handlungspläne oder, präziser, Marsch- oder *Fahrtenpläne* enthalten teilweise *koordinierte Routenpläne*, deren Koordination über gemeinsame wahrnehmbare oder auch bloß »gewußte« oder vorgestellte markante Punkte erfolgen. Die bereits vorhandene, wenn auch noch stark routenbezogene Repräsentation ermöglicht dem Taxifahrer das Auftauchen von Merkpunkten direkt an oder neben seiner Route zu *antizipieren*. Das tatsächliche Erscheinen der betreffenden *erwarteten* Objekte (Gebäude etc.) bestätigt als *Feedbackinformation* die Korrektheit seiner Repräsentation und *verstärkt* den *Gebrauch* der bisher aufgebauten KK. Falls seine Erwartung nicht erfüllt wird, muß entweder die provisorische, vermeintlich angemessene Repräsentation revidiert oder aber die eingeschlagene Route korrigiert werden.

Fahrtenpläne mit ihren räumlichen Antizipationen und Feedbackmechanismen haben die Wirkung von Kontrollinstanzen im Aufbau von KK. Durch den Einbezug von markanten Punkten, die nicht unmittelbar an der gerade befahrenen Route liegen, werden umfassendere Systeme der räumlichen Anordnung aufgebaut, die einen Überblick über anfänglich noch kleine, später aber umfassendere Bereiche ermöglichen.

Im zweiten Fall, beim Studium des Stadtplans, werden die Routen innerlich abgefahren, manchmal unter begleitenden motorischen Aktivitäten (indem Körperbewegungen gemacht werden, als ob man in die Kurve fahren wollte oder auch, wohl häufiger, indem man mit dem Finger den Straßen nachfährt). Wesentlich ist, daß *selektiv* herausgegriffene bekannte markante Punkte, von denen lebhafte Vorstellungen generiert werden können, mit den entsprechenden Darstellungen auf dem Stadtplan verbunden werden. Es ist aber weder nötig noch möglich, eine perfekte Eins-zu-eins-Abbildung der Stadtplaninformation in der KK herzustellen. Die Größe und der Maßstab der Elemente der KK kann, wie wir schon gesehen haben, beinahe beliebig verändert werden, d.h. daß der gedruckte Plan auch entsprechend gelesen werden kann, so daß beispielsweise gar nicht mehr einzelne Straßen, Kreuzungen, Abzweigungen etc. fokussiert werden, sondern ein ganzes Quartier. »Wenn ich bei der

Pauluskirche links durch die Arnold-Böcklin-Straße weiterfahre, am Bundes-platz-Kreisel vorbei, so komme ich ins Neubad*quartier«*, kann sich der Taxifahrer sagen. Für ihn kann das zweierlei bedeuten: Entweder, daß er das nicht will, obwohl er genau weiß, wohin er kommt, oder aber daß er genau das will und er mit dem Stichwort »Neubadquartier« einen neuen Ausschnitt (eine Teilstruktur) aus der KK abruft, ein Element auf einem relativ hohen Niveau der Repräsentation, das wenn nötig in seine Elemente (Straßen, Einzelgebäu-de, sogar einzelne Hausnummern) »ausgefaltet« werden kann.

Integrale KK, die die räumliche Umwelt (*large scale environment*) als ein *Gesamtsystem* in kohärenter Weise repräsentieren, können durch aktives Fahren wie durch die Auseinandersetzung mit bildhaften Darstellungen (Stadtplänen) aufgebaut werden.

Nach Ansicht vieler Autoren (z.B. Thorndyke 1981) handelt es sich bei KK um *Repräsentationen des Langzeitgedächtnisses*. Die *Konstruktion* der KK wie auch das *Lesen* von KK impliziert aber Prozesse des *Arbeitsgedächtnis-ses*, dessen Kapazität *limitiert* ist. Daher kann die KK nicht ein beliebiges Ausmaß annehmen; vielmehr muß sie unter Umständen *partiell* (z.B. quartier-weise) aktiviert werden. Auch ihr Aufbau geht, wie wir vorhin gesehen haben, partiell vonstatten: Es werden zuerst lokale, in der Ausdehnung noch stark begrenzte räumliche Bezugssysteme aufgebaut, deren Elemente- und Relatio-nenzahl überblickbar ist. Um Kapazität im Arbeitsgedächtnis freizustellen, müssen Elemente und Relationen zu Elementen höherer Ordnung *verdichtet* werden: Therwilerstraße, Rütimeyerstraße, Schweizergaße und Benkenstra-ße, die sich alle am Rütimeyerplatz treffen, werden unter dem Stichwort »Rütimeyerplatz« oder »hinteres Paulusquartier« als Element höherer Ord-nung weiter verarbeitet, mit andern Worten, es finden *Verdichtungs-* oder *Objektivierungsprozesse* (Aebli 1978, 1980, 1981) statt, die genau denen beim Aufbau von Begriffen entsprechen, die von der modernen semantischen Gedächtnistheorie behandelt werden (vgl. auch die entsprechenden Darstel-lungen in Kapitel 13 und 15).

Sind KK analoge *Repräsentationen?*

Für den kognitiven Lernpsychologen drängt sich noch eine Frage auf: Welches Repräsentationsformat haben die KK? Viele Elemente, so haben wir gesehen, weisen dieselben Merkmale auf wie irgendwelche nicht-räumlich gebundene Begriffe und bilden dementsprechend *Knoten eines semantischen Netzwerks.* Die in ihnen enthaltene Information kann also *propositional* (als Aussage, die eine Bedeutung darstellt) repräsentiert werden. Dies gilt für die »Washeiten« der in der KK enthaltenen Elemente. Ihr Name und ihre Eigenschaften können als Propositionen repräsentiert werden. Auch die räumlichen Inklusionsrelationen (Briefkasten an Gebäude) und die proximalen Relationen (A ist »nahe bei« B) können so gespeichert werden. Die räumlich metrischen Relationen, die in einer KK bestimmte wichtige Bezugspunkte miteinander verbinden und Information über Richtungen und Distanzen repräsentieren, haben dagegen *analoges* Format, d.h. die Repräsentation gibt die entscheidenden inhaltlichen Merkmale der abgebildeten Umwelt, insbesondere die räumlichen Relationen zwischen Objekten, *unmittelbar* wieder (ungefähre Winkel und Distanzen). Es ist auch durchaus möglich, daß andere visuelle und nicht-visuelle Wahrnehmungsmerkmale (Farben, typische Geräusche, Fabrikduft etc.) *nichtpropositional* repräsentiert werden. Insofern als analoge Information in den KK enthalten ist, ist auch die Bezeichnung »Karte« durchaus gerechtfertigt, auch wenn man sich selbstverständlich keine fotographieartigen Gebilde im Kopf weder von Ratten noch von Menschen (Tolman 1948) vorstellen darf. Für die *analogen Repräsentationen* gibt es eine Vielzahl von experimentellen Belegen. Im wesentlichen ging es dabei immer darum nachzuweisen, daß längere Absuchwege einer KK (bzw. einer räumlich-visuellen Vorstellung, vgl. z.B. Kosslyn, Ball & Reiser 1978) zu höheren Reaktionszeiten führen. Einen indirekten Beweis für analoge (d.h. bildhafte, figurale oder piktoriale) Repräsentationen erwähnt Thorndyke (1981), der zeigen konnte (Thorndyke & Stasz 1980), daß *bessere visuelle Kodierungsfähigkeiten* zu einem *besseren Planlernen* führten. Der Prozeß des Aufbaus von KK unterliegt zweifellos bedeutenden individuellen Unterschieden, da eine ganze Reihe von interagierenden Prozessen oder »Mikroprozessen« (Steiner 1980, 1988) involviert ist: semantisch-verbale und visuelle Kodierungen und Umkodierungen, aber auch Paarassoziationen, semantische Elaborationen und hierarchisch integrative Prozesse.

Hinsichtlich eines Aufbaus von KK durch das Studium von Plänen (also ohne das Befahren oder Begehen der Gegend) haben die genannten Autoren recht bedeutende *interindividuelle Unterschiede* gefunden, die Rückschlüsse auf die involvierten Lernprozesse gestatten. So ist evident geworden, daß *gute* Lerner ihre *Aufmerksamkeit* beim Planstudium genauer *kontrollierten* als die schwachen Lerner, indem sie auf Teilbereiche des Plans fokussierten und die Information, die dort enthalten war, systematisch lernten, bevor sie einen nächsten Abschnitt ins Auge faßten (vgl. die T-Methode in Kapitel 15, die hier angemessen schien). Gute Lerner wußten auch viel besser als die schwachen zu unterscheiden, was sie schon wußten und daher nicht mehr gelernt werden mußte, und was wirklich neu war (vgl. Kapitel 14 zum Stichwort »S wie Selektivität«). Am meisten ins Gewicht fällt aber wohl die Überlegenheit der guten Planlerner hinsichtlich der *Kodierung* der gedruckten Information: Zwar erwerben gute und schlechte Lerner die verbale Information der Karte gleich gut; die guten sind den schwachen aber beim *Kodieren räumlicher Information* überlegen, indem sie räumliche Formen und Beziehungen explizit kodieren: Sie elaborieren (»... sieht aus wie ...«) oder sie *fokussieren* bewußt *paarweise* (»liegt westlich von ...«) oder sie *fassen* komplexe Konfigurationen unter einem Begriff *zusammen*, der später als Schlüsselreiz für einen Abruf eingesetzt werden kann. Als Beispiel für eine sehr großräumige Zusammenfassung geographischer Gegebenheiten kann man den Titel eines Kinderbuches über Abenteuer in der Stadt Bern auffassen: »Bern sieht wie ein Walfisch aus« (Abb. 39). Tatsächlich ist da etwas dran, was zu einer

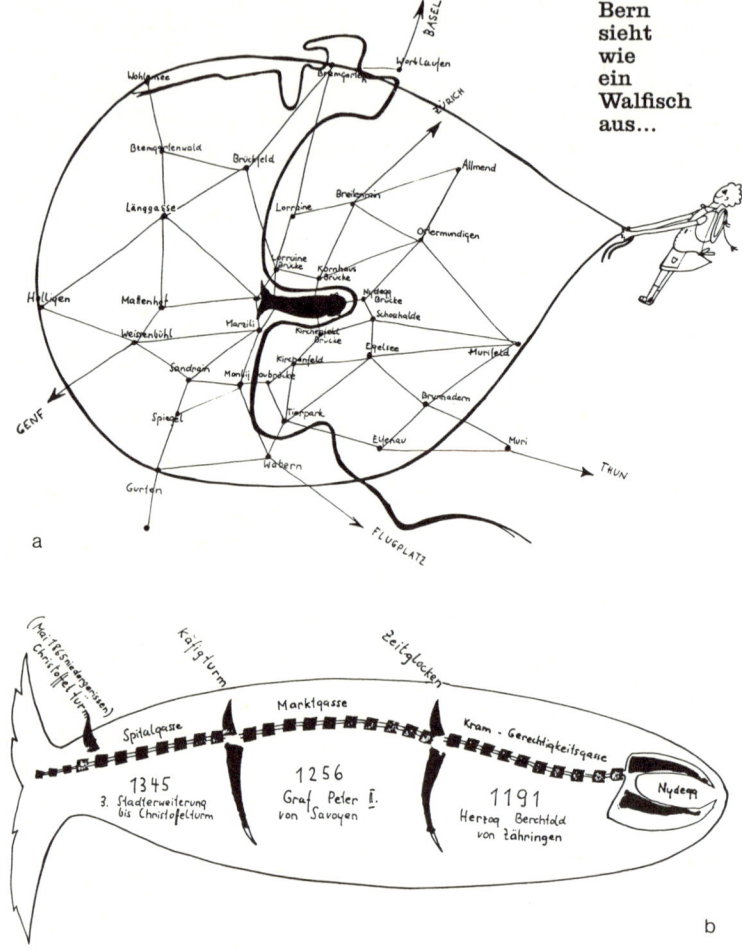

Abb. 39   Bern sieht wie ein Walfisch aus (Gisiger & v. Erlach 1968)

39a   Die Altstadt liegt im Aarebogen und kann tatsächlich mit der Form eines Walfischs verglichen werden.

39b   Mit der nötigen Phantasie kann die Straßengliederung, die sich bis heute erhalten hat, in diesen Wal integriert und aus ihm heraus rekonstruiert werden.

leichteren Lokalisierung geographischer Punkte wesentlich beitragen kann: die räumliche Integration einzelner Elemente in einen recht plausiblen und leicht kodierbaren Bezugsrahmen!

18.6 Wiederum: mehr als bloß assoziatives Lernen

Rückblickend erkennt man, daß der Aufbau von KK zwar auch einfache Reiz-Reaktions-Verknüpfungen einschließen *kann*, vor allem solange Produktionsregeln aufgebaut und eingesetzt werden. Auch haben wir auf das Paarassoziationslernen hingewiesen: Orte müssen mit ihren Namen zu Elementepaaren der KK verknüpft werden. Aber schon bei einfachem Routenlernen, bei dem Merkpunkte miteinander verbunden werden, geht es um mehr als nur um ein assoziatives Verknüpfen von begrifflichen oder räumlichen Elementen: Es werden Bedeutungen zwischen diesen gestiftet von der Art, weshalb so oft von diesem zu jenem Punkt gefahren werden muß (weil es der Weg zu einem vielbesuchten Lokal ist) oder weshalb sich dies empfiehlt (weil üblicherweise wenig Verkehr herrscht). An solchen bedeutungsstiftenden Akten erkennt man erneut, daß es sich beim Aufbauen von KK um einen höheren Lernprozeß handelt, wie wir es nun des öftern in den letzten Kapiteln gesehen haben. Wird dann erst noch *Übersichtswissen* (*survey knowledge*) aufgebaut, ein *Gesamtsystem von räumlichen Relationen zwischen Bezugspunkten* oder eben eine *kohärente KK*, so geht es um die Konstruktion *neuer Ganzheiten* von Wissen begrifflich-räumlicher Art, zu dessen Erklärung die assoziativen Verknüpfungen nicht mehr ausreichen.

Wenn unser Taxifahrer einmal seine KK von Basel aufgebaut hat, wird er sie ständig à jour führen: Er wird Verkehrsbesonderheiten von der sporadischen Radarkontrolle am Gundeldingerrain (meist morgens zwischen 06.30 und 07.30) bis zu den neuesten Umleitungen in seine Repräsentation aufnehmen und Information, die nicht mehr aktuell ist, daraus streichen.

Er wird im Zusammenhang mit *Distanzschätzungen* auch *Zeitschätzungen* vornehmen können, wird überdies zwischen geographischen, rein räumlichen und »technischen« Distanzen unterscheiden, und je nach Tageszeit (Stoßverkehr oder nicht, bei besonderen Anlässen wie Demonstrationen, Fußballspielen usw.) einen geographisch längeren, also einen Umweg wählen, der aber *schneller* ist, da er verkehrstechnisch leichter zu bewältigen ist. Er wird in der Lage sein, in solchen Fällen eine *Kosten-Nutzen-Rechnung* zugunsten seines Kunden (wenn er ein Filou ist, zu seinen eigenen Gunsten) anzustellen. Mit andern Worten, er wird seine KK den besonderen Bedürfnissen oder den Gegebenheiten anpassen.

18.7 Memo

1. Der Begriff der »kognitiven Karte« (cognitive map) geht auf Edward C. Tolmans (1886–1959) Versuche mit Ratten zurück (1948). Tolman ist mit diesem Begriff weit über die damals klassischen Erklärungsmuster der (behavioristischen) S-R-Psychologie hinausgegangen.
2. Der Aufbau von kognitiven Karten geht von einem Merkpunktwissen aus; Verknüpfungen von Merkpunkten führen zu Routen bzw. zum Aufbau von Routenwissen. Wird Routenwissen koordiniert, so entsteht – oft zuerst durch Überlappung – Übersichtswissen. Oft wird Routenwissen auch durch Verknüpfung mit einem markanten Punkt oder einer dominierenden Verkehrsader oder aber durch Integration in einen gerüstartigen, schon bestehenden räumlichen Bezugsrahmen (z.B. der Bereich zwischen zwei Hauptverkehrsadern oder zwei Flußläufen oder ein bekannter Quartierteil) zu einem Übersichtswissen erweitert.
3. In kognitive Karten geht neben der räumlichen sehr viel semantische Information ein: begriffliche, prozedurale, emotionale und auf Werte bezogene Information.
4. Merkpunkte werden nach gewißen Selektionskriterien ausgewählt und mit dem entsprechenden Namen assoziiert. Die Selektionskriterien sind die wahrnehmungsmäßige Diskriminierbarkeit (Hochhaus), die funktionale Wichtigkeit (Hier abzweigen!) und die Werthaltigkeit (anspruchsvolle Firma).
5. Die räumlichen Relationen, durch die die Merkpunkte miteinander verknüpft werden, sind räumliche Inklusionsrelationen (Teil von . . .), metrische Relationen (relativ genaue Winkel- und Distanzangaben) sowie Proximitätsrelationen (nahe bei . . .).
6. Routenlernen ist nicht bloß ein Assoziierern von Merkpunkten bzw. nicht einfach ein assoziatives Verbinden von Elementen des Merkpunktwissens. Vielmehr wird Bedeutung zwischen Merkpunkten gestiftet; diese werden schon beim Routenlernen in ein begrifflich-räumliches Bedeutungsnetz integriert.
7. Übersichtswissen ist hierarchisch strukturiertes Wissen: Eine Stadt wird großräumig in Quartiere unterteilt, die ihrerseits die entsprechenden Straßen enthalten; und diese wiederum enthalten räumliche Detailinformation, z.B. über die Abfolge der Hausnummern.
8. Beim Lernen der Stadtgeographie werden zu Beginn (vgl. Punkt 2) Einzelgebäude (Merkpunkte) und Straßenzüge (Routen) gelernt; bald aber werden mehrere Routen koordiniert und zu Quartieren, also zu Elementen höherer Ordnung verdichtet, die, wenn es die Situation erfordert, wieder »ausgefaltet« werden können. Darin gleicht der Aufbauprozeß von kognitiven Karten durchaus einem begrifflichen Aufbauprozeß.
9. Der Lernprozeß enthält auch ein Aufstellen und Testen von Hypothesen:

Der lernende Taxifahrer antizipiert Merkpunkte (Hypothese) und überprüft aufgrund der aktuellen Situation, ob sich seine Antizipationen bestätigen (Verifikation bzw. Falsifikation der Hypothesen). Verifikationen wirken auf den Lernprozeß verstärkend; Falsifikationen führen aufgrund der in ihnen enthaltenen Rückmeldungsinformation (feedback) den Aufbauprozeß weiter.

10. Das unumgängliche Paarassoziationslernen, d.h. das Verknüpfen von Merkpunkten oder Straßen mit deren Namen, kann durch ein vorgängiges Lernen der Namen allein erleichtert werden.

19. Streichholzaufgaben – Der gestaltpsychologische Ansatz: einsichtiges Lernen

19.1 Einleitung

Das Beste, was Sie, lieber Leser, jetzt tun können, ist, das Streichholzproblem aus Abb. 40 in aller Ruhe und Geduld zu lösen und sich dabei selber zu beobachten. Dadurch läßt sich der Gewinn aus der Lektüre dieses 19. Kapitels erheblich steigern.

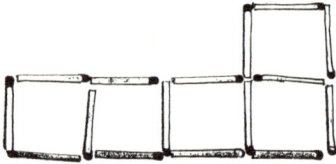

Abb. 40   Standardform der Streichholzaufgabe in diesem Kapitel:»Mach' aus den 5 Quadraten durch Verschieben von 3 Hölzern 4 Quadrate!«

Die *Berliner Gestaltpsychologen* (im Laufe dieses Kapitel wird der Name dieser Gruppe von Psychologen noch verständlich!) haben sich im Hinblick auf das Lernen des öftern dem Unterschied zwischen einem mechanischen und einem *einsichtigen Lernen* zugewandt (vor allem Max Wertheimer und Karl Duncker). Was das heißt und wie sehr dies in den Rahmen unserer Überlegungen in den vorangegangenen Kapiteln (vor allem Kapitel 17) paßt, soll im folgenden dargestellt werden. Dabei wird die gestaltpsychologische Sprache eine etwas andere sein, als wir sie bisher gewohnt sind.

Es wird recht bald deutlich, daß ein Lösenlernen dieser Streichholzaufgaben nicht auf der Basis von Versuch und Irrtum (vgl. Kapitel 3) und den daraus abgeleiteten Regeln erklärt werden kann. Vielmehr geht es darum, die *Struktur der Aufgabe* zu analysieren und die *Organisation der Operationen*, die beim Lösen ausgeführt werden, als ein *dynamisches System* zu verstehen. Die Gestaltpsychologen sprechen von einem *Umstrukturieren des Problems*, das zur *Einsicht* führt und einem *Auswendiglernen von Regeln* diametral entgegensteht. *Organisieren* müsse man die Elemente und Operationen des Problems, nicht *memorieren*, charakterisiert Katona (1941) das, was gelernt werden muß, um diese Art von Problemen zu meistern.

Die Begrifflichkeit dieses Kapitels unterscheidet sich von derjenigen der vorangegangenen, wenn auch die Phänomene sehr leicht in der Sprache einer *kognitiven Lernpsychologie* beschrieben und erklärt werden könnten: *Hypothesen bilden, Regeln ableiten, blinde Induktion, Einsicht, Transferierbarkeit der Struktur, Eingebundenheit ins Ganze, Gestalt, figuraler Kontext, Umstrukturieren, dynamisches System,* »*organizing*« *versus* »*memorizing*«.

19.2 Versuch und Irrtum, Hypothesen und Regeln, blinde Induktion

Spielprotokolle

Eines Abends kommt der Vater auf die Idee, Streichholzaufgaben zu stellen und für die, die am meisten von ihnen lösen können, einen Preis auszusetzen! »Hier liegen 5 Quadrate«, sagt er, »jeder legt für sich 5 solche Quadrate hin (Abb. 40). Eure Aufgabe ist es, durch Verschieben von 3 Streichhölzern 4 Quadrate zu machen.«

Wir verfolgen hier nur eine der am Wettbewerb beteiligten Personen in ihren Problemlöseschritten und stellen ihr Vorgehen in den nachfolgenden Zeichnungen dar (Abb. 41a bis e). Der letzte Versuch führt den Spieler zum Erfolg und zur Formulierung einer Hypothese.

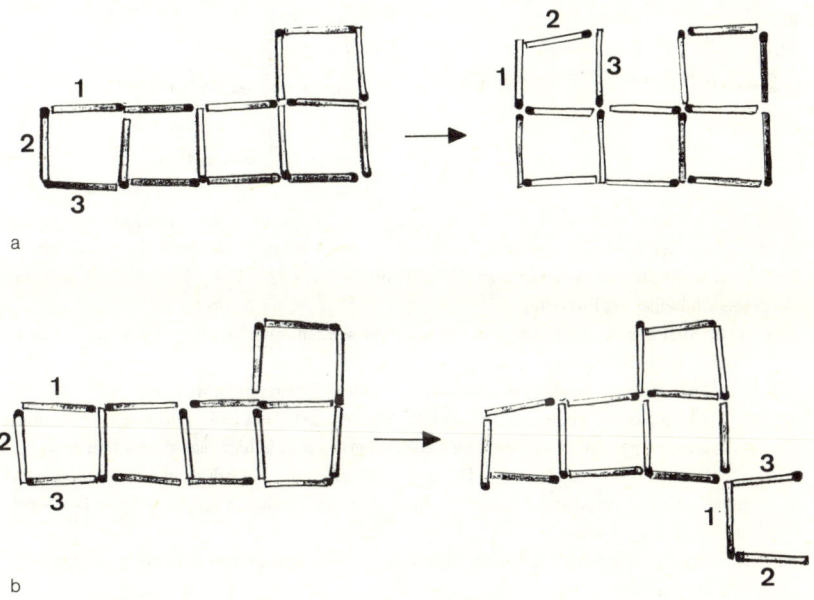

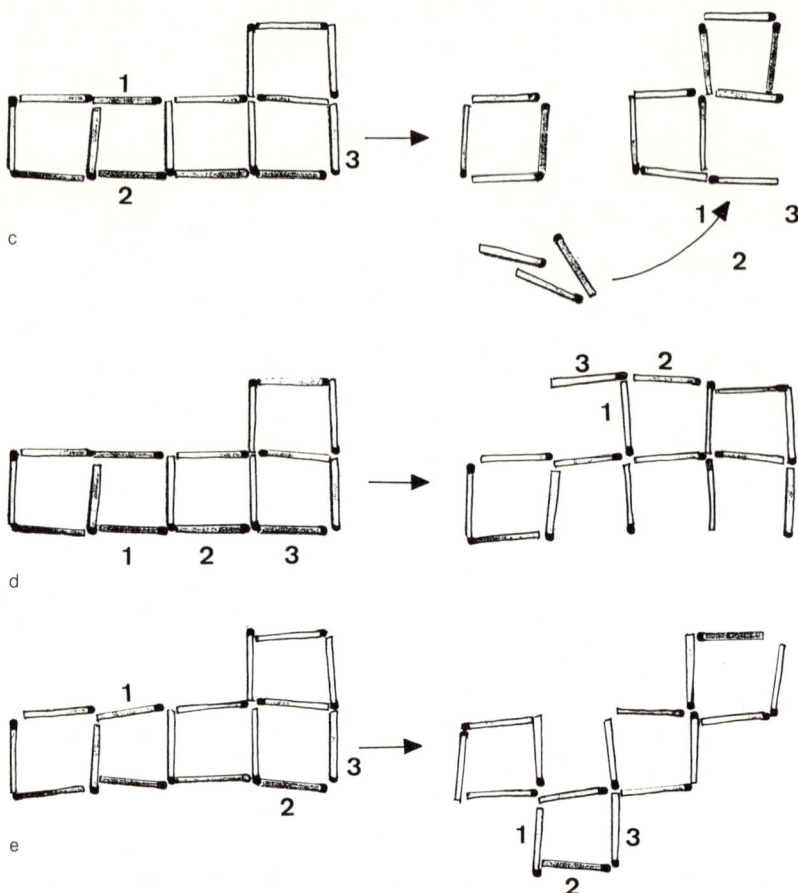

Abb. 41 Lösungsversuche einer Versuchsperson. Die Ziffern bezeichnen die Reihenfolge der Verschiebung der Streichhölzer, links die Reihenfolge der Wegnahme, rechts des Wiedereinfügens. Am leichtesten ist es, wenn man der Reihenfolge 1 – 1, 2 – 2, 3 – 3 folgt. Die folgenden Angaben sind eine Art Protokoll.

41a Zwar sind korrekt 3 Streichhölzer verschoben worden, aber es sind – inkorrekt – immer noch 5 statt 4 Quadrate!

41b Wieder 3 Hölzer verschoben, aber das Ziel von 4 Quadraten ist nicht erreicht.

41c 3 Streichhölzer verschoben und 3 Quadrate erhalten, aber 3 der Hölzer liegen unnütz herum! Alle müssen gebraucht werden: Die Versuchsperson hat die Idee, sie so anzufügen, wie es rechts in der Figur sichtbar wird. Dann sind allerdings die 4 Quadrate nicht zusammenhängend! Die Versuchsperson versichert sich:»Gibt es überhaupt eine Lösung?« Der Vater bestätigt:»Ganz sicher!«

41d 3 Hölzer verschoben, aber wieder keine 4 Quadrate erhalten. »Aha, unten wegnehmen bringt es nicht.«

41e 3 Hölzer weggenommen und 4 Quadrate erhalten!! »Ich hab's! 1 oben und 2 an der Ecke wegnehmen!«

Der Vater bringt eine zweite Anordnung. Alle legen ihre Streichhölzer in derselben Art hin (Abb. 42a–g) und beginnen. Die Problemstellung ist noch immer die gleiche wie vorhin. Die ersten fünf Versuche führen über verschiedene mißglückte Resultate (Abb. 42a–d) wieder zu einer korrekten Lösung (Abb. 42e) und einer Hypothese. Mit dieser geht es in eine dritte Runde (Abb. 42f) mit einem neuen Mißerfolg (Abb. 42g)

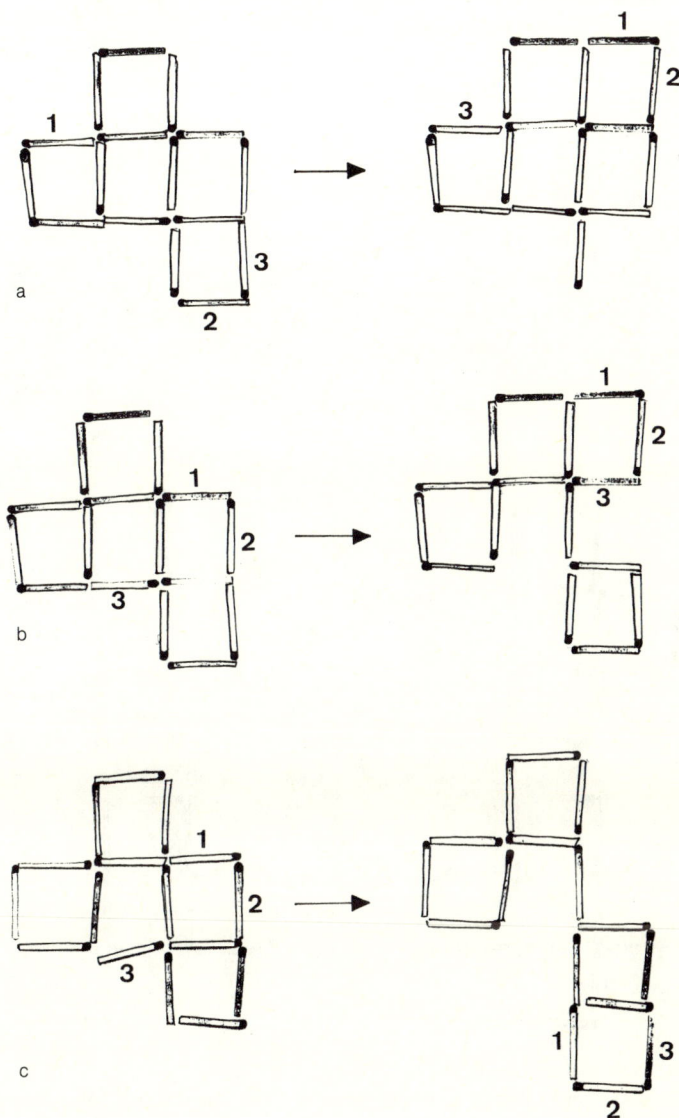

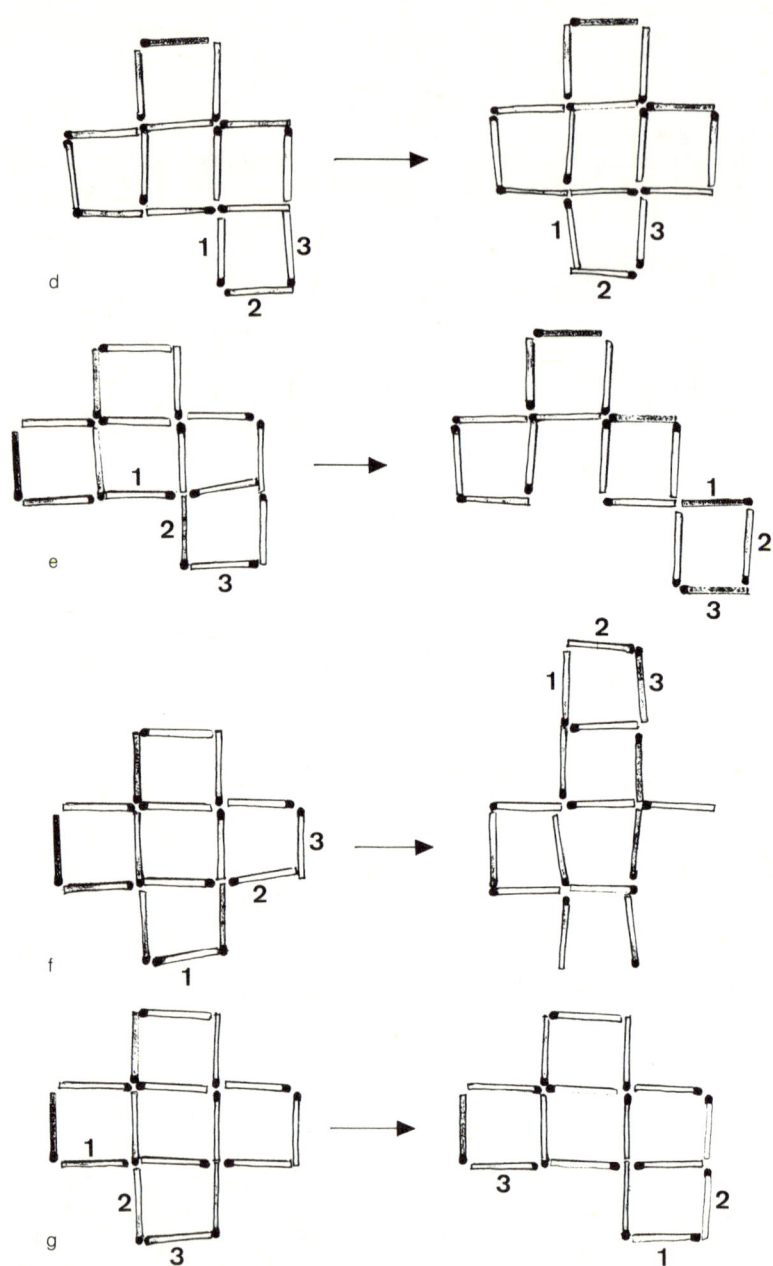

Abb. 42   Neue Aufgabenkonfiguration bei gleichem Auftrag.

42a »1 oben weg und 2 an der Ecke!« 3 Hölzer versetzt, aber 5 Quadrate und 1 überzähliges Holz erhalten.

308

42b 3 Streichhölzer verschoben, 4 Quadrate erhalten, aber immer noch 1 überzähliges Hölz-
 chen. »Schon besser! Unten und an der Ecke wegnehmen!«
42c »Ach, dasselbe!«
42d 3 versetzt, 5 Quadrate statt 4! »Das geht nicht! Oder doch? Jetzt mach' ich es einmal ganz
 anders.«
42e »Ich hab's. Also doch eine Ecke und unten!« Mit dieser Hypothese wurde zur dritten Runde
 gestartet.
42f Neue Aufgabensituation! 3 Hölzer verschoben, 4 Quadrate erhalten, aber drei unvollständige Quadrate übrig. »Das scheint doch nichts zu sein mit 'Ecke und unten'!«
42g 3 Hölzer versetzt. 5 Quadrate erhalten. »Und dabei habe ich es genau gleich gemacht wie
 vorhin, als es ging« (unten und Ecke)!

Analyse des gewählten Verfahrens

Das gewählte Verfahren ist das eines Lernens nach Versuch und Irrtum. Zwar
handelt es sich nicht um ein blindes Ausprobieren, denn der Spieler formuliert
angesichts seiner Resultate Kommentare, die durchaus *Feedback*-Charakter
haben. Zunächst bemerkt er, was nicht geht: »Aha, unten wegnehmen bringt
es nicht« (Abb. 41d)! Dann aber formuliert er Hypothesen (Abb. 41e): »Eins
oben und zwei an der Ecke wegnehmen!« Und mit dieser Hypothese packt er
das neue Problem an (Abb. 42). Allerdings bringt das Verfahren zuerst keinen
Erfolg (Abb. 42a)! Versuch und Irrtum gehen weiter: Es gibt schließlich noch
andere Ecken, die noch nicht ausgetestet worden sind (Abb. 42b). Ferner
wählt er statt »oben« diesmal »unten«, und siehe da: Zwar schaut kein ganzer
Erfolg heraus, aber immerhin eine Konfiguration, die die Erwartungen zur
Hälfte erfüllt: 4 Quadrate (Abb. 42c)! Lediglich noch ein Holz überzählig, nur
eins! Diese *Kontingenz* von Hypothese und partiellem Erfolg *verstärkt* das
weitere Ausprobieren gemäß der Hypothese, die nun schon so etwas wie
Regelcharakter angenommen hat. Nach einem weiteren Versuch, dessen
Ergebnis als Mißerfolg interpretiert wird (Abb. 42d), setzt er »ganz anders«
noch einmal an, d.h. ohne sich bewußt auf seine Hypothese zu berufen.
Allerdings kommt er faktisch von den bisherigen Vorgehensweisen nicht los,
nimmt er doch wieder unten und an einer Ecke, zwar an einer andern als
bisher, die Hölzer weg. Der *Erfolg* bestätigt das Verfahren und *verstärkt*, was
bis jetzt erkannt oder gelernt worden ist (Abb. 42e): »Also doch eine Ecke und
unten!«

Die nächste Aufgabe stellt das Verfahren aber gründlich in Frage, weil das
identische, in der letzten Aufgabe erfolgreiche Verfahren ein Fehlschlag ist
(Abb. 42f,g). Das durch Teil- und Ganzerfolge in *Kontingenz* mit mehreren
grundsätzlich ähnlichen Verfahrensweisen *bekräftigte* Versetzen der 3
Streichhölzer erweist sich als ein untaugliches Vorgehen. Es ist etwas Unan-
gemessenes gelernt worden – aufgrund von *Verstärkungsmechanismen*. Möglicherweise ist die Hypothese *noch nicht* differenziert genug; sicher kann sie

Abb. 43 Einige Beispiele von möglichen Ausgangslagen bei identischer Aufgabenstellung. Hinzu kommen noch alle Drehungen um 90 Grad, die ein ganz neues Aussehen der Konfiguration zur Folge haben und für eine Anwendung von Regeln oder für Hypothesenbildungen immer wieder neue Ausgangsbedingungen schaffen.

noch nicht auf alle Fälle von Aufgaben generalisiert werden, in denen es darum geht, mit 3 Zügen aus 5 Quadraten 4 zu machen. Immerhin wäre es denkbar, daß die möglichen Fälle mit Hilfe eines durch wiederholten Erfolg genügend bekräftigten Verfahrens auf Anhieb richtig gelöst werden könnten. Die Vielfalt der in Frage kommenden Konfigurationen wäre allerdings sehr groß (vgl. Abb. 43), und ein Lernen nach dem Grundsatz des *trial-and-error* würde wohl eine erhebliche Zeit in Anspruch nehmen.

Selbst wenn ein erfolgreiches Verfahren erlernt werden könnte, müßte für den Fall einer veränderten Aufgabenstellung wieder ein völlig neues Verfahren gelernt werden, da die Hypothesen bzw. die nunmehr bekräftigten Regeln, die die Prozedur leiten, nicht mehr »passen« würden. Mit andern Worten, es wäre eine Reaktionskette gelernt worden, die durch die neue Aufgabenstellung zwar ausgelöst wird, die aber aus zunächst unerfindlichen Gründen nicht zum Erfolg führt. Die *Transferierbarkeit* des gelernten Verfahrens wäre absolut nicht sichergestellt. Dies wäre gewiß schon in einer leicht variierten Aufgabenstellung (Abb. 44) der Fall, in der sich gerade nur *eine* Größe, nämlich die Zahl der Bewegungen, verändert hat.

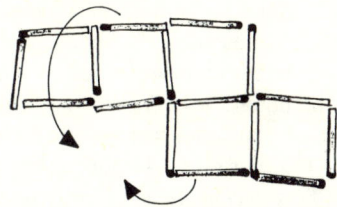

Abb. 44 Neue Aufgabenstellung: »Mach' in 2 Zügen aus 5 Quadraten 4!« Im Unterschied zur Standardaufgabe dürfen hier nur 2 Hölzer bewegt werden. Die Pfeile geben die Lösung an.

Obwohl der Spieler versuchte, *Regelmäßigkeiten* für seine Lösungsverfahren zwischen Ausgangslage und erfolgreicher Lösung zu finden, kamen die Erfolge, wann immer sie sich einstellten, doch eigentlich unverhofft und *ohne Wissen über die Zusammenhänge*. Wertheimer (1945), einer der führenden Gestaltpsychologen, spricht in solchen Fällen von »blinder Induktion«. Genau hier liegt der springende Punkt: Was macht das Lernen weniger »blind«? Welches sind die *Zusammenhänge*, die man erfassen muß und die ein *Lernen* des Lösens aller Streichholzaufgaben wahrscheinlich machen?

19.3 Der Weg zu Einsicht und Verstehen

Von der blinden Induktion zu numerischen Überlegungen

Hinter den Quadratkonfigurationen steckt zweifellos mehr System, als es unser Spieler in seinem Verhalten zum Ausdruck gebracht hat. Da die

311

Streichholzmenge (16 Stück) in allen oben gezeichneten Beispielen *invariant* ist, muß es auch *trotz figuraler Verschiedenheit* in den Anordnungen *strukturelle Gemeinsamkeiten* geben. Ein paar präliminäre Überlegungen mögen im Hinblick auf das angestrebte Lernziel hilfreich sein: Quadrate haben bekanntlich 4 Seiten. Um 5 Quadrate herzustellen, brauchte man demnach 20 Streichhölzer. Der Vater bringt das aber mit 16 fertig, ohne daß irgendetwas gezaubert wird. Der Schluß, der sich aus dieser Tatsache ziehen läßt, ist der, daß 4 dieser 16 Streichhölzer eine *doppelte Funktion* erfüllen. Die Abbildung bestätigt dies (Abb. 45).

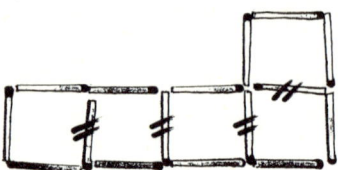

Abb. 45   Es ist klar erkennbar, daß 4 Streichhölzer eine Doppelfunktion innehaben; deshalb können aus 16 Hölzern 5 Quadrate konstruiert werden.

Wenn nun aus den 5 nur 4 Quadrate gemacht werden sollen, so bedeutet dies, daß die 4 zu bildenden Quadrate je 4 (!) Seiten haben sollen, mit andern Worten, *freistehende* Quadrate sein müssen – oder solche, die sich gerade nur an jeweils einer Ecke berühren! »... Darum müssen alle Seiten, die eine doppelte Funktion haben, ... zu Seiten werden, die nur eine Funktion haben«, bemerkt Katona (1941, 62), der diese Aufgabenarten genau untersucht hat. Eigenartigerweise hilft diese *rechnerische Überlegung* wenig, wenn man sie in einem Lernexperiment an die Probanden weitergibt; diese *verwenden* dieses Wissen nicht – oder *können* es nicht verwenden. »Die Formulierung des Prinzips in Katonas Versuch ist zwar arithmetisch richtig, aber *strukturell* ungünstig. Es geht von Einzelheiten aus, wo vermutlich gar keine Einzelheiten (Seiten) das Wichtigste sind, sondern ganze Quadrate. Es ist fraglich, ob der Weg von den Einzelheiten (Seiten) Schritt für Schritt zu den größeren Einheiten und zum Verständnis des Problems führt...« (Bergius 1964, 306).

Wenn man die Ausgangslagen anschaut, erkennt man einerseits, daß zwar die Seiten wichtig sind, denn 3 von ihnen muß man ja bewegen. Anderseits muß man bedenken, daß es um die Quadrate als *Einheiten* geht, sollen doch aus 5 deren 4 gemacht werden! Fokussiert man auf die Quadrate, so treten in der Tat Unterschiede zutage, die charakteristisch sind (Abb. 46): Da gibt es *Endquadrate* (Abb. 46a), die mit drei Hölzern markiert werden.

Dann gibt es *Eckquadrate* (Abb. 46b), die so an andere angefügt werden, daß 2 Hölzer zu deren Markierung genügen. Im weitern finden wir (Abb. 46c) *Mittel-* oder *eingebaute Quadrate*, zu deren Konstruktion es ebenfalls nur 2, diesmal aber gegenüberliegende Streichhölzer braucht. Das ist ein wesentlicher Unterschied zu den *Eckquadraten* (Abb. 46b) trotz gleichbleibender Zahl konstituierender Hölzer! Und schließlich (Abb. 46d) gibt es *eingebettete Quadrate*, zu deren Herstellung gerade 1 Streichholz ausreicht.

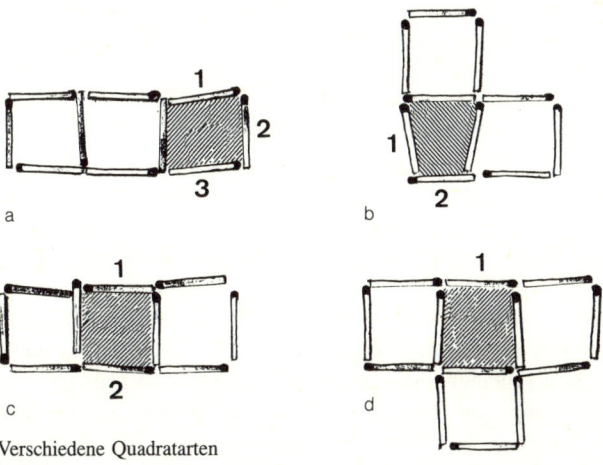

Abb. 46   Verschiedene Quadratarten
46a   End-Quadrat, aus drei Hölzern herzustellen
46b   Eck-Quadrat, aus 2 Hölzern zu konstruieren
46c   eingebautes Quadrat, aus 2 Hölzern zu bauen
46d   eingebettetes Quadrat, mit nur 1 machbar

Wir sagten, daß ein End-Quadrat durch 3, ein Eck-Quadrat oder ein eingebautes durch 2 und ein eingebettetes Quadrat durch 1 Holz konstruiert werden könne. Diese Zahlen gelten aber nicht auch zugleich für deren *Auflösung*, weil oft eines der Hölzer stehen bleibt und als Grundlage für eine Neukonstruktion dient. So kann ein eingebautes Quadrat durch Wegnehmen schon *eines* Holzes aufgelöst werden, wobei das verbleibende dann als Basis für ein mit 3 Hölzern neu zu errichtendes Verwendung findet (s. Abb. 47).

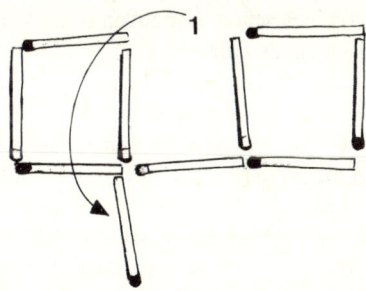

Abb. 47   Jede Veränderung an einer Stelle hat eine Veränderung an einer andern zur Folge: Wird Streichholz 1 weggenommen, so wird das eingebaute Quadrat (Abb. 46c) aufgelöst, gleichzeitig aber die Grundlage für ein neu zu konstruierendes End-Quadrat gelegt (Abb. 46a).

Von numerischen zu strukturellen Überlegungen

Bisher liegen einerseits grundsätzlich numerische Überlegungen vor, daß bei 16 gegebenen Streichhölzern freistehende Quadrate gebaut werden müssen, d.h. solche ohne gemeinsame Seiten, wenn es nach der Transformation 4 Quadrate sein sollen. Welches oder welche von den bestehenden Quadraten aufgelöst werden sollen, ist damit aber noch nicht gesagt. Dazu ist *strukturelle Information* nötig, die etwas über die einzelnen Quadrate im *figuralen Kontext* aussagt. Je nach Kontext ist ein Quadrat eben eine andere Ganzheit. Das ist der *Gestaltcharakter* der Quadrate. Sie unterscheiden sich voneinander je nach ihrer *Eingebundenheit in das Ganze*, in die *Gesamtgestalt*, die die jeweilige Quadratekonfiguration bestimmt. Es geht also darum, den *Gestalt-* oder *Systemcharakter* zu erfassen, der den Anordnungen und ihren Transformationen innewohnt und nicht einfach darum, Veränderungen an den Seiten *mechanisch* auswendig zu lernen (zu memorieren). *Nicht das Memorieren soll gelernt werden, sondern die Organisation des Ganzen und seiner Veränderungen.* Hier erscheinen nun auch die beiden Schlüsselbegriffe »Organzing« und »Memorizing« aus Katonas (1941) Buch mit dem gleichnamigen Titel!

Die Transformation jeder der oben gezeichneten Quadratanordnungen ist durch ein Wegnehmen von Streichhölzern mit entsprechenden Folgen gekennzeichnet, letzteres wiederum mit Konsequenzen für die Gesamtzahl, wobei diese allerdings vorgeschrieben ist. In unserem Beispiel müssen durch das Wegnehmen der 3 erlaubten Hölzer mehr Quadrate (d.h. genau eines mehr!) *aufgelöst* werden, als nachher beim Wiedereinfügen konstruiert werden. Dieses numerisch partielle Zusammenspiel gilt es zu lernen bzw. das System, das den zahlenmäßigen Veränderungen durch die ganze Transformation hindurch zugrundeliegt. Die Anzahl der zur Verschiebung freigegebenen Hölzer determiniert einerseits, wie die Ausgangslage beschaffen sein muß, bevor die weggenommenen Hölzer wieder eingesetzt werden dürfen. Dürfen bei der vorliegenden Aufgabenstellung 3 weggenommen werden, so muß als Ansatzpunkt irgendwo eines schon vorhanden sein, denn mit 3 Hölzern baut man kein neues, freistehendes Quadrat.

Dürfen hingegen nur 2 Hölzer verschoben werden (vgl. die Aufgabe in Abb. 44), muß eine Zweierkombination zur Komplettierung bereitgestellt bzw. stehen gelassen werden, damit wieder ein Quadrat mit 4 Seiten entsteht. Andererseits begrenzt die erlaubte Zahl zu verschiebender Elemente auch die Möglichkeiten, wo und welche Art von Quadraten weggenommen bzw. aufgehoben werden können. Mit andern Worten: Ich muß 2 Quadrate auflösen, und dies mit 2 Hölzern; beim eingebauten allein geht es nicht, es muß auch ein Eck-Quadrat aufgelöst werden (*Retrospektion!*). Aber: Da ich nur 2 Hölzer zum Wiederaufbau habe, muß das Quadrat, das wieder aufgebaut werden soll, bereits 2 Seiten haben (*Antizipation!*). Hinzu kommt hier noch, daß mehr Quadrate weggenommen werden müssen als wiederhergestellt werden dürfen.

Wenn drei Hölzer entfernt werden dürfen (Standardaufgabe, Abb. 40–42), können höchstens drei eingebettete Quadrate (Abb. 46d) aufgelöst werden. In unseren Konfigurationen mit 5 Quadraten in der Ausgangslage gibt es aber höchstens eines von dieser Art. Dieses und ein eingebautes (Abb. 46c) oder ein Eckquadrat können, ja *müssen* bei unserer Problemstellung aufgelöst werden, damit eines mehr aufgelöst als wieder gebaut wird. Ein Eckquadrat muß aber zuerst geschaffen werden durch Verschieben von *einem* Holz (in Abb. 48 mit 1 bezeichnet).

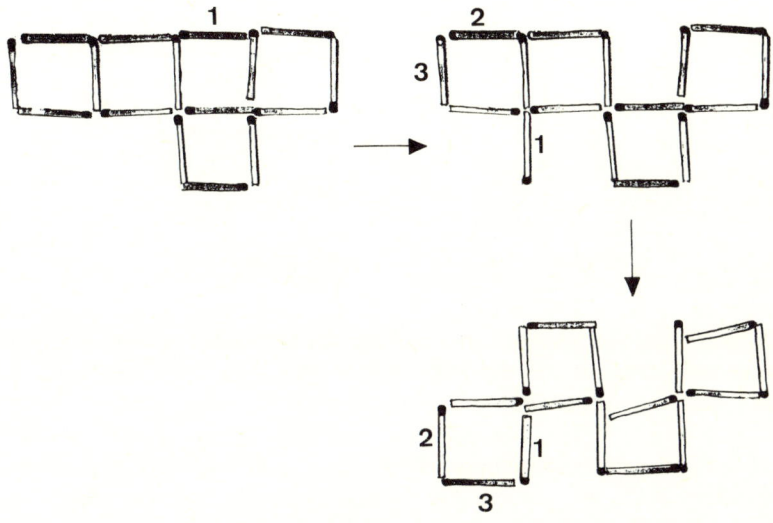

Abb. 48 Beispiel für die Lösung der Aufgabe: Zuerst wird ein eingebettetes Quadrat aufgelöst (1), dann ein Endquadrat (2, 3). So werden insgesamt 3 Hölzer weggenommen und zu einem neuen Endquadrat wieder aufgebaut, wobei ein Holz vom unmittelbar zuvor aufgelösten Endquadrat stehen geblieben und Teil des neuen geworden ist.

Dürfen nur 2 Hölzer verschoben werden (Abb. 49), und soll die Gesamtzahl der Quadrate um 1 verringert werden, so könnte man folgern, es käme nur die Auflösung von zwei eingebauten Quadraten in Frage, so daß mit jedem entfernten Holz ein Quadrat entfällt und mit Hilfe der beiden Hölzer das zur Vervollständigung mit zwei Hölzern bereitstehende Quadrat ergänzt werden kann. Betrachtet man die Figur, so erkennt man, daß nur *ein* eingebautes Quadrat vorhanden ist, daß aber vielleicht teilweise Veränderungen auch an andern, z.B. an Eckquadraten so vorgenommen werden können, daß zwei Quadrate aufgelöst, zwei freie Hölzer zur Verfügung gestellt und ein Quadrat mit schon zwei vorhandenen Seiten vorbereitet werden kann. Diese Aktionen müssen aufeinander abgestimmt werden.

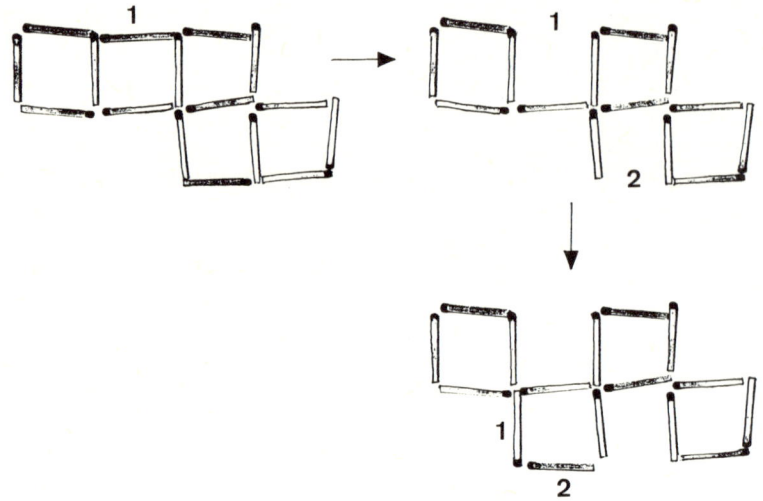

Abb. 49   Lösung für die Aufgabe:»Mach' in 2 Zügen aus 5 Quadraten 4!«

Strukturelle Überlegungen und deren Transferierbarkeit

Das *Lernen dieses Zusammenspiels* erfordert ein Zentrieren auf die Anzahl Quadrate, die mit einer bestimmten Zahl von Hölzer-Wegnahmen sichergestellt wird, zugleich aber eine *Antizipation* der notwendigen Konfiguration, die zuletzt vervollständigt werden soll.

Diese Überlegungen tönen in den Ohren jedes nicht geübten Streichholzproblemlösers sehr kompliziert. Sie konstituieren aber das *Verständnis der Zusammenhänge*, des *Systems*, von dem oben die Rede war, und dieses Verständnis ist im Gegensatz zu den mechanisch auswendig gelernten Verfahrensweisen prinzipiell auf *jede* Konfiguration und *jede* Fragestellung transferierbar. Katona hat denn auch explizit die Hypothese aufgestellt,»daß Lernen mit Verständnis dadurch vom (mechanischen, d.Ref.) Memorieren zu unterscheiden sei, daß beim sinnvollen Lernen eine besonders wirksame Übungsübertragung möglich sei« (Bergius 1964, 301).

Auswendiglernen versus Einsicht oder Verstehen beim Lernen

Die Streichholzaufgaben zeigen den Gegensatz zwischen Auswendiglernen von Regeln und Verfahren und einsichtigem Lernen oder Lernen auf der Grundlage des *Verstehens*, wobei Verstehen im vorliegenden Fall den Aufbau eines in sich stimmigen Systems von mindestens drei *Prozeßkomponenten* impliziert: *Quadrate eliminieren*, durch Bewegen einer limitierten Anzahl von Seiten, *Ergänzung vorbereiten* (*Antizipationen*) und *Figur vervollständigen*.

(Man vergleiche dazu die früheren Ausführungen über ein Verstehen von Text, eines Gedichts, von arithmetischen oder geometrischen Operationen in den Kapiteln 13, 15, 16 und 17, wo es jedesmal auch um das Aufbauen von – spezifischen! – Systemen ging.)

Der Gegensatz »Auswendiglernen – Einsicht oder Verstehen«, auf den Katona wie auch andere Gestaltpsychologen (z.b. Wertheimer 1945) eingegangen sind, spielt nicht nur in einem quasi-labormäßigen Lernen wie hier im Streichholzbeispiel, sondern auch im schulischen Lernen (von der Primar-, über die Berufs- bis hin zur Hochschule) eine bedeutende Rolle, nimmt doch mancher Schüler und noch mancher Student immer dann, wenn er die *Bedeutung* eines Ereignisses oder Zusammenhangs oder das *Prinzip* einer Funktion oder Ereignisabfolge nicht versteht, zum *Auswendiglernen* Zuflucht (vgl. den Abschnitt »Lernziele« in Kapitel 13).

19.4 Umstrukturieren, der Aufbau dynamischer Systeme und Einsicht

Gestaltpsychologen wie Wertheimer (1945) oder Duncker (1935), die sich sehr intensiv mit Problemlösen und zum Teil auch dem *Erwerb* von Problemlösefähigkeiten befaßt haben, haben u.a. großen Wert auf die *Umstrukturierung des Wahrnehmungsfeldes* gelegt, d.h. auf ein Neuordnen oder ein Rearrangieren der visuell wahrnehmbaren Elemente zu einer neukombinierten Ganzheit, eben einer *Gestalt*, die in ihrer Ganzheit nicht nur mehr, sondern etwas anderes ist als die bloße Summe ihrer einzelnen Bauteile oder Elemente.

Diese *Organisation* bzw. *Neuorganisation* des Wahrnehmungsfeldes sollte einen Einfluß auf das »Sehen« des Problems oder dessen Lösung, auf die *Einsicht* des Lerners haben, da sie eine Interaktion vorhandener Gedächtnisinhalte auslöst, die für die Problemlösung von Bedeutung sind. (In Kapitel 17 ist uns das Problem des »Sehens« von Elementen und räumlichen Zusammenhängen im Geometrieunterricht schon begegnet. Wir haben dort im Detail aufzuzeigen versucht, welches die Voraussetzungen für ein »Sehen« sind und wie sich ein Umstrukturieren in Begriffen der *kognitiven Lerntheorie* interpretieren läßt. Der Leser kann auch bei den Streichholzaufgaben dieselben Voraussetzungen wiederfinden!)

Im Falle der Streichholzaufgaben ging es neben dem Umstrukturieren des Wahrnehmungsfeldes vor allem um eine differenzierte Betrachtung der Quadrate in ihrem jeweiligen Kontext, um ein Erfassen der *Transformationsprozesse* (hier klingt das Moment des Umstrukturierens an!) samt ihren *Voraussetzungen* (Retrospektion!) und ihren *antizipierbaren Folgen* sowie um die *Integration* all dieser Prozesse in ein kohärentes und dynamisches System. Dieses konstituiert denn auch das, was man Einsicht in das Streichholzproblem nennen könnte. Das System ließe sich als ein *dynamisches Handlungssy-*

stem analog einem *semantischen Netzwerk* mit zahlreichen notwendigen Feedbackschlaufen beschreiben, dessen Aufbau ein Bewußtmachen der Teilhandlungen impliziert sowie ein allmähliches Koordinieren derselben: Quadrate eliminieren, limitierte Anzahl Seiten bewegen, Zustand zur letzten Ergänzung vorbereiten und Figur vervollständigen. Läßt sich all dies lehren und lernen? Mir sind keine Untersuchungen über die *Genese* bzw. den systematischen Aufbau eines kohärenten Systems zur Lösung der Streichholzaufgaben bekannt außer denjenigen von Katona (1941); diese haben aber nicht so sehr auf den genetischen oder konstruktiven Aspekt des Lernens der hier erforderlichen Fähigkeiten fokussiert. Indirekt liefert Duncker (1935), ein anderer Gestaltpsychologe, Anstöße dazu. Im weitern könnten eine entwicklungspsychologische Analyse dieser Fähigkeiten bzw. eine gezielte entwicklungs- und lernpsychologische Interventionsstudie mit dem Ziel, diese Fähigkeiten aufzubauen, wichtige Aufschlüsse über die prozessualen Details, vor allem die Koordination oder Integration der Teilfähigkeiten zu einem funktionierenden dynamischen System, liefern.

Der Leser mag selber ausprobieren, was er vorzunehmen hat, damit er beliebige Streichholzprobleme mit Sicherheit, d.h. für ihn einsichtig und ohne viele Irrgänge lösen kann.

19.5 Memo

1. Die Gestaltpsychologen waren eine Gruppe von Psychologen in Berlin, die sich insbesondere mit dem Problem der Ganzheiten (Gestalten genannt) und der dynamischen Organisation des Verhaltens in verschiedenen Bereichen wie der Wahrnehmung, des Denkens und Problemlösens, der Intelligenz, der Entwicklung und der sozialen Beziehungen befaßten. Wertheimer, Köhler, Duncker, Koffka und Lewin waren die Hauptvertreter.
2. Streichholzprobleme können nicht nach Versuch und Irrtum und den entsprechenden Verstärkungsmechanismen gelernt werden. Die aus Versuch und Irrtum abgeleiteten Regeln sind nicht beliebig auf andere Aufgabenstellungen übertragbar.
3. Zum Lösenlernen der Streichholzaufgaben gehört das Erfassen der Struktur der Aufgabe. Eine Strukturanalyse führt sowohl zu einem Wissen über die Charakteristika des Materials (der Quadrate) als auch der Zusammenhänge zwischen den Operationen an diesem Material.
4. Die strukturellen Überlegungen bezüglich der Aufgabenstruktur sind auf andere Konfigurationen und Problemstellungen transferierbar.
5. Das Eliminieren von Quadraten, das Bewegen einer bestimmten Anzahl von Hölzern, das Vorbereiten von zu ergänzenden Konfigurationen und das Ergänzen derselben sind die Operationen, die zu einem dynamischen

System integriert werden müssen. Dieses konstituiert das Verstehen des Problems, die entsprechende Einsicht in eine Lösung.

6. Umstrukturieren oder Neuorganisieren der Gestalt ist in der Sprache der Gestaltpsychologie die Aufgabe des Lerners, nicht das Auswendiglernen von erfolgreichen Lösungsverläufen! Katonas Schlüsselbegriff heißt *organizing*, nicht *memorizing*.

7. In der Terminologie einer kognitiven Lernpsychologie könnte man sagen: Um Streichholzprobleme lösen zu lernen, muß man ein bewegliches Netzwerk von Operationen aufbauen, in dem die gegenseitigen Relationen und Abhängigkeiten der Operationen (vgl. Punkt 4) repräsentiert sind.

20. Schachspielen lernen – Der Aufbau von komplexen Operations- und Zielsystemen

20.1 Einleitung

Dieses letzte Kapitel enthält keinen Kurzlehrgang zum Erlernen des Schachspiels und schon gar keine Wegleitung, wie man Großmeister werden kann. Im Gegenteil! Man dürfte recht deutlich erkennen, aus welchen Gründen man bisher keiner geworden ist, und weshalb man es aller Voraussicht nach auch nicht soweit bringen wird. Trotz dieser schlechten Aussichten wenden wir uns diesem faszinierenden Spiel zu.

Wir werden vier Abschnitte durchschreiten und die Lernfortschritte vom *Novizen zum fortgeschrittenen Anfänger* und *von da zum kompetenten Spieler* und *zum Experten*, dem *Großmeister*, verfolgen. Dabei richtet sich unser Blick auf die *Veränderungen der Datenbasis*, der *Art* und der *Organisiertheit ihrer Elemente* von einer Fähigkeitsstufe zur nächsten.

Die Begriffe, die in diesem Kapitel von besonderer Bedeutung sein werden, sind die folgenden: die *Datenbasis, strukturelle Beschreibungen*, das *Verdichten struktureller Beschreibungen, Muster* oder *Konfigurationen, Muster- und Zielhierarchien, Novizen* und *Experten*.

Für die Feinheiten des Schachspiels wie etwa die Strategien und Taktiken der Eröffnung, des Mittel- oder des Endspiels sowie für die entsprechende Fachterminologie (»Damengambit«, »Holländische Verteidigung« u.a.m.) sei auf die überaus reiche Fachliteratur verwiesen (unter vielen andern z.B. Unzicker 1975).

20.2 Die elementaren Operationen – Lernprozesse für Novizen

Fassen wir zunächst den Anfänger, den Novizen, ins Auge! Die unabdingbare Grundlage für ihn ist die *Kenntnis des Spielbretts* und dessen Orientierung, der Figuren (König, Dame, Türme, Läufer, Springer und Bauern), das Wissen um deren Aufstellung auf dem Brett und das *Beherrschen der Regeln* über die möglichen Züge, d.h. über die *elementaren Operationen* auf dem Brett und deren Bedeutung. Mit den folgenden Abbildungen (Abb. 50a bis g) und Erläuterungen seien die Züge der einzelnen Figuren, die *elementaren Operationen* auf dem Brett, in aller Kürze und ohne allfällige Spezialitäten vorgestellt. Wer das Schachspiel kennt, überspringt diesen Abschnitt selbstverständlich!

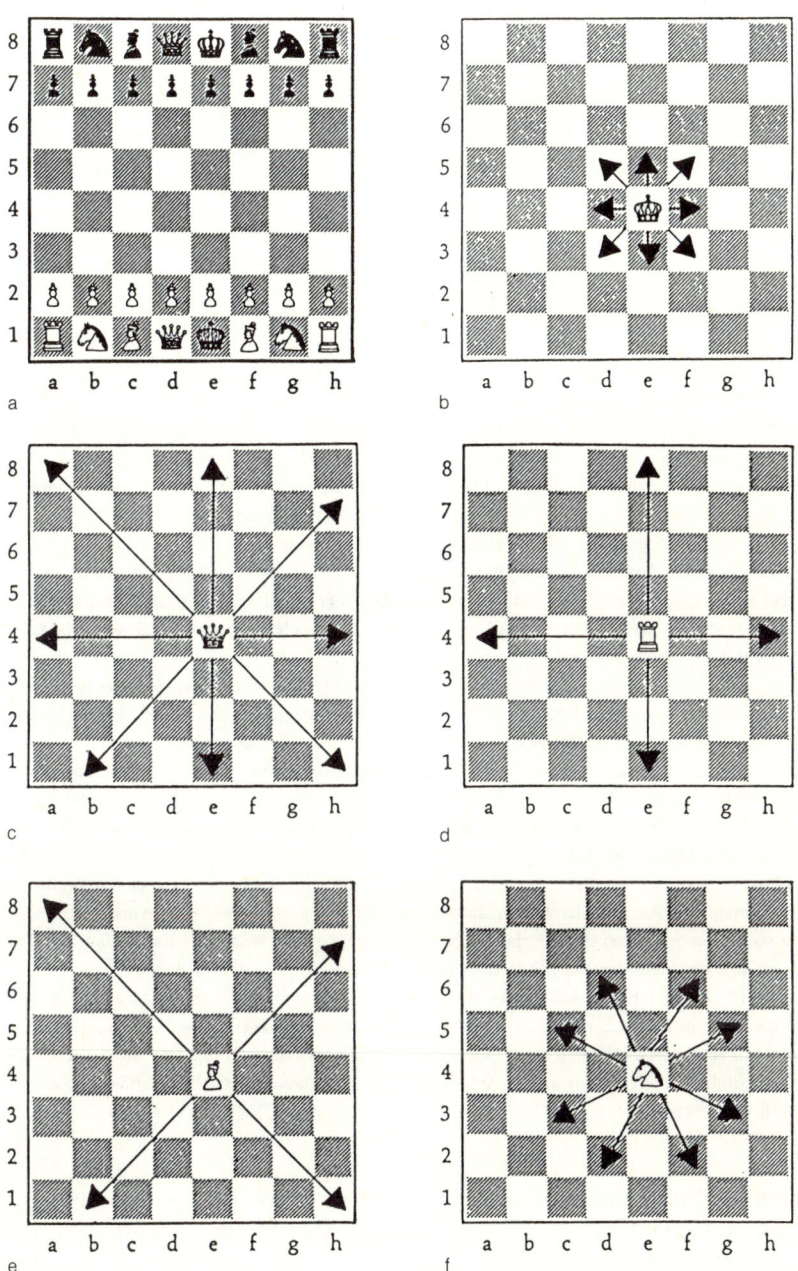

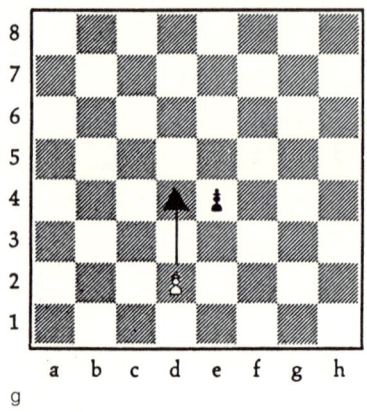

Abb. 50 Aufstellung der Figuren und Regeln für die Züge

50a Das Brett und die beiden Parteien

50b Der König kann in allen Richtungen, also horizontal, vertikal und diagonal ziehen, aber immer nur *einen* Schritt (*ein* Feld). Ein König wird nie geschlagen, sondern nur »Matt« gesetzt. Könige dürfen einander nie direkt auf benachbarten Feldern , d.h. auf Schlagdistanz begegnen. (Der Anfänger lernt mit der Zeit, daß der König vor allem im Endspiel zur Geltung kommt und dort seine Stärke trotz der sehr beschränkten »Zugdistanz« zeigt.)

50c Die Dame darf wie der König in *allen* Richtungen ziehen. Im Gegensatz zum König darf sie aber so weit ziehen, als es die Situation erlaubt, also mehr als ein Feld. (Der Anfänger realisiert sicher rasch, daß die Dame seine stärkste Figur ist und daß sich der Verlust der Dame meist fatal auswirkt; vgl. Abb. 52 und 53).

50d Der Turm darf horizontal und vertikal, nicht aber diagonal ziehen. (Bald lernt der Anfänger, daß der Turm seine Macht entfalten kann, sobald er Bewegungsfreiheit erhält, d.h. meistens, sobald er nicht mehr von der geschlossenen Bauernreihe eingeengt wird.)

50e Der Läufer darf nur diagonal ziehen. Der weiße Läufer bleibt, wie man leicht erkennt, stets auf den weißen, der schwarze auf den schwarzen Feldern. (Der Anfänger lernt auch beim Läufer, daß dieser erst richtig zum Zug kommen kann, wenn die Linie von Bauern frei ist. Dann aber wirkt er weit wie Dame oder Turm.)

50f Der Springer zieht nicht, er springt! Die Abbildung zeigt dies besser, als jede Beschreibung es vermag. (Der Anfänger lernt rasch, daß der Springer auch geschlossene Reihen und Situationen bewältigt. Er erkennt auch bald, daß der Springer keinen »weitreichenden« Einfluß hat, aber im Gedränge der Figuren seine Stärke entwickelt.)

50g Der Bauer darf auf zwei Weisen ziehen: von der Grundstellung aus einen oder zwei Schritte, danach nur noch einen; immer nur vorwärts, nie rückwärts. Als einzige Figur schlägt der Bauer nicht in seiner Bewegungsrichtung, sondern diagonal. (Auf das »en passant« Schlagen sei an dieser Stelle nicht eingegangen. Der Anfänger lernt, daß er Bauern nicht allzu fahrlässig bewegen darf, denn es gibt kein Zurück!)

Daß das Brett so hingelegt werden muß, daß ein weißes Feld unten rechts liegt, muß sich der Anfänger einmal einprägen. Damit verbunden ist auch das Wissen »Weiße Dame – weißes Feld!« bzw. »Schwarze Dame – schwarzes

Feld!« Von der Dame aus lassen sich jeweils die andern Figuren in die korrekte Grundposition stellen. Der Anfänger entdeckt dabei auch, daß die Figuren der beiden Parteien einander spiegelbildlich (axial- und nicht punktsymmetrisch!) gegenüberstehen und die Grundstellung von Dame und König verschieden ist, je nachdem, ob er *Weiß* oder *Schwarz* spielt.

Regelwissen mit *und* ohne *Kontext*

Wir haben die Züge der einzelnen Figuren als *elementare Operationen* bezeichnet. Diesen liegt ein *Wissen über Regeln* zugrunde, das wohl aufgrund von *Erklärungen* eines erfahrenen Spielers, aufgrund von *Lektüre* oder im Umgang mit einem Schachcomputer erworben wird. Die Regel»Der König zieht *diagonal* (schräg) oder *gerade* (horizontal und vertikal), aber jeweils nur *ein* Feld«, kann als Satz auswendig gelernt, also *verbal* gespeichert werden. Freilich läßt sich diese Regel auch *visuell* entweder als Bewegungsbild oder als statisches Ergebnisbild (entsprechend der Darstellung in Abb. 50b) speichern, denn alle Züge können visuell wahrgenommen und somit auch visuell kodiert werden. Das handelnde *Ausführen* der Züge mit dem Ziel, sie sich besser einzuprägen, ist beim Springer, aber wohl nur beim ihm, wirklich wichtig: Der Anfänger muß dessen Sprünge (zwei Felder horizontal und eines vertikal oder umgekehrt!) durch eigenes Tun sicher erkennen lernen. Bruner (1964, 1971) würde von einer anfänglich *enaktiven* Repräsentation sprechen, die nach entsprechender Übung zu einer sicheren *ikonischen* (d.h. bildhaften) Repräsentation wird (vgl. auch Kapitel 13 und 17, wo über die Brunerschen Repräsentationsmedien gesprochen worden ist).

Ganz zu Beginn des Schachspielenlernens ist das Wissen um die Regeln noch weitgehend *kontextfrei*, d.h. der Anfänger hat sie in seinem Geist etwa so repräsentiert, wie sie in den Abbildungen (50b bis g) dargestellt sind.

Einige wichtige Erkenntnisse gewinnt er aber dann rasch: Zum einen lernt er sogleich, daß das Anwenden der Regeln an *räumliche Grenzen* stößt, sobald die Figuren im Insgesamt des ganzen Figurensatzes integriert sind. Vor allem aber lernt er die *operationalen* Einschränkungen kennen, wenn er nach den ersten Zügen mit dem Gegner Kontakt aufnimmt. Das Regelwissen muß dem räumlichen und vor allem dem operationalen Kontext angepaßt und damit erweitert werden. Unser Anfänger realisiert durchaus, daß er noch viel zu stark seinem Regelwissen befangen ist, noch keine Übersicht über das *gesamte* Geschehen hat und ununterbrochen wichtige Beziehungen zwischen eigenen und gegnerischen Figuren übersieht. Daraus muß er ableiten, daß er sich selber, wenn er das Geschehen auf dem Brett einigermaßen erfassen will, eine möglichst genaue *strukturelle Beschreibung* der Situation geben muß. Darauf kommen wir in einem der nächsten Abschnitte zurück. Damit ihm das Spielen aber trotz verschiedener Schwierigkeiten Freude bereitet, werden ihm einige elementare Wissenselemente wiederum von einem erfahrenen Spiel-partner vermittelt: beispielsweise ein Wissen darüber, welche Figuren man sorgfältig hüten soll, oder welche man bei einem Schlagabtausch gegen welche andere opfern kann und welche nicht. Solches Wissen wird aber erst richtig verstanden, wenn die elementaren Operationen stärker in den jeweili-gen, von Spiel zu Spiel verschiedenen, Kontext integriert werden können.

20.3 Die Operationen und ihre Implikationen – der fortgeschrittene Anfänger

Mittlerweile ist der supponierte Novize, den wir hier verfolgen, ein *fortge-schrittener Anfänger* geworden, und wir können seine Fortschritte in Begrif-fen des kognitiven Lernens beschreiben. Dabei werden wir verschiedentlich an die Ausführungen in früheren Kapiteln erinnert sein, etwa an die Prozesse des Aufbaus mentaler Modelle bzw. semantischer Netzwerke (vgl. die Kapitel 13ff.).

Der fortgeschrittene Anfänger hat bei seinen ersten Gehversuchen auf dem Schachbrett ein Wissen über die *Stärke* der einzelnen Figuren aufgebaut und bei dieser Gelegenheit *verstanden*, was man ihm anfänglich einfach gesagt hat, daß nämlich seine Züge sehr unterschiedliche *Operationen* sind (oder unterschiedliche *Funktionen* haben können), d.h. daß er ganz unterschiedliche *Absichten* mit jedem Zug verbinden und entsprechende *Ziele* ins Auge fassen kann. Da gibt es mit ein und derselben Figur

(1) einfache *Verschiebungen*, mit denen noch nichts weiteres erreicht wird als ein Zur-Stelle-Sein (z.B. Eröffnungszüge). Er wird später aber Situationen kennen lernen, in denen er eine solche Verschiebung vornehmen *muß*, einfach weil er am Zug ist, ohne daß er mit diesem Zug etwas Besonderes beabsichtigt oder erreicht!! Allerdings ist eine »reine Verschiebung« eine eher seltene Operation; normalerweise ist sie mit einer *Absicht* verbunden, und damit findet nun bereits ein *Aufbauschritt* innerhalb des immer dynamischer werden-den Operationssystems des Spielers statt: Diese »reine« Verschiebung hat für einen *späteren Augenblick im Spiel* zur Folge, daß gewisse Felder im Einfluß-bereich einer Figur (nach Maßgabe ihrer Zugsmöglichkeiten) »gesperrt« sind und damit zur »Gefahrenzone« für den Gegner bzw. zur »Schutzzone« oder aber zum Angriffsbereich für den Spieler selber werden. Manchmal hat die Operation des Verschiebens auch den Zweck des Flüchtens (vor dem Geschla-genwerden bzw. einem Schachgebot), oft besonders ausgeprägt im Endspiel. Oft macht aber eine Verschiebung den Weg frei für eine andere Figur, die dann ihrerseits eine Wirkung entfaltet (vgl. das erste Beispiel in diesem Kapitel; Abb. 51).

(2) Als zweite mögliche Operation jeder Figur können wir also das *Sperren* (von Feldern) herausheben. Jede Figur verfügt über ihre spezifische Gefahrenzone, und das ist es, was einerseits ihre Stärke konstituiert und andererseits das Spiel erst interessant macht, weil genau das die Aufmerksamkeit der Spieler herausfordert. Die Figuren und ihre Positionen sind visuell gegeben, ihr *Einfluß* dagegen nicht unmittelbar (etwa in der erwähnten »Gefahrenzone«); dieser muß *konstruiert* werden. Aufgrund dieser Konstruktionen, die freilich schon der Novize vornimmt, erkennt er, daß im allgemeinen die *Dame* bei weitem die stärkste Figur von allen ist. Das Wissen, daß auch Türme, Läufer und Springer relativ stark sind, jeder aber auf seine ganz *spezifische* Weise und *je nach Spielsituation*, erfordert einen weiteren Einbezug von Kontext, demnach weitere Konstruktionen, die wohl erst nach und nach von einem fortgeschrittenen Anfänger vorgenommen werden. Führt eine Verschiebung dahin, daß nicht nur ein leeres Feld, sondern eine gegnerische Figur dadurch unmittelbar in den Gefahrenbereich gerät, so haben wir

(3) die Operation des *Angreifens* oder *Bedrohens* vor uns, deren höchste Form das *Schach-Bieten* ist, wenn nämlich davon der gegnerische *König* betroffen ist. Die härteste Konsequenz des Schach-Bietens (außer dem »Matt«-Setzen, von dem noch die Rede sein wird), ist wohl die, daß ein Spieler zuerst den angegriffenen König außerhalb des »Schach« bringen oder ihn schützen muß und dabei gleichzeitig einer anderen Bedrohungen nicht begegnen kann. Ins »Schach« gesetzt werden, bindet Kräfte, die dann anderswo zur gleichen Zeit fehlen. Der »Schach«-Angriff kann, muß aber nicht offen mit der Aussage »Schach!« markiert werden; die andern Angriffe bleiben in jedem Fall unausgesprochen. Wird nun ein allfälliger »stiller« Angriff, vom Gegner nicht erkannt, kommt es in den meisten Fällen

(4) zum *Schlagen*, also zum Verlust einer Figur für den einen Spieler bzw. zum Figuren-Vorteil für den andern. Rasch wird der fortgeschrittene Anfänger lernen, daß es oft nicht bei einem einfachen Schlagen bleibt, sondern daß ein *Figurenabtausch* oder gar eine Serie von solchen erfolgt. Die Operation des *Schlagens* ist die logische Fortsetzung des Angreifens. (Für das »Schlagen« des Königs s. Punkt 6.)

(5) Sehr oft erfolgt das Bedrohen einer gegnerischen Figur auf *indirekte* Weise: Eine eigene Figur greift nicht unmittelbar an, sondern *deckt* oder *schützt* vorerst einmal eine weitere eigene Figur, d.h. sie nimmt diese in ihren eigenen Schutzbereich (,der für den Gegner der Gefahrenbereich ist). Das *Decken* oder *Schützen* ist demnach die fünfte elementare Operation, die wir beim Schachspielen unterscheiden können. Oft ist sie eine Vorsorgemaßnahme, gerichtet auf Figuren, von denen der Spieler annehmen oder befürchten muß, sie könnten vom Gegner zu einem früheren oder späteren Zeitpunkt im

Spiel angegriffen und geschlagen werden und so für den eigenen Einsatz verloren gehen. *Deckung* für eine Figur kann ein Spieler auch dadurch erhalten, daß er sich in den Schutzbereich einer seiner eigenen Figuren *verschiebt*; dies ist gleichsam eine Kombination mit der ersten Operationsart: eine Verschiebung mit dem Ziel, *gedeckt* zu sein. Mit dem aktiven *Decken* oder *Schützen* bzw. mit dem *Sich in den Schutz einer eigenen Figur Begeben* versucht ein Spieler also, den Gegner von einem Angriff abzuhalten oder aber ihn zu zwingen, einen entsprechenden Preis zu bezahlen. Dies impliziert aber bereits höhere Aufbauprozesse, die der fortgeschrittene Anfänger erst gerade vorzunehmen beginnt. Davon wird noch die Rede sein.

(6) Die sechste elementare Operation ist das *Matt-Setzen*; sie ist aber nichts anderes als eine Spezialform des *Schlagens*: Wenn der König mit »Schach!« angegriffen wird und er sich nicht mehr bewegen kann, wenn auch die angreifende Figur ihrerseits vom Gegner nicht geschlagen und wenn das Schachgebot auch nicht durch *Dazwischenstellen* einer Figur aufgehoben werden kann, dann könnte der König eigentlich geschlagen werden. Könige werden aber aus Respekt (!) nicht geschlagen, sondern eben »Matt!« gesetzt.

(7) Als eine siebente Operation könnte man durchaus das soeben erwähnte *Dazwischenstellen* betrachten – um ein »Matt!«, ein »Schach!« oder auch eine andere Bedrohung einer Figur zu unterbinden. Diese Operation ist im Grunde genommen einfach eine *Verschiebung*, allerdings zu einem oben noch nicht erwähnten ganz besonderen Zweck!

Auf einem höheren Niveau der Planung gibt es freilich noch andere Operationen, so beispielsweise das *Anbieten eines Opfers*; auch davon wird später die Rede sein.

Lernpsychologisch sind nun freilich genau die *Implikationen* interessant, die sich aus den genannten elementaren Operationen ergeben. Diese sind es offensichtlich, die es zu erlernen gilt und deren Berücksichtigung oder Handhabung den Novizen vom Experten unterscheidet.

20.4 Der Aufbau eines komplexen Operationssystems

Versuchen wir also zunächst, die lern- und kognitionspsychologisch relevanten Aspekte des Schachspiels und damit unseren fortgeschrittenen Anfänger ein Stück weit zu verfolgen!

Er lernt zu erkennen, daß sich mit jedem Zug die Situation auf dem Brett mehr oder weniger stark verändert. Je nach der *Stärke* einer Figur werden größere oder kleinere Teile von *einem* Zug betroffen, aber es ist auf jeden Fall

– vor allem im etwas fortgeschrittenen Spiel – immer mehr als nur diejenige Figur betroffen, die gezogen worden ist!! Erfahrene Schachspieler wissen, daß unter Umständen ein Zug mit einem »schwachen« Bauern eine Spielsituation dramatischer verändern kann als einer mit der »starken« Dame! Die Veränderung einer Spielsituation hängt nicht allein von der Stärke der Figur ab, die gezogen wird, sondern ebensosehr vom gesamten Spielkontext.

Strukturelle Beschreibungen und die Limiten der Gedächtniskapazität

Ein erster Aufbauschritt in Richtung eines komplexen strukturellen Systems ist es also, daß der Spieler die oben angeführten Implikationen erkennt, und diese in einer möglichst vollständigen *struktruellen Beschreibung* festhält. Freilich muß er das sowohl für seine eigenen als auch für die Figuren seines Gegners tun! Solches zu lernen, setzt voraus, daß der Spieler rasch das *Wirkungsfeld jeder seiner Figuren* absucht, die *strukturellen Merkmale* der Situation (innerlich für sich) *beschreibt* und sie in einer ziemlich komplizierten Form (einem Gemisch von verbaler und räumlich-visueller Information) abspeichert. Wer sich dies bei einem Anfänger vorstellt, oder wer dies als Anfänger an sich selber nachvollziehen kann, weiß, wie aufwendig und schwierig ein solches kognitives Unterfangen sein kann: Im Laufe des Beschreibens der strukturellen Merkmale der Situation wird man gewahr, daß vieles von dem, was man zuerst (still für sich) beschrieben hat, dem Gedächtnis wieder verloren gegangen ist und man (zumindest punktuell) noch einmal von vorne beginnen muß.

In Wirklichkeit ist die Sache noch schwieriger: Es sind nämlich nicht nur diese strukturellen Beschreibungen, die vorgenommen werden müssen und Zeit brauchen; es sind auch die *Planungsschritte*, die eigenen wie die beim Gegner vermuteten, die entwickelt und evaluiert werden müssen und die Verarbeitungskapazität beanspruchen!

Die magische Zahl Millers und ihre mögliche Bedeutung für das Schachspielen

Man muß annehmen, daß die Kapazität des menschlichen Gedächtnisses limitiert ist. Davon war schon in Kapitel 14 die Rede. Mit Miller (1956) kann man davon ausgehen, daß ein Mensch 7 ± 2 »Informationspakete« (engl. *chunks*) in seinem *Kurzzeitspeicher* behalten kann und daß die Aufnahme jeglicher Information, die über dieses Maß hinaus geht, zur Folge hat, daß sie einen Teil der bereits vorhandenen verdrängt. Der Novize, und zum Teil auch noch der fortgeschrittene Anfänger, der nun eine solche Fülle von Information über die aktuelle und allenfalls über die künftige Situation auf dem Brett zu verarbeiten hat, wird also schon aus Gründen der Kapazitätslimiten seines Gedächtnisses auf Schwierigkeiten stoßen.

Nun aber sagt Millers »magische Zahl«, 7 ± 2, noch nichts über die *Größe* oder den *Umfang* der 7 (im besten Fall 9!) *Informationspakete* aus, die hier abgespeichert werden sollen, sondern lediglich über deren *Anzahl*. Und hier liegt eine Chance für jeden Lernenden, auch für jeden, der immer besser Schachspielen lernen will: Er wird zunächst mit jedem weiteren Spiel gleiche oder ähnliche Züge *wiedererkennen* und erleben, so daß ihm entsprechende *strukturelle Beschreibungen* bereits vertraut sind. Solche wiederholte situative Gegebenheiten wird er sich merken, mit der Zeit aber in einer verkürzten oder *verdichteten* Form, die sich leichter handhaben läßt. Dies soll am Beispiel eines Eröffnungsspiels verdeutlicht werden.

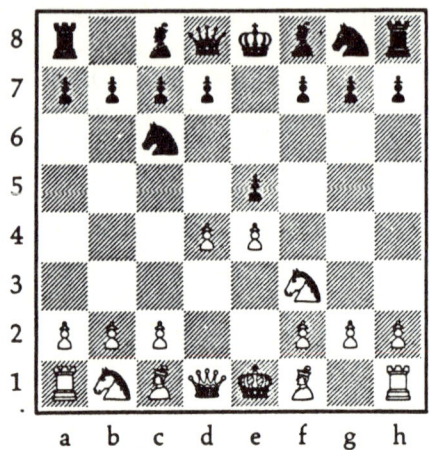

Abb. 51   Beispiel eines Eröffnungsspiels

Ein entscheidener Lernschritt: das Verdichten *struktureller Beschreibungen*

Die Partie steht (Abb. 51) unmittelbar vor dem dritten Zug von Schwarz; ihre »Geschichte« ist also noch jung und übersichtlich. Der erste Zug war der folgende: Weiß zog den Bauern von e2 nach e4, Schwarz den seinen von e7 nach e5. Eine entsprechende *strukturelle Beschreibung* für Weiß ist demnach noch sehr elementar: Nur die Felder d5 und f5 bzw. d4 und f4 sind durch die Bauernzüge für den jeweiligen Gegner zur Gefahrenzone geworden. Allerdings ist mit dem Wegzug des weißen e-Bauern die weiße Dame auf Feld d1 aktiv geworden – ohne ihr besonderes Zutun, nota bene! Sie *sperrt* die Diagonale d1–h5. Entsprechendes gilt auf der Gegenseite für den Königsläufer, der ebenfalls eine Diagonale (f8–a3) sperrt. Auch solche implizite Information gehört freilich zur strukturellen Beschreibung. Sie ist im Moment zwar nicht von Belang, könnte sich aber durchaus in wenigen Zügen schon für beide Parteien spielbestimmend auswirken.

Den zweiten Zug wollen wir uns etwas genauer ansehen. Er gehört den Springern: Weiß zieht von g1 nach f3 und Schwarz von b8 nach c6. Die strukturelle Beschreibung für Weiß verändert sich dadurch: Der Springer auf f3 *sperrt* die Felder d2, d4, g5 und h4, und er *bedroht* vor allem den gegnerischen Bauern auf e5. Gleichzeitig *deckt* er – dies wird der Vollständigkeit halber hier erwähnt – den Bauern auf h2 sowie den König. Beides ist in der jetzigen Situation allerdings nicht relevant. Es gibt also offensichtlich für den fortgeschrittenen Anfänger auch die Aufgabe, die *relevanten* Wirkungen seiner Figuren von den *irrelevanten* zu unterscheiden. Wichtiger ist, daß der Springer auf f3 die Wirkung der weißen Dame einschränkt: Diese sperrt nun nicht mehr die Linie d1–h5; sie *deckt* jedoch den Springer auf f3 (diagonal) und verstärkt damit dessen Position. Der fortgeschrittene Anfänger lernt hierbei, daß einfaches oder gar *mehrfaches Abdecken* einer eigenen Figur deren Sicherheit erhöht. Die Tragweite dieser Möglichkeit wird ihm nach und nach bewußt, und er wird versuchen, seine eigenen Positionen systematisch auf diese Weise zu *sichern*. Wir greifen aber damit dem Lernprozeß, um den es hier geht, dem *Verdichten von strukturellen Bescheibungen*, etwas vor! Im übrigen deckt die weiße Dame auch den unmittelbar vor ihr stehenden Bauern; aber auch das ist zumindest jetzt noch nicht von großer Bedeutung.

Mit dem Gegenzug von Schwarz (Springer b8–c6) wird die Position des schwarzen Bauern auf e5 verstärkt; und der schwarze Springer (auf c6) selber wird ähnlich wie der weiße auf f3 durch Bauern der Grundlinie gedeckt. Zwar ist auch dies vorläufig nicht erheblich, aber es ist wiederum Teil einer vollständigen strukturellen Beschreibung.

Nun ist im Mittelfeld eine Situation entstanden, für die unser Spieler, wenn er das Geschehen aufmerksam verfolgt hat, eine vollständige strukturelle Beschreibung hat. Es ist anzunehmen, daß sich diese Situation in andern Spielen wiederholt und daß diese *Konfiguration* oder eine sehr ähnliche wieder einmal auftritt. Der fortgeschrittene Anfänger wird die Identität oder die Ähnlichkeit solcher Konfigurationen nicht nur *wiedererkennen* und registrieren, sondern er wird sie sich als typische *Ganzheiten* oder strukturelle *Muster* (engl. *patterns*) *einprägen*, weil er merkt, daß ihm dies hilft, sich in neuen Spielsituationen *rascher* zurechtzufinden. Mit dem Einprägen von solchen *Mustern* – im Gegensatz zu einem Einprägen ganzer struktureller Beschreibungen – ist ein wesentlicher Prozeß erfolgt: Die große Informationsfülle, die mit der entsprechenden strukturellen Beschreibung gegeben war, liegt jetzt *verdichtet* in Form eines gespeicherten Musters vor und kann als *neue Informationseinheit höherer Ordnung* leicht abgerufen werden. Bei Bedarf kann sie darauf hin befragt werden, was sie *ursprünglich* an Detailinformation enthalten hat, m.a.W. sie kann »ausgefaltet« werden: Die strukturelle Beschreibung kann wie der Inhalt eines Pakets wieder »ausgepackt« werden. (Die Parallele zum begrifflichen Aufbau, wie wir ihn in den Kapiteln 13 bis 17 unter verschiedenen Aspekten kennengelernt haben, wird hier deutlich.) Wesentlich ist, daß sich der fortgeschrittene Anfänger immer mehr von diesen Mustern (als verdichtete Informationspakete) einprägt und sie in späteren Spielsituation wiedererkennt.

Daß diesen Mustern bzw. den ganzen Abläufen, die zu solchen Mustern führen, im Schachspiel eine große Bedeutung beigemessen wird, läßt sich daran ablesen, daß viele von ihnen *gängige Bezeichnungen* haben, die zum Teil Schachgeschichte gemacht haben und die zum Grundbestand der *Wissens- oder Datenbasis* schon eines guten Schachspielers, nicht nur eines Experten, gehören. (Von der Bedeutung der *Datenbasis* war in Kapitel 17 die Rede!) Die vorliegende Eröffnung ist beispielsweise als der Beginn der »schottischen Partie« bekannt, und dem guten Schachspieler ist beim Hören dieses Begriffs sofort klar, um welche Konfiguration es sich handelt. Er ist nicht nur in der Lage, visuelle Vorstellungen von der entsprechenden Konfiguration zu generieren, er kann überdies auch die Wirkungsbereiche, die aus ihr abgeleitet werden können, beschreiben und vor allem ihre Konsequenzen für den weiterern Verlauf der Partie abschätzen.

Das Verdichten oder das Bilden neuer Einheiten (engl. *chunking*) ist die entscheidende Fähigkeit, die der fortgeschrittene Anfänger erwerben muß. Ohne diese Fähigkeit hat er keine Chance, mit der nun immer größer werdenden Fülle von aktueller Spielinformation fertig zu werden. Daß ein Spieler tatsächlich über diese Fähigkeit verfügt, läßt sich daran erkennen, daß er die in einem Spiel jeweils entstehenden Konfigurationen sehr *rasch* wiedererkennt, ja sie gleichsam »kommen sieht«, künftige Entwicklungen also mit Leichtigkeit vorwegnehmen und damit auch in größeren Dimensionen vorausplanen kann. Darauf kommen wir unten zurück (vgl. auch Holding 1986).

Der Spieler in unserem Beispiel wird antizipieren können, daß Schwarz wahrscheinlich mit dem dritten Zug den auf d4 stehenden Bauern mit seinem auf e5 stehenden schlagen wird. Diese Antizipation – oder auch eine andere – verbindet sich mit dem gespeicherten Muster und erleichtert, wie oben angedeutet, solche Vorwegnahmen von Spielzügen. Man erkennt, daß aufgrund solcher Lernprozesse (Verdichten von Information zu wiedererkennbaren und auch frei abrufbaren neuen *Einheiten* sowie das Ausweiten bzw. Anreichern derselben) nicht nur immer mehr *Muster* verfügbar sind, sondern auch mehr Information in diese Muster eingeht, sie also umfangreicher werden, was mit der Zeit ein erstaunlich rasches Vorausschauen und Planen gestattet.

Ich habe oben nur angedeutet, daß ein solches Verdichten von Information nach *wiederholten Malen des Spielens* derselben Züge erfolgt. Tatsächlich genügt hier ein einmaliges oder zweimaliges Spielen meistens nicht, vor allem dann nicht, wenn ein Anfänger noch unsystematisch und jedesmal ein wenig anders spielt, sich also durch seine Wechselhaftigkeit das Einprägen einer strukturellen Beschreibung der Wirkungsweisen der Figuren bzw. das Verdichten der wiedererkannten Beschreibung zu einem neuen Informationspaket selber erschwert. Man ist hier an die noch unregelmäßigen Bewegungen des Anfänger-Jongleurs erinnert! Die Parallele besteht tatsächlich; sie bezieht sich auf die anfänglich noch wenig umfassenden Bewegungssegmente, die erst allmählich zu größeren Einheiten, *chunks*, zusammengefaßt werden, dies aber erst, wenn eine höhere Gleichmäßigkeit oder Invarianz des Bewegungsablaufs erreicht ist. Wir erinnern uns daran, wie wichtig es ist, diese Gleichmäßigkeit durch intensives Üben zu erlernen (siehe Kapitel 12). Entsprechendes gilt auch für das Schachspielen.

Nicht nur die Wiederholung *identischer* Konfigurationen führt zum Aufbau einer verdichteten Beschreibung, die in Form eines wiedererkennbaren Musters für einen allfälligen Abruf bereit steht, sondern auch *kontrastive Konfigurationen*, zu denen der Spieler bemerken mag: »Ach so, diesmal ist es anders!« Mit andern Worten, es werden in Spielen zu verschiedenen Zeitpunkten verschiedene Konfigurationen zu Einheiten höherer Ordnung verdichtet – also verschiedene *Muster* erlernt.

Noch einmal Millers magische Zahl

Wenn wir uns die limitierte Zahl von *Informationspaketen (chunks)* in Erinnerung rufen, die im *Kurzzeitspeicher* behalten bzw. im *Arbeitsgedächtnis* verarbeitet werden können, so leuchtet ohne weiteres ein, daß mit den gespeicherten und leicht abrufbaren *Mustern* oder *Konfigurationen*, wie wir sie oben charakterisiert haben, die Gedächtniskapazität viel besser ausgeschöpft werden kann als mit ganzen strukturellen Beschreibungen. Je umfassender die Muster werden, desto größer darf die Informationsfülle sein, die während einer Partie gleichzeitig im Gedächtnis verarbeitet werden muß, ohne daß die magische Zahl Millers (7 ± 2) überschritten wird.

Es sei noch einnmal daran erinnert, daß die jüngere Gedächtnisforschung das Kurzzeitgedächtnis etwas anders sieht als Miller (1956). Der Kurzzeitspeicher wird als Teil eines *Arbeitsgedächtnisses* (vgl. auch Kapitel 14) betrachtet, das sowohl eine *Speicherung* (im Sinne des Kurzzeitspeichers) als auch ein gleichzeitiges *Verarbeiten von Information* gestattet. Zu diesen Verarbeitungen gehören Prozesse wie das *innere Wiederholen* (engl. *rehearsal*), das *Kodieren* und *Umkodieren* von Information (z.B. visuelle Umkodierung von sprachlicher Information oder umgekehrt), aber auch komplexere Prozesse wie das *Elaborieren* (s. Kapitel 14), das *Kategorisieren*, das *Bilden von neuen*

Informationseinheiten (also das *Verdichten*) oder das *hierarchische Ordnen von Information.* Tatsächlich geht es beim Schachspielen nicht bloß um ein Speichern, sondern um ein intensives *Verarbeiten* von Information. Aus den Forschungsarbeiten über das Arbeitsgedächtnis (z.b. Baddeley & Hitch 1974, Baddeley & Lieberman 1977, Baddeley 1986, Broadbent 1981) können – allerdings mit einiger Vorsicht – Parallelen auf unsere Situation gezogen werden: Es können gleichzeitig einige Informationseinheiten gespeichert werden, vielleicht drei oder vier (je nach ihrem Organisiertsheitsgrad), und daneben können Verarbeitungsprozesse wie die oben erwähnten ablaufen. Müssen wesentlich mehr Einheiten zwischengespeichert werden, so ist es möglich, daß die parallel dazu verlaufende Verarbeitungskapazität leidet. Im wesentlichen scheint es so zu sein, daß die Verarbeitungskapazität (im Unterschied zur Speicherkapazität) durch intensives Training enorm erhöht werden kann, ohne daß der Speicher dafür beansprucht werden muß. Diese Aussagen gestatten vorläufig für das Schachspielen noch keine Angaben von präzisen Zahlenwerten. Immerhin können wir annehmen, daß das Bilden von umfassenderen Informationseinheiten, das Verdichten also, der entscheidende Prozeß für ein fortschreitendes Lernen des Schachspielens ist.

Verdichten als sehr allgemeiner kognitiver Prozeß

Das *Verdichten* ist für uns kein neuer Prozeß mehr; von ihm war in diesem Buch schon mehr als einmal die Rede: Eine Vielzahl von Elementen eines (semantischen, numerischen oder anderen) Netzwerks samt den sie verbindenden Relationen kann zu einem neuen Element, allerdings *höherer Ordnung*, verdichtet (oder mit Aebli 1978, 1981:»objektiviert«) werden. In unserem Fall können wir anstelle eines semantischen Netzwerks von einem *Operationssystem* sprechen, in dem die Figuren die Elemente sind und die möglichen Operationen die Relationen, die sie verbinden (». . . sperrt . . .«, ». . . greift an . . .«, ». . . deckt . . .« usw.). Auch beim Lernen von Bewegungsabläufen nimmt der Lernende Verdichtungen insofern vor, als er für die Steuerung eines Bewegungsablaufs immer größere Segmente aufs Mal abrufen kann, ohne an die einzelnen Teilsegmente denken zu müssen, die ihm anfänglich noch so viel Mühe bereitet haben (vgl. die Ausführungen zum Entwirren der Nägel oder zum Jonglieren in den Kapiteln 3 und 12).

20.5 Hierarchisierung der Muster als Grundlage für weiterreichende Planung – der kompetente Spieler

Wie wir gesehen haben, geht es für unsern Schachspieler tatsächlich darum, *Muster* zu erlernen, die er rasch wiedererkennen und für die weitere Spielplanung einsetzen kann. Im aktuellen Spielverlauf muß er aber mit vielen

Variationen rechnen, die seinen Mustern nicht oder nur teilweise entsprechen. Die Flut von Information wird also noch größer, und irgendwie muß er mit ihr fertig werden. Wenn es unserem fortgeschrittenen Anfänger nun gelingt, die einzelnen Muster, die ihm mittlerweile sehr vertraut geworden sind, zu umfassenderen Mustern zu kombinieren oder ihnen Teilmuster (z.B. Spielalternativen) anzufügen bzw. diese seinen Mustern *einzugliedern* oder *unterzuordnen*, so baut er ein *hierarchisches System von Mustern* auf, das ihm einen sehr raschen Zugriff zu Informationen auf verschiedenen Niveaus ermöglicht und ihm detailliertere Planungsmöglichkeiten als zuvor bringt. Das ist gegenüber dem Status des fortgeschrittenen Anfängers eine bedeutende Weiterentwicklung, die aus ihm einen *kompetenten Spieler* macht.

Unter einem etwas anderen Gesichtswinkel können wir auch folgendes sagen: Wir haben gesehen, daß schon der fortgeschrittene Anfänger damit beginnt, eigene und gegnerische Züge oder auch Zugabfolgen als größere Planungsschritte zu entwickeln und zu evaluieren. (Dabei dürften übrigens nicht nur räumlich-figurale, sondern auch umfangreiche verbale Kodierungen mit im Spiel sein.) Die Fortschritte des kompetenten Spielers lassen sich nun folgendermaßen charakterisieren: Er entwickelt nebst einer immer größer werdenden Zahl von alternativen Planungsschritten eine immer größere (kreative) Vielfalt von solchen und bezieht auch diejenigen des Gegners mit ein. Solche antizipierende Schritte können in sogenannten »Suchbäumen«, also entsprechend den Mustern, von denen oben die Rede war, in hierarchischer Weise dargestellt werden. Je kompetenter der Spieler, desto »tiefer« wird sein Suchbaum sein, d. h. durch desto mehr hierarchische Ebenen hindurch werden seine Planungsschritte führen (vgl. zu diesem Thema Holding 1986; s. auch Newell & Simon 1972). Diese hierarchische Organisation von Mustern bzw. von Planungsschritten läßt sich auch in die Hierarchie von Zielen einordnen, auf die wir jetzt unser Interesse richten wollen.

Zielhierarchien

Konkretes Ziel des Schachspielenlernens ist es ja nicht, den Spieler zu höheren kognitiven Fähigkeiten zu bringen, sondern ihn zu befähigen, den gegnerischen König »Matt« zu setzen!! Dieses Ziel steht zuoberst in einer *Zielhierarchie*. Auf dem Zielniveau unmittelbar darunter steht die Annäherung an den gegnerischen König, die aber nur möglich ist – und das wäre die Zielsetzung auf dem nächst tieferen Zielniveau – über eine Schwächung der gegnerischen Mannschaft, mit andern Worten, über die systematische Beseitigung derjenigen Figuren, die einen selber angreifen oder die den gegnerischen König schützen. Das sind bis jetzt allerdings sehr *allgemein* formulierte Ziele! Vor allem kommt es darauf an, dem Gegner wenn immer möglich die starken Figuren zu schlagen: seine Dame, die Türme... Das kann nur aufgrund von sorgfältiger Planung erreicht werden. Neben ganz konkreten Zielen (z.B.

»Der Turm auf a5 muß weg, damit ich gefahrlos meinen Läufer auf a6 bringen kann!«) müssen auch wieder einige übergeordnete Ziele ins Auge gefaßt werden, wie etwa das Anbieten von Opfern, von Figuren also, die man dem Gegner zum Schlagen offeriert in der Absicht, zumindest mittelfristig einen Vorteil zu erlangen, z.B. in eine sehr viel vorteilhaftere Stellung hineinzukommen. Weitere Teilziele können auch das Hineinlocken in einen Hinterhalt oder aber das Erreichen eines »Freibauern« sein.

Muster- und Zielhierarchien und ihre Interdependenz

Solche Zielsetzungen (auf ganz verschiedenen Ebenen der Zielhierarchie) hängen nun aber sehr eng mit den hierarchisch organisierten *Mustern*, mit den Elementen der mittlerweile komplexer gewordenen *Datenbasis* des kompetenten Spielers zusammen. Sie sagen ihm, wenn sie in seinem Arbeitsgedächtnis aktiviert sind, unter welchen Bedingungen eine Zielsetzung sinnvoll und auch realistisch ist. Der *kompetente* Spieler (er ist der routinierte Tournierspieler) schmiedet also Pläne: Er ruft, ausgehend von einem wiedererkannten, ihm bestens vertrauten Muster, weitere Muster bzw. Submuster ab, um mit ihrer Hilfe Zwischenziele zu erreichen. Ein derartiges Zwischenziel kann ein *Figurengewinn* sein oder, wenn es zu einem Schlagabtausch kommt, ein *Figurenvorteil* (ein eigener Bauer gegen einen Springer, ein eigener Springer gegen einen Turm in entsprechender Position usw.).

Der kompetente Spieler hat gelernt, daß er sich mit einer »Gleichzeitigkeitsstrategie« derartige Vorteile verschaffen kann: Gelingt es ihm, *gleichzeitig*

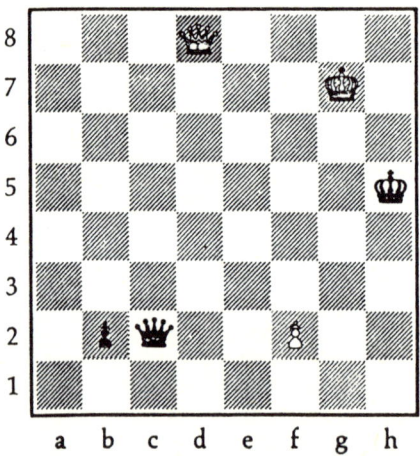

Abb. 52   Situation aus einem Endspiel mit spezifischer Zielsetzung: Schlagen der schwarzen Dame auf c 2.

zwei Figuren anzugreifen, kann er möglicherweise die für den Gegner wertvollere schlagen, oder gelingt es ihm, *gleichzeitig* Schach zu bieten und (außer dem König) eine weitere Figur zu bedrohen, so ist ihm diese in vielen Fällen sicher, weil der Gegner erst aus der Schachposition herauskommen muß, bevor er andere Figuren retten kann. Wir wollen an einem Beispiel die Zielhierarchien demonstrieren, die eine solche Planung auf ein Zwischenziel hin (hier: gegnerische Dame schlagen) enthält. Die Ausgangssituation ist in Abb. 52 dargestellt.

Das genannte Zwischenziel liegt freilich auf dem Weg, den schwarzen König »Matt!« zu setzen. Wir verfolgen das Endspiel an dieser Stelle nicht, sondern interessieren uns hier lediglich für das Schicksal der schwarzen Dame. Aus diesem Grund sollten vor dem Weiterlesen die Abbildungen 52 und 53 gründlich studiert werden.

Aufgrund der Situation und der Zielsetzung von Weiß kann der schwarze Gegner nicht reagieren, wie er will; er steht vielmehr unter Zugszwang mit sehr eingeschränkten Möglichkeiten. In dieser Endspielsituation sind die Züge des Gegners relativ klar vorauszusagen; die Muster sind der Zielhierarchie untergeordnet.

Zur gegebenen Lösung (vgl. Legende zu Abb. 53) wäre übrigens auch eine Variante denkbar, die vom dritten Zug an so aussähe: 3.Dh1–g2+ Kg4–h5 oder h4. 4.Dg2–h2+ Kg5 oder g4 5. f2–f4+ oder f2–f3+ Kg4/KxB 6. DxD.

Immerhin könnte es sein, daß in einer etwas früheren Phase des Spiels die Aktionen, die der Zielebene IV (Abb. 53) entsprechen, wesentlich komplizierter und in viel mehr Zügen ablaufen, daß sie sich vielleicht sogar in einer Weise entwickeln (etwa bei einem Mißgeschick!), die es Weiß nie mehr gestatten würden, auf Zielebene III zurückzukehren. Dann müßte das angestrebte Ziel (Ebene II bzw. I) zugunsten eines neuen Ziels aufgegeben werden.

Man erkennt aufgrund rein theoretischer Überlegungen, daß wohl derjenige Spieler besser dran ist, dessen Kompetenz auf einem umfassenderen und klarer hierarchisch gegliederten Ziel- und Muster-Repertoire beruht. Ein solches für einen einzigen Moment in einem aktuellen Spiel zu beschreiben, ist außerordentlich schwierig. Die strukturellen Beschreibungen des Eröffnungsspiels, wie wir sie eingangs kennen gelernt haben, und die Beschreibung der Zielhierarchie für die Phase des Damenverlusts aus dem letzten Beispiel (Abb. 52 und 53) waren schon komplex genug. Im weitern ist es klar, daß ein derartiges Repertoire für jedes Individuum – jedenfalls auf den höheren Hierarchiestufen – anders aussieht und daß jedes vom Betreffenden in unterschiedlicher Weise verwendet wird. Im »Umgang« mit dem eigenen Muster-Repertoire liegen denn auch sämtliche Möglichkeiten *kreativer Planung*, einfalls- und fintenreichen Spiels sowie die Möglichkeit eines recht guten

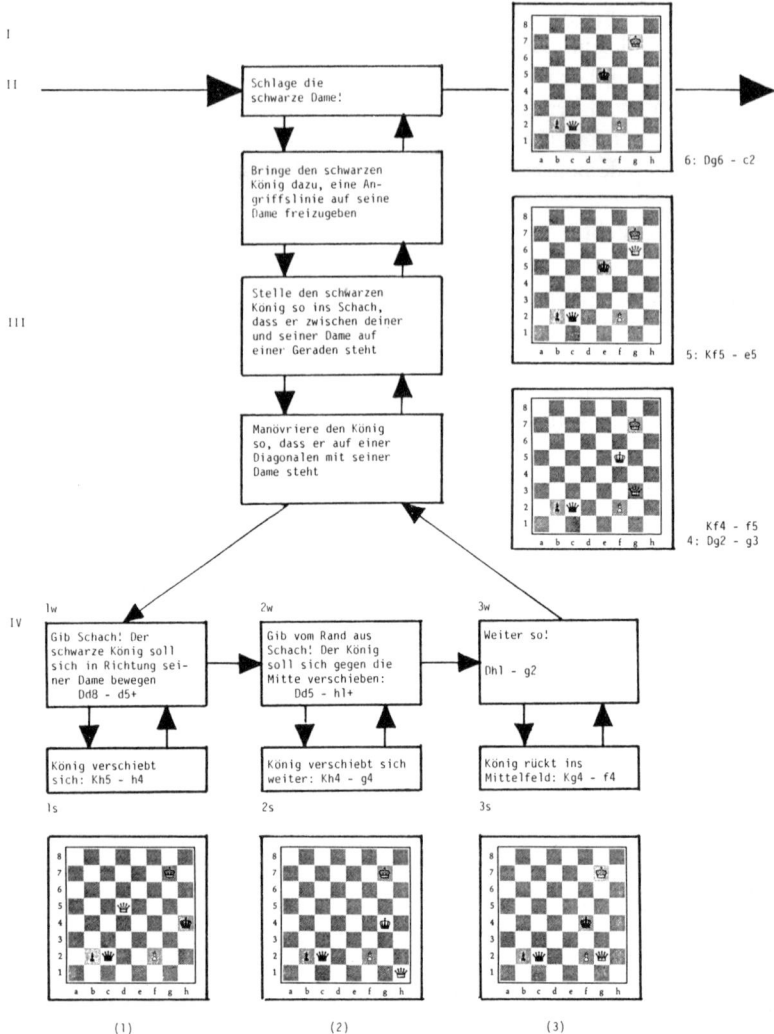

Abb. 53   Zielhierarchie zum Erreichen des Zwischenziels »Schlagen der schwarzen Dame«, das seinerseits Bestandteil des allgemeineren Teilziels »Schwächen« des Partners zum Zwecke (Hauptziel) des »Matt-Setzens des schwarzen Königs« ist. Die römischen Zahlen am linken Rand deuten die Höhe der Zielhierarchien an: I bezeichnet das höchste Ziel: das Matt-Setzen des gegenerischen Königs; II bezeichnet hier das Schlagen der Dame; III die Zwischenziele, die dafür zu erreichen sind, und IV gleichsam die »Kleinarbeit«, ohne die die Zwischenziele der oberen Stufen gar nicht erreicht werden können.

Mit jeder Stufe abwärts in der Hierarchie werden die Ziele spezifischer. Ein Zwischenziel ist immer dann erreicht, wenn die darunterliegenden erreicht sind. Die abwärts führenden Pfeile bedeuten immer »zuerst«, während die seitwärts und aufwärts führen »dann« bedeuten.

Die arabischen Zahlen geben die Züge für Weiß (w) und Schwarz (s) an. Es sind die folgenden:

(1) Dame d8–d5 »Schach«, König h5–h4
(2) Dd5–H1+ (»Schach«), Kh4–g4
(3) Dh1–g2+, Kg4–f4
(4) Dg2–g3+, Kf4–f5
(5) Dgf3–g6+, Ke5 oder f4
(6) weiße Dame schlägt schwarze Dame (D x D).

Die Annahme der Zielhierarchie, wie sie hier dargestellt ist, ist eine post-hoc-Konstruktion aufgrund des Spielprotokolls. Wir sind nicht sicher, ob das Diagramm die erdachten Ziele von Weiß ganz korrekt wiedergibt, aber grundsätzlich wird Weiß ungefähr so gedacht haben!!

Kalkulierens des *Risikos* für nicht ganz sichere Unternehmungen. Vieles dazu wird von kompetenten Spielern aus Meisterpartien gelernt!

Wenn unser Schachspieler in seinen Lernbemühungen so weit gekommen ist, wie wir es bis jetzt beschrieben haben, dann hat er das Niveau erreicht, das wir früher als den *level of mastery* bezeichnet haben. Er ist damit sicher ein hervorragender Spieler, aber – für die professionelle Schachwelt – letztlich immer noch ein Amateur.

20.6 Der Begriff der »Intuition« beim Schachspiel – der Experte

Was unserem hervorragenden Amateur noch fehlt, ist das, was Experten des Spiels, die Großmeister, auszeichnet und ihnen beim Spiel einen andern Stil verleiht: die *Intuition*. Das, was Aussenstehende als die Intuition eines Schachexperten bezeichnen, dürfte aus der Sicht des heutigen Wissensstandes mit dem Automatisierungsgrad bzw. der *außerordentlichen Schnelligkeit* zusammenhängen, mit der Experten die Muster einer Spielsituation sicher wiedererkennen und mit der sie weitere relevante Muster und Submuster für ihre Planung und Zielsetzung aktivieren können. Wegen dieser *high-speed*-Informationsverarbeitung kommt es dem Aussenstehenden vor, als ob sich der Meister gerade nur auf einen Einfall, auf seine Intuition, abstützen würde. Man darf annehmen, daß dem Experten ganz wenige Hinweisreize auf dem Brett genügen, um umfangreiche Muster abzurufen, die ihm das Stecken eines Zieles erlauben. Die Durchführung der einzelnen Züge unterliegt dann aber gleichwohl wieder einer sorgfältigen Ausführungsplanung (vgl. Zielniveau IV in Abb. 53), nur läuft auch diese unvergleichlich schneller ab, als dies auch bei einem sehr guten Amateur der Fall ist! Dies ermöglicht dem Meister im Simultanspiel diese auffallende *Flüssigkeit* des Spiels und gibt ihm gegen seine zwanzig gleichzeitig spielenden Gegner die nötige Überlegenheit.

Was braucht es wohl, wenn jemand diese Fähigkeiten erwerben will, die ein Schachmeister beherrscht? Dazu haben sich Newell & Simon (1972, 782) in höchst interessanter Weise geäußert: Sie haben aufgrund ihrer Computersimulationen von Schachspielen errechnet, daß ein vollständiges *Vokabular von Schachkonfigurationen* zwischen 10000 und 100000 Muster (*patterns*, d.h. als Einheiten aufgefaßte Gruppen von eigenen und gegnerischen Figuren samt deren Wirkungsweisen) enthalten müßte. Dies scheint eine ungeheuer große Zahl zu sein, und niemand wird auf Anhieb glauben wollen, daß jemand in der Lage sein könnte, eine derart hohe Anzahl von Mustern zu speichern und zum Gebrauch bereitzuhalten. Wenn man aber, wie die genannten Autoren vermerken, daran denkt, daß eine sehr gebildete Person einen Wortschatz von insgesamt vielleicht 50000 Wörtern hat, so scheint es doch nicht mehr ganz ausgeschlossen, daß auch eine sehr große Zahl von Schachsituationsmustern gelernt und gespeichert werden kann. In der Tat meinen die Autoren, daß ein Meister über ungefähr 50000 Muster verfügen muß. Wenn man dann daran denkt, wie lange es dauert, bis jemand einen Wortschatz von der genannten Größe aufgebaut hat, mit wieviel täglichem Gebrauch und Übung dies verbunden ist, so wird auch verständlich, daß nur jemand Schachexperte (Großmeister) werden kann, der zum einen früh in seinem Leben mit Schachspielen begonnen und der zum andern die entsprechende, wohl tägliche Übung erhalten hat (vgl. De Groot 1965, 1966). Die »Profis« unter den Schachspielern verfügen nicht bloß wie der Amateur über einige hundert Muster in ihrem Vokabular von Schachkonfigurationen, sondern über eine Anzahl, die in der Größenordnung von *zwei Zehnerpotenzen* höher liegen dürfte!

20.7 Experten mit besserem Gedächtnis? – Experimentelle Befunde

Visuelle Vorstellungen als entscheidende Prozesse?

Man mag sich fragen, ob es sich eigentlich beim Planen und Vorwegnehmen von künftigen Zügen um *visuelle Vorstellungen* handelt, ob also kompetente Schachspieler vor allem über eine ausgeprägte Vorstellungsgabe verfügen müssen. Wenn wir einmal von Großmeistern absehen, die parallel mehrere Blindpartien spielen können, sondern an die übliche Tourniersituation denken, so erkennen wir, daß das Brett als *visuelle* Gegebenheit vor dem Spieler liegt. Wenn er nun plant, welche Züge *er* und welche sein Gegner wohl ausführen wird, so mögen visuelle Vorstellungen, d.h. innere räumlich-visuelle Verschiebungen durchaus eine Rolle spielen; aber das Wesentliche sind wohl vor allem die *strukturellen* Beschreibungen und deren Verdichtungen, die sich natürlich auch mit jedem bloß *antizipierten* Zug verändern. Wir wissen über die inneren Prozesse, die in solchen Situationen wahrscheinlich ablaufen, aus experimentellen Untersuchungen einiges, was der Erwähnung wert ist – vor allem hinsichtlich der Unterschiede zwischen Novizen und Experten. Daraus läßt sich dann auch eine Antwort auf die oben gestellte Frage nach der Rolle der Vorstellungen ableiten.

In verschiedenen Untersuchungen hat man Novizen und Experten bezüglich ihres Verhaltens angesichts einer vorgegebenen Schachsituation miteinander verglichen (z.B. Chase & Simon 1973). Novizen wie Experten bekamen genau dieselbe Brettsituation, eine Momentaufnahme aus einem Spiel, für fünf Sekunden zu sehen. Danach mußten sie diese wahrgenommene Situation auf einem leeren Brett rekonstruieren.

Während die Meister dies ohne Schwierigkeiten tun konnten, brachten Anfänger und selbst in mittlerem Maße geübte Spieler nur wenige Figuren in die korrekten Positionen. Erstaunlich dabei ist nun, daß diese Fähigkeit der Schachmeister keineswegs auf einer Überlegenheit ihres Gedächtnisses etwa in Form einer höheren Vorstellungsfähigkeit beruht. Wenn man nämlich dieselben Figuren in einer *Zufallsverteilung* auf dem Brett aufstellt und den Novizen wie den Meistern wiederum fünf Sekunden Zeit gibt, um sich das Brett anzusehen, so unterscheiden sich die Leistungen der Meister überhaupt nicht mehr von denen der Anfänger! (Vgl. dazu auch die früheren Untersuchungen von De Groot 1965, 1966, denen eine Pionierstellung innerhalb der Erforschung der psychologischen Grundlagen des Schachspiels zukommt.)

Im richtigen Spiel stehen die Figuren in einer *sinnvollen* oder *bedeutungshaltigen* Weise auf dem Brett, und der Meister nimmt die Elemente (die Figuren) und ihre gegenseitigen Zusammenhänge schon aufgrund weniger Situationsmerkmale in ungleich größeren, d.h. umfassenderen Einheiten wahr als der Novize. Aus diesem Grund ist es ihm möglich, die Gesamtsituation ohne Schwierigkeiten zu rekonstruieren. Da er die Information innert 5 Sekunden aufnehmen mußte, können wir annehmen, daß er sie in seinem Arbeitsgedächtnis bei der Rekonstruktion verfügbar hatte. Neueren Arbeiten zufolge (Holding 1986) darf man annehmen, daß dabei den verbalen Kodierungen eine mindestens ebenso große Bedeutung zukommt wie den räumlich-visuellen oder figuralen!

Aufgrund der heutigen Kenntnis der Limiten des Arbeitsgedächtnisses können wir schließen, daß der Meister die gesamte Information, wenn wir Millers (1956) Ansicht folgen, in nicht mehr als 9 (7 $\pm$ 2, Miller 1956) »Paketen« verfügbar hält oder daß er, wenn wir uns an die neuere Forschung halten, einige davon abgespeichert und die andern in aktueller Verarbeitung hat. Dabei enthalten diese Pakete nicht wie beim Novizen bloß gerade eine Figur und ihre Position (und das oft unrichtig!), sondern alle relevanten Relationen zwischen ganzen Mustern, ohne die eine Rekonstruktion gar nicht möglich wäre. Der Experte rekonstruiert die großen Einheiten, leitet aus diesen viele Details ab, indem er sie gleichsam ausfaltet (d.h. die Informationspakete, in denen die Teilinformationen hierarchisch gespeichert sind, »auspackt«) und sieht darin schon die Pläne des ihm zwar unbekannten Spielers; er muß sich nicht an den einzelnen Gegebenheiten der unmittelbaren Umfelder der Figuren orientieren, wie dies für den Anfänger noch durchaus typisch ist.

Um die Situation abschließend in einem vergleichenden Bild zu beschreiben: Es ist, als ob der Meister einen umfangreichen Text nach kürzester Lektüre gleich *abschnittweise* versteht, ihn auch so wiedergeben und verwenden kann, während sich der Novize noch mit den Buchstaben der einzelnen Wörter abmüht und deshalb auch nicht viel mehr als einzelne Wörter rekonstruieren und wiedergeben kann.

20.8 Memo

1. Der Schachnovize lernt zuerst die elementaren Operationen (Regeln des Schachspiels) und deren Konsequenzen auf dem Spielbrett. Seine Datenbasis besteht anfänglich aus strukturellen Beschreibungen der eigenen und der fremden Operationen des Spielgeschehens und deren Implikationen.
2. Das Feststellen von Implikationen in den Operationen auf dem Schachbrett kann als Parallele zum Erschließen von unausgesprochenen Fakten aus begrifflich-sprachlicher Information (Inferenzprozesse) betrachtet werden.
3. Der entscheidende Fortschritt des Novizen vollzieht sich im Erlernen des Verdichtens der strukturellen Beschreibungen zu Elementen höherer Ordnung, nämlich zu Mustern (Brettkonfigurationen), die ihm dann aufgrund langzeitiger Speicherung verfügbar und als aktivierte Information im Arbeitsgedächtnis zugänglich sind.
4. Das Verdichten ist ein allgemeiner kognitiver Prozeß; er gestattet den Umgang mit der Informationsfülle bei gleichzeitiger Entlastung des Arbeitsgedächtnisses.
5. Das Arbeitsgedächtnis verfügt einerseits über einen kurzzeitigen Speicher für eine Anzahl von Elementen: drei bis vier, je nach deren Organisiertheitsgrad; andererseits steht Kapazität zur Verfügung für eine gleichzeitige Verarbeitung von Information: für ein Kodieren und Umkodieren, Kategorisieren, Hierarchisieren oder Elaborieren, für ein Verdichten oder Entfalten von Information.
Die Informationsverarbeitungskapazität kann durch intensives Training (Experten!) derart erweitert werden, daß sie die Speicherkapazität des Arbeitsgedächtnisses nicht beeinträchtigt. Genaue Zahlenwerte über die

Teilkapazitäten des Arbeitsgedächtnisses kann man heute noch nicht angeben.

6. Ein Muster enthält nicht bloß Information über die räumlich-figuralen Anordnungen der darin enthaltenen Figuren, sondern vor allem über deren Wirkung. Dabei ist anzunehmen, daß verbale Gedächtniskodierungen neben räumlich-visuellen (figuralen) eine bedeutendere Rolle spielen als bisher angenommen.

7. Die Elemente der Datenbasis des fortgeschrittenen Anfängers sind Muster typischer Spielkonfigurationen und deren Verknüpfungen zu einem zunächst einfachen, dann aber immer elaborierteren Operationssystem.

8. Die entscheidenden Lernfortschritte des fortgeschrittenen Anfängers liegen in der Hierachisierung der ihm verfügbaren Muster und in der Verbindung derselben mit Zielhierarchien. Damit wird er zum kompetenten Spieler.

9. Der kompetente Spieler zeichnet sich durch seinen leichten und individuell geprägten Umgang mit Hierarchien von Mustern, Planungsschritten und Zielen aus, m.a.W. durch den leichten Gebrauch seines Operations- und Zielsystems.

10. Der Experte zeichnet sich durch die »Intuition« beim Schachspiel aus, d.h. durch den hohen Automatisierungsgrad in der Wahrnehmung und Beurteilung von Sitationen sowie in der Planung und Durchführung von weiteren Schritten, m.a.W. durch die hohe Geschwindigkeit seines Umgangs mit seinem Operations- und Zielsystem. Er verfügt über eine Anzahl von Mustern in der Größenordnung von 50000.

11. Der Prozeß des Schachspielenlernens ist in verschiedener Hinsicht ein typischer »höherer« Lernprozeß: Er ist komplex, kann nur ganz zu Beginn über einfache Algorithmen erworben werden und impliziert bei weiterem Fortschreiten eine Fülle heuristischer Momente; jede Lernsituation ist durch ein sehr sorgfältiges Abwägen der Gegebenheiten und durch eine auffallende Lösungsvielfalt gekennzeichnet, die oft bedeutende Unsicherheiten enthalten kann. Der Lernprozeß ist weitgehend selbstreguliert, d.h. er läuft zumindest teilweise aufgrund einer sachimmanenten Logik weiter, wenn er einmal in günstiger Weise angestoßen worden ist. Im wesentlichen geht es darum zu lernen, die Strukturen jeder Situation zu erkennen, m.a.W. ihre Bedeutung zu erfassen, entsprechend zu planen und zu agieren.

Bibliographie

Abelson, R.P. (1976) Script processing in attitude formation and decision-making. In: J.S. Carroll & J.W. Payne (Eds.) Cognition and social behavior. Hillsdale, N.J.: Erlbaum.

Abramson, L.Y., Seligman, M.E.P. & Teasdale, J.D. (1978) Learned helplessness in humans: critique and reformulation. Journal of Abnormal Psychology, 87 (1), 49–74.

Adams, J.A. (1984) Learning movement sequences. Psych. Bulletin, 96 (1), 3–28.

Aebli, H. (1969) Die geistige Entwicklung als Funktion von Anlage, Reifung, Umwelt und Erziehungsbedingungen. In: H. Roth (Hrsg.) Begabung und Lernen. Stuttgart: Klett, 151–192.

Aebli, H. (1976, 9. Auflage) Grundformen des Lehrens. Stuttgart: Klett.

Aebli, H. (1978) Von Piagets Entwicklungspsychologie zur Theorie der kognitiven Sozialisation. In: G. Steiner (Hrsg.) Die Psychologie des 20. Jahrhunderts. Band 7: Piaget und die Folgen. München: Kindler, 604–627.

Aebli, H. (1980, 1981) Denken: Das Ordnen des Tuns. Bände I und II. Stuttgart: Klett–Cotta.

Aebli, H. (1983) Zwölf Grundformen des Lehrens. Stuttgart: Klett–Cotta

Aebli, H. & Steiner, G. (1975) Probleme der Schulpraxis und die Erziehungswissenschaften. Stuttgart: Klett.

Aeschbacher, U. (1986) Unterrichtsziel: Verstehen. Stuttgart, Klett.

Alloy, L.B. & Abramson, L.Y. (1979) Judgment of contingency in depressed and nondepressed students: Sadder but wiser? Journal of Experimental Psychology: General, 108, 441–485.

Allport, G.W. (1961, dt. 1970) Pattern and growth of personality. New York: Holt, Rinehart & Winston. Dt.: Gestalt und Wachstum der Persönlichkeit. Meisenheim 1970.

Aronfreed, J. (1969) The concept of internalization. in: D.A. Goslin (Ed.) Handbook of socialization theory and research. Chicago: Rand McNally, 263–324.

Aronson, E. (1978) The jigsaw classroom. Beverly Hills, Ca.: Sage.

Atkinson, J.W. (1975) Einführung in die Motivationsforschung. Stuttgart: Klett.

Atkinson, R. C. (1975) Mnemotechnics in second-language learning. American Psychologist, 30, 821–828.

Atkinson, R.C. & Raugh, M.R. (1975) An application of the mnemonic key word method to the acquisition of a Russian vocabulary. Journal of Experimental Psychology: Human Learning and Memory, 1, 126–133.

Austin, H. (1974) A computational view of the skill of juggling. Unpublished report. Cambridge, Mass.: Artificial Intelligence Laboratory. Cambridge, Mass., M.I.T.

Ausubel, D.P. (1968) Educational psychology – a cognitive view. New York: Holt, Rinehart & Winston. Dt. Psychologie des Unterrichts. Band I und II. Weinheim: Beltz, 1974

Azrin, N.H. & Holz, W.C. (1966) Punishment. In: W.K. Honig (Ed.) Operant behavior: areas of research and application. New York: Appleton-Century-Crofts, 380–447.

Baddeley, A. (1976) Die Psychologie des Gedächtnisses. Stuttgart: Klett–Cotta.
Baddeley, A. (1986) Working memory. New York: Oxford University Press.
Baddeley, A. & Hitch, G. (1974) Working memory. In: G.H. Bower (Ed.) The psychology of learning and motivation. Vol. 8. New York: Academic Press, 47–87.
Baddeley, A. & Liberman, K. (1977) Spatial working memory. In: R. Nickerson (Ed.) Attention and performance. Vol. VIII. Hillsdale, N.J.: Erlbaum.
Ballstaedt, S.-P., Mandl, H., Schnotz, W. & Tergan, S. (1981) Texte verstehen, Texte gestalten. München: Urban & Schwarzenberg.
Ballstaedt, S.-P., Molitor, S. & Mandl, H. (1987) Wissen aus Text und Bild. Forschungsbericht Nr. 40. Deutsches Institut für Fernstudien an der Universität Tübingen.
Bandura, A. (1971) Analysis of modeling processes. In: A. Bandura (Ed.) Psychological modeling: conflicting theories. New York: Lieber–Atherton, 1–62.
Bandura, A. (1979) Sozial-kognitive Lerntheorie. Stuttgart: Klett–Cotta.
Bandura, A. & Walters, R.H. (1963) Social learning and personality development. New York: Holt, Rinehart & Winston.
Bartlett, F.C. (1932) Remembering. A study in experimental social psychology. Cambridge: Cambridge University Press.
Bergius, R. (1964) Übungsübertragung und Problemlösen. In: R. Bergius (Hrsg.) Handbuch der Psychologie. Band 1, 2. Halbband. Göttingen: Hogrefe, 284–325.
Berlyne, D.E. (1961) Conflict and the orientation reaction. Journal of Experimental Psychology, 62, 476–483.
Berlyne, D.E. (1974) Konflikt, Erregung, Neugier. Stuttgart: Klett.
Bower, G.H. (1970) Organizational factors in memory. Cognitive Psychology, 1, 28–46.
Bower, G.H. (1972) Mental imagery and associative learning. In: L.W. Gregg (Ed.) Cognition in lerning and memory. New York: Wiley, 51–88.
Bower, G.H. & Hilgard, E.R. (1981) Theories of learning. Revised edition. New York: Prentice Hall. Dt. Theorien des Lernens, Bände I und II. Stuttgart: Klett–Cotta, 1983.
Bower, S.A. & Bower. G. H. (1976) Asserting yourself. A practical guide for positive change. Reading, MA: Addison-Weseley.
Bridges, K. (1932) Emotional development in infancy. Child Development, 3, 324–341.
Broadbent, D.E. (1981) From the percept to the cognitive structure. In: L. Long & A. Baddeley (Eds.) Attention and performance. Vol. IX. Hillsdale, N.J.: Erlbaum, 1–24.
Brunnhuber, P. & Czinczoll, B. (1974) Lernen durch Entdecken. Donauwörth: Auer.
Brown, A.L. (1978) Knowing when, where and how to remember – A problem of meta-cognition. In: R. Glaser (Ed.) Advances in instructional psychology. Hillsdale, N.J.: Erlbaum, 77–165.
Brown, A.L. & Day, J.D. (1983) Macrorules for summarizing texts: the development of expertise. Journal of Verbal Learning and Verbal Behavior, 22, 1–14.
Brown, A.L., Palincsar, A.S. & Armbruster, B.B. (1984) Instructing comprehension-fostering activities in interactive learning situations. In: H. Mandl, N. Stein & T. Trabasso (Eds.) (1984) Learning and comprehension of text. Hillsdale, N.J.: Erlbaum, 255–286.

Bruner, J.S. (1964) The course of cognitive growth. American Psychologist, 19, 1–14.

Bruner, J.S. (1966) Toward a theory of instruction. Cambridge, Mass.: Harvard University Press.

Bruner, J.S., Olver, R.R., Greenfield, P.M. (1971) Studien zur kognitiven Entwicklung. Stuttgart: Klett.

Büchel, F. (1983) Die Förderung von Selbstkontrolle bei verhaltensgestörten Kindern und Jugendlichen. Vierteljahresschrift für Heilpädagogik und ihre Nachbargebiete: VHN, 52, 1, 81–99.

Büchel, F., Burri, M. & Frackmann, S. (1984) Lernstrategien für die Berufsschule. Publikation des Instituts für Psychologie der Universität Basel (vergriffen).

Carpenter, W.B. (1877) Principles of mental physiology. London.

Carroll, W.R. & Bandura, A. (1982) The role of visual monitoring in observational learning of action patterns: Make the unobservable observable. Journal of Motor Behavior, 14, 153–167.

Chase, W.G. (1973) Visual information processing. New York: Academic Press.

Chase, W.G. & Chi, M.T.H. (1981) Cognitive skill: implications for spatial skill in large-scale environments. In: J.H. Harvey (Ed.) Cognition, social behavior, and the environment. Hillsdale, N.J.: Erlbaum, 111–136.

Chase, W.G. & Simon, H.A. (1973) The mind's eye in chess. In: W.G. Chase (Ed.) Visual information processing. New York: Academic Press, 215–282.

Claparède, E. (1903) La faculté lointaine (sens de direction, sens de retour). Archives de Psychologie, 2, 133–180.

Collins, A., Brown, J.S., & Larkin, K.M. (1980) Inference in text understanding. In: R.J. Spiro, B.C. Bruce & W.F. Brewer (Eds.) Theoretical issues in reading comprehension. Hillsdale, N.J.: Erlbaum, 385–407.

Copei, F. (1950) Der fruchtbare Moment im Unterricht. Heidelberg.

Csikszentmihalyi, M. (1975) Beyond boredom and anxiety. San Francisco: Jossey-Bass.

Csikszentmihalyi, M. (1978) Intrinsic rewards and emergent motivation. In: M.R. Lepper & D. Greene (Eds.)(1978) The hidden costs of reward. Hillsdale, N.J.: Erlbaum, 205–216.

Darwin, C. (1859) On the origin of species by means of natural selection. Dt. Die Entstehung der Arten durch natürliche Zuchtwahl. Stuttgart: Reclam, 1976.

Deci, E.L. (1972) Intrinsic motivation, extrinsic reinforcement, and inequity. Journal of Personality and Social Psychology, 26, 113–120.

De Groot, A.D. (1965) Thought and choice in chess. The Hague, Netherlands: Mouton Publishers.

De Groot, A.D. (1966) Perception and memory versus thought: some old ideas and recent findings. In: B. Kleinmuntz (Ed.) Problem solving. New York: Wiley.

De Kleer, J. & Brown, J.S. (1983) Assumptions and ambiguities in mechanistic mental models. In: D. Gentner & A.L. Stevens (Eds.) Mental models. Hillsdale, N.J.: Erlbaum, 155–190.

Diekhoff, G.M., Brown, P.J. & Dansereau, D.F. (1982) A prose learning strategy training. Experimental Education, 50, 180–184.

Doise, W. (1978) Soziale Interaktion und kognitive Entwicklung. In: G. Steiner (Hrsg.) Die Psychologie des 20. Jahrhunderts. Band 7: Piaget und die Folgen. München: Kindler, 331–347.

Downs, R.M. & Stea, D. (1973) Image and environment. Chicago: Aldine.

Downs, R.M. & Stea, D. (1977) Maps in minds. Reflections on cognitive mapping. New York: Harper & Row.

Duncker, K. (1935) Zur Psychologie des produktiven Denkens. Berlin: Springer. Neudruck 1974.

Dweck, C.S. (1975) The role of expectations and attributions in the alleviation of learned helplessness. Journal of Personality and Social Psychology, 31, 411–417.

Ebbinghaus, H. (1885) Über das Gedächtnis. Leipzig: Dunker.

Ebbinghaus, H. (1979, 4. Auflage) Grundzüge der Psychologie (herausgegeben von K. Bühler). Leipzig: Veit.

Edwards, A.E. & Acker, L.E. (1962) A demonstration of the longterm retention of a conditional galvanic skin response. Psychosomatic Medicine, 24, 459–463.

Ericsson, K.A. (1985) Memory skill. Canadian Journal of Psychology, 39, 188–231.

Fatke, R. (Hrsg.)(1983) Jean Piaget: Meine Theorie der geistigen Entwicklung. Frankfurt: Fischer.

Fillmore, C.J. (1968) The case for case. In: E. Bach & R.T. Harms (Eds.) Universals of linguistic theory. New York: Holt, Rinehart & Winston.

Fischer, P.M. & Mandl, H. (1983) Förderung von Lernkompetenz und Lernregulation. Zentrale Komponenten der Steuerung und Regulation von Lernprozesen. In: L. Koetter & H. Mandl (Hrsg.) Kognitive Prozesse und Unterricht. Jahrbuch der Empirischen Erziehungswissenschaft. Düsseldorf: Schwann, 263–317.

Flavell, J.H., Botkin, P.T., Fry, C.L., Wright, J.W. & Jarvis, P.E. (1968) The development of role-taking and communication skills in children. New York: Wiley. Dt. Rollenübernahme und Kommunikation bei Kindern. Weinheim: Beltz l975.

Flavell, J.H. (1978) Metacognitive development. In: J.M. Scandura & C.J. Brainerd (Eds.) Structural process theory of complex human behavior. Alphen, Holland: Sijtkoff.

Flavell, J.H. (1979) Kognitive Entwicklung. Stuttgart: Klett–Cotta.

Frey, R.L. (1981) Wirtschaft, Staat und Wohlfahrt. Eine Einführung in die Nationalökonomie. Basel: Helbing & Lichtenhahn.

Fricke, A. (1970) Operative Lernprinzipien. In: A. Fricke & H. Besuden (1970) Mathematik – Elemente einer Didaktik und Methodik. Stuttgart: Klett.

Gärling, T., Böök, A. & Lindberg, E. (1984) Cognitive mapping of large-scale environments. The interrelationship of action plans, acquisition, and orientation. Environment and Behavior, 16 (1), 3–34.

Galton, F. (1872) On finding the way. The art of travel or: Shifts and contrivances available in wild countries. London: John Murray.

Gantt, W.H. (1966) Reflexology, schizokinesis, and autokinesis. Conditional Reflex, 1, 57–68.

Gelman, R. & Gallistel, C.R. (1978) The child's understanding of number. Cambridge: Harvard University Press.

Gisiger, U. & v. Erlach, I. (1968) Lieber Jack! Bern sieht wie ein Walfisch aus . . . Wabern: Büchler.

Glaser, R. (1984) Education and thinking: The role of knowledge. American Psychologist, 39, 93–104.

Gordon, T. (1979) Manager-Konferenz. Hamburg: Hoffmann & Campe.

345

Graesser, A.C. (1981) Prose comprehension beyond the word. New York: Springer.

Gregg, L.W. (Ed.) Cognition in learning and memory. New York: Wiley.

Gulliver, E.P. (1908) Orientation of maps. Journal of Geography, 7, 55–58.

Guthrie, E.R. (1959) Association by contiguity. In: S. Koch (Ed.) Psychology: A study of science. Vol. 2. New York: MacGraw–Hill, 158–195.

Guthrie, E.R. (1935) The psychology of learning. New York: Harper & Row.

Hacker, W. (1978) Allgemeine Arbeits- und Ingenieurpsychologie. Schriften zur Arbeitspsychologie. Bern: Huber.

Harris, B. (1979) Whatever happened to little Albert. American Psychologist, 34 (2), 151–160.

Hayes, J.R. (1973) On the function of visual imagery in elementary mathematics. In: W.G. Chase (Ed.) Visual information processing. New York: Academic Press, 177–214.

Heckhausen, H. (1969) Förderung der Lernmotivierung und der intellektuellen Tüchtigkeiten. In: H. Roth (Hrsg.) Begabung und Lernen. Stuttgart: Klett, 193–228.

Hilgard, E.R. & Bower, G.H. (1970) Theorien des Lernens. Stuttgart: Klett.

Hiroto, D.S. (1974) Locus of control and learned helplessness in man. Journal of Experimental Psychology, 102, 187–193

Hiroto, D.S. & Seligman, M.E.P. (1975) Generality of learned helpless in man. Journal of Personality and Social Psychology, 31, 311–327.

Hoffman, M.L. (1976) Empathy, role-taking, guilt and the development of altruistic motives. In: T. Lickona (Ed.) Moral development and behavior. New York: Rinehart, Holt & Winston.

Holding, D. (1986) Psychology of chess skill. Hillsdale, N. J.: Erlbaum.

Hovland, C.J. (1951)) Human learning and retention. In: S.S. Stevens (Ed.) Handbook of Experimental Psychology. New York: Wiley, 613–689.

Hull, C.L. (1943) Principles of behavior. New York: Appleton-Century-Crofts.

Johnson-Laird, P.N. (1980) Mental models in cognitive science. Cognitive Science, 4, 71–115.

Johnson-Laird, P.N. (1983) Mental models: towards a cognitive science of language, inference and consciousness. Cambridge: Cambridge University Press.

Johnston, J.M. (1972) Punishment of human behavior. American Psychologist, 27, 1033–1054.

Kant, I. (1781) Kritik der reinen Vernunft. Band 1. Frankfurt: Suhrkamp 1974.

Katona, G. (1940) Organizing and memorizing. New York: Columbia University Press.

Kendall, P.C. & Braswell, L. (1985) Cognitive-behavioral therapy for impulsive children. New York: Guilford Press.

Kintsch, W. (1974) The representation of meaning in memory. New York: Wiley.

Kintsch, W. (1977) On comprehending stories. In: M.A. Just & P.A. Carpenter (Eds.) Cognitive processes in comprehension. Hillsdale, N.Y.: Erlbaum.

Kintsch, W. (1982) Gedächtnis und Kognition. Berlin: Springer.

Kintsch, W. & Van Dijk, T.A. (1978) Toward a model of text comprehension and production. Psychological Review, 85, 363–394.

Kleint, H. (1940) Versuche über die Wahrnehmung. Zeitschrift für Psychologie, 149, 61–68.

Kosslyn, S.M. (1980) Image and mind. Cambridge, Mass.: Harvard University Press.

Kosslyn, S.M., Ball, T. & Reiser, B. (1978) Visual images preserve metric spatial information: Evidence from studies of image scanning. Journal of Experimental Psychology: Human Perception and Performance, 4, 47–60.

Kosslyn, S.M., Pinker, S., Smith, G. & Schwartz, S.P. (1979) On the de-mystification of mental imagery. The Behavioral and Brain Sciences, 2, 535–581.

Kozlowski, L.T. & Bryant, K.J. (1977) Sense of direction, spatial orientation, and cognitive maps. Journal of Experimental Psychology, 590–598.

Krebs, D. (1975) Empathy and altruism. Journal of Personality and Social Psychology, 32, 1134–1146.

Krohne, H.W. (1975) Angst und Angstverarbeitung. Stuttgart: Kohlhammer.

Krohne, H.W. (1981, 2. Aufl.) Theorien zur Angst. Stuttgart: Kohlhammer.

Krohne, H.W. (1985) Das Konzept der Angstbewältigung. In: H.W. Krohne (Hg.) Angstbewältigung in Leistungssituationen. Weinheim: VCH Verlagsgemeinschaft, 1–13.

Lashley, K.S. (1929) Brain mechanisms and intelligence. Chicago: University of Chicago Press. Neuauflage New York: Hafner 1963.

Laux, H. (1981) Psychologische Streßkonzeptionen. In: H. Thomae (Hg.) Handbuch der Psychologie. Band II: Motivation. Göttingen: Hogrefe, 2. Auflage.

Lazarus, R.S. & Launier, R. (1978) Stress-related transactions between person and environment. In: L.A. Pervin & M. Lewis (Eds.) Perspectives in interactional psychology. New York: Plenum.

Lepper, M.R. (1973) Dissonance, self-perception, and honesty in children. Journal of Personality and Social Psychology, 25, 65–74.

Lepper, M.R. & Greene, D. (1975) Turning play into work: effects of adult surveillance and extrinsic rewards on children's intrinsic motivation. Journal of Personality and Social Psychology, 31, 479–486.

Lepper, M.R. & Greene, D. (1978) Overjustification research and beyond: towards a means-end analysis of intrinsic and extrinsic motivation. In: M.R. Lepper & D. Greene (Eds.) The hidden costs of reward. Hillsdale, N.J.: Erlbaum, 109–148.

Lepper, M.R., Greene, D. & Nisbett, R.E. (1973) Undermining children's intrinsic interest with extrinsic reward: A test of the overjustification hypothesis. Journal of Personality and Social Psychology, 28 (1), 129–137.

Levin, J.R. (1981) On functions of pictures in prose. In: F.J. Pirozzolo & M.C. Wittrock (Eds.) Neuropsychological and cognitive processes in reading. New York: Academic Press, 203–228.

Levin, J.R. (1982) Pictures as prose learning devices. In: A. Flammer & W. Kintsch (Eds.) Discourse processing. Amsterdam: North-Holland Publishing Company, 412–444.

Liddell, H.S. (1934) The conditioned reflex. In: F.A. Moss (Ed.) Comparative psychology. New York: Prentice-Hall.

Lindsay, P.H. & Norman, D.A. (1972) Human information processing. An introduction to psychology. New York: Academic Press.

Lotze, H. (1852) Medizinische Psychologie und Physiologie der Seele. Leipzig. XXX Lübke, (1975,1983, 9. Auflage) Emploi des mots. Dortmund: Lambert Lensing.

Luria, A.R. (1963) The mentally retarded child. Oxford: Pergamon Press.

Lynch, K. (1960) The image of the city. Cambridge, Mass.: M.I.T. Press.

Maccoby, E.E. (1980) Social development. Psychological growth and the parent-child relationship. New York: Harcourt, Brace & Jovanovich.

McGraw, K.O. (1978) The detrimental effects of reward on performance: a literature review and a prediction model. In: M.R. Lepper & D. Greene (Eds.) The hidden costs of reward. Hillsdale, N.J.: Erlbaum, 33–60.

Maier, S.F. & Seligman, M.E.P. (1976) Learned helplessness: theory and evidence. Journal of Experimental Psychology: General, 105, 3–46.

Mandl, H. & Friedrich, H.F. (1986) Förderung des Wissenserwerbs im Kindes- und Erwachsenenalter. Unterrichtswissenschaft, 1.

Mandl, H. & Schnotz, W. (1985) New directions in text processing. Deutsches Institut für Fernstudien an der Universität Tübingen. Forschungsberichte 36.

Mandl, H. & Spada, H. (1988) Wissenspsychologie. München: VHC Verlagsgemeinschaft.

Mandl, H., Stein, N.L. & Trabasso, T. (1984) Learning and comprehension of text. Hillsdale, N.J.: Erlbaum.

Meichenbaum, D.H. & Cameron, R. (1974) The clinical potential of modifying what clients say to themselves: a means of developing self-control. In: M.J. Mahoney & C.E. Thoreson (Eds.) Self-control: Power to the person. Monterey, CA: Brooks/ Cole.

Menzel, E.W. (1973) Chimpanzee spatial memory organization. Science, 182, 943–945.

Menzel, E.W. (1978) Cognitive mapping in chimpanzees. In: S.H. Hulse, H. Fowler & W.K. Honig (Eds.) Cognitive processes in animal behavior. Hillsdale, N.J.: Erlbaum, 375–422.

Merton, R.K. (1948) The self-fulfilling prophecy. In: E.P. Hollander & R.G. Hunt (Eds.) Classic contributions to social psychology. London: Oxford University Press, 260–266.

Meyer, W.-U. (1984) Das Konzept der eigenen Begabung. Bern: Huber.

Meyer, W.-U. & Hallermann, B. (1974) Anstrengungsintention bei einer leichten und schweren Aufgabe in Abhängigkeit von der wahrgenommenen eigenen Begabung. Archiv für Pschologie, 134, 85–89.

Miller, G.A. (1956) The magical number seven, plus or minus two. Psychological Review, 63, 81–97.

Miller, G.A., Galanter, E. & Pribram, C. (1960) Plans and the structure of behavior. New York: Holt, Rinehart & Winston. Dt. Strategien des Handelns. Stuttgart: Klett 1973.

Minsky, M. (1975) A framework for representing knowledge. In: P. Winston (Ed.) The psychology of computer vision. New York: McGraw-Hill.

Minsky, M. & Papert, S. (1972) Perceptrons. Cambridge, Mass.: M.I.T. Press.

Mischel, W. & Staub, E. (1965) Effects of expectancy on working and waiting for larger reward. Journal of Personality and Social Psychology, 2, 625–633.

Mischel, W. & Underwood, B. (1974) Instrumental ideation in delay of gratification. Child Development, 45, 1083–1088.

Mischel, W. & Patterson, C.J. (1978) Effective plans for self-control in children. In: W.A. Collins (Ed.) Minnesota Symposium on Child Psychology. Vol. XI. Hillsdale, N.J.: Erlbaum, 199–230.

Neber, H. (Hrsg.) (1973) Entdeckendes Lernen. Weinheim: Beltz.

Neisser, U. (1967) Cognitive psychology. New York: Appleton-Century-Crofts. Dt. Kognitive Psychologie. Stuttgart: Klett, 1974.

Neisser, U. (1976) Cognition and reality. San Francisco: Freeman. Dt. Kognition und Wirklichkeit. Stuttgart: Klett-Cotta, 1979.

Newell, A. & Simon, H.A. (1972) Human problem solving. Englewood Cliffs, N.J.: Prentice Hall.

Nolen-Hoeksma, S., Girgus, J.S & Seligman, M.E.P. (1986) Learned helplessness in children: a longitudinal study of depression, achievement, and explanatory style. Journal of Personality and Social Psychology, 51, 2, 435–442.

Norman, D.A. (1976) Memory and attention. New York: Wiley.

Norman, D.A. & Rumelhart, D.E. (1975) Explorations in cognition. San Francisco: Freeman. Dt. Strukturen des Wissens. Wege der Kognitionsforschung. Stuttgart: Klett-Cotta, 1978.

Paivio, A. (1971) Imagery and verbal processes. New York: Holt.

Pawlow, I.P. (1928) Lectures on conditioned reflexes (translated by W.H. Gantt). New York: International Publishers.

Pawlow, I.P. (1972) Die bedingten Reflexe. Eine Auswahl aus dem Gesamtwerk. München: Kindler.

Peters, T.J. & Waterman, R.H. Jr. (1982) In search of excellence. New York: Harper & Row. Dt. Auf der Suche nach Spitzenleistungen. Landsberg: Verlag Moderne Industrie, 1984.

Pflugradt, N. (1985) Förderung des Verstehens und Behaltens von Textinformation durch "mapping". Deutsches Institut für Fernstudien an der Universität Tübingen. Forschungsberichte 34.

Piaget, J. (1936) La naissance de l'intelligence chez l'enfant. Neuchâtel: Delachaux & Niestlé. Dt. Das Erwachen der Intelligenz beim Kinde. Stuttgart: Klett, 1969.

Piaget, J. (1947) Die Psychologie der Intelligenz. Zürich: Rascher.

Piaget, J. & Inhelder, B. (1948) La répresentation de l'espace chez l'enfant. Neuchâtel: Delachaux & Niestlé. Dt. Die Entwicklung des räumlichen Denkens beim Kinde. Stuttgart: Klett 1971.

Piaget, J. & Szeminska, A. (1941) La genèse du nombre chez l'enfant. Neuchâtel: Delachaux & Niestlé.

Piaget, J. & Szeminska, A. (1965) Die Entwicklung des Zahlbegriffs beim Kinde. Stuttgart: Klett (Original 1941).

Prahl, H.-W. (1977) Prüfungsangst. München: Nymphenburger.

Prystav, G. (1985) Der Einfluß der Vorhersagbarkeit von Streßereignissen auf die Angstbewältigung. In: H.W. Krohne (Hg.) Angstbewältigung in Leistungssituationen. Weinheim: VCH Verlagsgemeinschaft, 14–44.

Pylyshyn, Z.W. (1973) What tells the mind's eye the mind's brain: a critique of mental imagery. Psychological Bulletin, 80, 1–24.

Revenstorf, D. (1982) Psychotherapeutische Verfahren. Band 2: Verhaltenstherapie. Stuttgart: Kohlhammer.

Resnick, L.B. (1985) Cognition and the curriculum. Vortrag gehalten an der AERA-Conference, 1985 in Chicago.

Resnick, L. B. (1987) Instruction and the cultivation of thinking. In: E. De Corte, J.G.L.C. Lodewijks, R. Parmentier & P. Span (Eds.) Learning and instruction. A

Publication of the European Association for Research on Learning and Instruction. Oxford/Leuwen: Pergamon Press/Leuwen University Press.

Richardson, A. (1967) Mental practice: a review and discussion (part III). Research Quarterly, 38, 263–273.

Rohrer, J.(1978) Die Rolle des Gedächtnisses beim Sprachenlernen. Bochum: Kamp.

Rosenhan, D. (1969) Some origins of concern for others. In: P.A. Mussen, J.Langer & M. Covington (Eds.) Trends and issues in developmental psychology. New York: Holt, Rinehart & Winston.

Rosenthal, R. & Jacobson, L. (1968) Pygmalion in the classroom. New York: Holt, Rinehart & Winston.

Roth, H. (Hrsg.) (1969) Begabung und Lernen. Stuttgart: Klett.

Rotter, J.B. (1966) Generalized expectancies of internal versus external control of reinforcement. Psycholog. Monographs, 80 (1), Whole No. 609, 1–28.

Rumelhart, D.E. (1980) Schemata: the building blocks of cognition. In: R. Spiro. B. Bruce & W. Bewer (Eds.) Theoretical issues in reading comprehension. Hillsdale, N.J.: Erlbaum, 33–58.

Rumelhart, D.E. & Ortony, A. (1976) The representation of knowledge in memory. Technical Report No. 55. Center for Human Information Processing. Department of Psychology. University of California, San Diego.

Sanford, A.J. & Garrod, S.C. (1981) Understanding written language: exploration of comprehension beyond the sentence. New York: Wiley.

Schank, R.C. (1980) Language and memory. In: D.A. Norman (Ed.) Perspectives on cognitive science. Norwood, N.J.: Ablex. Hillsdale, N.J.: Erlbaum.

Schank, R. & Abelson, R.P. (1975) Scripts, plans, goals, and understanding. Hillsdale, N.J.: Erlbaum.

Schnotz, W. (1985) Elementaristische und holistische Theorieansätze zum Textverstehen. Deutsches Institut für Fernstudien an der Universität Tübingen. Forschungsberichte 35.

Sears, R.R., Whiting, J.W., Nowlis, V. & Sears, P.S. (1953) Some child rearing antecedants of aggression and dependency in young children. Genetic Psychology Monographs, 47, 135–234.

Sears, R.R., Maccoby, E.E. & Levin, H. (1957) Patterns of child rearing. New York: Harper.

Seligman, M.E.P. (1975) Helplessness: on depression, development, and death. San Francisco: Freeman.

Seligman, M.E.P., Abramson, L.Y., & von Baeyer, C. (1979) Depressive attributional style. Journal of Abnormal Psychology, 83, 242–247.

Seligman, M.E.P., Peterson, C, Kaslow, N.J., Tannenbaum, R.L., Alloy, L.B. & Abramson, L.Y. (1984) Attributional style and depressive symptoms among children. Journal of Abnormal Psychology, 88, 235–238.

Selz, O. (1913) Über die Gesetze des geordneten Denkverlaufs. Eine experimentelle Untersuchung. Stuttgart: Spemann.

Simon, H.A. (1972) What is visual imagery? An information processing interpretation. In: L. Gregg (Ed.) Cognition in learning and memory. New York: Wiley, 183–204.

Skinner, B.F. (1938) The behavior of organisms: an experimental analysis. Englewood Cliffs, N.J.: Prentice-Hall.

Skinner, B.F. (1953) Science and human behavior. New York: McMillan. Dt.: Wissenschaft und menschliches Verhalten. Zürich: Kindler 1973.

Spielberger, C.D. & Sarason, I.G. (1978) (Eds.) Stress and anxiety. Vol. 5. Washington, D.C.: Hemisphere.

Steiner, G. (1973) Mathematik als Denkerziehung. Stuttgart: Klett.

Steiner, G. (1975) Hausaufgaben. In: H. Aebli & G. Steiner (1975) Probleme der Schulpraxis und die Erziehungswissenschaften. Stuttgart: Klett, 87–103.

Steiner, G. (1980) Visuelle Vorstellungen beim Lösen von elementaren Problemen. Stuttgart: Klett–Cotta.

Steiner, G. (1983) Number learning as constructing coherent networks by using Piaget-derived operative principles. In: Zweng, M., Green, T., Kilpatrick, J., Pollak, H. & Snydam, M. (Eds.) ICME Proceedings of the Fourth International Congress on Mathematical Education. Boston: Birkhäuser, 508–511.

Steiner, G. (1988) Analoge Repräsentationen. In: H. Mandl & H. Spada (Hrsg.) Wissenspsychologie. München: Urban & Schwarzenberg.

Thorndike, E.L. (1911) Animal intelligence. New York: Macmillan.

Thorndike, E.L. (1913) Educational psychology: The psychology of learning. Vol. 2. New York: Teachers College.

Thorndike, E.L. (1931) Human learning. New York: Century. Paperback: Cambridge: M.I.T. Press, 1966.

Thorndyke, P.W. (1981) Spatial cognition and reasoning. In: J.H. Harvey (Ed.) Cognition, social behavior, and the environment. Hillsdale, N.J.: Erlbaum, 137–149.

Thorndyke, P.W. & Stasz, C. (1980) Individual differences in procedures for knowledge acquisition from maps. Cognitive Psychology, 12, 137–175.

Tolman, E.C. (1948) Cognitive maps in rats and men. Psych. Review, 55 (4), 189–208.

Tolman, E.C., Ritchie, B.F. & Kalish, D. (1946) Studies in spatial learning. Journal of Experimental Psychology, 36, 15–20.

Trowbridge, C.C. (1913) On fundamental methods of orientation and imaginary maps. Science, 38, 888–897.

Tulving, E. (1972) Episodic and semantic memory. In: E. Tulving & W. Donaldson (Eds.) Organization of memory. New York: Academic Press, 382–404.

Ulich, D., Mayring, P. & Strehmel, P. (1983) Streß. In:, H. Mandl & G.L. Huber (Hg.) Emotion und Kognition. München: Urban & Schwarzenberg, 183–216.

Unzicker, W. (1975) Knaurs neues Schachbuch. München: Knaur.

Van Dijk, T.A. (1977a) Text and context. Explorations in the semantics and pragmatics of discourse. London: Longmans.

Van Dijk, T.A. (1977b) Semantic macro-structures and knowledge frames in discourse comprehension. Im: M.A. Just & P.A. Carpenter (Eds.) Cognitive processes in comprehension. Hillsdale, N.J.: Erlbaum, 3–32.

Van Dijk, T.A. (1980) Macrostructures. Hillsdale, N.J.: Erlbaum.

Wagenschein, M., Banholzer, S. & Thiel, S. (1973) Kinder auf dem Wege zur Physik. Stuttgart: Klett.

Walters, R.H. & Demkoff, L. (1963) Timing of punishment as a determinant of resistance to temptation. Child Development, 34, 207–214.

Watson, J.B. (1919) Psychology from the standpoint of a behaviorist. Philadelphia, PA: Lipincott.

Watson, J.B. & Rayner, R. (1920) Conditioned emotional reactions. Journal of Experimental Psychology, 3, 1–14.

Weiner, B. (1972) Theories of motivation. From mechanism to cognition. Chicago: Rand McNally. Dt. Theorien der Motivation. Stuttgart: Klett 1976.

Weiner, B. (1974)(Ed.) Achievement motivation and attribution theory. Morristown, N.J.: General Learning Press.

Weiner, B. (1985) An attributional theory of achievement motivation and emotion. Psychological Review, 92,4, 548–573.

Weiner, B., Runquist, W. et al. (1977) Discovery Psychology. Chicago: Science Research Associates.

Weinert, F.E. & Kluwe, R.H. (1983) Motivation und Lernen. Stuttgart: Kohlhammer.

Wertheimer, M. (1945) Produktives Denken. Frankfurt: Kramer.

Wickelgren, W.A. (1974) How to solve problems. San Francisco: Freeman.

Wimmer, H. & Perner, J. (1979) Kognitive Psychologie. München: Kohlhammer.

Wippich, W. (1984) Lehrbuch der angewandten Gedächtnispsychologie. Band 1. Stuttgart: Kohlhammer.

Wolpe, J. (1958) Psychotherapy by reciprocal inhibition. Stanford: Stanford University Press.

Yarrow, M.R., Scott, P.M. & Waxler, L.Z. (1973) Learning concern for others. Developmental Psychology, 8, 240–260.

Zahn-Waxler, C., Radke-Yarrow, M. & King, R.A. (1979) Child rearing and children's prosocial initiations toward victims of distress. Child Development, 50, 319–330.

Zeier, H. (1976) Wörterbuch der Lerntheorie und der Verhaltenstherapie. Zürich: Kindler.

Namenverzeichnis

Abelson, R.P., 91, 234, 245
Abramson, L.Y., 147ff.
Acker, L.E., 31
Adams, J.A., 40, 168
Aebli, H., 78, 181ff., 190f., 200, 224, 241ff., 253f., 264, 290, 298
Äschbacher, U., 265
Alloy, L.B., 155
Allport, G.W., 14
Armbruster, B.B., 204
Aronfreed, J., 106
Atkinson, R.C., 210ff., 220
Austin, H., 163
Ausubel, D.P., 198
Azrin, N.H., 63f., 88

Baddeley, A., 221, 243, 332
Ball, T., 299
Ballstaedt, S.-P., 193, 197f.
Bandura, A., 67, 86, 108f., 115, 117, 127, 132, 239
Banholzer, S., 199
Bartlett, F.C., 185, 237
Bergius, R., 312, 316
Böök, A., 290
Bower, G.H., 8, 15, 22, 23, 25, 31, 32, 36, 38, 39, 43, 48, 58, 61f., 67, 77, 87, 120, 199, 209, 225, 235ff., 242, 263
Bower, S.A., 139
Bridges, K., 14
Broadbent, D.E., 221, 332
Brown, A.L., 201, 204
Brown, J.S., 183
Brown, P.J., 198
Bruner, J.S., 44, 194, 268f., 271, 323
Brunnhuber, P., 199
Bryant, K.J., 288
Büchel, F., 204, 223

Cameron, R., 126
Chase, W.G., 271, 278, 339
Claparède, E., 287
Collins, A., 183
Copei, F., 199
Csikszentmihalyi, M., 74f.
Cuisenaire, G., 256
Czinczoll, B., 199

Dansereau, D.F., 198
Darwin, C., 38
Day, J.D., 201
De Groot, A.D., 338f.
De Kleer, J., 197
Demkoff, L., 86
Diekhoff, G.M., 198
Doise, W., 136

Downs, R.M., 288ff.
Duncker, K., 268, 273, 304, 317f.

Ebbinghaus, H. 242
Edwards, A.E., 31
Ericsson, K.A., 261

Fatke, R., 254
Fillmore, C.J., 191
Fischer, P.M., 204
Flavell, J.H., 102, 136, 204
Fontane, T., 228ff.
Frey, R.L., 176ff., 190
Fricke, A., 264
Friedrich, H.F., 197

Gärling, T., 290
Galanter, E., 42ff., 98, 124, 167ff.
Galton, F., 287
Gantt, W.H., 30, 31
Garrod, S.C., 183
Girgus, J.S., 155
Glaser, R., 271
Gordon, T., 139f., 142
Graesser, A.C., 186
Greene, D., 76ff.
Gulliver, E.P., 287
Guthrie, E.R., 15, 32, 43, 46f., 48ff., 168

Hallermann, B., 154
Harris, B., 18
Heckhausen, H., 74, 76
Hilgard, E.R., 8, 15, 22, 23, 25, 31, 32, 36, 38, 39, 43, 48, 58, 61f., 67, 77, 87, 120, 235f., 242, 263
Hiroto, D.S., 149
Hitch, G., 221, 332
Hoffman, M.L., 104
Holding, D., 330, 333, 339
Holz, W.C., 63f., 88
Hovland, C.J., 243
Hull, C.L., 39, 47, 240, 246

Jacobson, L., 117
James, W., 131
Johnson-Làird, P.N., 184
Johnston, J.M., 89, 102

Kant, I., 186
Kalish, D., 287
Katona, G., 304ff.
King, R.A., 102
Kintsch, W., 182, 197
Kluwe, R.H., 204
Köhler, W., 318
Koffka, K., 318

Kosslyn, S.M., 183, 292, 299
Kozlowski, L.T., 288
Krebs, D., 107
Krohne, H.W., 121

Lange, C.G., 131
Larkin, K.M., 183
Lashley, K.S., 169, 287
Launier, R., 123, 130
Laux, H., 130
Lazarus, R.S., 121, 123, 130
Lepper, M.R., 76ff., 88
Levin, J.R., 193ff., 202, 212, 279
Lewin, K., 318
Liberman, K., 221, 332
Liddell, H.S., 30
Lindenberg, E., 290
Lindsay, P.H., 186, 279
Lübke, H., 208, 213
Lynch, K., 289

Maccoby, E.E., 103
Mandl, H., 183, 193, 197f., 204
McGraw, K.O., 77
Meichenbaum, D.H., 126
Menzel, E.W., 288
Merton, R.K., 117
Meyer, W.-U., 154
Miller, G.A., 42ff., 98, 124, 167ff., 220, 327f., 331f., 339
Minsky, M., 168, 170, 186, 234
Mischel, W., 91, 95f.
Molitor, S., 193

Neber, H., 199
Neisser, U., 15, 184f., 237
Newell, A., 271, 333, 338
Nolen-Hoeksma, S., 155
Norman, D.A., 158, 186, 189, 203, 254, 269, 279

Ortony, A., 185f., 191, 269

Paivio, A., 199, 209f.
Palincsar, A.S., 204
Papert, S., 168, 170
Patterson, C.J., 91, 95f.
Pawlow, I.P., 13, 17, 22, 25, 31, 32
Perner, J., 15
Peters, T.J., 79
Pflugradt, N., 203
Piaget, J., 185, 194, 254f.
Pinker, S., 183
Pribram, C., 42ff., 98, 124, 167ff.
Prystav, G., 121
Pylyshyn, Z.W., 183

Radke-Yarrow, M., 102
Raugh, M.R., 212, 220
Rayner, R., 17, 18, 25
Reiser, B., 299
Resnick, L.B., 197
Revenstorf, D., 125f.

Ritchie, B.F., 287
Rohrer, J., 225f.
Rosenhan, D., 88
Rosenthal, R., 117
Rotter, J.B., 131
Rumelhart, D.E., 185f., 189, 191, 203, 254, 269, 279

Sanford, A.J., 183
Sarason, I.G., 121
Schank, R.C., 91, 186, 234, 245
Schnotz, W., 183, 197f.
Schwartz, S.P., 183
Scott, P.M., 107
Sears, R.R., 88
Seligman, M.E.P., 147ff., 155
Selz, O., 186
Simon, H.A., 209, 271, 333, 338f.
Skinner, B.F., 23, 54ff., 87, 263
Smith, G., 183
Spielberger, C.D., 121
Stasz, C., 299
Staub, E., 96
Stea, D., 288ff.
Stein, N.L., 204
Steiner, G., 44, 197, 199, 209, 233, 247, 252, 254, 269, 299
Szeminska, A., 255

Teasdale, J.D., 147ff.
Tergan, S., 197f.
Thorndike, E.L., 15, 34ff., 46f., 48f., 53, 57, 241
Thorndyke, P.W., 289, 295, 298f.
Tolman, E.C. 287f., 299, 302
Trabasso, T., 204
Trowbridge, C.C., 287
Tulving, E., 294

Ulich, D., 130
Underwood, B., 96
Unzicker, W., 320

Van Dijk, T.A., 182, 200

Wagenschein, M., 199
Walters, R.H., 86, 108f.
Waterman, R.H., 79
Waxler, L.Z., 107
Watson, J.B., 17, 18, 25, 43, 46f., 168f.
Weiner, B., 147, 154
Weinert, F.E., 204
Wertheimer, M., 267, 304, 311, 317f.
Wickelgren, W.A., 273
Wimmer, H., 15
Wippich, W., 210ff.
Wolpe, J., 121

Yarrow, M.R., 107

Zahn-Waxler, C., 102

Sachverzeichnis

Abwehrmechanismus 124
Abruf von Information aus dem Gedächtnis
– Trainieren des 122, 127, 201 f., 237 ff.
Abrufpfade (Bahnen von Abrufpfaden) 225, 227
affektive Erklärungen 86, 102 ff., 109
Aggression 83
– Hemmen von 104 ff.
– Korrektur von 103
Aktivität
– Attraktivität der 74, 79
– Unabgeschlossenheit der 74
Albert, der kleine 17–19, 21, 25
Alternativverhalten (s. auch Verhaltensalternativen) 68
Analyse-durch-Synthese (Neisser) 184 f., 205
Angst 14, 23, 26 ff., 33
– vor Examen 111–127
Angstbewältigung (coping with anxiety) 121 ff., 127
Anreiz 36, 83, 249
Anschaulichkeit 192 ff., 196, 278 ff., 282, 284
Anstrengung 124, 145 ff.
antezedente Determinanten 115, 127
Antriebszustand 36
Arbeitsgedächtnis 221 f., 298, 331, 340
Argumentüberlappung, s. Propositionen, Aufaddieren von
assoziative Verknüpfungen 210, 249–251, 265, 301
Attribuierungsstil 155
Aufbau 269, 283
– handlungsleitender Kognitionen 89, 91 ff., 98, 105, 134 ff., 142
– von kognitiven Karten 285–303
– mentaler Modelle 175–206
– numerischer Netzwerke 247–266
– von Ablaufplänen 168 ff., 245
– von Abrufpfaden 225, 227
– von Eselsbrücken 210 ff., 226
– von Handlungssystemen 317 ff.
– von Operationssystemen 320–341
– von sozialen Interaktionsstrukturen 132 ff., 154
– von sozialen Wertsystemen 101–110
Aufschieben von Belohnung 95 f., 99
Automatisierung 170 ff., 261 f., 337 f.
Autonomie des Lerners 258, 264

Bedeutungseinheiten (Propositionen) 179–183
– Aufaddieren von 180 ff.
– Integrieren von 179 ff.
Bedeutungsfluß (Sinnfluß; Aebli) 181, 205
Begabung, zeichnerische 70 ff.
Behavioristen 39, 43, 47, 168 f.
Beobachtungslernen s. Lernen am Modell
Bezugsknoten, arithmetischer, s. Aufbau numerischer Netzwerke
Biofeedback 32

blinde Induktion (Wertheimer) 305 ff., 311
bottom-up-Prozesse 185 ff., 278 ff., 284

concept driven (begriffsgeleitete) Prozesse 185 ff., 278 f., 284
coping, s. auch Angstbewältigung, Streßbewältigung
– with anxiety 121 ff., 127
– with stress 142
clustering, linguistisches und semantisches 222 ff.

data driven (datengeleitete) Prozesse 185 ff., 278 f., 284
Datenbasis 183, 269–272, 274, 281, 283, 330, 340
Defizite
– kognitive 148 ff., 156
– motivationale 148 ff.
– und Rolle sozialer Interaktionen 154
Desensibilisierung 32, 115, 118–121, 127, 140
Dezentrierung (Blickwechsel) 194 ff., 205, 279, 282, 284
Disziplinierungsmaßnahmen, physische und psychologische 88

Effektgesetz (Thorndike) 37 f., 49 f., 57, 115
Einheitenbildung (beim Jonglieren) 160 ff.
Einsicht 278, 304–319
Elaborationen
– semantische 197 f., 210 f., 213 f., 218
– und langzeitiges Behalten 222 ff., 227
Empathie 104 f., 109, 116
Erfolgsgesetz s. Effektgesetz
Erkenntnistheorie, genetische (Piaget) 251–257
Ermüdung beim wiederholenden Lernen 240 ff., 246
– Hulls Modell 240, 246
Emotionen 14
– Konditionierung von 17–19
– Umgang mit eigenen 138 f., 142
– und Ich-Botschaften 139, 142
Endsituation, angenehme 37, 49, 82 f.
Entspannungsreaktion 119, 127
Erkenntnistheorie, genetische
Extinktion 21 f., 26–33, 57 f., 67, 84 f.
– als aktive Hemmung (Pawlow) 22, 120
– als vielschichtiger Prozeß 28–32
Examensangst 111 ff.
– Antizipationsphase der 121 ff., 127
– Komplexität der 112
– Komponenten der 112 ff.
– Konfrontationsphase der 124 ff., 127
– emotionale Komponente 112–113
– physiologische Komponente 113
– Stärke der 113 f., 127

Fall-Grammatik (case grammar; Fillmore) 191

feedback, s. Rückmeldung
Fehlerfeedback im Aufbau von Bewegungen 167 ff.
figurale Elemente 282
– Doppelfunktionen von 275 f., 281 f., 312
Flow-Erleben 74 f.
Führung 140, 142

Gedächtnishilfen 209 ff., 222 ff.
– Reim als 236 ff., 245
– Rhythmus als 236 ff., 245
Vorstellungen als, s. Vorstellungen
Gegenkonditionierung 53, 67, 69, 118–121, 127
Gesetz der Wiederholung 38
Gestaltpsychologen 267, 278, 304, 311, 318 f.
Gewohnheiten 38
– Signale für neue 48–53
– Aufbrechen von 52
G-Methode s. Üben
Graphik
– Dynamisierung der 196 f.
– Lesen einer 192 ff.
– abbildende oder darstellende Funktion der 193, 205
– interpretative Funktion der 279
– organisierende Funktion der 194 ff., 205, 279
– transformierende Funktion der 202, 205

Handlungsgrundlage
– von numerischen Operationen 251, 266
– von geometrischen Operationen 269
Handlungskompetenz 123
Hedonismus 39
Herzinfarkt 26–33
Hierarchisierung
– von Bewegungsmustern 168 ff., 173 f.
– von räumlichem Wissen 302
– von Schachmustern 332 ff., 340 f.
– von Wissenselementen 225, 235
– von Zielen 333 ff.
Hilflosigkeit
– gelernte 144–156
– spezifische 148
– persönlich-individuelle 148 ff.
– Symptome der gelernten 148 ff., 155 f.
– Verlernen der 150–155

Ich-Botschaften (Gordon) 139, 142
Imitationslernen s. Lernen am Modell
Inferenzen 187 f., 269 ff.
Intervallpläne 59 ff.
Iteration 255–258, 259, 265

Jonglieren 157–176
Jongliergrammatik 173 f.

Kärtchenmethode 217 ff., 227
Kausalattribution 147
– Dimensionen der 146 f., 150 ff., 156

– Verschiebung der 150 ff., 156
Kettenbildung, motorische 44, 47, 168 f., 173 f.
Kodierung 249
– von Bewegungsabläufen 43 ff.
– beim Vokabellernen 209 ff., 226
– semantische 180 ff. 209 ff., 226
Kognitionen
– aufgabenirrelevante 125 f.
– handlungsleitende 99, 109
kognitive Karten (KK) 288–301
Konditionieren 13–25
– höherer Ordnung 19
– instrumentelles 24
– klassisches 13–21
– operantes 54–69, 72, 137, 142, 245 f.
– physiologische Anteile 25, 31 f., 33
– von Emotionen 14
Konfrontationen, nicht-aggressive 139
Kontiguität 16, 51
Kontingenzen 82, 146 ff., 309
– zufällige 58
Kontrollierbarkeit bzw. Unkontrollierbarkeit
– der Examenssituation 114, 122, 125, 127
– von Arbeitsergebnissen 146 ff., 155
– von Situationen 155

Leistungsfähigkeit 145 ff.
Lernen
– am Modell 66, 69, 91 f., 93 f., 107–109, 110, 116 f., 134 ff., 239, 245
– anschauliches 267–284
– aus Text 175–206
– und elaborative Prozesse 197 ff., 205
– und reduktive Prozesse 199 ff., 205
– und metakognitive Prozesse 203 f., 206
– figurale Komponenten des 267–284
– durch Auswahl und Verbindung 34–47
– durch Wiederholen 240 ff., 249 f.
– gestaltpsychologischer Ansatz 304–319
– markanter Punkte (landmarks) 293 f.
– mechanisches 207–227
– mit System (die 6 »S«) 217 ff.
– nach Versuch und Irrtum 34–47, 305 ff., 318
– selektives 218
– sozialer Wertsysteme 101–110
– von Regeln 305 ff.
– von Routen 295
– von räumlichem Übersichtswissen 296 f.
Lerne-zu-lernen 204, 264
Lernprozesse, höhere 100, 143, 245, 341
Lernziele beim Lernen aus Text 178 f.
Letztereignis 32
Liebesentzug 85

magische Zahl 7+2 von Miller 220 f., 327, 331 f., 339
Maßnahmen, aversive (s. auch Strafe) 83
Merkpunktwissen 289, 293 f., 295, 302

Metakognition 99, 124, 264
mise en relation (Piaget) 254 f., 265
Mnemotechniken s. Gedächtnishilfen
Motivation
– extrinsische 76 ff.
– intrinsische 73 ff.

Nachahmungslernen s. Lernen am Modell
Neobehaviorismus 55
Netzwerk
– numerisches 247–266
– räumliches 297 f.
– semantisches 186, 205, 209, 222 ff., 233 f., 245,
252, 269 ff.
Novizen-Experten-Paradigma 173, 271, 283,
320 ff., 337 ff., 340 f.

Objektivierung (Aebli) 200, 298
Operationen
– arithmetische 254 ff.
– und ihre Handlungsgrundlagen 249, 266
– und ihr Systemcharakter 250 ff., 265
– beim Schachspielen 324 ff.
Organisieren, s. Umstrukturieren
over-justification 76 ff.

Paarassoziationslernen 209 f., 226, 293, 303
Panikschleife (Revenstorf) 126
Perspektivenwechsel, s. Rollenübernahmefähigkeit
Pläne
– beim Gedichtlernen 234 ff.
– Handlungspläne, s. TOTE-Einheiten
– und Handlungseinheiten 235
– zielorientierte 96
– zur Impulskontrolle 81–100, 89 ff.
Präventivmaßnahmen 97 f.
– vorstrukturierende Wirkung von 100
Primärbewertung (Lazarus) 123
Problemkäfig (Thorndike) 36
Proportionalpläne s. Quotenpläne
Propositionen (Bedeutungseinheiten) 179 ff., 204 f.
Prosodie 239
prosoziales Verhalten 101–110

Quotenpläne 59 ff.

Rauchen 52 f.
Reaktionen
– affektive 149
– aktive Hemmung von 118 ff.
– antagonistische 119
– bedingte (konditionierte) 13 ff., 16 f.
– inkompatible 52, 66, 119
– unbedingte (unkonditionierte) 13 ff., 16 f.
reduktive Prozesse 199 ff., 205
Reflex 13, 25
Regelwissen 323 f.

Reiz
– aversiver (Strafe) 62 ff., 72, 85
– bedingter (konditionierter) 13 ff., 16 f.
– diskriminierender 56 f., 68, 86, 93
– neutraler 13 ff., 16 f.
– propriozeptiver 44, 168 f., 174
– subjektive Interpretation 22 f.
unbedingter (unkonditionierter) 13 ff., 16 f.
Reizgeneralisierung 20 f., 24, 27 ff., 49, 114
Reizkonfiguration, s. Reiz
Reiz-Reaktions-Verbindung (s. assoziative Verknüpfung) 13 ff., 52 ff.
Reizsubstitution 19 f., 27 ff., 51, 119 f.
Relationen, räumliche 291 ff., 302
Repräsentation: enaktive, ikonische, symbolische
(im Sinne Bruners) 44, 194, 268 f., 271, 283
– analoge 192, 195, 298 f.
– von Bewegungsabläufen 157–164
Reversibilität 45 f., 255
Rhythmus
– zur Bewegungssteuerung 164 ff.
– als Gedächtnishilfe beim Gedichtlernen 236 ff.
Rollenspiel, s. Verhaltenstraining, kognitives
Rollenübernahmefähigkeit 102, 110, 133 f.
Routenwissen 289, 295, 297 302
Rückmeldung (feedback) 40 f., 46 f., 67, 73,

Schachspiel 320–341
Schemata 205, 237, 269–272, 280 f.
– Aktivieren von 185–197, 233 ff., 269 ff., 276 f.
– prozedurale (Verfahrens-) 196, 274, 277
– beim Textverstehen 185 f.
– Schema-Identifikation 186 f.
– und ihre Leerstellen 187
– Verändern von Schemata als Lernen 189 ff.
Schizokinese 31
Schlüsselwortmethode 210 ff., 226
script 91, 197, 233 ff., 245
Sekundärbewertung (Lazarus) 123
Selbstbehauptungstraining (assertiveness training),
s. Ich-Botschaft
Selbstbekräftigung (Selbstverstärkung) 121, 139 f.,
140, 142, 215, 217, 263 f., 265
Selbstdisziplin 217
Selbstinstruktion, verbale 119, 126 f., 132, 164 ff.
Selbstwertgefühl 114, 148 ff., 156
Selektionsmechanismus 38
self-fulfilling prophecy 117
Sinnfluß (Aebli), s. Bedeutungsfluß
soziale Interaktionen beim Lernen 122, 133 f.,
154, 156
soziale Kompetenz 129, 132 ff., 244 f., 246
Speichelabsonderung 13
Strafe (s. auch Reize, aversive) 62 ff., 69, 85 ff.
– durch Ausschluß, s. time-out
– Modellwirkung von 87 f.
– physische 85
– Skinners Ansicht von 62
– Zeitpunkt der 89

Streichholzaufgaben
Streß 31, 128–143
– als Folge einer subjektiven Interpretation 128 ff.
Streßreaktionen, Ebenen der 130 f., 142
Streßbewältigung (coping with stress) 142
strukturelle Beschreibungen 326 ff.
– Verdichten von 328 ff., 340
Substantivierung 190 f.

Textverstehen
– als Aufaddieren von Bedeutungseinheiten
180–183
– als Aufbau eines mentalen Modells 183 f.
– als Analyse-durch-Synthese 184 f.
– und schematheoretische Erklärungen 185–188
time-out 64, 101 f., 109
T-Methode s. Üben
Toleranzmethode 51 f., 121
top-down-Prozesse 185 ff., 278 f., 284
TOTE-Einheit 42 ff., 47, 143
Transferierbarkeit 311, 316, 318

Üben
– verteiltes versus massiertes 241 f.
– mit G-Methode oder T-Methode 242 ff.
Übersichtswissen, räumliches 296 f. 301 f.
Umstrukturieren 317 ff.
– des Problems 304
– der Wahrnehmungsgegebenheiten 267 f., 314
Ungleichgewichtstheorie
– der Angst 111 ff., 127
– des Streß 128–131, 142
Unterrichtsmanagement 66
Ursachenzuschreibung s. Kausalattribution

Veranschaulichung
Verbalisieren 44, 95, 126, 132, 164, 259
– innerer Zustände 23
Verbindungslehre (Thorndike) 38

Verdichten (von Information) 199 ff., 205, 298,
328
Verdoppeln 255
Verhaltenskontrolle 92
Verhaltensalternativen 65 f., 94
– im Umgang mit Streß 131 f., 137 f.
Verhaltensplan 42, 98 f.
Verhaltenssteuerung 132
– verbale 91, 95
Verhaltenstraining, kognitives 134–138
Verstärkung 37 ff., 64 f., 77, 100, 263, 309 f.
– Entzug von positiver 85, 87
– Erwartungen bezüglich der 79 f.
– extrinsische 73 ff.
– Guthries Interpretation 50 f.
– Interpretation der 78
– informative Funktion der 40
– intrinsische 73 ff.
– konsumatorische 50
– negative 83
– soziale 50
– stellvertretende 66 f., 107 f., 116
– Tücken mit der 54–59, 64, 70–80
Verstärkungspläne 58–62, 68
Versuchung 95
visuelle Kontrolle 45 f.
Vorstellungen 39, 199, 209 ff., 227, 238 f., 271,
278, 284, 338 ff.
Vorenthalten positiver Verstärkung 99

Wahrnehmungsrückmeldungen 40, 46, 169
Wahrnehmungsaktivität 194 ff.
Wertvorstellungen 105
Wortfamilien 224

Zielreaktionen, antizipierte partielle 39
Zielsystem 333 f., 341
Zielvorstellungen 95 f.
Zielanalyse 171 f f., 281

Ausführliches Inhaltsverzeichnis

Vorwort 7
Einleitung: Was dieses Buch will und was es *nicht* will 8

1. Angst vor weißen Schürzen – Klassisches Konditionieren 13
1.1 Einleitung. 13
1.2 Klassisches Konditionieren – Pawlows Entdeckung 13
1.3 Klassische Konditionierung von Emotionen. 14
Die Situation 14
Angstreaktionen als elementare Verhaltensweisen 14
Auswahl von Stimuluselementen in komplexen Alltagssituationen 15
Die urspüngliche Konditionierung des Kindes 16
UCS – UCR – CS – CR 16
1.4 Ein klassisches Experiment zur Konditionierung von Emotionen: der
kleine Albert 17
Vergleich mit unserer Alltagssituation 19
1.5 Erweiterungen der auslösenden Reizsituation 19
Reizsubstitution und Konditionierung höherer Ordnung. 19
Reizgeneralisierung 20
1.6 Extinktion oder Löschung einer konditionierten Reaktion. 21
1.7 Über die Bedeutung der subjektiven Interpretation von Reizen 22
1.8 Weitere Lernprozesse 23
Das Verbalisieren innerer Zustände 23
. . . und eine weitere Form des Konditionierens: das instrumentelle
Konditionieren. 24
1.9 Memo 24

2. Ein gelernter Herzinfarkt? – Das Problem der Extinktion 26
2.1 Einleitung. 26
2.2 Die Ausgangslage 26
2.3 Die Lernsituation – mit einem kognitionspsychologischen Seitenblick . . 26
Reizsubstitution und Reizgeneralisierung 27
2.4 Extinktion ist ein vielschichtiger Prozeß 28
Blickwechsel von der Reizsituation auf die Reaktion 29
Verschiedene Ebenen für konditionierte Reaktionen 31
Konsequenzen für eine Extinktion 32
2.5 Memo 33

3. Les clous de l'exposition – Lernen nach Versuch und Irrtum? 34
3.1 Einleitung. 34
3.2 Versuch und Irrtum 35
Thorndikes klassische Versuche. 36

Unterschiede zur Situation von Thorndikes Katzen 36
Kein blindes, sondern ein subtiles und gezieltes Ausprobieren. 37
3.3 Die behavioristische Interpretation 37
Das Problem der Verstärkung – Thorndikes Effektgesetz 37
Kritische Anmerkungen 39
3.4 Eine kognitive Interpretation für das Lernen, wie man Nägel entwirrt . . 40
Die informative Funktion der Verstärkung. 40
Wahrnehmungsrückmeldungen und Korrekturen 40
Miller, Galanter und Pribrams Verhaltenspläne und die TOTE-
Handlungseinheiten 42
3.5 Das Problem der Kodierung des richtigen Bewegungsablaufs 43
Eine eigenartige Reversibilität im Verhalten vieler Problemlöser 45
3.6 Memo 47

4.   **Ein unordentliches Kind wird ordentlich – Signale für neue
      Gewohnheiten.** 48
4.1 Einleitung. 48
4.2 Gewohnheiten, Signale und verstärkende Ergebnisse 48
Die Situation 48
Analyse der Situation 48
4.3 Neue wirksame Signale und verschiedene Interpretationen der
Verstärkung 50
4.4 Die Toleranzmethode 51
4.5 Alte Gewohnheiten aufbrechen 52
4.6 Memo 53

5.   **So bleibt Michael ein Störefried – Vom operanten Konditionieren
      und den Tücken der Verstärkung.** 54
5.1 Einleitung 54
5.2 Blitzlichter aus dem Unterricht 54
5.3 Operantes Konditionieren – Verstärkungen im Blickfeld des Interesses. . 55
Spontanes Verhalten, das verstärkt wird 55
Die Lehrerin als diskriminierender Reiz 56
Aus der Sicht der Lehrerin 56
5.4 Versuche einer Extinktion des unerwünschten Verhaltens 57
5.5 Verstärkungspläne und ihre spezifischen Effekte 58
Über die Verstärkung von zufälligen Kontingenzen 58
Wieviel Verstärkung braucht der Mensch? 59
Intervallpläne versus Quoten- oder Proportionalpläne 59
        Quoten- oder Proportionalpläne 59
        Feste oder variable Pläne 60
        Intervallpläne 60
Verstärkungspläne im Alltag und in unserer Schulsituation 61
5.6 Aversive Reize: Strafen 62
5.7 Verstärkungen am richtigen und am falschen Ort. 64
5.8 Unerwünschtes Verhalten durch Alternativen ersetzen. 65
5.9 Lerneffekte durch Beobachten und Nachahmen 66

5.10 Die Vielfalt von Lernprozessen in *einer* Lektion 67
5.11 Memo 68

6. Wie Rita die Freude am Zeichnen verlernt –
   Von Verstärkungen und Verstärkungen 70
6.1 Einleitung 70
6.2 Vom Aufbau günstiger Rahmenbedingungen und der Entfaltung einer
   zeichnerischen Begabung 70
   Das Beobachten von Modellen, spontane Eigenaktivität und aufbauende
   Rückmeldungen 71
6.3 Der Aufbau einer *intrinsischen Motivation* für das Zeichnen 73
   Merkmale einer intrinsisch motivierten Aktivität 73
   Die Attraktivität der Aktivität 74
   Die Unabgeschlossenheit der Aktivität 74
6.4 Der systematische Verlust der intrinsischen Motivation 75
   Die beobachtbaren Ereignisse 75
   Erklärung des Verlusts 75
   Der instrumentelle Charakter des Zeichnens und die extrinsische
   Motivation 76
   Differenzierung hinsichtlich extrinsischer Verstärker 77
   Verstärkungsgesetze noch immer gültig 77
   Warnung: Aussagen dieses Kapitels angemessen interpretieren und
   Mißverständnisse vermeiden! 78
6.5 Auch Verstärkungen wirken gemäß ihrer Interpretation durch den Lerner 78
6.6 Memo 79

7. Warten und verzichten lernen – Das Lernen von Plänen zur eigenen
   Impuls- und Verhaltenskontrolle 81
7.1 Einleitung 81
7.2 Von angenehmen Endzuständen und ihrem verstärkenden Effekt 82
7.3 Von der lernsteuernden Wirkung der Mutter – eine Betrachtung
   alternativer Möglichkeiten 84
   Die Möglichkeit der Extinktion 84
   Möglichkeiten der Bestrafung 85
   Über die mögliche Modellwirkung von Strafen 87
7.4 Das Lernen von impuls- und verhaltenskontrollierenden Plänen 89
   Teilfähigkeiten einer effizienten Impuls- bzw. Verhaltenskontrolle 89
   Ein Blick voraus 90
7.5 Die entscheidenden Lernbereiche für den Erwerb von Plänen der
   eigenen Impuls- und Verhaltenskontrolle 91
   (1) Das Hemmen unerwünschter Handlungen und Impulse –
   Verzichten lernen! 91
   Verbale Verhaltenssteuerung 91
   Die Modellwirkung der Mutter 91
   Ansätze zur eigenen Verhaltenskontrolle verstärken 92
   (2) Fokussieren auf die Hauptaktivität: das reibungslose Einkaufen 92
   Lernen am Modell 93

Eigenaktivität des Kindes 94
Verbale Verhaltenssteuerung. 95
(3) Die Rolle der in Aussicht stehenden Belohnung – Zielvorgaben
und Zielvorstellungen 95
Das Stecken eines Zieles und wieder: die Mutter als Modell 95
Die Verstärkung des erwünschten Verhaltens: eine kognitive
Interpretation 96
Experimentelle Befunde 96
(4) Präventivmaßnahmen. 97
7.6 Verhaltenskontrolle im Rahmen von umfassenden Verhaltensplänen . . . 98
Kurze Zwischenbilanz 98
Verhaltenspläne als Gesamtrahmen. 98
7.7 Memo 99

8. Prosoziales Verhalten lernen – Sozial-kognitive Aufbauprozesse und
   das Erlernen von sozialen Wertsystemen 101
8.1 Einleitung. 101
8.2 Ein neuer Aspekt von Strafe: das »time out« 101
8.3 Das Gewicht »affektiver Erklärungen«. 102
8.4 Empathie lernen 104
8.5 Der Aufbau von Erwartungen und Wertvorstellungen im sozialen
    Kontext 105
8.6 Ein Blick auf eine alternative Erklärung 105
8.7 Beobachtungslernen – Lernen am Modell 107
    Empirische Befunde. 107
    Über die Bedingungen für ein Lernen am Modell 108
8.8 Memo 109

9. Keine Angst vor Examen – Mehr als nur Desensibilisierung 111
9.1 Einleitung 111
9.2 Das Phänomen »Examensangst« 111
    Über die Komplexität der Examensangst 112
    Die Verhaltens- und die kognitive Komponente 112
    Die emotionale Komponente: die Angst 112
    Die physiologische Komponente. 112
    Faktoren, die die Stärke der Examensangst bestimmen 113
9.3 Lernprozesse, die zu Examensangst führen 114
    Behavioristische Erklärungsansätze greifen zu kurz 114
    Lernen am Modell. 116
9.4 Examensangst mit Hilfe von Gegenkonditionierung und
    Desensibilisierung abbauen 118
    Die Frage nach den auslösenden Reizsituationen. 118
    Reizsubstitutionen und neue Reaktionen. 119
9.5 Mehr als nur Desensibilisierung – Angst*bewältigung*: kognitive Aspekte 121
    Lernprozesse in der Vorbereitungsphase (Antizipationsphase) 122
    Das Beurteilen des Schwierigkeitsgrades des Examens. 122

Soziale Aspekte des Lernens und des Verhaltens im Examen 122
Das Beurteilen der eigenen Handlungskompetenz 123
Lernprozesse während der Konfrontationsphase 124
Die Ruhe finden 125
Teilerfolge durch kluge Strategien herbeiführen 125
Aufgabenirrelevante Kognitionen »gefangen setzen« 125
9.6 Memo 127

10. **Vorgesetzte lernen den Umgang mit Streß – Kognitives**
    Verhaltenstraining und Aufbau handlungsleitender Kognitionen . . . 128
10.1 Einleitung 128
10.2 Streß als Folge einer subjektiven Interpretation der Situation und der
     Einschätzung eigener Handlungsmöglichkeiten 128
     Die Situation 128
     Erst der interpretierte Reiz wird zum Stressor 129
10.3 Streßmerkmale 130
     Streßreaktionen auf emotinaler Ebene 130
     Streßreaktionen auf physiologischer Ebene 130
     Streßreaktionen auf Verhaltens- und kognitiver Ebene 131
10.4 Das Lernen von Verhaltensalternativen im Umgang mit Streß 131
     Verhaltenssteuerung durch Handlungsverzögerung und verbale
     Selbstinstruktion 132
     Verhaltenssteuerung aufgrund einer angemessenen
     Repräsentation der gesamten sozialen Situation 132
     Analyse der eigenen Rolle und Perspektive –
     Perspektivenwechsel und Rollenübernahme 133
     Der Aufbau handlungsleitender Kognitionen durch eigenes Tun und
     durch Lernen am Modell 134
     Simulation verschiedener Rollen als Anstoß für Lernprozesse 134
     Ein Kursprotokoll mit Regieanmerkungen 135
     Die entscheidenden Lern- und Aufbauprozesse 136
     Wenn nötig neue Verhaltensalternativen vom Modell 137
10.5 Für den Umgang mit Streß unabdingbar: den Umgang mit den eigenen
     Emotionen lernen 138
     Noch einmal: Reaktionen auf Verhaltensebene und auf kognitiver Ebene 138
     Physiologische und vor allem emotionale Reaktionen 138
     Emotionen in Ich-Botschaften zum Ausdruck bringen 139
10.6 Die Notwendigkeit der Selbstverstärkung 139
     Führen: Mut zur Intervention 139
10.7 Über die Integration des gelernten Verhaltens in umfassendere
     Strukturen 141
10.8 Memo 142

11. **Gelernte Hilflosigkeit bei einem Oberstufenschüler – Nicht-**
    Kontingenzen und Ursachenzuschreibungen 144
11.1 Einleitung 144
11.2 Die Situation 144

11.3 Komplexe Verstärkungsmechanismen 145
11.4 Komplexes Kontingenzlernen 146
11.5 Wie Hiflosigkeit gelernt wird 146
   (1) Das Gewahrwerden von Nicht-Kontingenzen und die
      Sensibilisierung für die Unkontrollierbarkeit von Arbeitsergebnissen 146
   (2) Die Ursachenzuschreibung. 147
   (3) Der Aufbau von ungünstigen Erwartungen 147
   (4) Die Konsequenzen aus den Erwartungen: die gelernte Hilflosigkeit
      und deren Symptome 148
11.6 Über ein mögliches Verlernen der Hilflosigkeit 150
   Verschiebung der Ursachenzuschreibung für Mißerfolg in Richtung
   externaler, instabiler und spezifischer Faktoren 150
   Das Abbauen der kognitiven Defizite 152
      Die Rolle sozialer Interaktionen beim Abbauen kognitiver Defizite . . 154
   Die Reduktion der emotionalen Belastung (Niedergeschlagenheit) 154
   Bisher nicht genannte Faktoren 155
11.7 Memo 155

12.   Jonglieren lernen – Erwerb einer »Jongliergrammatik« 157
12.1 Einleitung. 157
12.2 Fünf Phasen, zwölf Einzelbewegungen – aber welches sind die
   entscheidenden Verhaltenseinheiten? 157
   Der Bewegungsablauf 158
   Die Wurf- und Fangabfolge und das Problem der Einheitenbildung 160
12.3 Diskrepanzen zwischen Repräsentation und Bewegungsablauf. 162
12.4 Die Steuerung der Bewegungsabläufe durch Rhythmen 164
12.5 Fehlerfeedback und das Testen von Hypothesen im Aufbau von
   Bewegungssequenzen. 167
12.6 Über den Aufbau von Ablaufsplänen. 168
   Fragen der Kodierung und der weiteren hierarchischen Organisation . . . 168
12.7 Systematisches Ausmerzen von Fehlern 170
12.8 Vom Meistern der Aufgabe zur Automatisierung. 170
12.9 Ein abschließendes Plädoyer für eine »Jongliergrammatik« 173
12.10 Memo 174

13.   Lernen aus Text – Über den Aufbau mentaler Modelle 175
13.1 Einleitung. 175
13.2 Ein Wirtschaftskundetext als Exempel und Fragen zum Lernziel 176
   Die Preisbildung. 176
   Mindestpreis für Butter. 177
   Lernziele 178
   Lernen aus Text – ein vielfältiger Prozeß 179
13.3 Über das Verstehen von Text 179
   Textverstehen als »Addieren« von Bedeutungseinheiten (Propositionen) 180
   Textverstehen als Konstruktion eines ganzheitlichen mentalen Modells. . 183
   Textverstehen als »Analyse-durch-Synthese« 184
   Schematheoretische Erklärungen des Textverstehens 185

13.4 Über das Lernen aus Text – im engeren Sinne des Wortes 188
Lernen als ein Verändern von Schemata: Akkommodieren,
Differenzieren, Neustrukturieren und Neuverknüpfen 189
Die Preisbildung 189
Das Lesen der Graphik und die Integration ihrer Bedeutung in das
mentale Modell 192
13.5 Spezifische Prozesse beim Wissenserwerb aus Text 197
Elaborative Prozesse 197
Reduktive Prozesse 199
Möglichkeiten des Speicherns und Abrufens 201
Metakognitive Prozesse 203
13.6 Memo 204

14. **Vokabeln lernen! – Mechanisches Lernen und das Elaborieren von
semantischen Netzwerken** 207
14.1 Einleitung 207
14.2 Was ist zu lernen? 208
Blick in ein Lehrmittel 208
14.3 Lernen für ein Erinnern auf Stichwort (Abrufreiz) 209
Paarassoziationslernen? 209
Mehr als Assoziationen 210
Eselsbrücken oder die Schlüsselwortmethode 210
Wiederholungen schaffen Möglichkeiten für Elaborationen 213
Verstärkung 215
Symmetrie und Loslösung von muttersprachlichen *cues* anpeilen! 216
14.4 Mit System lernen: die 6 »S« 217
(1) S wie System 217
(2) S wie Selbstdisziplin 217
(3) S wie Selbstverstärkung 217
Noch einmal: System 218
(4) S wie Symmetrie 218
(5) S wie Selektivität 218
(6) S wie spontane semantische Elaboration 218
14.5 Abruf-*cues* nach innen verlegen! 219
14.6 Wie groß sollen die zu lernenden Informationspakete sein? – Wenig
praktikable Antworten! 220
14.7 Langzeitiges Behalten durch systematische semantische Elaboration ... 222
14.8 Memo 226

15. **Theodor Fontanes »John Maynard« – Über globale und spezifische
Lern- und Gedächtnishilfen** 228
15.1 Einleitung 228
15.2 Ein (fast) vollständiges Lernprotokoll 231
15.3 Der semantische Kontext als Lernhilfe – *scripts* 233
15.4 Leitende Pläne 234
15.5 Rhythmus und Reim als spezifische Lern- und Steuerungshilfen 236
15.6 Lernen durch Wiederholen 240

Die Frage der Ermüdung bei wiederholendem Lernen 240
Hulls Modell 240
Massiertes versus verteiltes Üben 241
G-Methode oder T-Methode? 242
15.7 Epilog 244
15.8 Memo 245

16. Rechnen lernen: Aufbau numerischer Netzwerke –
   Ansätze aus Piagets genetischer Erkenntnistheorie 247
16.1 Einleitung 247
16.2 9x8=72, vielleicht auch 74! 247
16.3 Der didaktische Ansatz der Lehrerin: assoziative Verknüpfungen als
   Grundlage für das Rechnenlernen 249
16.4 Assoziative Verknüpfungen genügen auch hier nicht 250
16.5 Arithmetische Operationen und ihre Handlungsgrundlage 251
16.6 Der Systemcharakter von arithmetischen Operationen 252
   Begriffliche Systeme oder semantische Netzwerke 252
   Numerische Netzwerke 253
16.7 Über den Aufbau kohärenter numerischer Netzwerke 254
   Didaktisch fruchtbare Begriffe 254
   Die Iteration der natürlichen Zahlen 255
   Verdoppeln und Halbieren 255
   Konkrete elementare Aufbauprozesse 255
16.8 Kognitiver Aufbau und individuelle Autonomie des Lerners 258
16.9 Der Aufbau eines elementaren multiplikativen Netzes 259
   Aufbau, Ausbau und Automatisierung 261
   Üben und Verstärken 263
   Skepsis verständlich, aber letztlich unberechtigt 263
16.10 Memo 265

17. Wie anschaulich ist anschauliches Lernen, zum Beispiel in
   Geometrie? – Begriffliche und figurale Komponenten des Lernens . . 267
17.1 Einleitung 267
17.2 Das bildhaft-figurale oder »ikonische« Moment 267
   Ein Blick auf frühere Ansätze 267
17.3 Gemeinsamkeiten zwischen geometrischen, numerischen und
   begrifflichen Aufbauprozessen 269
17.4 Der Aufbau der Datenbasis 269
17.5 Voraussetzungs- und Zielanalyse für das Problemlösen: fortgesetztes
   Definieren der fehlenden Elemente 272
17.6 Doppelbedeutungen und Doppelfunktionen von figuralen Elementen . . . 275
   Noch einmal prozedurales Wissen 277
17.7 Über das »Sehen« von figuralen Elementen und räumlichen Relationen . 278
   Vom begrifflichen Wissen her geleitetes »Sehen« 278
   Von den wahrgenommenen Daten (den figuralen Elementen) her
   geleitetes »Sehen« 279
17.8 Die notwendigen Lernprozesse 280

(1) Vorwissen mobilisieren. 280
(2) Vollständige Datenbasis aufbauen 281
(3) Voraussetzungs- und Zielanalyse 281
(4) Doppelfunktionen erkennen lernen 281
(5) Figurale Elemente und räumliche Relationen »sehen« lernen 282
(6) Sich von »absoluten« Anordnungen lösen lernen 283
17.9 Memo 283

18. **Stadtgeographie für einen Taxifahrer – Über den Aufbau von**
    »kognitiven Karten«. 285
18.1 Einleitung. 285
18.2 Umweltlernen – Ortslernen – Stadtgeographie lernen 285
18.3 Kognitive Landkarten als Thema in der Psychologie. 286
     Frühe Untersuchungen 286
18.4 Das Produkt »kognitive Karte« 288
     Räumliches und nicht-räumliches Wissen 289
     Räumliche Relationen zwischen Elementen der KK 291
18.5 Der Aufbau von kognitiven Karten 292
     Das Lernen markanter Punkte (landmarks) 293
     Das Lernen von Routen 295
     Das Lernen von räumlichem Übersichtswissen 296
     Sind KK analoge Repräsentationen? 298
18.6 Wiederum: mehr als bloß assoziatives Lernen 301
18.7 Memo 302

19. **Streichholzaufgaben – Der gestaltpsychologische Ansatz:**
    einsichtiges Lernen 304
19.1 Einleitung 304
19.2 Versuch und Irrtum, Hypothesen und Regeln, blinde Induktion 305
     Spielprotokolle. 305
     Analyse des gewählten Verfahrens 309
19.3 Der Weg zu Einsicht und Verstehen 311
     Von der blinden Induktion zu numerischen Überlegungen 311
     Von numerischen zu strukturellen Überlegungen. 314
     Strukturelle Überlegungen und deren Transferierbarkeit 316
     Auswendiglernen versus Einsicht oder Verstehen beim Lernen 316
19.4 Umstrukturieren, der Aufbau dynamischer Systeme und Einsicht 317
19.5 Memo 318

20. **Schachspielen lernen – Der Aufbau von komplexen Operations- und**
    Zielsystemen 320
20.1 Einleitung 320
20.2 Die elementaren Operationen – Lernprozesse für Novizen 320
     Regelwissen mit und ohne Kontext. 323
20.3 Die Operationen und ihre Implikationen – der fortgeschrittene Anfänger 324
20.4 Der Aufbau eines komplexen Operationssystems. 326

Strukturelle Beschreibungen und die Limiten der
Gedächtniskapazität. 327
Die magische Zahl Millers und ihre mögliche Bedeutung für das
Schachspielen 327
Ein entscheidender Lernschritt: das Verdichten struktureller
Beschreibungen 328
Noch einmal Millers magische Zahl 331
Verdichten als sehr allgemeiner kognitiver Prozeß 332
20.5 Hierarchisierung der Muster als Grundlage für weiterreichende
Planung – der kompetente Spieler 332
Zielhierarchien. 333
Muster- und Zielhierarchien und ihre Interdependenz 334
20.6 Der Begriff der »Intuition« beim Schachspiel – der Experte 337
Über die Dimension des »Vokabulars« von Schachmustern 338
20.7 Experten mit besserem Gedächtnis? – Experimentelle Befunde 338
Visuelle Vorstellungen als entscheidende Prozesse? 338
20.8 Memo 340

Bibliographie 342

Namenverzeichnis 353

Sachverzeichnis. 355